新版
要約 借地借家判例

154

荒木新五
［著］

学陽書房

はしがき

　平成21年11月に刊行された本書（初版）は、幸い好評を博し、多くの方に購読いただいており、執筆者として、素直に喜んでいるところである。
　とはいうものの、初版刊行後すでに約6年が経過し、その間、更新料に関する最高裁の判例など、借地借家関係の重要な判例も少なからず現われた。そこで、それらの判例をとり入れた改訂版を刊行する運びとなった。より具体的には、初版に載せていた判例の中から17件を取り除き（ただし、これらは、各説冒頭の「傾向と実務」か、関連する登載判例のKey pointの中で言及している）、新しい判例17件を登載して解説した（選挙の区割り風にいえば、「17増17減」）。また、これに伴い、標題や構成等についても若干の修正を施した。
　さらに、各判例につき、「解説・評釈等」があるものについては、それらの著者、出典等を書き加えた（ただし、網羅しているわけではない）。

　本書（新版）が、さらに多くの人の参考になれば幸いである。

　平成27年8月　かすかに秋の気配を感じるころ

荒　木　新　五

はしがき〔初版〕

　土地建物の貸し借りに関する紛争は民事紛争の中でも主要なものであり、また、一般市民や一般企業にとってもきわめて身近なものである。
　当然のことながら、これに関する裁判例も数多く存在し、それらの裁判例が紛争予防のための、あるいは紛争解決のための貴重な指針となっていることはいうまでもない。

　筆者は、弁護士として借地借家紛争の実務を多く扱っているかたわら、学習院大学法科大学院においても借地借家法の授業を担当しているが、教材として使用している拙著『実務借地借家法』（商事法務）に引用している多数の裁判例について資料集を作って欲しいとの院生の声を聞くことが多くなっていた。
　そのようなところへ、昨年、たまたま学陽書房の齋藤岳大氏から本書の企画を打診され、喜んでお引受けをした次第である。
　借地借家に関する裁判例は、主要な公刊誌に登載されたものだけでも膨大な数にのぼるが、その中から、本書の目的に適う150件前後の裁判例を選び出すことは容易なことではなかった。この種の「判例集」に掲載する裁判例をどのような基準で選択するかについては、それ自体さまざまな考え方があり得るだろう。すでに、借地借家に関する裁判例を集め、解説を付した書籍も出回っているが、それらの多くは、学理的な研究を主眼としたものと思われるものである。本書については、まずは実務の参考となるもの、そして学生、大学院生の初学者が基礎的な理論を学ぶにもふさわしいもの、といったことを念頭におきながら、なるべく現代的な事案に関するものをとりあげることとした。その一方で、古い判例であっても、その後の多くの裁判例の基礎となった、重要な考え方を示したものは、なるべくとりあげることにした。昨年夏、ようやく約150件の裁判例をリストアップして原稿を書き始めたが、その過程で当初のリストに掲げていなかったものをも加えた結果、本年6月、199件の裁判例についての原稿を書き上げた。7月、ゲラ出しの段階で、あまりにも頁数が多いことがわかり、校正をしながら、当初の予定どおり、とりあげる裁判例を150件前後にとどめることとし、他は、各裁判例のコメント（Key point）の中で適宜触れることとした。
　なお、「借地」と「借家」（建物賃貸借）は、その取扱い等について考え方を

同じくするものが多いが、紛争事案の様相はかなり異なっている。その点をふまえて、本書では、「借地に関する判例」と「借家に関する判例」を別個に紹介し、むしろ両者を区別することなく、併せて読んでいただいたほうがわかりやすいと思われるものだけを「借地・借家に共通する裁判例」として紹介することとした。

　本書が、多くの人の参考になれば幸いである。

　平成21年8月　庭に酔芙蓉の咲くころ

荒　木　新　五

凡　例

- 法令等の内容は、平成 27 年 9 月 1 日現在による。
- 判例の引用は、「　」内は原文のままとし、文中の途中省略部分には「(略)」を入れた。また、明らかに誤植と思われる部分には「ママ」と付した。
- 巻末に判例索引を付けた。
- 法令・判例等の略語は、以下による。

■　法令

〈略記〉	〈正式〉
借地借家	借地借家法
旧借地	借地法（大 10 法 49、平 3 法 90 で廃止）
旧借家	借家法（大 10 法 50、平 3 法 90 で廃止）
建物保護	建物保護ニ関スル法律（明 42 法 40、平 3 法 90 で廃止）
不登	不動産登記法
仮登記担保	仮登記担保契約に関する法律
民訴	民事訴訟法
民執	民事執行法

■　法令以外

最大判	最高裁判所大法廷判決
最判（決）	最高裁判所判決（決定）
高判（決）	高等裁判所判決（決定）
地判（決）	地方裁判所判決（決定）
支判（決）	支部判決（決定）
大連判	大審院連合部判決
大判	大審院判決
民集	最高裁判所民事判例集
高民	高等裁判所民事判例集
下民	下級裁判所民事裁判例集
裁集民	最高裁判所裁判集民事
判時	判例時報

判タ	判例タイムズ
金判	金融・商事判例
金法	旬刊金融法務事情
民集	大審院民事判例集
民録	大審院民事判決録
判決全集	大審院判決全集
判解	最高裁判所調査官解説
	※判決年の『最高裁判所判例解説・民事篇』の番号を付し判解〇〇事件と表記
ジュリ	ジュリスト
法時	法律時報
法協	法学協会雑誌
判評	判例評論（判例時報付録）
民商	民商法雑誌

新版　要約借地借家判例●目次

1　借地に関する判例 …… 25

1-1　借地権の発生 …… 25

■ 傾向と実務 …… 26

1　「建物」該当性①
　　旧借地法にいう建物に当たるとされた事例 …… 30

2　「建物」該当性②
　　掘立式の車庫が旧借地法上の建物に当たらないとされた事例 …… 31

3　「建物」該当性③
　　寺院の塀を利用した簡易な建造物が旧借地法にいう建物に当たらないとされた事例 …… 32

4　「建物所有」が主目的ではない土地賃貸借
　　ゴルフ練習場としての土地賃貸借が「建物所有を目的とする」土地賃貸借には当たらないとされた事例 …… 33

5　隣接地の建物のためにする土地賃貸借
　　幼稚園の園舎の敷地に隣接する土地をその幼稚園の運動場として使用するためにした賃貸借が「建物所有目的」の土地賃貸借に当たらないとされた事例 …… 35

6　抵当権設定後の物理的変動と法定地上権の成否①
　　土地に対する先順位抵当権設定後に地上建物が建築された場合に法定地上権が成立しないとされた事例 …… 37

7　抵当権設定後の物理的変動と法定地上権の成否②
　　土地抵当権設定時に存在した非堅固建物が堅固建物に建て替えられた場合に堅固建物所有目的の法定地上権が成立するとされた事例 …… 38

8　抵当権設定後の物理的変動と法定地上権の成否③
　　土地とその地上建物に共同抵当権が設定された後に同建物が取り壊され、新建物が建築された場合には原則として法定地上権は成立しないとされた事例 …… 40

9　法定地上権の所有者要件
　　土地及びその地上建物の所有者が建物の所有権移転登記を経由しないまま土地に抵当権を設定した場合に法定地上権の成立が認められた事例 …… 42

| 10 | 抵当権設定後の所有者の変動と法定地上権の成否
土地を目的とする1番抵当権設定当時、土地と地上建物の所有者が異なっていた場合に法定地上権は成立しないとされた事例 ……………………………… 44
| 11 | 抵当権設定時に存した先順位抵当権の消滅と法定地上権の成否
実行時に最先順位である土地抵当権が土地建物が同一所有者に属する時点で設定されたものであるときは、法定地上権が成立するとされた事例 ……………… 46
| 12 | 土地賃借権の時効取得
他人の土地の用益がその他人の承諾のない転貸借に基づくものである場合にもその土地の賃借権ないし転借権を時効取得することができるとされた事例 ……… 48

1-2　土地の譲渡と借地権の対抗力 …………………………… 51

■ 傾向と実務 ……………………………………………………………… 52

| 13 | 建物の登記が現況と著しく異なる場合の対抗力
借地上に現存する建物が登記簿上借人の所有として表示された建物と構造、坪数の点で著しく異なる場合でも、前者が後者の一部であるなどの事情があるときは、当該現存建物は、建物保護法1条にいう「登記シタル建物」に当たるとされた事例 ……………………………………………………………………… 55

| 14 | 建物登記における所在地番の表示が実際と異なっている場合の対抗力
建物登記における建物所在の地番が実際と多少相違していても借地権の対抗力を有するとされた事例 ………………………………………………………… 57

| 15 | 表示登記のみの建物による対抗
借地上の建物につき表示登記のみがある場合に借地権の対抗力を認めた事例 …… 58

| 16 | 親族名義の建物による対抗の可否
借地権者の長男名義でした建物によっては借地権を第三者に対抗することができないとされた事例 ………………………………………………………… 59

| 17 | 抵当権設定登記後に再築した建物と借地権の対抗
土地の抵当権実行による競売手続開始後、借地権者が抵当権設定登記前に保存登記をしていた建物を取り壊して新建物を建築した場合、借地権を土地の買受人に対抗することができるとされた事例 …………………………………………… 60

| 18 | 抵当権設定登記後の土地賃借権の時効取得とその対抗
抵当権設定後の土地賃借権の時効取得を公売による土地買受人に対抗することができないとされた事例 ………………………………………………………… 62

| 19 | 建物滅失後の掲示が撤去された場合における借地権の対抗力の有無
借地借家法10条2項に基づく掲示が撤去された後は借地権を第三者に対抗することができないとされた事例 ………………………………………………… 64

| 20 | 対抗力を有しない借地権者に対する建物収去土地明渡請求の可否
土地所有権取得登記に後れて建物保存登記を経由した土地賃借人に対する建物収去土地明渡請求が権利の濫用として許されないとされた事例 ……………… 65

| 21 | 対抗力を有しない借地権者に対する損害賠償請求の可否
対抗力を有しない土地賃借人に対する建物収去土地明渡請求が権利の濫用として許されない場合にも当該土地賃借人の同土地占有について損害賠償請求をすることができるとされた事例 …………………………………………………………… 66

1-3 借地権の存続期間 ………………………………………………………… 69

■ 傾向と実務 ………………………………………………………………… 70

| 22 | 堅固建物所有目的の借地権か非堅固建物所有目的の借地権か
借地上に堅固建物が存するにもかかわらず非堅固建物（普通建物）所有目的の借地権であるとされた事例 ……………………………………………………… 77

| 23 | 堅固建物か非堅固建物か
重量鋼造り工場が堅固建物に該当しないとされた事例 ……………………… 78

| 24 | 借地権の存続期間の定め
非堅固建物所有目的の借地権について存続期間を3年とした場合には、存続期間は法定期間である30年になるとされた事例 ………………………………… 80

| 25 | 一時使用目的の借地権
裁判上の和解で成立した期間を20年とする土地賃貸借が一時使用目的の借地権に該当しないとされた事例 …………………………………………………… 82

1-4 更新と正当事由 …………………………………………………………… 85

■ 傾向と実務 ………………………………………………………………… 86

| 26 | 更新請求権の放棄
借地権者が予め更新請求権を放棄する旨の約定が旧借地法の強行規定に反し無効であるとされた事例 ………………………………………………………… 90

| 27 | 正当事由の有無について考慮すべき事情
正当事由の有無の判断に当たって、借地上建物の賃借人の事情は、原則として、借地権者側の事情として斟酌すべきではないとされた事例 ………………… 91

| 28 | 正当事由の有無の具体的判断
借地権の存在を前提に特に安価で土地を買い受けた借地権設定者の更新拒絶に正当事由が認められないとされた事例 ……………………………………… 93

| 29 | 立退料提供による正当事由の補完①
立退料10億3800万円の提供により正当事由が具備するとされた事例 ……… 95

| 30 | 立退料提供による正当事由の補完②
立退料の提供によっても正当事由が認められないとされた事例 ………… 97
| 31 | 立退料等提供の申出の時期
事実審の口頭弁論終結時までにされた立退料等の提供ないしその増額の申出は正当事由の有無について考慮することができるとされた事例 ……… 99

1-5 借地の利用 …………………………………………… 101

傾向と実務 …………………………………………… 102

| 32 | 非堅固建物所有目的借地権における堅固建物の建築
非堅固建物所有目的の借地権である場合における堅固建物建築を理由とする借地契約解除が認められた事例 …………………………………………… 105
| 33 | 堅固建物所有目的の借地権への黙示の条件変更
非堅固建物所有目的の借地権について堅固建物所有目的に変更する旨の黙示の合意が認められた事例 ………………………………………………… 107
| 34 | 堅固建物所有目的への条件変更の裁判
非堅固建物所有目的借地権の存続期間満了が近い場合に堅固建物所有目的への条件変更申立てを棄却した事例 …………………………………… 109
| 35 | 無断増改築を理由とする解除の可否
借地上建物の増改築等を制限する特約に違反したにもかかわらず解除が許されないとされた事例 …………………………………………………… 110
| 36 | 増改築禁止特約がある場合における補修工事
増改築禁止特約がある場合において借地上建物についてなした工事が補修工事にすぎず解除が許されないとされた事例 ……………………… 112
| 37 | 駐車場としての借地の使用
借地を有料駐車場として使用したことが用法違反及び無断転貸に当たるが信頼関係が破壊されていないとして解除が認められなかった事例 ……… 114
| 38 | その他の用法違反①
借地権者の越境建築を理由とする解除が認められた事例 ………………… 116
| 39 | その他の用法違反②
借地権者が地下駐車場建築のために借地を掘り下げたことを理由とする解除が認められた事例 ………………………………………………… 117
| 40 | その他の用法違反③
借地権者が借地上建物を暴力団事務所に使用させたことを理由とする解除が認められた事例 ………………………………………………… 119

1-6　借地権の相続、譲渡、土地の転貸 …………………… 121

■　傾向と実務 ………………………………………………………… 122

41　借地権の相続を許さない旨の特約
借地権者の一代限りで借地契約を解消する旨の約定が旧借地法11条により無効とされた事例 ………………………………………………………… 125

42　土地賃借権譲渡についての賃貸人の承諾を得べき譲渡人の義務
賃借土地上の建物の売主には、原則として、敷地の賃借権譲渡につき賃貸人の承諾を得る義務があるとされた事例 ……………………………… 127

43　土地賃借権譲渡又は土地転貸と賃貸人の承諾の要否①
土地賃借権の共同相続人のひとりがその賃借権の共有持分を他の共同相続人に譲渡した場合は民法612条の賃借権譲渡に当たらないとされた事例 …………… 129

44　土地賃借権譲渡又は土地転貸と賃貸人の承諾の要否②
賃借地上建物の賃貸は土地の転貸に当たらないとされた事例 ………… 131

45　土地賃借権譲渡又は土地転貸と賃貸人の承諾の要否③
離婚に伴う財産分与としての土地賃借権譲渡が民法612条の賃借権譲渡に当たらないとされた事例 ………………………………………………… 133

46　土地賃借権譲渡又は土地転貸と賃貸人の承諾の要否④
土地賃借人である有限会社の持分全部が譲渡され実質的な経営者の交代があった場合にも民法612条にいう賃借権譲渡には当たらないとされた事例 ……… 135

47　土地賃借権譲渡又は土地転貸と賃貸人の承諾の要否⑤
土地賃借人が賃借地上に所有する建物に譲渡担保権を設定したとしても譲渡担保権設定者（賃借人）が引き続き建物を使用している限り民法612条にいう賃借権譲渡又は転貸がされたとはいえないとされた事例 ……………………… 137

48　借地上建物に対する抵当権の効力
借地上建物に設定された抵当権は敷地の借地権に及ぶとされた事例 ……… 139

49　賃借権譲渡・転貸許可申立て①
土地賃借人死亡後の遺贈による土地賃借権譲渡許可申立てが適法とされ、賃貸人の建物等買受申立てが排斥された事例 ……………………………… 141

50　賃借権譲渡・転貸許可申立て②
公競売における買受人の土地賃借権譲受許可申立事件において許可決定の付随的裁判として相当な額の敷金を差し入れるべき旨を定め、その交付を命ずることができるとされた事例 ……………………………………………… 143

51　賃借権譲渡・転貸許可申立て③
公競売の建物買受人による賃借権譲受許可申立事件において、借地権設定者は、賃借権の目的である土地と他の土地とにまたがって建築されている建物及び賃借権を譲り受ける旨の申立てをすることはできないとされた事例 ………… 145

| 52 | 無断土地賃借権譲渡・土地転貸と土地賃貸借契約の解除①
強制競売の建物買受人が法定期間内に賃借権譲受許可申立てをしなかった場合に、賃借権無断譲渡を理由とする解除が認められた事例 …………………… 147 |
| 53 | 無断土地賃借権譲渡・土地転貸と土地賃貸借契約の解除②
土地賃借権の無断譲渡又は無断転貸がされた場合にも背信行為と認めるに足りない特段の事情がある場合には賃貸借契約の解除は許されないとされた事例……… 149 |
| 54 | 無断土地賃借権譲渡・土地転貸と土地賃貸借契約の解除③
土地賃借人が賃貸人の承諾とは異なる持分割合で新築建物を共有することを容認して土地を無断転貸した場合に、解除が許されないとされた事例 ………………… 151 |
| 55 | 無断土地賃借権譲渡・土地転貸と土地賃貸借契約の解除④
土地の無断転貸を理由とする解除権は、転借人が当該土地の使用収益を開始した時から10年を経過したときは時効によって消滅するとされた事例 ……………… 153 |
| 56 | 無断土地賃借権譲渡・土地転貸による解除が許されない場合の法律関係①
土地賃借権の無断譲渡による土地賃貸借契約の解除が許されない場合には、譲受人はその賃借権取得を賃貸人に対抗することができるとされた事例 …………… 155 |
| 57 | 無断土地賃借権譲渡・土地転貸による解除が許されない場合の法律関係②
土地賃借権の無断譲渡を理由とする解除権が時効消滅した場合にも賃貸人は譲受人に対し土地明渡請求をすることができるとされた事例 ……………………… 157 |

1-7 借地契約の終了（借地権の消滅）…………………… 159

■ 傾向と実務 ……………………………………………………… 160

| 58 | 借地権設定者の借地権者に対する存続期間満了時に土地明渡しを求める将来給付の訴えの適否
借地権設定者が借地権者に対して将来の存続期間満了時の建物収去土地明渡しを求める訴えが将来の給付の訴えの適格を欠くとして却下された事例 ……………… 165 |
| 59 | 借地契約の合意解除と借地上建物の賃借人①
賃貸人、賃借人間で土地賃貸借契約を合意解除しても、土地賃貸人は、特段の事情がないかぎり、その効果を地上建物の賃借人に対抗できないとされた事例 …… 167 |
| 60 | 借地契約の合意解除と借地上建物の賃借人②
土地賃貸借契約の合意解除の効果を地上建物の賃借人に対抗できるとされた事例 … 169 |
| 61 | 建物の朽廃による旧借地権の消滅
建物の朽廃により借地権が消滅したとされた事例 ……………………………… 170 |
| 62 | 破産等を理由とする解除
破産・競売を解除事由とする解除特約に基づく借地契約の解除が無効とされた事例 ……………………………………………………………………………… 172 |

63	建物買取請求権の発生①
	一時使用のための借地権については、建物等取得者の建物買取請求権は発生しないとされた事例・・・ 174
64	建物買取請求権の発生②
	借地権者の債務不履行による土地賃貸借契約解除の場合には借地権者は建物買取請求権を有しないとされた事例 ・・・・・・・・・・・・・・・・・・・・・・・・・・・・・・・・・・・ 176
65	建物賃借人による建物買取請求権の代位行使
	建物賃借人は、旧借地法10条による借地権者の建物買取請求権を代位行使することができないとされた事例・・・ 178
66	建物買取請求権の行使時期
	借地権者は、借地権設定者による建物収去土地明渡請求訴訟の口頭弁論終結後に建物買取請求権を行使することができるとされた事例 ・・・・・・・・・・・・・・・・・・ 179
67	建物買取請求権の行使が権利の濫用に当たる場合
	立退料支払と引換えに建物収去明渡しを命じた判決確定後にした建物買取請求権行使が権利の濫用に当たるとされた事例 ・・・・・・・・・・・・・・・・・・・・・・・・・・・・・ 181
68	建物買取請求権行使の効果①
	建物買取請求権行使と同時に地上建物等の所有権が当然に借地権設定者に移転するとされた事例・・ 183
69	建物買取請求権行使の効果②
	旧借地法10条の建物買取請求権を行使した建物取得者は買取代金の支払を受けるまで同建物の引渡しを拒むことができるが、敷地占有による賃料相当額の不当利得返還義務が生じるとされた事例 ・・・・・・・・・・・・・・・・・・・・・・・・・・・・・・・・・・・・ 184
70	建物買取請求権の目的建物の時価①
	建物買取請求権の目的建物の「時価」については、その建物の存在する場所的環境を参酌すべきであるとされた事例・・・・・・・・・・・・・・・・・・・・・・・・・・・・・・・・・ 186
71	建物買取請求権の目的建物の時価②
	建物買取請求権の目的建物の「時価」の算定に当たり、当該建物に抵当権が設定されていても減額すべきではないとされた事例 ・・・・・・・・・・・・・・・・・・・・・・・・ 188
72	建物買取請求権の消滅時効
	建物買取請求権が時効で消滅したとされた事例 ・・・・・・・・・・・・・・・・・・・・・・・・ 190

2 借家に関する判例 ……193

2-1 借家権の発生 ……193

■ 傾向と実務 ……194

73 借家権発生の有無①
「ケース貸し」が旧借家法の適用がある建物賃貸借に当たらないとされた事例 …196

74 借家権発生の有無②
建物の一部についての賃貸借にも旧借家法の適用があるとされた事例 ……198

75 借家権発生の有無③
鉄道高架下施設の一部分の賃貸借契約に旧借家法の適用があるとされた事例 ……199

76 社宅の使用関係①
有料社宅につき旧借家法の適用がないとされた事例 ……201

77 社宅の使用関係②
従業員専用の寮の使用関係につき、相当の対価の授受があることを理由に旧借家法の適用のある建物賃貸借に当たるとされた事例 ……202

78 一時使用のための建物賃貸借
期間を3年とする建物賃貸借が一時使用のための建物賃貸借に当たるとされた事例 ……204

2-2 建物の譲渡と借家権の対抗力 ……205

■ 傾向と実務 ……206

79 賃貸建物の譲渡についての通知
賃貸建物の譲渡に伴う賃貸人の地位承継を賃借人に通知する必要がないとされた事例 ……208

80 賃貸建物の譲渡に伴う賃貸人の地位移転と転貸許容特約
賃貸建物の譲渡に伴い賃貸人の地位を承継した譲受人は、前賃貸人たる譲渡人と賃借人との間の転貸許容の特約をも承継するとされた事例 ……209

81 賃貸建物の譲渡に伴う賃貸人の地位承継と旧賃貸人の契約解除権
賃貸建物の譲渡に伴う賃貸人の地位承継があった後は旧賃貸人は賃貸借を解除することができないとされた事例 ……211

| 82 | 建物買取請求権行使と借家権の対抗
　　　賃借土地上の建物を取得した者が旧借地法10条による建物買取請求権を行使した場合には建物賃借人は賃借権を借地権設定者に対抗することができるとされた事例 …………………………………………………………………………… 213

| 83 | 賃貸建物の譲渡と賃貸人の地位を譲渡人に留保する旨の合意
　　　賃貸建物の新旧所有者が賃貸人の地位を旧所有者に留保する旨を合意しても、賃貸人の地位が新所有者に移転しない特段の事情があるとはいえないとされた事例 … 214

| 84 | 抵当権実行(競売)と抵当債務者である賃借人
　　　実行抵当権の抵当債務者ではない抵当債務者である優先賃借人に対しては引渡命令を発することができないとされた事例 …………………………………… 216

| 85 | 引渡猶予期間中の対価
　　　民法395条2項による引渡猶予期間中の対価が認定された事例 ……………… 218

| 86 | 賃貸建物譲受人と賃借人の看板等設置
　　　賃貸建物の譲受人の賃借人に対する看板等撤去請求が権利の濫用に当たるとされた事例 ………………………………………………………………………… 219

2-3　普通建物賃貸借と定期建物賃貸借等 …………… 221

■　傾向と実務 …………………………………………………………… 222

| 87 | 正当事由を備えるべき時期
　　　解約申入れ時に正当事由が存在しなくても、その後正当事由が具備されるに至った場合にはその時から6か月の経過により賃貸借が終了するとされた事例 ……… 226

| 88 | 期間内中途解約特約の効力
　　　期間の定めのある建物賃貸借契約における、特約による期間中の解約権行使が有効とされた事例 ……………………………………………………………… 228

| 89 | 解約申入れと正当事由の内容
　　　「正当事由」は賃貸借当事者双方の事情を考慮し妥当と認むべき理由をいうとされた事例 ………………………………………………………………………… 229

| 90 | 正当事由の有無①
　　　土地の有効利用を理由とする更新拒絶につき正当事由が認められた事例 ……… 230

| 91 | 正当事由の有無②
　　　耐震性に問題のある建物についての解約申入れに正当事由が認められた事例 …… 231

| 92 | 立退料による正当事由の補完①
　　　立退料支払と明渡しとの引換給付判決が適法とされた事例 ………………… 232

| 93 | 立退料による正当事由の補完②
　　　解約申入れを理由とする建物明渡請求訴訟において当事者の明示の申出額を超える額の立退料支払との引換えによる明渡判決をすることができるとされた事例 …… 233

| 94 | 立退料による正当事由の補完③
賃貸人が解約申入れの後に提供又は増額を申し出た立退料等の金員を参酌して当該解約申入れの正当事由を判断することができるとされた事例 …………235

| 95 | 建物賃貸借の更新と保証人の責任
建物賃借人の保証人は、特段の事情のない限り、賃貸借更新後の賃借人の債務についても保証責任を負うとされた事例 ……………………237

| 96 | 定期建物賃貸借①
借地借家法38条2項所定の説明がなかったとして建物賃貸借の更新が認められた事例 …………………………239

| 97 | 定期建物賃貸借②
借地借家法38条２項所定の書面（説明書）が契約書とは別個独立の書面であることを要するとされた事例 ………………………241

| 98 | 定期建物賃貸借③
定期建物賃貸借の期間満了後にした終了通知の6か月経過後は、契約の終了を賃借人に対抗することができるとされた事例 ……………243

2-4　借家の利用 …………………………245

■　傾向と実務 ……………………………246

| 99 | 建物賃借人の敷地利用①
建物賃借人が空地に無断で増築したことが背信行為に当たらず、解除が許されないとされた事例 …………………………248

| 100 | 建物賃借人の敷地利用②
建物賃借人の無断増築（新築）が著しい不信行為であるとして賃貸人の無催告解除が認められた事例 …………………………250

| 101 | 賃借人の賃借部分以外の占有使用
建物の一部の賃借人による他の部分の不法占拠を理由とする賃貸借契約解除が認められた事例 …………………………252

| 102 | 建物賃借人の建物無断改築（改装）又は使用目的の無断変更①
建物賃借人が賃借建物を改築し、活版印刷工場から製版工場に変更したことが用法違反及び増改築禁止特約に違反するが、未だ信頼関係を破壊しない特段の事情があるので解除が許されないとされた事例 ……………253

| 103 | 建物賃借人の建物無断改築（改装）又は使用目的の無断変更②
麻雀屋として使用する目的で賃借した建物を賃借人が無断で全面的に改装してゲームセンターにしたことなどによる賃貸人の無催告解除が認められた事例 ………255

| 104 | 建物賃借人のペット飼育等
建物賃借人が特約に違反してマンションの1室で猫を飼っていることを理由とする賃貸借契約解除が認められた事例 …………………………256

105	建物賃借人の近隣迷惑行為等①
	ショッピングセンターの一区画の賃借人が同センターの他の賃借人や賃貸人らに暴言を吐き、あるいは暴行をしたことなどが、賃貸借契約における特約により賃借人に課せられた附随的義務の不履行に当たるとして賃貸借契約の無催告解除が認められた事例 ………………………………………………………………………… 258
106	建物賃借人の近隣迷惑行為等②
	共同住宅の一室の賃借人が近隣の迷惑となる行為をしたことを理由とする解除が認められた事例 …………………………………………………………………………… 260
107	建物賃貸人の修繕義務①
	建物賃貸人の修繕義務不履行を理由に賃料支払を拒絶できないとされた事例 …… 262
108	建物賃貸人の修繕義務②
	賃料額に照らし不相当に多額の費用を要する場合には賃貸人は修繕義務を負わないとされた事例 ……………………………………………………………………………… 264
109	建物賃貸人の修繕義務③
	建物賃貸人の修繕義務不履行があっても、賃借人が損害を回避又は減少させる措置をとることができた時期以降の損害のすべての賠償を請求することはできないとされた事例 ……………………………………………………………………………… 265
110	建物賃借人の有益費償還請求権
	賃貸人が交替したときは、新賃貸人のみが有益費償還義務を負うとされた事例 … 267

2-5 建物賃借権の相続、譲渡又は建物の転貸 ……………… 269

■ 傾向と実務 …………………………………………………………………………… 270

111	建物賃借人の死亡とその準親族の建物居住権
	建物賃借人の事実上の養子であった者は賃借人の相続人の賃借権を援用して賃貸人に対抗することができるとされた事例 ……………………………………………… 272
112	賃借権無断譲渡又は無断転貸①
	1個の契約で2棟の建物を賃貸した場合において1棟の建物の無断転貸を理由に2棟の建物全部についての賃貸借を解除することができるとされた事例 ………… 274
113	賃借権無断譲渡又は無断転貸②
	賃借建物の一部を転貸しているにもかかわらず、背信行為と認めるに足りない特段の事情があるとして賃貸人の解除が無効とされた事例 ……………………………… 276
114	賃借権無断譲渡又は無断転貸③
	賃借人が個人企業を会社組織に改め、賃貸人の承諾なく当該会社に賃借建物を使用させている場合に、背信行為がなく、解除は許されないとされた事例 ………… 278
115	賃借権無断譲渡又は無断転貸④
	美容院の業務委託契約が店舗の転貸に当たるとして建物賃貸借契約解除が有効とされた事例 ……………………………………………………………………………… 280

2-6 建物賃貸借の終了と建物明渡し …………………………… 283

■ 傾向と実務 ……………………………………………………… 284

116 賃貸借の解除と転借人①
建物賃貸借の合意解除の効果を転借人に対抗することができるとされた事例 …… 287

117 賃貸借の解除と転借人②
賃貸借契約が賃借人（転貸人）の債務不履行を理由とする解除により終了した場合、適法な転貸借は、原則として、賃貸人が転借人に目的物の返還を請求した時に終了するとされた事例 …………………………………………………… 289

118 建物賃借人の原状回復義務
建物賃借人に通常損耗についての補修義務が認められるためには、その旨の特約が明確に合意されていることが必要であるとされた事例 ………………………… 291

119 建物賃借人の造作買取請求権
造作買取請求権行使によって生じた賃貸人に対する造作買取代金債権に関して、賃借建物についての留置権は発生しないとされた事例 …………………………… 293

3 借地・借家に共通する問題に関する判例 ……………………… 295

3-1 土地又は建物の賃料等 …………………………… 295

■ 傾向と実務 ……………………………………………………… 296

120 賃貸借と使用貸借の区別
建物の借主が建物の公租公課の支払を負担しているにすぎない場合に使用貸借であるとされた事例 ………………………………………………………… 299

121 複数当事者の賃料等についての権利義務
相続開始から遺産分割までの間に共同相続に係る不動産から生ずる賃料債権は、各共同相続人がその相続分に応じて分割単独債権として確定的に取得するとされた事例 ……………………………………………………………………… 301

122 賃料等増減請求の方法①
土地の共同賃貸人の一部の者に対してされた賃料増額請求が無効とされた事例 …… 303

20

| 123 | 賃料等増減請求の方法②
    賃貸借契約に基づく使用収益の開始前にした賃料減額請求が無効とされた事例 …… 305

| 124 | 賃料増額請求の効果が生じる時期
    賃料増額請求は、その意思表示が賃借人に到達した日の分からその効果が生じる
    とされた事例 ………………………………………………………………………… 307

| 125 | 賃料自動改定特約の効力
    地代等自動改定特約によって地代等の額を定めることが不相当となったときは、
    地代等増額請求をすることができるとされた事例 ………………………… 308

| 126 | 賃料等増減請求の当否
    いわゆるサブリース契約についても借地借家法32条1項の適用があるとされた事
    例 ………………………………………………………………………………………… 311

| 127 | 賃料等増減請求と増減を正当とする裁判確定までの支払額①
    賃料増額請求を受けた借地権者が供託した金額が後日裁判で確認された賃料額よ
    りもはるかに低い額であるにもかかわらず旧借地法12条2項の相当賃料であると
    認められた事例 ……………………………………………………………………… 314

| 128 | 賃料等増減請求と増減を正当とする裁判確定までの支払額②
    建物賃借人が賃料減額請求をしたうえで、自己の主張する額の支払を継続した場
    合に賃借人の賃料不払を理由とする賃貸人の賃貸借解除が認められた事例 ……… 316

| 129 | 賃料等増減請求と増減を正当とする裁判確定までの支払額③
    賃料増額請求を受けた土地賃借人が、その支払額が公租公課を下回ることを知っ
    ていたときは、相当賃料を支払ったことにはならないとされた事例 …………… 317

| 130 | 賃料増減請求訴訟の確定判決の既判力
    賃料増減請求訴訟の確定判決の既判力は、原則として、前提である賃料増減請求
    の効果が生じた時点の賃料額に係る判断について生ずるとされた事例 ………… 319

| 131 | 賃料等不払による解除①
    賃借人の賃料遅滞を理由として賃貸借契約を解除する場合、転借人に遅滞賃料支
    払の機会を与えることを要しないとされた事例 ………………………………… 321

| 132 | 賃料等不払による解除②
    賃料不払を理由とする建物賃貸借契約の解除が信義則に反し許されないとされた
    事例 …………………………………………………………………………………… 322

| 133 | 賃料等不払による解除③
    賃料不払の場合に無催告解除をすることができる旨の特約が有効とされた事例 …… 324

| 134 | 賃料等不払による解除④
    継続した賃料不払を一括して1個の解除原因とする賃貸借契約の解除権の消滅時
    効は最後の賃料の支払期日が経過した時から進行するとされた事例 …………… 326

| 135 | 賃料等不払による解除⑤
    借地契約において賃料不払等が生じたときは借地上建物の抵当権者に通知し、契
    約を解除等するときは同抵当権者の承認を受ける旨の特約がある場合に、右特約
    を履行せずにした賃貸人の解除が有効とされた事例 …………………………… 328

| 136 | 賃料不払と保証会社の代位弁済
保証会社が未払賃料を代位弁済したにもかかわらず賃料不払による賃貸借契約の解除が認められた事例 …………………………………………………………330

3-2 賃料債権等に対する差押え ……………………331

■ 傾向と実務 ………………………………………………………………332

| 137 | 賃料債権差押えと建物譲渡①
建物の賃料債権差押え後の建物譲受人は賃料債権の取得を差押債権者に対抗できないとされた事例 ……………………………………………………335

| 138 | 賃料債権差押えと建物譲渡②
賃料債権差押え後に賃貸人が賃借人に建物を譲渡したことにより賃貸借が終了した後は、差押債権者は賃料債権を取り立てることができないとされた事例 ……336

| 139 | 賃料債権に対する物上代位権行使と債権譲渡
抵当権者は、物上代位の目的債権が譲渡され第三者に対する対抗要件が備えられた後においても、目的債権を差し押さえて物上代位権を行使することができるとされた事例 ……………………………………………………………338

| 140 | 賃料債権に対する物上代位権行使と賃借人による相殺
抵当権者が物上代位権を行使した後は、賃借人は抵当権設定登記の後に取得した債権による相殺をもって抵当権者に対抗することはできないとされた事例 ……340

| 141 | 賃料債権に対する物上代位権行使と敷金による充当
抵当権の物上代位権行使として賃料債権の差押えがあった場合において、賃貸借契約が終了し、目的物の明渡しがあったときは、差押えに係る賃料債権は敷金の充当によりその限度で消滅するとされた事例 ……………………………342

3-3 権利金・敷金・更新料等 ……………………345

■ 傾向と実務 ………………………………………………………………346

| 142 | 権利金・礼金の返還
店舗賃貸借において場所的利益の対価として交付された権利金の返還請求ができないとされた事例 ……………………………………………………350

| 143 | 敷金の性質と敷金返還請求権の発生時期
敷金返還請求権は賃貸借終了後、目的物返還時においてそれまでに生じた被担保債権を控除し、なお残額がある場合にその残額につき具体的に発生するとされた事例 ………………………………………………………………352

| 144 | 賃借家屋明渡債務と敷金返還債務の関係
賃借人の家屋明渡債務と賃貸人の敷金返還債務とは同時履行の関係に立たないとされた事例 ………………………………………………………354

145	敷金等と賃貸借当事者の変更①
	敷金についての権利義務が新賃貸人に承継されるとされた事例 …………… 356

146	敷金等と賃貸借当事者の変更②
	新賃貸人は建設協力金の性質を有する保証金の返還債務を承継しないとされた事例 …………………………………………………………………………… 358

147	敷金等と賃貸借当事者の変更③
	特段の事情のない限り、敷金関係は新賃借人に承継されないとされた事例 ……… 360

148	敷金等と賃貸借当事者の変更④
	買受人が保証金のうち賃料の10か月分相当額について返還債務を承継するとされた事例 …………………………………………………………………… 362

149	敷金等と賃貸借当事者の変更⑤
	買受人が月額賃料55か月分の敷金全額についてその返還債務を承継するとされた事例 …………………………………………………………………… 363

150	敷金(保証金)の一部償却(敷引)①
	災害による家屋滅失により賃貸借が終了したときは、特段の事情がない限り、敷引特約を適用することはできないとされた事例 ……………………… 365

151	敷金(保証金)の一部償却(敷引)②
	居住用建物の賃貸借契約における敷引特約が消費者契約法10条により無効であるとはいえないとされた事例 ………………………………………… 367

152	更新料支払の慣習等
	借地契約の更新に際し更新料を支払う旨の商慣習又は事実たる慣習は存在しないとされた事例 ………………………………………………………… 369

153	更新料支払特約と消費者契約法
	更新料支払特約が消費者契約法10条により無効であるとはいえないとされた事例 … 371

154	更新料不払を理由とする解除
	調停で合意した更新料支払義務の不履行を理由とする土地賃貸借契約の解除が認められた事例 ………………………………………………………… 373

判例索引 ……………………………………………………………………………… 375

1章　借地に関する判例

1-1 借地権の発生

傾向と実務

第1 借地権の意味

1 他人の土地を利用する場合と借地権

建物を所有するために他人の土地を利用する権利として、一般に考えられるものは、地上権、賃借権、使用借権の3種である。

地上権とは、他人の土地において工作物又は竹木を所有するため、その土地を使用する権利である（民法265条）。賃借権は、当事者の一方（賃貸人）がある物の使用及び収益を相手方（賃借人）にさせることを約し、相手方がこれに対してその賃料を支払うことを約することによってその効力を生ずる（賃借人の）権利である（民法601条）。使用借権は、当事者の一方（使用借主）が無償で使用及び収益をした後に返還をすることを約して相手方（使用貸主）からある物を受け取ることによってその効力を生ずる（使用借主の）権利である（民法593条）。地上権の目的となる土地において所有することとなる「工作物」には、建物以外の工作物（橋、鉄塔、トンネルなど）も含まれ、また、賃借権又は使用借権の目的となる「物」には、不動産（土地とその定着物。民法86条1項）と動産（不動産以外の物。同条2項）があるが、借地権は、建物所有を目的とする、地上権又は土地の賃借権に限られる。

すなわち、借地権とは、「建物の所有を目的とする地上権」又は「建物の所有を目的とする土地賃借権」をいう（借地借家2条1号）〔「建物」か否かについて、➡1、2、3〕建物所有が主目的か否かにつき➡4〕。

2 借地権が認められない場合

建物の所有以外の目的で他人の土地を利用する場合には、借地権は認められない。また、建物所有目的で他人の土地を使用又は収益している場合であっても、それが使用借権に当たる場合は、やはり借地権は認められない。

第2 借地権の種類

1 地上権である借地権と土地賃借権である借地権

前述のとおり、借地権には、地上権である場合と土地賃借権である場合があ

るが、この両者には、次のような違いがある（ちなみに、実際に存在する借地権の多くは、地上権ではなく、土地賃借権である。）。

①地上権は「物権」（物に対する権利）であり、土地賃借権は「債権」（人に何かを要求することのできる権利）である。

②地上権者は地上権設定者である土地所有者に対して登記（地上権設定登記。民法177条）を備えさせるよう求める権利があるが、土地賃借人は土地賃貸人に対して登記（賃借権設定登記。民法605条）を備えさせるよう求める権利は、（その旨の特約をした場合を別として）ない。

③地上権者は、その目的土地を第三者に使用又は収益させることができるし、また、地上権を第三者に譲渡することもできるが、土地賃借人は、土地賃貸人の承諾（民法612条1項）又は承諾に代わる裁判所の許可（借地借家19条）を得なければ、その目的土地を第三者に使用又は収益をさせる（転貸する）ことができないし、その土地賃借権を第三者に譲渡することもできない。

④土地賃借権は、対価としての賃料の授受を要件とするが、地上権は、対価としての地代を授受してもよいし、しなくてもよい。

2　旧借地権と新借地権

実務上、旧借地法下に発生した借地権を「旧借地権」と呼び、借地借家法施行後に発生した借地権を「新借地権」と呼んでいる。旧借地法によって生じた効力は借地借家法施行後も妨げられない（借地借家法制定時の附則4条）ことはもちろん、旧借地権については、「なお従前の例による。」（同附則5条、6条、7条1項、10条。この場合、旧借地法の規定の内容に従って運用される。）とされたり、適用されない借地借家法の規定（同附則7条2項、8条、9条、11条）も少なくない。

3　普通借地権と定期借地権

借地借家法によって新たに設けられた、一定の時期に終了する借地権を（広義の）定期借地権といい、定期借地権にも、後述する一時使用目的の借地権にも当たらない借地権を普通借地権という。

（広義の）定期借地権には、借地借家法22条による一般定期借地権（狭義の定期借地権）、同法23条（同法制定時は24条）による事業用定期借地権等及び同法24条（同法制定時は23条）による建物譲渡特約付借地権がある。

なお、定期借地権ではないという趣旨で、旧借地権も（通常は、一時使用目

的の借地権ではないものについて）、同様に、「普通借地権」と呼ばれることがある。

4　堅固建物所有目的の借地権と非堅固建物所有目的の借地権

旧借地法は、「石造、土造、煉瓦造又ハ之ニ類スル堅固ノ建物」（堅固建物）の所有を目的とする借地権と「其ノ他ノ建物」（非堅固建物。普通建物）の所有を目的とする借地権を区別し、両者で異なる存続期間を規定していた（旧借地2条、3条）。借地借家法はこのような区別を廃止したが、当事者間の契約の内容として、建物の種類、構造等を制限することが許されなくなったわけではない（ただ、建物の種類、構造等によって法定の存続期間を異にするわけではない。）。

5　その他

借地権ではあるものの、特別の扱いを受けるものとして「一時使用目的の借地権」がある。すなわち、臨時設備の設置その他一時使用のために借地権（一時使用目的の借地権）を設定したことが明らかな場合には、借地権の存続期間に関する規定、更新に関する規定、存続期間満了時における建物買取請求権に関する規定、定期借地権に関する規定等が適用されないこととされている（旧借地9条、借地借家25条。これに関しては、「1-3　借地権の存続期間」参照）。

「転借地権」は、借地権者である地上権者又は土地賃借人が設定した、建物所有を目的とする土地賃貸借である（借地借家2条4号）。

借地権設定者（借地権を設定している土地所有者又は土地賃貸人）が他の者と共に借地権を有している場合に、これを特に「自己借地権」（借地借家15条）という。Aが、Bと共有する建物のために、その敷地である自己所有の土地に借地権を設定し、AとBがその借地権を準共有する場合が、その典型例である。

第3　借地権の発生と取得

1　借地権の発生

借地権は、ほとんどの場合、土地所有者と地上権者との間で建物所有を目的とする地上権設定契約を締結することによって（地上権である借地権）、又は土地賃貸人と土地賃借人との間で建物所有を目的とする土地賃貸借契約を締結することによって発生する。借地借家法は、借地権の設定を受けた地上権者又は土地賃借人を「借地権者」と称し（借地借家2条2号）、借地権者に対して

借地権を設定した土地所有者又は土地賃貸人を「借地権設定者」と称する（同条3号）。なお、建物所有を目的として締結する、地上権設定契約又は土地賃貸借契約を、一般に、「借地契約」と称している。

借地契約の締結によることなく、法の規定によって、（建物所有を目的とする）地上権を設定したとみなされる場合（民法388条、民執81条など。これらの地上権は、特に「法定地上権」と呼ばれる〔⇨6、7、8、9、10、11〕。）や建物所有を目的とする土地賃貸借がされたものとみなされる場合（仮登記担保10条前段。この場合の賃借権を法定賃借権と呼ぶことができる。）がある。いったん建物所有を目的とする、法定地上権又は法定賃借権が発生すれば、その後は、別段の規定がないかぎり、借地借家法の規律に従うこととなる。

なお、法定地上権が発生した場合において、その地代について当事者間の協議が調わないときは、当事者の請求により、裁判所がこれを定める（民法388条後段。ちなみに、法定地上権成立時から地代確定訴訟の判決確定時までの地代につき履行遅滞を認めた大阪地判平20.7.14判タ1296号213頁がある）。法定賃借権が発生した場合における賃料についても同様である（仮登記担保10条後段）。

2　借地権の取得

借地権は、まず、その設定を受けた借地権者がこれを取得することはもちろんであるが、借地権者が会社等の法人であれば合併等によって包括承継されることがあるし、借地権者が個人（自然人）であれば、相続によって包括承継されることがある。また、借地権者が借地権を譲渡することによって、譲受人がこれを取得する（特定承継）。借地上の建物（借地権付建物）の競売又は公売に伴って、借地権が建物買受人に承継されることもある。

さらに、借地権を時効によって取得することがある〔⇨12。その対抗関係については、⇨18参照〕。

1 「建物」該当性①
旧借地法にいう建物に当たるとされた事例

一　審…山口地下関支判（判決年月日不詳）民集7巻13号1638頁（主文及び事実）
控訴審…広島高判昭和25年6月20日民集7巻13号1640頁
上告審…最判昭和28年12月24日民集7巻13号1633頁

事案　Aは、昭和6年ころ、その所有する本件土地を、漁網干場に使用するため、期間を定めず、Yに賃貸した。AとYは、昭和12年2月、賃貸借期間を昭和17年1月末日までとする約定をした。Aは昭和14年1月に死亡し、Xが本件土地を家督相続したが、同年、X、Y間で本件土地上に家屋を建築してもよい旨の約定をしたので、Yは昭和18年までに本件建物を建築した。その後、XとYは、昭和17年7月15日、同契約を更新し、期間を昭和22年7月末日とする旨約定した。Xは、本件土地を漁網干場として賃貸したものであり、昭和22年7月末日をもってその期間が満了したと主張し、Yに対し、本件建物の収去による本件土地の明渡しを訴求した。

判旨
1　第一審はXの請求を棄却した（理由不明）。
2　控訴審は、昭和14年に本件賃貸借が建物所有目的に変更されたので、借地法（本件土地のある下関市では、昭和14年12月28日施行）により、約5年間とする期間の約定は無効でありその期間は昭和17年7月15日から20年間となったとして、Xの控訴を棄却した。
3　上告審において、Xは、上告理由として「借地法に所謂建物とは正規の手続を経て建築し、家屋台帳等公の帳簿に登録され課税の対象となっておるものと解すべきである」と主張したが、上告審は、「借地法にいわゆる建物を、所論のように狭く解しなければならぬ理由はなく、建物の意義は一般通念に従って解するをもって足るものとしなければならぬ。課税のための公簿に記入されているかどうかは、課税に関する行政上の問題であって、借地法上の建物の意義を定めるについては別段関係のない事柄である。」と判示して、Xの上告を棄却した。

　借地権が発生したかどうかは、（法定借地権が発生する場合を別として）当事者が借地契約（建物所有を目的とする、地上権設定契約又は土地賃貸借契約）を締結したかどうかで決まる。したがって、例えば、土地賃貸借契約書の中で「建物所有目的」であることが明示されていれば、これによって借地権が発生したことは明らかであるし、そのことはその土地上に土地賃借人（借地権者）所有の建物が存在するかどうかは関係がないし、まして、その建物について登記（表示登記ないし所有権保存登記）がされているか否か、同建物が家屋台帳等に記載され固定資産税等が課せられているか否か等はまったく関係がないことである。
〔解説・評釈等〕三宅正男・民商30巻5号436頁

2 「建物」該当性②
掘立式の車庫が旧借地法上の建物に当たらないとされた事例

東京地判昭和43年10月23日判時552号59頁

事案　Xは、昭和21年5月23日、その所有する本件土地をAに、期間を20年、普通建物所有目的で賃貸した。昭和29年、Yが賃借人の地位を承継した。上記期間は昭和41年5月23日満了したが、Xは予め同月19日に更新拒絶の意思表示をした。上記期間満了時には本件土地上に本件車庫のみが存したが、その後、昭和42年9月、Yは本件土地上に本件建物を建てた。Xは、Yに対し、期間満了による賃貸借契約が終了したことを請求原因として、本件車庫及び本件建物の収去による本件土地の明渡しを訴求したところ、Yは、昭和41年5月21日に更新請求をしたことにより賃貸借契約が更新したことを抗弁として主張した。

判旨　まず、本件車庫が借地法上の建物に当たるか、について「同法にいう建物とは宅地に定着して建築された永続性を有する建物で屋蓋、周壁を有し、住居、営業、貯蔵またはこれに準ずる用に供されるものであって独立した不動産として登記されるものでなければならないと解される」との一般論を述べたうえで、本件車庫については、「地面に直接丸太を建て、上方を自動車に雨がかからない程度にトタンで蔽ったにすぎない掘立式のものであり、到底同法にいう建物とはいえない。」と判示し、Yの抗弁を退けてXの請求を認容した。

Key point　本件は、借地契約の期間満了時における建物の存否が問題となったものであるが、旧借地法4条は、「借地権消滅ノ場合ニ於テ借地権者カ契約ノ更新ヲ請求シタルトキハ建物アル場合ニ限リ前契約ト同一ノ条件ヲ以テ更ニ借地権ヲ設定シタルモノト看做ス」と規定し、借地借家法5条1項本文も同趣旨を規定する（更新の有無については、本章「1-4　更新と正当事由」のところで解説する。）。

借地権発生の有無や借地契約の更新の有無に関してその存否が判断されることになる「建物」該当性は、結局は社会通念（一般通念）に従って判断するほかないが〔⇒1〕、不動産登記規則111条が「建物は、屋根及び周壁又はこれらに類するものを有し、土地に定着した建造物であって、その目的とする用途に供し得る状態にあるものでなければならない。」としていることを参考とすることができるだろう（なお、法務省民事局通達である不動産登記事務取扱手続準則77条が「建物認定の基準」として、「建物として取り扱うもの」と「建物として取り扱わないもの」を、それぞれ具体的に例示している。）。

3 「建物」該当性③

寺院の塀を利用した簡易な建造物が旧借地法にいう建物に当たらないとされた事例

京都地判昭和60年10月11日金判745号41頁

事案　X（寺院）は、昭和8、9年ころ、その所有する境内地の一部（寺院の門前）である約2㎡の本件土地を期間を定めることなくAに賃貸し、Aの死亡後は、その子であるBとの間に賃貸借が継続していた。Bは、本件土地上に本件露店設備を所有し、露店営業していたが、その後、同設備はYに譲渡され、Xは本件土地のYへの転貸を黙示的に承諾した。Xは、Bに対し、昭和58年6月11日、本件土地賃貸借の解約申入れをし、Yに対し、本件露店設備の収去による本件土地の明渡しを訴求した。Yは、本件土地賃貸借契約が建物所有目的である旨主張した。

判旨　「借地法1条にいう「建物」とは、土地に定着して建設された永続性を有する建物で、屋蓋、周壁を有し、住居、営業、貯蔵等の用に供される独立した不動産をいうものと解されるところ、本件露店設備は前示のとおり、トタン、テントの屋根は設けられているものの、側面は、南と東は既存の他人の壁、塀にベニヤ板を取付け（これは壁というよりは、単なる内装ともいえる）、北、西面は取外し可能な戸板風の板囲を取付けたものにすぎず、土台も床板も、柱（北西角）も存せず、しかも面積も約2平方メートルに過ぎない少面積、簡易なものであって、寺の門前の狭い場所において、東、南の塀、建物をも利用して、商品陳列台を雨露、盗難から防ぐ設備とはいえても、到底独立性を有する建物ということはできない。そして、昭和52年までは、本件露店設備の北、西の側面にはアコーディオン・カーテンしか存しなかったのであるから、その状態の本件露店設備は建物ということのできないことは明白である。」（本件土地賃貸借に借地法の規定の適用はない。）。

Key point　本件は、賃借地上の露店設備が旧借地法1条にいう「建物」に該当しないこと、したがってまた建物所有目的の土地賃貸借契約が成立してはいないとして、同法の適用を否定し、民法617条1項1号に基づく解約申入れによる土地賃貸借契約の終了を認めたものである。なお、賃借土地上に建物が存在しているか否か、賃借土地上に存在する構築物が旧借地法1条ないし借地借家法1条、2条1号にいう「建物」に該当するか否かで借地権発生の有無が決定されるものではなく、土地賃貸借契約ないし地上権設定契約の目的が「建物所有目的」か否かで借地権発生の有無が決定されるものである（建物の存否等は、契約の目的を認定するための間接事実にすぎない。）。

このほか、やや特殊な事案として、旧国鉄の鉄道高架下に事務所、倉庫等を建築して利用させる契約について、旧借地法の適用を否定した東京地判7．7．26判時1552号71頁などがある。

4 「建物所有」が主目的ではない土地賃貸借

ゴルフ練習場としての土地賃貸借が「建物所有を目的とする」土地賃貸借には当たらないとされた事例

一　審…名古屋地判昭和41年5月31日民集21巻10号2551頁（主文及び事実）
控訴審…名古屋高判昭和41年12月22日民集21巻10号2555頁
上告審…最判昭和42年12月5日民集21巻10号2545頁

事案　Xは、昭和29年9月、Y_1に対し、その所有する本件土地（233㎡余）を、ゴルフ練習場として使用させる目的で、使用期間を10年と定めて使用貸借したところ、Y_1は、Xの承諾を得ないで、同土地上に居宅、事務所等の本件建物（床面積合計146㎡余）を建築、所有し、かつ、昭和33年、Y_2（会社）を設立して、Y_2に本件土地及び本件建物を使用、占有させ、上記期間満了後も本件土地を返還しないと主張して、Y_1に対しては本件建物収去による本件土地明渡しを、Y_2に対しては本件建物からの退去による本件土地明渡しを訴求した。これに対してY_1は、上記10年間の賃料を50万円として前払いしたほか昭和29年8月に権利金として50万円を支払ったので、本件土地の貸借は使用貸借ではなく賃貸借であり、またY_1は本件土地をゴルフ練習場及び本件建物の所有を目的として借り受けたものであるから借地法の適用があり、上記期間の約定は同法上無効であると主張し、またY_2は、Y_1から本件建物だけを借りているにすぎないから本件土地を独立して占有するものではないと主張し、それぞれXの上記請求を争った。

判旨　1　第一審は、Y_1がXに支払った合計100万円は本件土地使用の対価とはいえず、また本件土地の貸借が建物所有を目的とするものであったともいえないとして、Y_1、Y_2の上記主張を排斥してXの請求を認容した。

2　控訴審は、上記金員がY_1主張のとおり本件土地の賃料及び権利金であり、本件土地の貸借は賃貸借であると判断し、「本件土地はY_1がゴルフ練習場として客の来集を目的とする場屋を経営するために借り受けたものであり、したがって、雨天の場合でもゴルフの練習ができるような建物を建築し、また、そのゴルフ練習場経営のための事務所、管理人の居宅、物置等を建築、所有することが、右土地貸借の目的であったと認められる」と判示してY_1の前記主張を認め、第一審判決を取り消してXの請求を棄却した。

3　上告審は、本件土地の貸借が賃貸借であるかどうかについての判断を留保したうえで、「仮にそれが賃貸借であるとしても、《中略》その主たる目的は、反対の特約がある等特段の事情のない限り、右土地自体をゴルフ練習場として直接利用することにあったと解すべきであって」たとえ当初から本件土地上に事務所用等の建物を築造、所有することを計画していたとしてもそれは従たる目的にすぎなかったと判示し、原

審が本件土地の貸借に借地法を適用したことは、同土地貸借の目的についての認定判断を誤り、ひいては借地法の解釈適用を誤ったものであるとして、原判決（控訴審判決）を破棄して、本件を原審に差し戻した。

Key point 借地権は「建物所有を目的とする」地上権又は土地賃借権であるが（借地借家2条1号）、建物所有が主たる目的である場合を指すことを判示したものであり、同種の判例として、千葉地判昭48．3．29判タ304号229頁（ゴルフ場）、最判昭50.10．2判時797号103頁（バッティング練習場）、宇都宮地判昭54．6．20判時955号107頁（養鱒場）、東京地判昭54.11.28判タ416号161頁（中古車展示場）、東京地判平6．3．9判時1516号101頁（駐車場）、東京地判平7．7．26判タ912号184頁（中古車展示場）、大阪高判平24．5．31判時2157号19頁（ゴルフ場用地の一部の明渡請求につき権利濫用を否定）、最判平25．1．22判時2184号38頁（ゴルフ場）などがある（以上は、いずれも借地権の発生が否定された事例である。）。なお、最判昭58．9．9判時1092号59頁は、自動車学校のための木造家屋の敷地に利用する目的でされた土地賃貸借契約について（教習コースを含めて）借地権の発生を認めたものである。

〔解説・評釈等〕奥村長生・判解112事件、野村豊弘・法協86巻2号79頁、三宅正男・民商59巻1号117頁

5 隣接地の建物のためにする土地賃貸借

幼稚園の園舎の敷地に隣接する土地をその幼稚園の運動場として使用するためにした賃貸借が「建物所有目的」の土地賃貸借に当たらないとされた事例

一　審…浦和地越谷支判平成3年2月28日
控訴審…東京高判平成4年7月14日判夕822号264頁
上告審…最判平成7年6月29日判時1541号92頁

事案　X（学校法人）の代表者Aは、その所有する土地（733㎡余。園舎敷地）において幼稚園を経営していたが、園舎増設により幼稚園の運動場がなくなるので、昭和41年5月ころ以降、園舎敷地の北側に隣接するB所有の本件土地（1695㎡余）を運動場用地として賃借し、園舎敷地として一体的に使用してきた。昭和48年Xが設立されて本件土地賃借権を承継し、Xは、同年3月、園舎敷地に鉄骨造陸屋根2階建ての新園舎を建築した。一方、Bが昭和51年に死亡してYが賃貸人の地位を承継した。本件賃貸借の成立に当たり権利金等が授受された形跡はなく、B、A間において昭和44年3月に作成された土地賃貸借契約公正証書によれば、本件賃貸借の目的は運動場用敷地、期間は2年とされていた。その後、昭和49年3月、本件賃貸借の期間を昭和51年3月27日までとする土地賃貸借契約公正証書が作成され、さらに、昭和55年2月に上記期間を昭和59年4月4日までとする調停が、昭和59年10月に上記期間を平成元年3月31日までとする調停がそれぞれ成立し、これらにより本件賃貸借の更新がされた。Xの幼稚園の園児は、昭和52、3年ころまでは12クラス、980名であったが、その後減少し、平成2年当時は7クラスであった。当時の文部省令等により定められている幼稚園設置の基準によれば、12クラスの場合に必要な運動場の面積は1120㎡、7クラスの場合は720㎡であった。Yが、平成元年、本件賃貸借の更新を拒絶したことから、Xが、本件賃貸借が「建物所有目的」であり、旧借地法の適用を受けるので本件賃貸借が存続していることを主張して、Yに対し、本件土地につき賃借権を有することの確認を求め（本訴請求）、Yが反訴請求として、本件賃貸借の期間満了による終了を主張して、Xに対し、本件土地の明渡し等を求めた。

判旨　1　第一審は、本件賃貸借は普通建物の所有を目的とするもので、その期間は20年であるが、Yの更新拒絶には正当事由があるので本件賃貸借は平成元年3月末日の期間満了により終了したとして、Xの本訴請求を棄却、Yの反訴請求を認容した。

2　控訴審は、第一審と同様、本件賃貸借は、隣接の園舎敷地における建物所有の目的を達するためにこれと不可分一体の関係にある幼稚園運動場として使用することを目的とするものであるから普通建物所有目的の賃貸借であるとしたうえで、B、A間で20年以上の期間を定めたことを認めるに足りる証拠はないので、その期間は、旧借地法2条1項により30年となり、控訴審口頭弁論終結時にはその期間が未だ満了し

ていないとして、第一審判決を取り消し、Xの本訴請求を認容し、Yの反訴請求を棄却した。

　3　上告審は、つぎのように判示して、本件賃貸借は建物（園舎）所有を目的とするものではないとして、原判決を破棄し、本件を原審に差し戻した。「本件賃貸借の目的は運動場用敷地と定められていて、YとXとの間には、Xは本件土地を幼稚園の運動場としてのみ使用する旨の合意が存し、Xは現実にも、本件土地を右以外の目的に使用したことはなく、本件賃貸借は、当初はその期間が2年と定められ、その後も、公正証書又は調停により、これを2年又は4年ないし5年と定めて更新されてきたというのであるから、右のような当事者間の合意等及び賃貸借の更新の経緯に照らすと、本件賃貸借は、借地法1条にいう建物の所有を目的とするものではないというべきである。なるほど、本件土地は、Xの経営する幼稚園の運動場として使用され、幼稚園経営の観点からすれば隣接の園舎敷地と不可分一体の関係にあるということができるが、原審の確定した事実関係によれば、園舎の所有それ自体のために使用されているものとはいえず、また、Yにおいてそのような使用を了承して賃貸していると認めるに足りる事情もうかがわれないから、本件賃貸借をもって園舎所有を目的とするものということはできない。」。

Key point　本件と同種事案（建物敷地の隣接地を同建物の庭とする目的で賃貸借）について、「建物所有目的」に当たらないとした最判昭40.6.29民集19巻4号1027頁がある。本件は、賃借人の幼稚園経営の観点からは、園舎敷地と不可分一体として使用されていた（本件土地を運動場として使用することができないと、法令上、幼稚園経営そのものが困難となる。）ことに、事案の特色がある。なお、賃借土地上に賃借人の建物はない（あるいは、ほとんどない。）が、隣接地に存する賃借人所有建物の敷地と一体的に利用されているという場合に、旧借地法の適用を肯定した下級審裁判例として、大阪地判昭26.6.26判タ16号57頁（荷揚げ・荷積みのために使用）、東京地判昭52.12.15判時916号60頁（進入路、駐車場等として使用）、東京地判昭55.1.30判時969号87頁（通路として使用）、東京地判平2.6.27判タ751号139頁（自動車教習所の敷地として使用）があり、旧借地法の適用を否定した下級審裁判例として、東京地判平2.5.31判時1367号59頁（資材置場等として使用）、東京地判平3.11.28判時1430号97頁（タクシー会社の駐車場等として使用。ただし、建物の敷地についての賃貸借終了時まで駐車場についての賃貸借を存続させる旨の合意があったとする。）がある。
〔解説・評釈等〕河内宏・判評464号24頁、岡本岳・判タ臨増913号76頁、中川高男・ジュリ臨増1091号66頁、難波孝一・NBL609号70頁、別冊NBL45号225頁

6 抵当権設定後の物理的変動と法定地上権の成否①

土地に対する先順位抵当権設定後に地上建物が建築された場合に法定地上権が成立しないとされた事例

一　審…札幌地室蘭支判昭和45年9月25日
控訴審…札幌高判昭和47年4月3日
上告審…最判昭和47年11月2日判時690号42頁

事案　（Y_1の上告理由によると）Aは、昭和36年12月、その所有する本件土地にBのための抵当権を設定し、その後、本件土地上に建築した本件建物につき、昭和37年4月20日、所有権保存登記を経由した。Aは、同月25日、本件土地にCのための根抵当権を、同年6月13日、本件建物にDのための抵当権を、昭和39年8月26日、本件建物にEのための根抵当権を、同年12月8日、本件土地にEのための根抵当権をそれぞれ設定した。Eが、昭和41年8月、本件土地建物の競売申立てをし、Xが本件土地を、Y_1が本件建物をそれぞれ競落した。なお、Aは、昭和39年12月16日、18日、本件建物とは別に本件土地上に甲、乙2棟の建物を新築してそれらの保存登記を経由した後、同月22日、それらにBのための根抵当権を設定したが、昭和43年6月、Bがそれら甲、乙2棟の建物の競売申立てをし、Y_2が甲、乙2棟の建物を競落した。

XがY_1、Y_2に対し、Y_1に対しては本件建物の収去による、Y_2に対しては甲、乙2棟の建物の収去による、本件土地の明渡しを訴求した。

判旨
1　第一審の内容は不明。
2　控訴審は、Yらの法定地上権の主張を退けた。
3　上告審は、つぎのとおり判示して、法定地上権の成立を否定した原審の判断を是認してYの上告を棄却した。「土地の抵当権設定当時、その地上に建物が存在しなかったときは、民法388条の規定の適用はないものと解すべきところ、土地に対する先順位抵当権の設定当時、その地上に建物がなく、後順位抵当権設定当時には建物が建築されていた場合に、後順位抵当権者の申立により土地の競売がなされるときであっても、右土地は先順位抵当権設定当時の状態において競売されるべきものであるから、右建物のため法定地上権が成立するものではないと解される。」。

Key point　誰の申立てによる競売であるかにかかわらず、売却時において存在する最先順位の抵当権を基準として法定地上権の成否が決まる（最判昭36.2.10民集15巻2号219頁。本件では、先順位抵当権者であるBの競売申立てによって競売がされた場合も、やはり法定地上権が成立しないことはもちろんである。）。なお、土地抵当権設定後に同地上に建築された建物に対する抵当権の実行により建物が（土地よりも先に）競売されたときは、建物のための法定地上権が成立するが、その後土地が競売された場合には、土地買受人にその法定地上権を対抗することはできない。

7 抵当権設定後の物理的変動と法定地上権の成否②

土地抵当権設定時に存在した非堅固建物が堅固建物に建て替えられた場合に堅固建物所有目的の法定地上権が成立するとされた事例

一　審…東京地判昭和49年4月25日民集31巻6号792頁（主文及び事実）
控訴審…東京高判昭和51年12月6日判タ350号270頁
上告審…最判昭和52年10月11日民集31巻6号785頁

事案　Aは、本件土地とその地上の旧建物（非堅固建物）を所有していたが、昭和39年9月、B（相互銀行）から融資を受ける際にこれを担保するため本件土地にBのための1番抵当権を設定した。当時、Aは、近い将来旧建物を取り壊し、本件土地上に堅固建物である新工場を建築することを予定しており、Bもこれを承知していたので、あえて旧建物については抵当権の設定を受けなかったし、新工場の建築を度外視して本件土地の担保価値を算定したものではなかった。Aは、Bの了解を得て、昭和39年11月ころ、旧建物を取り壊し、昭和40年4月ころ、堅固建物である本件建物を建築した。同年6月16日、その保存登記を経由すると同時にCのための1番抵当権設定登記を、同年8月10日Bのための2番抵当権設定登記を経由した。Bは、昭和41年3月、本件土地の抵当権を実行し、同年12月、みずからこれを競落してその所有権を取得した。Cは、同年4月、本件建物についての競売開始決定を得、昭和45年12月Yがこれを競落した。Xは、同年10月、Bより本件土地を買い受けて、その所有権を取得した。XがYに対し、本件建物の収去による本件土地の明渡しを訴求し、YがXに対し、本件建物（堅固建物）所有目的とする地上権を有することの確認を訴求した（なお、当初はB、A間で訴訟が係属していたが、上記事情により、X、Yにそれぞれ訴訟承継がなされたもののようである。）。

判旨　1　第一審は、旧建物すなわち非堅固建物の所有を目的とする法定地上権の成立を認め、Xの請求を棄却、Yの請求を一部認容した。

2　控訴審は、「通常は、旧建物が存在する場合と同一の範囲内の地上権が成立するものと解される」としながらも、本件ではBが堅固建物が築造されることを予期していたことなどから、新建物すなわち堅固建物所有を目的とする法定地上権（旧借地法2条1項により存続期間は競落時から60年）の成立を認め、その旨原判決（第一審判決）を変更した。

3　上告審も、つぎのように判示して堅固建物所有を目的とする法定地上権の成立を認めて、Xの上告を棄却した。「同一の所有者に属する土地と地上建物のうち土地のみについて抵当権が設定され、その後右建物が滅失して新建物が再築された場合であっても、抵当権の実行により土地が競売されたときは、法定地上権の成立を妨げな

いものであり《後掲大判昭10.8.10を引用》、右法定地上権の存続期間等の内容は、原則として、取壊し前の旧建物が残存する場合と同一の範囲にとどまるものである。しかし、このように、旧建物を基準として法定地上権の内容を決定するのは、抵当権設定の際、旧建物の存在を前提とし、旧建物のための法定地上権が成立することを予定して土地の担保価値を算定した抵当権者に不測の損害を被らせないためであるから、右の抵当権者の利益を害しないと認められる特段の事情がある場合には、再築後の新建物を基準として法定地上権の内容を定めて妨げないものと解するのが相当である。原審認定の前記事実によれば、本件土地の抵当権者であるBは、抵当権設定当時、近い将来旧建物が取り壊され、堅固の建物である新工場が建築されることを予定して本件土地の担保価値を算定したというのであるから、抵当権者の利益を害しない特段の事情があるものというべく、本件建物すなわち堅固の建物の所有を目的とする法定地上権の成立を認めるのが相当である。」。

Key point 同一人の所有に属する土地とその地上建物のうち前者についてのみ抵当権が設定された後、建物が取り壊され、新建物が建築された場合において、土地の抵当権が実行されたときは新建物のための法定地上権が成立することについては、大判昭10.8.10民集14巻1549頁がこれを判示し、後掲〔⇨8〕（Key pointを参照）もこれを踏襲している。新建物のための法定地上権が成立する場合にも、その法定地上権は、（原則として）旧建物を基準とすべきことについては、大阪高判昭35.12.15下民11巻12号2654頁、東京高判昭50.6.26金法764号36頁などがある。

〔解説・評釈等〕島田禮介・判解24事件、星野英一・法協95巻12号1931頁、東海林邦彦・民商79巻1号95頁、石田喜久夫・判評235号17頁

8 抵当権設定後の物理的変動と法定地上権の成否③

土地とその地上建物に共同抵当権が設定された後に同建物が取り壊され、新建物が建築された場合には原則として法定地上権は成立しないとされた事例

一 審…大阪地判平成5年11月8日民集51巻2号390頁、金判1017号9頁
控訴審…大阪高判平成6年9月7日金判1017号8頁
上告審…最判平成9年2月14日民集51巻2号375頁

事案　Y₁は、昭和50年、その所有する本件土地とその地上建物にA（信用金庫）のための共同根抵当権を設定したが、その後Aの承諾を得て上記建物を取り壊した（その後、Aは本件土地を更地として再評価し、数回にわたり極度額の変更をした。）。Y₁は平成3年11月、本件土地を、期間を5年としてY₂に賃貸し（本件賃貸借）、平成4年7月、本件土地にY₂のための賃借権設定仮登記を経由した。Aは、同年9月17日本件根抵当権に基づく競売申立てをし、同月18日その差押登記がされた。Aは、同月30日、Y₁に対する債権とともに本件根抵当権をXに譲渡した。Y₂が同年10月本件土地上に新建物を建築したので、Xは、本件賃貸借は根抵当権者であるXに損害を与えるものであるとして、Y₁、Y₂に対し民法旧395条但書による本件賃貸借の解除を、Y₂に対し、賃借権設定登記の抹消登記手続を訴求した。これに対して、Yらは、控訴審において、新建物のために法定地上権が成立するからXに損害を及ぼすものではないと主張して争った。

判旨　1　第一審は、本件賃貸借がXに損害を与えるものであるとして、Xの請求を認容した。

2　控訴審は、Xは新建物の建築を予測していたわけでもないし新建物の建築を承諾したこともないので新建物の法定地上権の成立を認めることはできないとしてYらの控訴を棄却した。

3　上告審は、大審院の判例（大判昭13.5.25民集17巻1100頁）を変更して、つぎのとおり、本件のような場合には法定地上権が成立しない旨を判示し、Yらの上告を棄却した。「所有者が土地及び地上建物に共同抵当権を設定した後、右建物が取り壊され、右土地上に新たに建物が建築された場合には、新建物の所有者が土地の所有者と同一であり、かつ、新建物が建築された時点での土地の抵当権者が新建物について土地の抵当権と同順位の共同抵当権の設定を受けたとき等特段の事情のない限り、新建物のために法定地上権は成立しないと解するのが相当である。けだし、土地及び地上建物に共同抵当権が設定された場合、抵当権者は土地及び建物全体の担保価値を把握しているから、抵当権の設定された建物が存続する限りは当該建物のために法定地上権が成立することを許容するが、建物が取り壊されたときは土地について法定地上

の制約のない更地としての担保価値を把握しようとするのが、抵当権設定当事者の合理的意思であり、抵当権が設定されない新建物のために法定地上権の成立を認めるとすれば、抵当権者は、当初は土地全体の価値を把握していたのに、その担保価値が法定地上権の価額相当の価値だけ減少した土地の価値に限定されることになって、不測の損害を被る結果になり、抵当権設定当事者の合理的意思に反するからである。なお、このように解すると、建物を保護するという公益的要請に反する結果となることもあり得るが、抵当権設定当事者の合理的意思に反してまでも右公益的要請を重視すべきであるとはいえない。」。

Key point 本件事案のような場合については、新建物のための法定地上権の成立を認める個別価値考慮説と、これを否定する全体価値考慮説の対立があり、下級審裁判例も分かれていたが、本判決は、最高裁が（前掲大審院判例を変更して）後者を採ることを明確にした画期的な判決である（ちなみに、東京地裁執行部は、平成4年、全体価値考慮説の立場を採ることを明らかにしていた。）。その後、最判平9.6.5民集51巻5号2116頁（土地とその地上建物に共同抵当権が設定された後、同建物が取り壊されて同地上に新建物が建築され、土地と同順位の共同抵当権が設定されたが、同建物に、同抵当権の被担保債権に優先する国税債権が存する事案につき、新建物のための法定地上権が成立しないとされた事例）、最判平10.7.3判時1652号68頁も本判決と同旨を述べ、全体価値考慮説を採る判例が確立した。

なお、本判決は、同一の所有に属する土地とその地上建物がある場合において、土地についてのみ抵当権が設定され、その後、建物が取り壊されて新建物が建築された場合については、大判昭10.8.10民集14巻1549頁を引用して、新建物のための法定地上権が成立する旨判示している〔⇒7参照〕。

〔解説・評釈等〕春日通良・判解10事件、東海林邦彦・民商120巻3号91頁、高木多喜男・別冊法時16号18頁、半田吉信・判評464号20頁、廣田民生・判タ臨増978号54頁、近江幸治・ジュリ臨増1135号64頁

9 法定地上権の所有者要件

土地及びその地上建物の所有者が建物の所有権移転登記を経由しないまま土地に抵当権を設定した場合に法定地上権の成立が認められた事例

一　審…東京地判昭和39年11月16日民集27巻8号1076頁（主文及び事実）
控訴審…東京高判昭和45年6月29日高民23巻3号382頁
上告審…最判昭和48年9月18日民集27巻8号1066頁

事案　（法定地上権の成否に関する部分のみを要約する。）Xは、Aに対し合計21万円余の貸金債権を有していたが、昭和29年6月18日、上記貸金合計額を元本とし、弁済期を同年12月31日と定めて、これを被担保債権としてY$_1$所有の本件土地に抵当権設定を受け、同月29日その登記を経由した。Y$_1$は、昭和26年1月30日、本件土地上に存する本件建物をその所有者であるBから買い受けてその所有権を取得していたが、その所有権移転登記は経由せず、上記Xのための抵当権設定時には登記簿上B名義のままであった。Xは、上記被担保債権の弁済期にその弁済がなかったので上記抵当権を実行し、自らこれを競落し、昭和30年10月1日、その所有権を取得した。Xは、本件建物に居住するY$_2$に対し、本件建物からの退去による本件土地の明渡しを訴求したところ、Y$_1$は、本件建物のための法定地上権が成立したことを主張して、Xに対し、Y$_1$に対する地上権設定登記手続を訴求した。

判旨　1　第一審は、XのY$_2$に対する建物退去土地明渡請求を認容し、Y$_1$のXに対する請求を棄却した（法定地上権が成立していないことを前提としたものと思われるが、詳細は不明）。

2　控訴審は、Y$_1$は、土地に抵当権を設定した当時地上建物を所有していてもその取得登記を経ていないので法定地上権を取得しえないと判示して、Yらの控訴を棄却した。

3　上告審は、つぎのとおり判示して法定地上権が成立し得る場合であるとして、原判決を破棄して本件を原審に差し戻した。「土地とその地上建物が同一所有者に属する場合において、土地のみにつき抵当権が設定されてその抵当権が実行されたときは、たとえ建物所有権の取得原因が譲渡であり、建物につき前主その他の者の所有名義の登記がされているままで、土地抵当権設定当時建物についての所有権移転登記が経由されていなくとも、土地競落人は、これを理由として法定地上権の成立を否定することはできないものと解するのが相当である。その理由は、つぎのとおりである。民法388条本文は、「土地及ヒ其上ニ存スル建物カ同一ノ所有者ニ属スル場合ニ於テ其土地又ハ建物ノミヲ抵当ト為シタルトキハ抵当権設定者ハ競売ノ場合ニ付キ地上権ヲ設定シタルモノト看做ス」と規定するが、その根拠は、土地と建物が同一所有者に属している場合には、その一方につき抵当権を設定し将来土地と建物の所有者を異にす

ることが予想される場合でも、これにそなえて抵当権設定時において建物につき土地利用権を設定しておくことが現行法制のもとにおいては許されないところから、競売により土地と建物が別人の所有に帰した場合は建物の収去を余儀なくされるが、それは社会経済上不利益であるから、これを防止する必要があるとともに、このような場合には、抵当権設定者としては、建物のために土地利用権を存続する意思を有し、抵当権者もこれを予期すべきものであることに求めることができる。してみると、建物につき登記がされているか、所有者が取得登記を経由しているか否かにかかわらず、建物が存立している以上これを保護することが社会経済上の要請にそうゆえんであって、もとよりこれは抵当権設定者の意思に反するものではなく、他方、土地につき抵当権を取得しようとする者は、現実に土地をみて地上建物の存在を了知しこれを前提として評価するのが通例であり、競落人は抵当権者と同視すべきものであるから、建物に登記がされているか、所有者が取得登記を経由しているか否かにかかわらず、法定地上権の成立を認めるのが法の趣旨に合致するのである。このように、法定地上権制度は、要するに存立している建物を保護するところにその意義を有するのであるから、建物所有者は、法定地上権を取得するに当り、対抗力ある所有権を有している必要はないというべきである。」。

Key point 土地所有者がその土地上に未登記建物を所有している場合において、土地に設定した抵当権が実行された場合については、すでに大判昭7.10.21民集11巻21号2177頁、大判昭14.12.19民集18巻23号1583頁が法定地上権の成立を肯定していた。本判決はその延長線上にあるものといえる。最判昭53.9.29民集32巻6号1210頁も、ほぼ同旨を述べる。

〔解説・評釈等〕川口冨男・判解27事件、槙悌次・民商71巻1号128頁、山田卓生・判評186号2頁、石田喜久夫・ジュリ増刊（担保法の判例Ⅰ）157頁

10 抵当権設定後の所有者の変動と法定地上権の成否

土地を目的とする1番抵当権設定当時、土地と地上建物の所有者が異なっていた場合に法定地上権は成立しないとされた事例

一　審…浦和地熊谷支判昭和60年9月6日民集44巻1号320頁（主文及び事実）
控訴審…東京高判昭和61年12月25日民集44巻1号325頁
上告審…最判平成2年1月22日民集44巻1号314頁

事案

A所有の本件土地上に、Aの子B所有の旧建物があったが、昭和45年4月28日、AとBは本件土地及び旧建物にC（銀行）のための共同根抵当権（1番根抵当権）を設定し、同年5月13日その旨登記を経由した。Aが同年6月死亡し、相続によりBが本件土地の所有権を取得し、同年10月その旨登記を経由した。Bは、昭和50年6月、旧建物を取り壊し、旧建物とは別に昭和45年に本件土地上に建築していた甲建物を増築した後、昭和52年以降、順次、本件土地に2番根抵当権、3番根抵当権、4番抵当権を設定してその旨各登記を経由した。その後、本件土地について1番根抵当権に基づく競売手続が開始されたが、同手続中の昭和54年10月甲建物の一部が焼失したため、Bは同建物残部を取り壊して昭和55年1月本件土地をYに賃貸し、Yは同年6月本件土地上に本件建物を建築した。Xは上記競売手続において本件土地を競落してその所有権を取得し、Yに対して本件建物の収去による本件土地の明渡しを訴求した。Yは、本件土地につき法定地上権が成立すると主張してこれを争った。

判旨

1　第一審は、競売の効果は1番（根）抵当権の内容によって決せられるべきであるとして法定地上権の成立を否定し、Xの請求を認容した。

2　控訴審は、1番根抵当権設定当時には土地と地上建物が同一人の所有ではなかったとしても、その後同一人が所有するに至った後に設定された2番抵当権を標準とすると法定地上権成立の要件が充足されている場合には1番根抵当権に基づいて土地が競売されたときであっても法定地上権が成立すると判示して、第一審判決を取り消し、Xの請求を棄却した。

3　上告審は、つぎのとおり判示して法定地上権の成立を否定し、原判決を破棄してYの控訴を棄却した。「土地建物について1番抵当権が設定された当時土地と地上建物の所有者が異なり、法定地上権成立の要件が充足されていなかった場合には、土地と地上建物を同一人が所有するに至った後に後順位抵当権が設定されたとしても、その後に抵当権が実行され、土地が競落されたことにより1番抵当権が消滅するときには、地上建物のための法定地上権は成立しないものと解するのが相当である。けだし、民法388条は、同一人の所有に属する土地及びその地上建物のいずれか又は双方

に設定された抵当権が実行され、土地と建物の所有者を異にするに至った場合、土地について建物のための用益権がないことにより建物の維持存続が不可能となることによる社会経済上の損失を防止するため、地上建物のために地上権が設定されたものとみなすことにより地上建物の存続を図ろうとするものであるが、土地について1番抵当権が設定された当時土地と地上建物の所有者が異なり、法定地上権成立の要件が充足されていない場合には、1番抵当権者は、法定地上権の負担のないものとして、土地の担保価値を把握するのであるから、後に土地と地上建物が同一人に帰属し、後順位抵当権が設定されたことによって法定地上権が成立するものとすると、1番抵当権者が把握した担保価値を損なわせることになるからである。」。

法定地上権の要件を土地の最先順位の抵当権を基準として決すべきであるのは、建物要件に関する前掲〔➡6〕と同じである。なお、土地と地上建物が異なる時点で土地抵当権が設定され、その後、それらが同一人の所有に属するに至った後に建物に抵当権が設定され、その実行により建物が競売されたときは、いったんは法定地上権が成立するものの、その後土地抵当権が実行されたときは、その買受人には法定地上権を対抗することができないこととなる。

〔解説・評釈等〕小田原満知子・判解3事件、角紀代恵・法協108巻11号148頁、小杉茂雄・民商103巻4号127頁、半田吉信・判評382号30頁

11 抵当権設定時に存した先順位抵当権の消滅と法定地上権の成否

実行時に最先順位である土地抵当権が土地建物が同一所有者に属する時点で設定されたものであるときは、法定地上権が成立するとされた事例

一 審…仙台地判平成17年12月20日金判1271号42頁
控訴審…仙台高判平成18年5月16日金判1271号42頁
上告審…最判平成19年7月6日民集61巻5号1940頁

事案　Y₁所有の本件土地上に、Y₁の夫であるA所有の本件建物が存していたところ、昭和44年5月29日、本件土地建物にAを債務者とするB（信用金庫）のための共同根抵当権が設定され、同月30日その登記が経由された。Aが昭和53年9月26日死亡し、Y₁とその子であるY₂ないしY₅が本件建物を相続し、その共有者となった。本件土地については、平成4年10月12日、Cを債務者とするD（信用組合）のための根抵当権が設定され、同月15日その登記が経由された。前記Bのための根抵当権設定契約は同月30日に解除され、同年11月4日前記根抵当権設定登記の抹消登記が経由された。その後、Dが本件土地についての前記根抵当権を実行し、その競売手続において、平成16年7月2日、Xが本件土地を買い受け、その所有権を取得した。

XがYらに対し、本件建物の収去による本件土地の明渡しを訴求したところ、Yらは本件土地について法定地上権が成立したことを主張してこれを争った。

判旨　1　第一審は、前掲最判平2.1.22〔◆10〕を引用して「同一土地上に複数の抵当権が設定された場合において、先順位抵当権設定当時は土地所有者と建物所有者が異なっていたが、後順位抵当権設定当時は同一人の所有に帰していた場合、抵当権の実行により先順位抵当権が消滅するときには、法定地上権の成立は認められない」としたうえで、さらに「このことは、後順位抵当権の設定後に先順位抵当権が解除された場合においても同様であると解すべきである。」と判示し、法定地上権の成立を否定して、Xの請求を認容した。

2　控訴審は、「この場合に法定地上権の成立を認めると、法定地上権割合が高く、先順位抵当権の被担保債権額が少額のときには、法定地上権の成立による土地の低下が先順位抵当権の消滅による後順位抵当権の把握する価値の増加を上回り、後順位抵当権に対する配分額がむしろ減少し、法定地上権の負担のない土地としての担保余力を把握していた後順位抵当権者の利益を不当に害する結果となる」などと述べて、第一審同様、法定地上権の成立を認めず、Yらの控訴を棄却した。

3　上告審は、つぎのとおり判示して、法定地上権の成立を認め、原判決を破棄し、第一審判決を取り消して、Xの請求を棄却した。「土地を目的とする先順位の甲抵当

権と後順位の乙抵当権が設定された後、甲抵当権が設定契約の解除により消滅し、その後、乙抵当権の実行により土地と地上建物の所有者を異にするに至った場合において、当該土地と建物が、甲抵当権設定時には同一の所有者に属していなかったとしても、乙抵当権の設定時に同一の所有者に属していたときは、法定地上権が成立するというべきである。《中略》民法388条は、土地及びその上に存する建物が同一の所有者に属する場合において、その土地又は建物につき抵当権が設定され、その抵当権の実行により所有者を異にするに至ったときに法定地上権が設定されたものとみなす旨定めており、競売前に消滅していた甲抵当権ではなく、競売により消滅する最先順位の抵当権である乙抵当権の設定時において同一所有者要件が充足していることを法定地上権の成立要件としているものと理解することができる。原判決が引用する前掲平成2年1月22日第二小法廷判決は、競売により消滅する抵当権が複数存在する場合に、その中の最先順位の抵当権の設定時を基準として同一所有者要件の充足性を判断すべきことをいうものであり、競売前に消滅した抵当権をこれと同列に考えることはできない。」。

Key point 競売により消滅する抵当権の中の最先順位のものを基準に法定地上権の要件充足の有無を判断するというのは、古くからの、執行実務として定着していたものであり、本件上告審判決は、当然のことを言ったものである。

なお、本件において実行された抵当権設定時、土地はY₁単独所有、建物はY₁を含む数名の共有であったものであるが、本件では、第一審、控訴審及び上告審とも所有者要件を充足しているという前提に立っている。法定地上権の所有者要件に関しては、土地建物の一方又は双方が共有である場合に法定地上権の成否が問題となった事案に関する最判昭29.12.23民集8巻12号2235頁（土地が甲、乙共有、建物甲所有の場合において甲の土地共有持分が競売された事案について法定地上権の成立を否定）、最判昭44.11.4民集23巻11号1968頁（前掲最判昭29.12.23と同じ共有形態である場合において甲の建物が競売された場合に法定地上権の成立を肯定。最判昭43.9.24民集22巻9号1959頁、最判昭43.12.24民集22巻13号3393頁も同旨）、最判昭46.12.21民集25巻9号1610頁（土地が甲所有、建物が甲、乙共有の場合において甲の土地が競売された場合に法定地上権の成立を肯定）、最判平6.12.20民集48巻8号1470頁（土地建物ともに共有であるが、一部の共有者が重なり、他の共有者が重ならない場合において土地が競売された場合に法定地上権の成立を否定）などがある。

〔解説・評釈等〕宮坂昌利・判解21事件、古賀政治・NBL865号14頁、浅田隆・NBL865号20頁、高橋寿一・判評594号184頁、松本恒雄・ジュリ臨増1354号72頁、畠山新・金法1827号22頁、小沢征行・金法1813号4頁、小山泰史・金法1838号36頁、池田雅則・金法1844号37頁

12 土地賃借権の時効取得

他人の土地の用益がその他人の承諾のない転貸借に基づくものである場合にもその土地の賃借権ないし転借権を時効取得することができるとされた事例

一　審…静岡地判昭和38年2月26日民集23巻8号1380頁（主文及び事実）
控訴審…東京高判昭和41年4月22日民集23巻8号1394頁
上告審…最判昭和44年7月8日民集23巻8号1374頁

事案　Aはその所有する本件土地を含む土地200坪をBに賃貸し、Bはその地上に10数戸を建築、所有し、これらを他へ賃貸していた。Bが昭和20年8月4日死亡し、Cが上記建物の所有権と土地賃借人たる地位を承継したが、そのころ上記建物がすべて戦災で焼失したので、CはあらためてAから上記罹災地200坪を建物所有目的で期間の定めなく賃借した。Cは上記賃借地に漸次建物を建築、所有するに至ったが、その間、昭和21年ころ、上記賃借地の一部を建物所有目的で期間の定めなくDに転貸した。Dは同土地上に本件建物を建築、所有していたが、昭和32年5月ころ、本件建物とその敷地（本件土地）の転借権をEに売却し、Eはその後まもなくこれらをYに売却した。Aは昭和34年3月に死亡しXらが上記土地所有権とその賃貸人たる地位を承継した。XらはYに対し、本件建物の収去による本件土地の明渡しを訴求した。これに対しYは、上記本件土地転貸についてはAの承諾があったこと、仮に同承諾が認められないとしてもDは本件土地の賃借権ないし転借権を時効取得したことを主張するとともに、旧借地法10条により建物を時価で買い取るよう求めた。

判旨　1　第一審は、Xらから14万円余の支払を受けるのと引換えにXらに本件建物の引渡手続をして本件土地を明け渡すべき旨を命じた。

2　控訴審は、上記転貸についてのAの承諾があったことは認めず、DはCとの契約により転借権を取得したのであるから転借権時効取得の主張は容れる余地はないとした。そして、DはAに対抗し得る転借権を有していなかったのであるから本件建物は旧借地法10条にいわゆる「借地権者が権原によって本件土地に附属せしめた」物とはいえないとしてYの建物買取請求権を否定し、XらのYに対する請求について、原判決を取り消してこれを認容した。

3　上告審は、後掲最判昭43.10.8を引用して土地賃借権の時効取得が可能であることを述べたうえで、「この法理は、他人の土地の継続的な用益がその他人の承諾のない転貸借にもとづくものであるときにも、同様に肯定することができると解すべきである。」と判示した。また、原審が「DがCとの契約により転借権を取得したのであるから転借権の時効取得の主張を容れる余地はない。」とした点について「土地の賃借権の時効取得の制度は、実体法上、当事者間の契約による土地の賃借権の取得が認められない場合にはじめて適用される予備的ないし補充的な制度と解しなければな

らない理由はないのみならず、Yは、本訴において、DがCに対する関係で本件土地の賃借権ないし転借権を取得したと主張しているわけではなく、Aに対する関係でこれを取得した旨主張しているのであるから、原判示のように、DがCとの契約により同人に対する関係で右土地の転借権を取得したことが認められるとの一事をもって、直ちに、Dが右土地の転借権を時効により取得した旨のYの主張は容れられないとすることは早計であるといわなければならない。」とした。そして、原判決中、Yの敗訴部分を破棄し、同部分を原審に差し戻した。

　最判昭43.10.8民集22巻10号2145頁は、「土地の継続的な用益という外形的事実が存在し、かつ、それが賃借の意思に基づくことが客観的に表現されているときは、民法163条に従い土地賃借権の時効取得が可能であると解するのが相当である。」と判示した（ただし、建物所有目的の賃借権と認定されたものではない。）。本判決は、原賃貸人との関係でも原賃貸人に対抗することのできる転借権の時効取得が可能であることを判示したものである。原賃貸人に対する関係で転借権の時効取得が認められた場合には、当該転貸借について原賃貸人の承諾を得た適法な転貸借が生じている場合と同様の関係となる。

　このほか、土地賃借権又は地上権の取得時効に関する判例として、最判昭45.5.28判時596号41頁（地上権の時効取得を否定した原判決を是認）、最判昭45.12.15民集24巻13号2051頁（土地賃貸借契約が無効であっても賃借権の時効取得が可能であるとした事例）、最判46.11.26判時654号53頁（立木所有目的の地上権の時効取得を肯定）、最判昭52.9.29判時866号127頁（土地賃借権の時効取得を肯定）、最判昭53.12.14民集32巻9号1658頁（賃借意思に基づくものではないとして土地賃借権の時効取得を否定）、最判昭62.6.5判時1260号7頁（土地賃借権の時効取得を肯定）などがある。

　なお、抵当権設定登記後の土地賃借権の時効取得を公売の買受人に対抗することができないとした後掲〔⇒18〕がある。また、土地賃借権の時効取得を強制競売による土地取得者に対抗することができるとした東京高判平21.5.14判タ1305号161頁がある。

〔解説・評釈等〕奥村長生・判解47事件、加藤雅信・法協87巻9,10号998頁、中井美雄・民商62巻6号993頁

1-2

土地の譲渡と借地権の対抗力

傾向と実務

第1　「借地権の対抗力」とは何か

　借地権者が、借地契約を締結した相手方である借地権設定者に対して借地権を主張することができることは当然であり、対抗力や対抗要件を問題にする余地はない（借地権設定者の相続人などの包括承継人に対する関係でも同じである。）。

　しかし、借地契約を締結した借地権設定者やその包括承継人ではない第三者が登場した場合に、その第三者に対して、自分が借地権を有することを認めさせることができるかどうかは別問題である。その第三者としては、自分が直接約定したわけでもない契約に当然に拘束されるいわれはないからである。例えば、A所有の土地について、Bが建物所有目的でこれをAから賃借した後、Aが同土地をCに譲渡したという場合に、Bが自分の有する賃借権（借地権）をCに当然に認めさせる（対抗することができる）わけではない。BがCに自分の借地権を対抗するためには後述する対抗要件を具備することが必要である（対抗要件を具備している場合は、Cは、Bに対する関係で、借地権設定者たる地位を承継する。）。同じような関係（対抗関係）は、前記のような、所有者である借地権設定者の任意の土地譲渡のほか、土地の抵当権者や競売（ないし公売）によりその土地を買い受けた者（買受人）との間でも生じる。

第2　借地権を対抗することができる場合（対抗要件）

1　地上権設定登記、賃借権設定登記

　まず、借地権が対抗力を有する場合（借地権者がその借地権を第三者に対抗することができる場合）として民法が予定している対抗要件は登記である。

　物権である地上権については、その設定者である土地所有者は、地上権を第三者にも対抗することができるように登記（民法177条。この場合は、不登78条による地上権設定登記）を備えさせる義務がある（換言すれば、地上権者は地上権設定者に対して地上権設定登記手続を請求することができる。）。

　債権については、一般には上記のような対抗力は認められていないが、不動

産の賃借権については、地上権のような用益物権と同じような側面があるところから、例外的に、登記をすることによって対抗力を得ることができるものとしている（民法605条。この場合は、不登81条による賃借権設定登記）。ただ、この場合、地上権の場合と異なり、別段の約定がある場合のほか、賃貸人は賃借権設定登記手続に応じる義務はない（賃借人は賃貸人に賃借権設定登記手続を請求することができない。）と考えられており、実際上もその登記がされていることはほとんどない。

2 建物の登記

実際に存在する借地権のほとんどは、地上権ではなく土地賃借権であり、しかも前述のとおり賃借権設定登記がされることもほとんどないので、そのままであれば、建物所有目的で土地を賃借して建物を建築、所有している場合において、賃貸人がその土地を第三者に譲渡した場合には、賃借人は自分の土地賃借権（借地権）を土地譲受人に対抗することができず、土地譲受人から建物収去土地明渡請求をされるとこれに応じなければならなくなってしまう。しかし、これでは、借地権者が安心して借地を利用することができないし、せっかく建築した借地権者の建物を取り壊さなければならなくなってしまうことは社会経済上の損失でもある。そこで、古く、明治42年に建物保護法が制定、施行され、借地権については、地上権設定登記又は賃借権設定登記がなくても、建物の登記があれば、これを第三者に対抗することができるとされ（同法1条）、その後、借地借家法に踏襲された（同法10条1項）。ちなみに、建物の表題登記の手続（申請）は建物所有者の義務であり（不登47条）、土地所有者の協力を要しない。

なお、登記上の建物の表示が実際と多少異なっていても対抗力を有するが〔◯13、14〕、借地権者がその近親者の名義で建物登記を経由した場合には、借地権の対抗力が生じないとするのが判例である〔◯16〕。

3 登記した建物が滅失した場合の掲示

前述のとおり、借地権者は、その建物の登記を備えることによって、借地権を第三者に対抗することができるが、その建物が滅失したときは、「建物の登記による対抗」ができなくなってしまう。そこで、借地借家法は、このような場合に借地権の対抗力を生じさせる手段（対抗要件）を創設した。すなわち、登記をした建物が滅失しても、借地権者が、その建物を特定するに必要な事項、その滅失があった日及び建物を新たに築造する旨を土地の上の見やすい場所に

掲示するときは、借地権は、建物の滅失日から2年間は対抗力を維持する（同法10条2項）。この規定は、旧借地権にも適用される。

4 抵当権実行（競売）による土地所有権移転の場合

建物登記等により借地権の対抗要件を具備した後に土地に抵当権設定登記が経由された場合には、その抵当権実行としての担保不動産競売により土地を取得した買受人に借地権を対抗することができる（買受人は借地権設定者たる地位を承継する。）

逆に、借地権の対抗要件具備が抵当権設定登記に後れるときは、競売により土地を取得した買受人に借地権を対抗することができない（買受人は、借地権者に対し、建物収去土地明渡請求をすることができる。〔⇨18〕参照）。

5 大災害の場合の特例

やや特殊な場合であるが、大災害が発生し、「大規模な災害の被災地における借地借家に関する特別措置法」（平成25年9月25日施行。なお、罹災都市借地借家臨時処理法は同日廃止）が適用される場合には、大規模災害による登記された建物の滅失後も、同法適用時から6か月間は借地権の対抗力を失わないし（同法4条1項）、その場合に再築する旨を土地の見やすい場所に掲示するときは、同法適用時から3年間は借地権の対抗力が維持される（同条2項）。

第3　借地権が対抗力を有しない場合

建物登記などがされていないために借地権が対抗力を有しない場合、すなわち、借地権者が自己の借地権を第三者に対抗することができない場合には、その第三者は借地権の存在を無視することができる。例えば、A所有の土地をBが建物所有目的で賃借し同地に建物を建築、所有しているものの、賃借権設定登記も建物登記も備えていない場合は、Bは、Aから土地を譲り受けたCに借地権を対抗することができない。したがって、Cは、Bに対する関係で賃貸人（借地権設定者）たる地位を承継することはなく、Bに対して建物収去土地明渡しを請求することができるのが原則である。

もっとも、そのような場合に、土地譲受人の借地権者に対する建物収去土地明渡請求が「権利の濫用」（民法1条3項）として許されない旨を判示した判例〔⇨20〕が、相当数見られる。

13 建物の登記が現況と著しく異なる場合の対抗力

借地上に現存する建物が登記簿上借地人の所有として表示された建物と構造、坪数の点で著しく異なる場合でも、前者が後者の一部であるなどの事情があるときは、当該現存建物は、建物保護法1条にいう「登記シタル建物」に当たるとされた事例

一　審…東京地判昭和35年3月31日民集18巻8号1563頁（主文及び事実）
控訴審…東京高判昭和36年9月28日民集18巻8号1568頁
上告審…最判昭和39年10月13日民集18巻8号1559頁

事案　（第一審において反訴として提起されたX_1ないしX_2のYに対する建物収去土地明渡請求事件に関する部分のみをとりあげる。）Aは、大正9年ころ、本件建物の敷地を含む66坪余の本件宅地を建物所有目的でYに賃貸し、Yは同土地上に甲乙2種の建物を所有しこれらについて所有権取得登記を経由していた。Yは、その後昭和3年に甲建物の増改築を行うとともに乙建物を取り壊し、甲建物に接続して鉄筋コンクリート造の本件車庫を新築し、その階上に甲建物の2階に接続する木造建物を新設した。同年12月上記増改築後の建物について変更登記及び合棟登記がされた。その後戦災で上記建物の木造部分が焼失し、本件車庫のみが焼け残ったので、Yは昭和35年本件車庫の現状に合致する更正登記をした。一方、Aは、昭和22年上記本件宅地を含む土地を国に物納し、X_1が昭和27年これの払下げを受けて所有権を取得し、各所有権移転登記が経由された。

　X_1がYに対し本件車庫の収去による本件宅地の明渡しを訴求したところ、Yは、建物保護法1条にいう登記した建物を所有することにより本件宅地の賃借権をX_1に対抗することができる旨を主張して争った（昭和33年、X_1が本件土地をX_2に売り渡したので、控訴審においてX_2がX_1の権利承継人として参加した。）。

判旨　1　第一審は、X_1の請求を認容し、Yに対して本件車庫の収去による本件宅地の明渡しを命じた。

　2　控訴審は、X_1が本件土地を取得した当時の、更正登記前の登記簿上の表示は本件建物の現状と著しく異なってはいたものの、登記された建物に本件建物も含まれていたことなどを理由に、Yは本件土地の賃借権をX_1に対抗することができると判示して、この部分についての第一審判決を取り消して、X_2のYに対する建物収去土地明渡請求を棄却した。

　3　上告審も、つぎのとおり判示して、控訴審の判断を是認し、X_2の上告を棄却した。「Yが本件宅地上に本件車庫を所有するに至った経緯、X_2が本件宅地の所有権を取得するに至った経緯および本件宅地上の建物についての登記簿上の表示の変遷に関し原審が確定した諸般の事情のもとでは、「建物保護ニ関スル法律」1条の適用に

1章　借地に関する判例　55

ついては、Yは本件宅地上に登記した建物を所有するものというべきである旨の原判示は正当である。」。

Key point 　建物保護法1条の適用に関して、判例は、借地上建物の現状と登記簿上の表示との違いについては寛容な態度をとっているといえる（後掲〔⊃14〕参照）。建物保護法1条を踏襲した借地借家法10条1項についても、このような判例の考え方は維持されているとみることができる。他に、同旨の判例として、東京地判昭37．5．11下民13巻5号993頁、東京高決平13．2．8判タ1058号272頁などがある。
　なお、賃貸土地の所有者がその所有権とともにする賃貸人たる地位の譲渡について、最判昭46．4．23民集25巻3号388頁は、「土地の賃貸借契約における賃貸人の地位の譲渡は、賃貸人の義務の移転を伴うものではあるけれども、賃貸人の義務は賃貸人が何びとであるかによって履行方法が特に異なるものでなく、また、土地所有権の移転があったときに新所有者にその義務の承継を認めることがむしろ賃借人にとって有利であるというのを妨げないから、一般の債務の引受の場合と異なり、特段の事情のある場合を除き、新所有者が旧所有者の賃貸人としての権利義務を承継するには、賃借人の承諾を必要とせず、旧所有者と新所有者間の契約をもってこれをなすことができると解するのが相当である。」と判示している。
〔解説・評釈等〕枡田文郎・判解86事件、篠塚昭次・民商52巻5号32頁

14 建物登記における所在地番の表示が実際と異なっている場合の対抗力

建物登記における建物所在の地番が実際と多少相違していても借地権の対抗力を有するとされた事例

一　審…東京地判昭和35年11月26日民集19巻2号466頁（主文及び事実）
控訴審…東京高判昭和36年7月21日民集19巻2号471頁
上告審…最大判昭和40年3月17日民集19巻2号453頁

事案　Xは、昭和30年4月22日、Aからその所有する本件建物を代物弁済により譲り受けて同日その所有権取得登記を経由した。Xは、その後、同年5月1日、Aから、その所有する〇〇町八丁目79番の宅地106坪余の中の本件建物の敷地部分31坪余（本件土地）を賃借した。Yは、昭和32年3月6日、Aから、上記79番宅地を買い受け、同日その登記を経由した。しかし、本件建物は、登記簿上、同町80番の宅地上に存するものとして登記されている。Xは、Yに対し、本件土地についての普通建物所有を目的とする賃借権を有することの確認を訴求した。

判旨　1　第一審は、Xの請求を認容した（理由不明）。
2　控訴審は、X所有の本件居宅が同所79番の土地上に存在するのに登記簿上は同所80番の土地上に存在するものとして登記されているので、Xの賃借権は建物保護法による保護を受けることはできないとして、第一審判決を取り消し、Xの請求を棄却した。
3　上告審は、つぎのとおり判示して本件賃借権の対抗力を認め、原判決を破棄し、本件を原審に差し戻した。「借地権のある土地の上の建物についてなされた登記が、錯誤または遺漏により、建物所在の地番の表示において実際と多少相違していたとしても、建物の種類、構造、床面積等の記載と相まち、その登記の表示全体において、当該建物の同一性を認識し得る程度の軽微な誤りであり、殊にたやすく更正登記ができるような場合には、同法1条にいう「登記シタル建物ヲ有スル」場合にあたるものというべく、当該借地権は対抗力を有するものと解するのが相当である。」

我が国では、土地の位置を示す公的な図面の整備が未だ不十分であり、いわゆる公図が正確さを欠いていることも周知のとおりである。そのような事情もあってか、借地上建物の表示登記における所在地番が借地の所在地番と一致しないことは珍しくない。前掲〔⇒13〕と同様、建物登記が実際と多少異なっていても借地権の対抗力を認めた大法廷の判決である。本件上告審判決の後、同旨を述べたものとして、最判昭和45.3.26判時591号64頁がある。
〔解説・評釈等〕田中永司・判解9事件、我妻栄・法協82巻6号841頁、篠塚昭次・民商53巻5号32頁、鈴木禄弥・判評81号14頁

15 表示登記のみの建物による対抗

借地上の建物につき表示登記のみがある場合に借地権の対抗力を認めた事例

一　審…東京地判昭和46年12月21日民集29巻2号89頁（主文及び事実）
控訴審…東京高判昭和47年7月7日民集29巻2号92頁
上告審…最判昭和50年2月13日民集29巻2号83頁

事案　Aからその所有する本件土地をYの亡父が建物所有目的で賃借し、同地上に本件建物を建築、所有していたが、昭和23年に同人が死亡しYが相続した。Aは、昭和24年本件土地をBに譲渡し、Yは引き続きBから本件土地を賃借していたが、Bは、昭和45年、本件土地をXに売却してその所有権移転登記を経由した。同日にはすでに本件建物について、Yの亡父を所有者と記載した表示登記がなされていた（本件建物について、権利登記である保存登記は経由されていない。）。Xは、Yの借地権は対抗力を有しないと主張して、Yに対し、本件建物の収去による本件土地の明渡しを訴求した。

判旨　1　第一審は、Xの請求を棄却した（理由不明）。

2　控訴審は、所有者名の記載のある建物の表示登記は建物保護法1条の登記にあたるのでYは本件土地の賃借権をXに対抗することができると判示して、Xの控訴を棄却した。

3　上告審は、つぎのとおり判示して原判決の判断を是認し、Xの上告を棄却した。「建物保護ニ関スル法律1条が、建物所有を目的とする土地の借地権者（地上権者及び賃借人を含む。）がその土地の上に登記した建物を所有するときは、当該借地権（地上権及び賃借権を含む。）につき登記がなくても、その借地権を第三者に対抗することができる旨を定め、借地権者を保護しているのは、当該土地の取引をなす者は、地上建物の登記名義により、その名義者が地上に建物を所有する権原として借地権を有することを推知しうるからであり、この点において、借地権者の土地利用の保護の要請と、第三者の取引安全の保護の要請との調和をはかろうとしているものである。この法意に照らせば、借地権のある土地の上についてなさるべき登記は権利の登記にかぎられることなく、借地権者が自己を所有者と記載した表示の登記のある建物を所有する場合もまた同条にいう「登記シタル建物ヲ有スルトキ」にあたり、当該借地権は対抗力を有するものと解するのが相当である。」。

Key point　表示登記には、所有権保存登記の申請適格者を明らかにする目的で所有者の氏名等が記載されるが、民法177条による対抗力を有する権利登記ではない。しかし、表示登記がされていて建物所有者の氏名等が記載されていれば、第三者も借地権の存在を推知できるところから、借地権の対抗力を認めたものである。

〔解説・評釈等〕東條敬・判解5事件、石神兼文・民商73巻5号625頁

16 親族名義の建物による対抗の可否

借地権者の長男名義でした建物によっては借地権を第三者に対抗することができないとされた事例

一　審…松山地判昭和35年8月15日民集20巻4号892頁（主文及び事実）
控訴審…高松高判昭和36年10月25日民集20巻4号895頁
上告審…最大判昭和41年4月27日民集20巻4号870頁

事案　Aは、昭和20年、その所有する本件土地を建物所有目的でYに賃貸し、Yは、昭和21年本件土地上に本件建物を建築、所有していたが、昭和31年、本件建物を同居の長男Bの名義の所有権保存登記を経由した。Xは、昭和31年、Aとの交換により本件土地を取得し、所有権移転登記を経由した。Xは、本件土地の所有権に基づき、Yに対し、本件建物の収去による本件土地明渡しを訴求した。

判旨　1　第一審は、本件保存登記が土地賃借人Yではなく、その長男B名義であるからといって無効の登記とはいえないから、建物保護法1条によりYは本件土地賃借権をXに対抗することができると判示して、Xの請求を棄却した。

2　控訴審も、第一審と同様に、Yは、本件建物のB名義による保存登記をもって、土地賃借権をXに対抗することができると判示して、Xの控訴を棄却した。

3　上告審は、つぎのとおり判示し、原審の判断を誤りとし、原判決を破棄、第一審判決を取り消して、Xの請求を認容した。「地上建物を所有する賃借権者は、自己の名義で登記した建物を有することにより、始めて右賃借権を第三者に対抗し得るものと解すべく、地上建物を所有する賃借権者が、自らの意思に基づき、他人名義で建物の保存登記をしたような場合には、当該賃借権者はその賃借権を第三者に対抗することはできないものといわなければならない。けだし、他人名義の建物の登記によっては、自己の建物の所有権さえ第三者に対抗できないものであり、自己の建物の所有権を対抗し得る登記あることを前提として、これを以って賃借権の登記に代えんとする建物保護法1条の法意に照し、かかる場合、同法の保護を受けるに値しないからである。」。

借地権者が借地上に所有する建物を配偶者や子など近親者の名義で登記していることは、実際上珍しくない。そのような場合に、借地権の対抗力を否定する本判決の上記見解については学説の反対も少なくないが、以後も最高裁の見解として維持され、判例として確立しているといえる（最判昭47.6.22民集26巻5号1051頁、最判昭47.7.13判時682号23頁、最判昭50.11.28判時803号63頁、最判昭58.4.14判時1077号62頁など参照）。

〔解説・評釈等〕高津環・判解42事件、我妻栄・法協84巻4号579頁、谷口知平・民商55巻6号173頁、広中俊雄・判評92号15頁

17 抵当権設定登記後に再築した建物と借地権の対抗

土地の抵当権実行による競売手続開始後、借地権者が抵当権設定登記前に保存登記をしていた建物を取り壊して新建物を建築した場合、借地権を土地の買受人に対抗することができるとされた事例

一 審…横浜地判平成8年3月11日
控訴審…東京高判平成12年5月11日金判1098号27頁

事案 Aは、昭和53年7月、その所有する本件土地を建物所有目的でYに賃貸し、Yは、昭和61年8月、同地上に旧建物を建築し、昭和62年3月、Y名義の所有権保存登記を経由した。Bは、昭和63年8月23日、Aから本件土地を買い受け、同月25日所有権移転登記を経由した。同時に、Bは、Xのために本件土地に根抵当権を設定し、同日その登記を経由した。Xは、根抵当権に基づき本件土地の競売を申し立て、平成3年8月29日、競売開始決定がされた。Yは、平成5年に旧建物を取り壊し、本件建物を建築し、平成6年7月、旧建物の滅失登記、新建物の表示登記、所有権保存登記を経由した。執行裁判所は、平成6年6月ころ、本件土地を期間入札に出したが、その物件明細書には、本件土地について、期間を昭和53年7月1日から30年とするYの賃借権がある旨の記載がされ、また本件土地の最低売却価額は、賃借権の負担があることを前提に更地価格の4割を評価額とした評価をもとに決定された。Xが、本件土地の買受けを申し出、Xに対する売却許可決定の確定を経て平成6年9月30日、Xへの所有権移転登記が経由された。Xは、本件建物の登記がXのための根抵当権設定登記に後れることを理由に、Yは本件土地賃借権をXに対抗することができないと主張して、Yに対し、本件建物の収去による本件土地の明渡しを訴求した。これに対し、Yは、Xの根抵当権設定登記が旧建物の登記に後れることを理由に本件土地賃借権をXに対抗することができると主張して争った。

判旨 1 第一審は、Xの主張を認めてその請求を認容した。
2 控訴審は、抵当権者と借地権者等の不動産上の権利者との対抗問題は抵当権設定時に生じ、その時点で抵当権者ないし不動産競売の買受人に対抗することのできた土地賃借権は、その後地上建物が滅失したりしても対抗力を失わない旨、詳細な理由を述べて判示し、第一審判決を取り消して、Xの請求を棄却した。まず、対抗問題が生じる時期については、つぎのとおり判示する。「民事執行法は、土地の買受人が借地権を引き受けるかどうかを、その借地権が抵当権者に対抗することができるかどうかによって決定している。すなわち、不動産競売では、対抗問題は、抵当権の設定時に生じ、買受人が不動産を競落するときに生じるのではない。《中略》不動産競売における買受人の所有権の取得は、抵当権者の有する換価権の実現にすぎず、

新たな物権変動ではない。そのために、競売の時点での対抗問題は生じないのであって、競売による所有権取得の場合には、借地権を買受人が引き受けるかどうかは、抵当権者に対抗できるかどうかで定まるのであり、そのことを民事執行法59条2項が確認しているのである。」。そして、借地上建物の滅失と借地権の対抗に関しては、つぎのとおり判示した。「抵当権設定登記が経由された時点において、土地の建物に所有権保存登記を経由していれば、借地人は借地権を抵当権者に対抗することができる。このようにして対抗力を取得した借地権は、その抵当権者との間では、その対抗力を維持するため、建物自体を維持したり、所有権保存登記を維持していなければならないわけではない。けだし、抵当権者が抵当権を取得するに当たって、目的物に借地権が存在することを認識させることに、対抗要件の意義があり、いったん、抵当権者が対抗要件の存在によりその認識を得、これをもとに抵当物件の価値を把握した以上、その後に、建物が滅失したり対抗要件である登記が消滅しても、すでにされた抵当権者の担保価値の把握の内容に変化は生じないからである。」。

抵当権設定時にすでに登記されていた借地上建物がその後に滅失した場合における借地権の対抗力の消長を論じた重要な裁判例である。不動産競売における売却許可決定に対する執行抗告事件についての東京高決平13．2．8判タ1058号272頁も同旨を判示している。

18 抵当権設定登記後の土地賃借権の時効取得とその対抗

抵当権設定後の土地賃借権の時効取得を公売による土地買受人に対抗することができないとされた事例

一 審・・・東京地判平成20年6月19日金判1365号26頁
控訴審・・・東京高判平成21年1月15日金判1365号21頁
上告審・・・最判平成23年1月21日判時2105号9頁

事案　Aから昭和14年本件土地を賃借したBは同土地上に建物を所有していたが、昭和16年CがBから同建物を取得し、Aとの間であらためて本件土地の賃貸借契約を締結した。昭和27年C死亡によりYが同建物を相続したが、昭和30年、同建物を取り壊して同土地上に本件建物1を新築し、さらに昭和39年に本件建物2を新築してこれらを所有していた（なお、平成14年に本件各建物の保存登記が経由された）。平成8年、財務省（旧大蔵省）を抵当権者とする抵当権設定登記が経由された。本件土地は平成11年A死亡によりDが相続した。Xは、平成18年12月11日に公売により本件土地を取得した。その間、Yは、本件土地の賃料をAないしDに継続して支払っていた。

Xが、Yに対し、本件各建物収去による本件土地明渡しを訴求したところ、Yは本件土地の賃借権を時効取得したこと、これをXに対抗することができると主張して争った。

判旨　1　第一審は、本件抵当権設定日から10年間、善意無過失で借地権を有すると信じて本件土地を占有し、賃貸人である地主に地代（賃料）を継続的に支払ってきたのであるから平成18年12月20日、本件土地の借地権を取得し、登記なくしてこれをXに対抗することができると判示して、Xの請求を棄却した。

2　控訴審は、賃借権と抵当権の優先関係は対抗要件具備の先後で定まること、抵当権者は目的物を占有するものではないので第三者による賃借権の時効取得を中断する手段を有しないことなどを理由に、Xとの関係ではYは本件土地の賃借権を時効取得することができないと判示して、第一審判決を取り消して、Xの請求を認容した。

3　上告審は、つぎのとおり判示してYの上告を棄却した。「抵当権の目的不動産につき賃借権を有する者は、当該抵当権の設定登記に先立って対抗要件を具備しなければ、当該抵当権を消滅させる競売や公売により目的不動産を買い受けた者に対し、賃借権を対抗することができないのが原則である。このことは、抵当権の設定登記後にその目的不動産について賃借権を時効により取得した者があったとしても異なるところはないというべきである。したがって、不動産につき賃借権を有する者がその対抗要件を具備しない間に、当該不動産に抵当権が設定されてその旨の登記がされた場合、上記の者は、上記登記後、賃借権の時効取得に必要とされる期間、当該不動産を継続

的に用益したとしても、競売又は公売により当該不動産を買い受けた者に対し、賃借権を時効により取得したと主張して、これを対抗することはできないことは明らかである。」。

Key point 地上権、賃借権等の用益権と抵当権の優先関係はその対抗要件具備の先後で定まる（前者が後者に劣後するときは、抵当権実行による担保不動産競売の買受人に用益権を対抗することができない。なお、未登記の通行地役権について、例外を認めた最判平25.2.26民集67巻2号297頁参照）。本件事案は、抵当権設定登記が経由される前に賃借権設定登記も借地借家法10条1項（旧建物保護法1条）による建物登記も経由していなかったものであるから、抵当権実行による買受人に賃借権を対抗することができないことは当然といえよう。

もっとも、本件上告審判決は、競売（売却）前の土地所有者に対して、賃借権の対抗要件を具備していなくても、その時効取得を主張することができることを否定するものではない。

なお、土地賃借権の時効取得を強制競売による土地取得者に対抗することができるとした東京高判平21.5.14判タ1305号161頁がある。

〔解説・評釈等〕草野元己・民商145巻4・5号124頁、香川崇・法時84巻12号107頁、石田剛・判タ1363号230頁、松久三四郎・金法1953号33頁、古積健三郎・ジュリ臨増1440号70頁、宗宮英俊・NBL957号123頁

19 建物滅失後の掲示が撤去された場合における借地権の対抗力の有無

借地借家法10条2項に基づく掲示が撤去された後は借地権を第三者に対抗することができないとされた事例

東京地判平成12年4月14日金判1107号51頁

事案

Aは、昭和24年、その所有する本件土地を建物所有目的でBに賃貸し、Bは同地上に本件建物を建築、所有していたが、昭和61年9月死亡し、Xらが本件建物と本件土地賃借権を相続し、昭和62年4月、本件建物について所有権移転登記を経由した。本件土地は、平成8年6月Cに、平成9年11月Dに、平成11年4月Yに、それぞれ所有権が移転され、それぞれその旨の所有権移転登記が経由された。その間、平成10年12月30日、本件建物が火災により焼失したので、Xらは平成11年3月18日、本件土地上に借地借家法10条に基づく掲示をしたが、同月25日には何者かによって上記掲示が撤去されて、代わりにDが本件土地を所有している旨の看板が設置されていた。Xらは、同日、前記掲示と同内容の看板を設置したが、それも翌26日には外されていた。Xらが、同日、三たび同内容の掲示をしようとしたところ、Dの社員数名に取り囲まれ、掲示をしないよう脅迫されたので、掲示を断念した。Xらは、Yに対し本件土地賃借権確認を訴求した。

判旨

借地借家法10条2項の趣旨についてつぎのとおり判示し、Xらは、同条による掲示が存在しない時点で本件土地を買い受けたYに借地権を対抗することができないとしてXらの請求を棄却した。「法10条2項の規定は、建物が滅失して借地上に存在しなくなっても、滅失した建物の残影があれば、それからその土地上には土地利用権が設定されているとの推測が働き、建物の登記簿も調べて借地権の存在を知ることができるとの考えから設けられたものである。」、「法10条2項の定める掲示は滅失した建物の残影に他ならないから、掲示が一旦なされた後に撤去された場合には、その後にその土地について借地権の負担のない所有権を取得した第三者に対しては、借地権を対抗することができなくなるというべきである。すなわち、第三者に対して借地権の対抗力を主張するためには、掲示を一旦施したというだけでは不十分であり、その第三者が権利を取得する当時にも掲示が存在する必要があると解するのが相当である。」。

本件判旨は、おおむね通説に従ったものである。ただ、本件事案のように何者かが掲示を撤去することがあることをも考慮すると（もちろんそのような撤去は不法行為に当たるといえるが）、掲示による借地権の対抗力の維持が実際上困難となることも予想される。

〔解説・評釈等〕野村豊弘・判タ1060号94頁

20 対抗力を有しない借地権者に対する建物収去土地明渡請求の可否

土地所有権取得登記に後れて建物保存登記を経由した土地賃借人に対する建物収去土地明渡請求が権利の濫用として許されないとされた事例

一　審…鹿児島地川内支判（判決年月日不明）民集17巻5号647頁（主文及び事実）
控訴審…福岡高宮崎支判昭和36年10月30日民集17巻5号652頁
上告審…最判昭和38年5月24日民集17巻5号639頁

事案　Aは、昭和21年その所有する本件土地を建物所有目的でYに賃貸し、Yは、同土地上に本件建物を所有していた。Yは、昭和33年2月12日、本件建物の保存登記をする前提として建物の申告書を所轄法務局出張所に提出したがAの証明印がなかったので同出張所がAにその押印を求めたところ、Aは、同出張所から同申告書を持ち帰ったまま返還せず、同年3月本件土地を実子のBに売り渡してその登記を経由した。さらに、Bは同年5月本件土地をX（当時Aが代表者である有限会社）に売り渡し同月10日その登記を経由した。それより数日遅れて本件建物の保存登記が経由された。Xは、Yに対し、本件建物収去による本件土地の明渡しを訴求した。

判旨　1　第一審は、Xの請求を棄却した（理由不明）。
2　控訴審は、Xが、Yの賃借権が対抗力を有しないことに乗じて、Yに対し本件建物収去土地明渡請求をするのは権利の濫用であるとして、Xの控訴を棄却した。
3　上告審は、Xが、本件土地に対するYの賃借権の存在を知悉しながら、Yを立ち退かせることを企図して本件土地を買い受けたことや、Aが、Yの本件建物の保存登記を妨げるような行為をしたことなどの事実その他原審認定の一切の事実関係を合せ考えれば、「原審が、Xが冒頭記載のような理由によりYの前記賃借権の対抗力を否定し本件建物の収去を求めることは権利の濫用として許されないとした判断も正当として是認しえられる。」として、Xの上告を棄却した。

対抗力を具備しない借地権者に対する建物収去土地明渡請求が権利の濫用として許されないとした判例は、後掲〔◯21〕のほか、最判昭43.9.3民集22巻9号1817頁（後掲〔◯21〕とは関連別件）、最判昭44.11.21判時583号56頁、（やや特殊な事案に関する）最判平9.7.1民集51巻6号2251頁などがある。

〔解説・評釈等〕真船孝允・判解45事件、星野英一・法協82巻3号422頁、広中俊雄・民商50巻2号235頁

21 対抗力を有しない借地権者に対する損害賠償請求の可否

対抗力を有しない土地賃借人に対する建物収去土地明渡請求が権利の濫用として許されない場合にも当該土地賃借人の同土地占有について損害賠償請求をすることができるとされた事例

一　審…大阪地判昭和29年11月9日民集22巻9号1772頁
控訴審…大阪高判昭和39年3月30日民集22巻9号1781頁
上告審…最判昭和43年9月3日民集22巻9号1767頁

事案

　Aは、本件土地とその地上にあった旧建物を所有していたが、昭和17年春、旧建物をYに賃貸した。旧建物が昭和20年、戦災で焼失したので、Aは、あらためて、昭和21年2月1日、建物所有目的で、期間を30年として、本件土地をYに賃貸した。Yは、本件土地上に本件建物を建築、所有していたが、その保存登記を経由してはいなかった。Aは、終戦後落魄し、宗教にこって遊び暮らし、売り食いの生活を続けていたが、生活費等に困窮し、Yに本件土地を買い取ってもらおうと交渉していたが、Yは、分割払いでなければ代金を払えないなどといって応じなかった。その後、さらにAは困窮し、大商人であり、従前より金融を受けていたXに本件土地の買取りを懇請したので、Xはこれに応じ、昭和27年9月16日、本件土地を買い受け、翌17日その登記を経由した。本件土地の売買代金は、更地としてはもちろん、賃借権の負担付きとしても時価よりも著しく低廉であった。また、Xは、上記売買の直前までは、本件土地の利用方法について何ら考えてはいなかったが、売買の直後、たまたま弁護士である伯父から地上建物に登記がなければ対抗力がなく土地の明渡請求ができる旨の話を聞き、調査したところ、本件建物の登記がないことが判明したので、Yに対し、本件建物の収去による本件土地の明渡し及び地代（賃料）相当の使用損害金の支払いを訴求した。Yは、Xの本件請求が、権利の濫用に当たること等を主張してこれを争った。

判旨

　1　第一審は、Yが本件土地賃借権をXに対抗することができないこと、Xの本件建物収去土地明渡請求が権利の濫用と断ずることはできないと判示して、Xの請求を認容した。

　2　控訴審は、XのYに対する本件建物収去土地明渡請求は権利の濫用に当たるとして、この部分についての第一審判決を取り消し、Xの同請求を棄却した。しかし、XのYに対する建物収去土地明渡請求が権利の濫用として許されず、その反射的効果としてYが建物収去土地明渡請求を拒否しうる結果となるとしても「そのことから直ちにYの同土地占有が正当権原に基づく適法なものに転化するいわれはないから」Xが同土地の使用収益を妨げられていることによって蒙った損害についてまでも賠償義務を免れるものではないと判示し、（金額について第一審判決を一部変更したうえで）

XのYに対する、本件土地明渡済みに至るまでの地代相当の損害賠償請求を認容した。

3　上告審は、XのYに対する建物収去土地明渡請求が権利の濫用に当たり許されないとする原審判断を是認したうえで、つぎのとおり判示して、XのYに対する損害賠償請求を認容した原判決を是認し、Yの上告を棄却した。「XがYの従前同土地について有していた賃借権が対抗力を有しないことを理由としてYに対し建物収去・土地明渡を請求することが権利の濫用として許されない結果として、Yが建物収去・土地明渡を拒絶することができる立場にあるとしても、特段の事情のないかぎり、Yが右の立場にあるということから直ちに、その土地占有が権原に基づく適法な占有となるものでないことはもちろん、その土地占有の違法性が阻却されるものでもないのである。したがって、YがXに対抗しうる権原を有することなく、右土地を占有していることがXに対する関係において不法行為の要件としての違法性をおびると考えることは、Xの本件建物収去・土地明渡請求が権利の濫用として許されないとしたことと何ら矛盾するものではないといわなければならない。されば、Yが前記土地を占有することによりXの使用を妨害し、Xに損害を蒙らせたことを理由に、Yに対し、損害賠償を命じた原判決は正当である。」。

対抗力のない借地権者に対する建物収去土地明渡請求が権利の濫用として許されないとしても、それによって借地権の対抗力が生じる（土地の譲受人等に土地の占有権原を対抗することができる）ものではないので、借地権者の土地占有、使用は、一般には、土地所有者に対する不法行為に当たるといえる。また、土地の賃料相当額については借地権者の不当利得が生じているとみることもできるので、土地所有者が借地権者に対して（不法行為に基づく損害賠償請求ではなく）不当利得返還請求をすることも可能であろう。

〔解説・評釈等〕鈴木重信・判解87事件、星野英一・法協87巻1号93頁、石田喜久夫・民商60巻5号693頁、山本進一・判評125号28頁

1-3

借地権の存続期間

傾向と実務

第1　旧借地権の存続期間

1　堅固建物所有目的の借地権と非堅固建物所有目的の借地権

(1)　旧借地権の取扱い

　借地借家法は旧借地法の存続期間に関する規定の内容を大きく変更したが、借地借家法が施行された平成4年8月1日より前に旧借地法の下で設定された借地権、すなわち、いわゆる旧借地権については、旧借地法の規定により生じた効力は妨げられないし、その更新についても「なお従前の例による」としている（借地借家法制定時の附則4条ただし書、6条）。

(2)　堅固建物と非堅固建物の区別

　旧借地法は、後述するとおり、借地契約（建物所有を目的とする、地上権設定契約又は土地賃貸借契約）の目的が堅固建物の所有である場合（以下「堅固建物借地権」という。）と非堅固建物（普通建物）の所有である場合（以下「非堅固建物借地権」という。）とで異なる存続期間を設けていた。

　旧借地法上、堅固建物とは「石造、土造、煉瓦造又ハ之ニ類スル」（2条1項本文）建物であり、これ以外の建物が非堅固建物である（なお、契約で建物の種類及び構造を定めなかったときは、同法3条により、非堅固建物借地権とみなされた。）。

2　旧借地権の存続期間

(1)　当初の存続期間

　堅固建物借地権の当初の存続期間は60年であり、非堅固建物借地権の当初の存続期間は30年である（旧借地2条1項本文）。ただし、契約をもって、堅固建物借地権について30年以上の存続期間を定めた場合、非堅固建物借地権について20年以上の存続期間を定めた場合には、それらの定めは有効なものとして、その定めに従う（同条2項）。逆に、堅固建物借地権について30年未満の存続期間を定めた場合や非堅固建物借地権について20年未満の存続期間を定めた場合には、それらの定めは無効であるので、当事者間の契約による定めがない場合と同視して前記法定の期間（堅固建物借地権では60年、

非堅固建物借地権では30年）となる〔⇨**24**〕。
(2) 更新後の存続期間

借地契約は（一時使用目的である場合を別として）更新するのが原則であるが、更新後の借地権の存続期間は、堅固建物借地権の場合には30年、非堅固建物借地権の場合には20年である（旧借地5条1項前段）。ただし、当事者がこれより長い期間と定めたときは、その定めは有効なものとして、その定めに従う（前記の法定期間と同じ期間の定めが有効であることはもちろんである。）。

3　建物の再築による存続期間の延長
(1) 再築の可否

旧借地権の存続期間中（当初の存続期間中か更新後の存続期間中を問わない。）に借地上の建物が滅失したときは、朽廃により借地権が消滅した場合（これについては、〔⇨**61**〕参照）を別として、借地権者は、原則として、建物を再築することができる。建物を再築した場合の存続期間の取扱いは、借地権設定者が再築について遅滞なく異議を述べたか否かで異なる。
(2) 再築につき遅滞なき異議がない場合

旧借地権が消滅する前に借地上建物が滅失した場合において、借地権者が借地権の残存期間を超えて存続すべき建物を築造したとき（あるいは築造しようとしているとき）は、借地権設定者はその築造に異議を述べることができるが、遅滞なく異議を述べなかったときは、堅固建物借地権の場合は建物滅失の日から起算して30年、非堅固建物借地権の場合は建物滅失の日から起算して20年それぞれ存続する（旧借地7条本文）。もっとも、残存期間がこれより長いときは上記の期間の延長はないし（同条但書）、当事者間で上記の期間より長い期間を定めたときは、その定めに従う。このように延長した存続期間が満了するときも、借地契約は、原則として、更新する。
(3) 再築につき遅滞なき異議があるとき

旧借地権が消滅する前に借地上建物が滅失した場合において、借地権者が残存期間を超えて存続すべき建物を築造することについて、借地権設定者が遅滞なく異議を述べたときは、（それでも借地権者は残存期間を超えて存続すべき建物を築造することができるが）前述の存続期間延長はない。したがって、その場合は、従前の存続期間のままであるが、その期間が満了する

1章　借地に関する判例　71

ときは、やはり、借地契約は原則として更新する（借地権設定者が前記の異議を述べたことが、更新拒絶に必要な正当事由の一要素となり得るが、前記異議を述べたことだけで更新拒絶の正当事由を認めた裁判例は見当たらない。）。

第2 普通借地権の存続期間

1 堅固建物・非堅固建物の区別の廃止

借地借家法は、旧借地法が規定していた、堅固建物借地権と非堅固建物借地権の違いによる借地権の存続期間の区別（2条、5条1項）を廃止した。すなわち、普通借地権（ここでは、借地借家法施行後に設定された借地権であって、同法22条ないし24条に規定する広義の定期借地権にも同法25条に規定する一時使用目的の借地権にも該当しないものをいう。）は、堅固建物所有目的である場合と非堅固建物所有目的である場合とで存続期間を異にすることはない。

2 普通借地権の存続期間

(1) 当初の存続期間

普通借地権の当初の存続期間は30年である（借地借家3条）。ただし、当事者間でこれより長い期間を定めたときは、その定めた期間となる（同条ただし書）。当初の存続期間について、当事者間で30年未満の期間を定めたときは、その定めは無効なものであるから、存続期間は30年となる。

(2) 更新後の存続期間

普通借地権について、借地契約を更新する場合は、借地権設定後の最初の更新後の存続期間は20年、2回目以降の更新後の存続期間は10年である（同法4条）。ただし、当事者間でこれより長い期間を定めたときは、その定めによる期間となる（同条ただし書）。当事者間で前記法定期間よりも短い期間を定めたときは、その定めは無効であるから、前記法定期間となる。

3 建物の再築による存続期間の延長

(1) 当初の存続期間中に建物が滅失した場合

普通借地権の存続期間中に建物が滅失した場合において、借地権者が残存期間を超えて存続すべき建物を築造（再築）したときは、その再築について借地権設定者の承諾がある場合に限り、借地権は、承諾日又は建物築造日のいずれか早い日から20年間存続する（借地借家7条1項本文）。ただし、残

存期間がこれより長いとき、又は当事者間でこれより長い期間を定めたときは、その期間による（同項ただし書）。

　当初の存続期間中に建物が滅失した場合において、借地権者が借地権設定者に対し、残存期間を超えて存続すべき建物を築造（再築）する旨を通知したのに、借地権設定者がその通知受領後2か月以内に異議を述べなかったときは、前記承諾があったものとみなされ、前記のとおり存続期間が延長する（同条2項）。

　借地権設定者の承諾（承諾があったものとみなされる場合を含む。）がないのに、借地権者が残存期間を超えて存続すべき建物を築造（再築）した場合には、借地権の存続期間の延長はない（すなわち、旧借地権の場合と同様、本来の存続期間のままであるが、その期間が満了するときは、原則として更新する。）。

(2)　更新後の存続期間中に建物が滅失した場合

　借地契約の更新後に建物が滅失した場合には、前述のとおり、借地権設定者の承諾（この場合には、前記のような、再築通知に対して異議がなかったとしても承諾があったとみなされることはない。借地借家7条2項ただし書）がない限り、借地権者は、原則として、建物の築造（再築）をすることができない。この場合に、借地権者が存続期間を超えて存続すべき建物を築造することにつきやむを得ない事情があるときは、借地権設定者の承諾に代わる裁判所の許可を得て再築することは可能であるが（同法18条1項）、承諾も裁判所の許可も得ないで、借地権者が残存期間を超えて存続すべき建物を築造（再築）したときは、借地権設定者は、地上権消滅請求又は土地賃貸借解約申入れをすることができ（同法8条2項）、この場合には、消滅請求又は解約申入れの日から3か月経過した時に借地権が消滅する（同条3項）。

　なお、更新後に建物が滅失した場合には、原則として、借地権者のほうから地上権の放棄又は土地賃貸借の解約申入れをすることができ（同条1項）、この場合も、地上権放棄又は解約申入れの日から3か月経過した時に借地権が消滅する（同条3項）。

第3　定期借地権

1　定期借地権の創設

　借地借家法制定時、新たに、一定の時期に正当事由の有無を問わず、借地契約が終了する（広義の）定期借地権が創設された。

　広義の定期借地権には、①一般定期借地権（22条）、②事業用定期借地権等（制定時24条、平成19年改正後23条）及び③建物譲渡特約付借地権（制定時23条、平成19年改正後24条）があるが、平成19年の借地借家法一部改正により、事業用（定期）借地権として認められる借地権の範囲が拡張された（上記改正法は、平成20年1月1日施行された。）。

2　一般定期借地権

　一般定期借地権（狭義の定期借地権）は、50年以上の一定期間の存続期間を定めた場合において、(a)更新しないこと、(b)建物の築造による存続期間の延長がないこと、及び(c)期間満了時において借地権者が建物買取請求をしないことの3点を書面で特約するものである（22条）。この場合、借地契約はその存続期間満了時に、更新することなく終了する。

3　事業用定期借地権等

(1)　事業用定期借地権

　もっぱら事業の用に供する建物（居住用建物を除く。）の所有を目的とする借地権を設定する場合において、その存続期間を30年以上50年未満の一定期間とする場合には、(a)更新しないこと、(b)建物の築造による存続期間延長がないこと、及び(c)期間満了時において借地権者が建物買取請求をしないことを特約することができる（借地借家23条1項）。平成19年借地借家法一部改正により導入されたものであり、事業用建物所有目的である場合には、存続期間50年未満であっても一般定期借地権と同様の特約ができることとしたものとみることもできる。

(2)　事業用借地権

　もっぱら事業の用に供する建物（居住用建物を除く。）の所有を目的とする借地権を設定する場合において、その存続期間を10年以上30年未満としたときは、借地借家法における、存続期間を30年とする規定（同3条）、更新に関する規定（同4条ないし6条）、建物の築造による存続期間延長に関す

る規定（同7条、8条、18条）及び期間満了時における借地権者の建物買取請求権に関する規定（同13条）は適用されない（同23条2項）。借地借家法制定時に、存続期間を「10年以上20年以下」とされていたものを平成19年改正により「10年以上30年未満」としたほか、制定時に創設した事業用借地権と変らない。

(3) 公正証書による契約締結等

上記(1)、(2)いずれの場合でも、借地契約そのものを公正証書をもってしなければ、事業用定期借地権等の設定は認められない（同23条3項）。

4 建物譲渡特約付借地権

借地契約をする際に、借地権を消滅させるために、借地権設定後30年以上経過した日に借地権者に地上建物を借地権設定者に相当の対価で譲渡する旨の特約（建物譲渡特約）をすることができ（24条1項）、このような特約を付した借地権を建物譲渡特約付借地権という。この場合において、基礎となる借地権は、普通借地権でもよいし、一般定期借地権又は事業用定期借地権でもよい（存続期間が30年未満である、23条2項による事業用借地権は、その性質上、建物譲渡特約付借地権の基礎とすることができない。）。

第4　一時使用目的の借地権

1 「一時使用目的の借地権」該当性

旧借地法は、「臨時設備其ノ他一時使用ノ為借地権ヲ設定シタルコト明ナル場合」（9条）には、同法の借地権の存続期間に関する規定等を適用しないこととしていた。借地借家法もこれを踏襲した（25条）。借地権の目的とされた土地の利用目的、地上建物の種類、設備、構造、賃貸借ないし地上権の期間等、諸般の事情を考慮し、当事者間に短期間にかぎり賃貸借ないし地上権を存続させる合意が認められる客観的合理的な理由がある場合にかぎり、「一時使用目的」の借地権であると認められるのであって〔⬇25のKey point参照〕、契約書等に「一時使用目的」である旨を記載したからといって、当然に「一時使用目的」と認められるものではない。

2 存続期間等の適用除外

旧借地法9条が一時使用目的の借地権についてその適用を排除していたものは、存続期間に関する規定（2条、3条、5条）、更新及び存続期間満了時に

おける建物買取請求権に関する規定（4条、6条、8条）、建物再築による存続期間延長に関する規定（7条、8条）、借地条件変更の裁判及び建物の増改築許可の裁判に関する規定（8条ノ2）であった。借地借家法25条も同様、借地権の存続期間に関する規定（3条、4条）、更新に関する規定（5条、6条）、建物再築による存続期間延長に関する規定（7条、8条）、存続期間満了時における建物買取請求権に関する規定（13条）、借地条件の変更の裁判及び建物増改築許可の裁判に関する規定(17条)、更新後の建物再築許可に関する規定(18条)、（広義の）定期借地権に関する規定（22条ないし24条）の適用を排除している。

　これに対し、地代等の増減請求に関する規定（旧借地12条、借地借家11条）や賃借権譲渡許可の裁判に関する規定（旧借地9条ノ2、借地借家19条）などは、一時使用目的の借地権にも適用される。

22 堅固建物所有目的の借地権か非堅固建物所有目的の借地権か

借地上に堅固建物が存するにもかかわらず非堅固建物（普通建物）所有目的の借地権であるとされた事例

一　番…新潟地判（判決年月日不明）民集12巻9号1480頁（主文及び事実）
控訴審…東京高判昭和30年10月3日民集12巻9号1483頁
上告審…最判昭和33年6月14日民集12巻9号1472頁

事案　Aはその所有する本件土地をBに賃貸し、Bは同土地上に延100坪余の木造建物を所有していた。Bは、その後、隣家から土蔵造り瓦葺2階建倉庫1棟（建坪、2階とも8.75坪の堅固建物）を買い受けてこれを本件土地上に移築し、これを前記木造建物の従たる建物として所有していた。昭和8、9年ころ、前記木造建物だけが火災により焼失した。その後Bは前記土蔵と借地権をCに譲渡し、さらにCこれをYに譲渡し、Yは昭和10年4月29日、Aの承諾を得て従前と同額の賃料の支払を約した。一方、Xは、昭和24年本件土地をAから買い受け賃貸人としての権利義務を承継した。Bの本件土地賃借の際、建物の種類構造についての特約は認められず、その後も借地権設定者と借地権者との間で地上建物の種類構造等を変更するような合意は認められない。

Xは、Yに対し、上記借地権の存続期間満了による消滅を理由に本件建物の収去による本件土地の明渡しを訴求した。

判旨　1　第一審は、上記土蔵が堅固建物であることを理由に、堅固建物所有を目的とする借地権であると判断して、未だ借地権の存続期間が満了していないとして、Xの請求を棄却した。

2　控訴審は、上記土蔵は、主たる建物である木造建物を使用するにつき、これに附属して設置された従たる建物にすぎないので、土地全体について普通建物所有目的の借地権であると認定した（土地の一部について明渡しを命じ、土地の他の部分につきXの請求を棄却した。）。

3　上告審も、上記認定の事実関係の下においては、本件土地の賃借権は普通建物所有目的としたものと認め、控訴審の判断を是認し、Xの上告を棄却した。

Key point　本件では、借地上に存在する建物が堅固建物であるにもかかわらず、それが従たる建物（附属建物）にすぎず、当初の非堅固建物所有目的の賃貸借契約の内容に変更がないと判断されたものである。

なお、当初は非堅固建物所有目的の借地契約であった場合にも、借地権者が（主たる建物として）堅固建物を建築、所有し、借地権設定者がこれを黙認していた場合には、黙示的に、堅固建物所有目的の借地契約に変更されたと判断されることがあるだろう。

〔解説・評釈等〕井口牧郎・判解67事件、後藤清・民商40巻1号146頁

23 堅固建物か非堅固建物か
重量鋼造り工場が堅固建物に該当しないとされた事例

一　審…東京地判昭和45年5月22日判時608号153頁
控訴審…東京高判昭和46年9月23日民集27巻9号1096頁
上告審…最判昭和48年10月5日民集27巻9号1081頁

事案　Xは、昭和31年6月12日、その所有する本件土地（当初25坪であったが、後に28坪に増加した。）を、非堅固建物所有目的で、期間を20年と定めてYに賃貸した。Yは、同土地上に木造セメント瓦葺2階建居宅及びトタン葺平家建工場を所有していたが、昭和44年5月30日、上記工場部分を取り壊し、1階を重量鉄骨造耐火構造の板金工場（床面積60.77㎡）、2階を木造カラー鉄板棒瓦葺居室（床面積38.03㎡）とする建物を新築し、残存する上記2階建居室と一体をなす一棟の工場・住宅兼用の建物（総床面積141.77㎡）に改築した（以下、改築後の建物を「本件建物」という。）。その内容は、柱等にH型重量鋼が使用されているが、アンカーボールトで基礎と緊結されており、ボールト締めをはずすことにより容易に解体することができるものである（その他、同建物の構造等が詳細に認定されているが、省略する。）。Xは、本件建物が堅固建物に該当すると主張し、Yに対し、昭和44年6月14日到達の書面で上記堅固構造部分の除去を求め、これに応じないときはYとの賃貸借契約を解除する旨の意思表示をした。Yが上記除去をしなかったので、Xは、本件賃貸借が解除により終了したとして、Yに対し、本件建物の収去による本件土地の明渡しを訴求した。

判旨　1　第一審は、本件建物の構造の主要部分はボルト締めの組立式であるから収去が容易であること、木造建物に比して著しく高価であるとはいえないことなどを理由に、本件建物は旧借地法にいう堅固な建物には当たらず、Xの解除の意思表示はその効力を生じなかったとして、Xの請求を棄却した。

2　控訴審も、本件建物が、鉄筋ないし鉄骨コンクリート造に比較すると建物の堅固性にはるかに劣るだけでなく、解体も容易であることなどを理由に、堅固建物には当たらないとして、Xの控訴を棄却した。

3　上告審も、つぎのとおり判示して、本件建物が堅固建物に当たらないとした控訴審の判断を是認し、Xの上告を棄却した。「Yが改築した一階工場部分は、建築材料として鋼材を使用している点において、通常の木造建築に比較すると、その耐用年数が長いことは明らかであるが、その主要部分の構造はボルト締めの組立式であって、同工場を支えるH型重量鋼の柱6本もボルト締めをはずすことによって容易にこれを取りはずすことが可能であるうえ、右柱も中間で切断され杉材の柱で支えられており、また、基礎コンクリート、梁、建物外壁等の構造を全体としてみた場合、解体も比較的容易であるなど、堅固性に欠けるところがあると認められるから、これらの諸点を建築材料および技術水準の現状に照らして勘案すれば、Yが改築した本件工

場部分およびこれと構造上接続して一体をなす本件建物が借地法にいう堅固な建物に該当しないとする原審の判断は、正当として是認することができ、右認定および判断に所論の違法は認められない。」。

Key point 　本件上告審判決は、堅固建物か否かの判断要素として「解体の容易さ」を重視している（第一審は、建物の価格をも重要な判断要素として掲げていたが、控訴審、上告審では、その点は判断要素とされていない。）。下級審裁判例には、鉄骨造り（一部の柱は鉄筋コンクリート）建物を堅固建物に当たるとした東京地判昭40．1．28判時412号51頁、重量鉄骨造り建物を堅固建物に当たるとした新潟地裁長岡支判昭43.7.19判時553号67頁などがある。ちなみに、いわゆる軽量鉄骨造りの建物については、堅固建物に当たらないとする取扱いが、実務上、ほぼ定着している（東京高判昭59.12.27判時1158号203頁、大阪地決平８．８．21判タ938号252頁参照）。

　なお、非堅固建物所有目的の借地権である場合に、借地権者が無断で堅固建物を建築することは、一般には、重大な契約違反として借地契約の解除原因となるが、逆の場合、すなわち、堅固建物所有目的の借地権である場合に非堅固建物を建築することは、特段の事情のない限り、契約違反とはならない。

〔解説・評釈等〕井田友吉・判解43事件、石黒一憲・法協92巻９号1236頁、三宅正男・民商71巻３号519頁

24 借地権の存続期間の定め

非堅固建物所有目的の借地権について存続期間を3年とした場合には、存続期間は法定期間である30年になるとされた事例

一　審…大阪地判昭和34年4月27日民集23巻11号2236頁（主文及び事実）
控訴審…大阪高判昭和41年8月23日民集23巻11号2242頁
上告審…最大判昭和44年11月26日民集23巻11号2221頁

事案

　Aは、昭和13年11月1日、倉庫賃貸借の名称で、期間を10年と定め、本件土地と地上の倉庫等の建物を、商品の荷揚場とその収容所（倉庫）に使用させる目的でBに賃貸した。Bは、昭和18年1月20日、同年4月20日、順次、本件土地の一部と他の部分を、木造船の造船所用地として、期間を3年として、Yに転貸した（なお、B、Y間の契約書には、借地法の適用を受けるべき旨の記載がある。）。Xは、昭和19年にAを吸収合併した。Yは、その後、本件土地の大部分の土地に約20棟の工場等の建物を順次、建築したが、これについて、少なくとも昭和22、3年ころまでは、Bはもとより、Xも異論、抗議をなすこともなく推移した。Xは、本件賃貸借が昭和23年11月1日をもって期間満了により終了したと主張し、Yに対し、その地上建物の収去による本件建物の明渡しを訴求した。

判旨

1　第一審は、Xの請求を認容した（理由不明）。

2　控訴審は、X、B間の土地賃貸借契約は建物所有を目的としない、期間10年の賃貸借であったが、期間満了のころ更新され、存続していること、B、Y間の本件転貸借は、期間を3年とする約定があるものの、旧借地法により期間の定めのないものとして30年の存続期間となることを前提とし、Xがかかる転貸借を異議なく承諾しているので、その効果として「賃借人又は転借人に契約を終了せしめる帰責事由のない限り、賃貸借の合意解除は勿論、賃貸借の単純な期間満了による終了があっても、転借人に対してはなお目的土地の使用を拒否できない信義則上の拘束を受けるものと解すべきである」と判示して、第一審判決を取り消してXの請求を棄却した。

3　上告審も、普通建物所有を目的として期間を3年と定めた本件転貸借の期間が法定の30年となる旨、つぎのとおり判示して控訴審の判断を是認してXの上告を棄却した。「借地権の存続期間に関しては、借地法2条1項本文が、石造、土造、煉瓦造またはこれに類する堅固の建物の所有を目的とするものについては60年、その他の建物の所有を目的とするものについては30年とする旨規定し、また、同条2項が、契約をもって堅固の建物について30年以上、その他の建物について20年以上の存続期間を定めたときは、前項の規定にかかわらず、借地権はその期間の満了によって消滅する旨規定している。思うに、その趣旨は、借地権者を保護するため、法は、借地権の存続期間を堅固の建物については60年、その他の建物については30年と法定するととも

に、当事者が、前者について30年以上、後者について20年以上の存続期間を定めた場合に限り、前記法定の期間にかかわらず、右約定の期間をもって有効なものと認めたものと解するのが、借地権者を保護することを建前とした前記法条の趣旨に照らし、相当である。したがって、当事者が、右2項所定の期間より短い存続期間を定めたときは、その存続期間の約定は、同法2条の規定に反する契約条件にして借地権者に不利なものに該当し、同法11条により、これを定めなかったものとみなされ、当該借地権の存続期間は、右2条1項本文所定の法定期間によって律せられることになるといわなければならない。」。

Key point 当事者の約定で定めることのできる借地契約の当初の存続期間(堅固建物所有目的の場合に30年以上、その他の場合に20年以上)より短い存続期間を定めた場合には、できるだけ短い期間を定めようとした当事者の意思を尊重し、旧借地法で許される範囲の最も短い期間(堅固建物所有目的の場合には30年、その他の場合には20年)となるとする見解も有力であったが、本件上告審判決(法廷意見)はそのような見解を採らなかった(15名中、2名の反対意見がある)。本件上告審判決の後、これと同旨を述べた判例として、最判昭45.3.24判時593号37頁、名古屋地判昭47.12.21判時698号98頁などがあり、この見解は判例として確立しているといえる(ちなみに、非堅固建物所有を目的とする借地権の存続期間につき、20年に1日足りない期間を定めた場合につき、「借地権の存続期間を20年と定める趣旨のものと認めるのが相当」とした原審判断を是認した最判昭57.2.4判時1037号107頁がある。)。

なお、借地借家法は、旧借地法のような、法定期間よりも短い期間を定めた場合にもそれが一定期間以上である場合にはその定めを有効視する、というような規定を設けなかった。

〔解説・評釈等〕杉田洋一・判解52事件、四宮和夫・法協88巻1号109頁、高島平蔵・民商63巻2号250頁、加藤正男・法時42巻6号126頁、後藤清・判評134号17頁、篠塚昭次・ジュリ臨増456号54頁

25 一時使用目的の借地権

裁判上の和解で成立した期間を20年とする土地賃貸借が一時使用目的の借地権に該当しないとされた事例

一　審…名古屋地判昭和42年6月27日民集24巻7号1103頁（主文及び事実）
控訴審…名古屋高判昭和44年8月26日民集24巻7号1107頁
上告審…最判昭和45年7月21日民集24巻7号1091頁

事案　Y方は古くから甲土地を所有し、同地で旅館業を営んでいたが、戦災で建物が焼失したので、やむなく他の土地へ疎開し、甲土地で再び旅館を営む予定であった。Xは、甲土地の近くで小料理店を営んでいたが、戦災でその家屋を失ったので、Yに甲土地の借受けを申し入れた。Yは、将来同土地で旅館業を再開する予定だったので、昭和20年11月15日に甲土地の内の30坪を、昭和21年4月1日に甲土地の内の40坪を、同年8月、甲土地の残部を、それぞれ期間を1年としてXに賃貸し、Xは前記30坪と40坪の土地上にバラック建物を造り料理屋を営んでいた。Yは、昭和23年ころ、甲土地での旅館業再開に目途がついたのでXに甲土地の明渡しを求めたところXが拒否したので、同年、Xに対して建物収去土地明渡訴訟を提起した。同訴訟において、同年10月23日裁判上の和解が成立した。その内容は、甲土地を乙土地と本件土地に分割し、Xは、同年12月10日までに乙土地上の建造物を収去して同土地を明け渡すこと、本件土地については、YがXに対し、昭和21年1月1日から20年、すなわち昭和40年12月31日まで賃貸し、Xは期限到来と同時にこれを明け渡すこと、などとするものであった。Yは、昭和40年11月、Xに対し、上記和解調書の執行力ある正本の付与を受けてXに対する建物収去土地明渡しの強制執行を準備していたところ、XがYに対し、「本件和解調書に基づく強制執行はこれを許さない」旨の請求異議訴訟を提起した。

判旨　1　第一審は、Xの請求を認容した（理由不明）。

2　控訴審は、「本件和解による本件賃貸借については、約定期限後は更新をなさないことが特に約定されたものであり、本件賃貸借契約は借地法の更新に関する規定の適用を排除する意味において同法9条のいわゆる一時使用の目的をもって締結された賃貸借と認めるのが相当である。」と判示して、第一審判決を取り消してXの請求を棄却した。

3　上告審は、つぎのとおり判示して、原審の判断は是認できないとし、原判決を破棄し、本件を原審に差し戻した。「土地の賃貸借が借地法9条にいう一時使用の賃貸借に該当し、同法11条の適用が排除されるというためには、その対象とされた土地の利用目的、地上建物の種類、設備、構造、賃貸期間等諸般の事情を考慮し、賃貸借当事者に、短期間にかぎり賃貸借を存続させる合意が成立したと認められる客観的合理的理由が存することを要するものである。そして、その期間が短期というのは、借地上に建物を所有する通常の場合を基準として、特にその期間が短かいことを意味す

るものにほかならないから、その期間は、少なくとも借地法自体が定める借地権の存続期間よりは相当短かいものにかぎられるものというべく、これが右存続期間に達するような長期のものは、到底一時使用の賃貸借とはいえないものと解すべきである。けだし、本来借地法の認めるような長期間の賃貸借を、右にいう一時使用の賃貸借として、同法11条の規定を排除しうべきものとするならば、その存続期間においては同法の保護に値する借地権において、更新その他個々の強行規定の適用を事前の合意により排除しうる結果となり、同法11条の適用を不当に免れるおそれなしとしないからである。したがって、本件のように、賃貸借期間が20年と定められた場合においては、それが裁判上の和解によって定められたとか、右契約締結前後の事情いかんなどは、賃貸借期間満了の際、更新拒絶の正当事由があるか否かの判断にあたり、その一資料として考慮するのは格別、それらの事情のみから、右賃貸借を一時使用のためのものと断ずることはできない。」。

Key point 裁判上の和解や調停により借地権の存続期間を定めた場合にこれを一時使用目的のものと認めた判例としては、最判昭43．3．28判時518号50頁（期間10年）、最判昭45．3．12判時593号39頁（期間約5年）、東京高判昭49.11.12判時768号42頁（期間10年）などがある。逆に、裁判上の和解又は調停で期間が定められた場合において、一時使用目的のものと認めなかった判例として、東京高判昭51．4．13判時819号43頁（期間7年）、名古屋高判昭52.12.20判時893号51頁（期間12年6月）がある。そのほか、一時使用目的の借地権であることを認めた判例としては、最判昭32．2．7民集11巻2号240頁、最判昭32．7．30民集11集7号1386頁、最判昭36．7．6民集15巻7号1777頁（期間10年）、最判昭37．2．6民集16巻2号233頁、最判昭43.11.19判時545号61頁、最判昭44．7．31判時568号46頁、最判昭47．2．10判時662号42頁、東京高判昭63．5．24判タ695号194頁、東京地判平元．5．25判時1349号87頁、東京地判平6．7．6判時1534号65頁（倉庫、作業所を建築するために期間を1年として締結された土地賃貸借契約が20年以上にわたって更新されたという事案）、東京地判平9．6．26判タ980号212頁などがある。

なお、「土地一時使用契約書」という標題の契約書が作成されていたにもかかわらず、一時使用目的の土地賃貸借とは認められないとしたものに、東京高判昭61.10.30判時1214号70頁がある。

1-4 更新と正当事由

傾向と実務

第1　更新の原則

1　概観

　借地契約は、借地権の存続期間満了時において更新することを原則としている。更新後の存続期間満了時においても同様である。すなわち、旧借地権（借地借家法が施行された平成4年8月1日よりも前に設定された借地権。ただし、一時使用目的である場合を除く。）である場合も普通借地権（同法施行後に設定された借地権であって、同法22条ないし24条に規定する広義の定期借地権又は一時使用目的の借地権ではないもの。）である場合も、借地権者が望む場合には、借地権設定者は正当事由がないかぎり、更新を拒絶できないこととされている。これらの借地権では、あらかじめ「更新しない」旨の特約をしても、その特約は無効である（旧借地11条、借地借家16条。〔**→26**〕）。

　正当事由の内容については後述するが、裁判実務上は、容易に正当事由を認めない傾向が強く、借地権は（一時使用目的である場合や定期借地権である場合を別にすれば）実際上、永続的なものとなっている。

2　旧借地権における更新の有無

　まず、借地権設定者と借地権者が更新する旨の合意をしたときに更新（合意更新）することは当然である。

　更新の合意がない場合において、借地上に建物が存在する場合は、借地権者が更新請求をしたときは、原則として更新するが（旧借地4条1項本文）、借地権設定者が、遅滞なく異議を述べ、かつその異議に正当事由があるときは更新しない（すなわち、借地権者の更新請求に対して借地権者が遅滞なく異議を述べなかったときは更新するし、遅滞なく異議を述べたとしても正当事由がないときは、やはり更新する。同項但書）。

　更新の合意がない場合において、借地上建物が存在しない場合、借地上建物が存在する場合に借地権者が更新請求をしなかったとき又は借地上建物が存在する場合に借地権者が更新請求をしたのに対して借地権設定者が正当事由をもって遅滞なく異議を述べた場合には、借地契約は一応終了する。しかし、こ

れら、「一応終了する」場合においても、借地権者が土地の使用を継続している場合に借地権設定者が正当事由をもって遅滞なく異議を述べなかったときは、結局、更新することになる（換言すれば、前記「一応終了する」場合において、借地権者が土地の使用をやめた場合、又は借地上建物が存在する場合において借地権者が土地の使用を継続する場合に借地権設定者が正当事由をもって遅滞なく異議を述べたときは、「更新しない」ことが確定する。旧借地6条）。なお、借地上に借地権者の建物が存在する場合には土地を継続して使用しているといえるし、建物が存在しない場合にも、駐車場や資材置場などとして使用している場合には、やはり土地を継続して使用しているといえる（ただし、建物が存在しない場合には、借地権設定者の異議には正当事由を要しない。）。また、転借地権者が土地を継続使用しているときは、借地権者が土地使用を継続しているとみてさしつかえない（後述するとおり、借地借家法は、これを明文化した。）。

3 普通借地権における更新の有無

普通借地権についての更新の有無は、つぎの点を除いて、前述の旧借地権についての更新の有無と同じである（借地借家5条、6条）。

すなわち、旧借地権においては、借地契約が「一応終了する」場合において借地権者が土地の使用を継続する場合には、借地上建物が存在しない場合であっても、借地権設定者が遅滞なく異議（この場合には正当事由を要しない。）を述べないときは更新するが、普通借地権においては、借地上建物が存在しない場合には、たとえ借地権者が（駐車場や資材置場などとして）土地の使用を継続していることに対して借地権設定者が異議を述べなくても、更新しない（借地契約が終了する。）。

なお、借地上に転借地権者の建物が存在する場合には、転借地権者の土地の継続使用を借地権者の土地使用継続とみなして、前記更新の有無を判断する（借地借家5条3項）。

4 借地借家法施行後における旧借地権の更新の有無

旧借地権についての更新の有無に関しては、借地借家法施行後も「なお従前の例による。」（同法制定時の附則6条）とされている。すなわち、旧借地権の更新に関しては、前述した旧借地法における規定の内容のとおりに運用される。

5 更新料

更新料に関しては、第3章で解説する。

第2 正当事由

1 旧借地法における「正当事由」

前述のとおり、借地上建物が存在する場合には、借地権者の更新請求に対して借地権設定者が異議を述べる場合又は借地契約が「一応終了する」場合に借地権者の土地継続使用に対して借地権設定者が異議を述べる場合には、正当事由を要する（すなわち、正当事由がないときは、異議の効果を生じない。）。旧借地法は、この「正当事由」について「土地所有者ガ自ラ土地ヲ使用スルコトヲ必要トスル場合其ノ他正当ノ事由アル場合」と規定しているだけであった（4条1項但書、6条2項）。判例は、正当事由の有無の判断に当たっては、借地権設定者側の事情だけでなく借地権者側の事情も参酌しなければならないとし、これについては、今日、異論は見られない。もっとも、借地権者側の事情を参酌するに当たっては、借地上建物の賃借人の事情は、特段の事情の存する場合を別にして、参酌すべきではないとするのが判例〔⇨27〕であり、これには異論も少なくない。

正当事由の具体的な内容は、借地借家法について後述する内容と、実質的に変わるところはない。

2 借地借家法における「正当事由」

借地借家法は、借地権設定者の更新拒絶等の要件である正当事由について、より具体的な内容を規定した（6条）。すなわち、正当事由の有無の判断に当たっては、つぎの諸事情が考慮されなければならない。

① 借地権設定者及び借地権者（転借地権者を含む。以下、6条について、同じ。）が土地の使用を必要とする事情。
② 借地に関する従前の経過及び土地の利用状況。
③ 借地権設定者が土地の明渡しの条件として又は土地の明渡しと引換えに借地権者に対して財産上の給付をする旨の申出をした場合におけるその申出（の内容）。

これらは、旧借地法下において、裁判所が正当事由の判断要素としていたものを集大成して明文化したものということができ、その意味では、旧借地法に

規定する正当事由も借地借家法に規定する正当事由も実質的内容に変わりはない。

なお、上記③は、主に「立退料」の提供として問題となるものであるが、これによって他の正当事由を補完することができるかどうかについては、（もっぱら旧借地権に関するものであるが）多数の判例がある（〔⮕**29**〕ないし〔⮕**31**〕など）。

3 借地借家法施行後における旧借地権についての正当事由

旧借地法に規定する「正当事由」と借地借家法が規定する「正当事由」が実質的には同一であることは前述のとおりであるが、これも更新に関する規定であるので、形式上は、旧借地権に関しては、旧借地法の規定の内容に従って判断されることとされている（借地借家法制定時の附則6条）。

26 更新請求権の放棄

借地権者が予め更新請求権を放棄する旨の約定が旧借地法の強行規定に反し無効であるとされた事例

一 審…東京地八王子支判昭和51年4月27日
控訴審…東京高判昭和54年12月12日判時958号68頁

事案

　Yは、昭和21年11月24日、Xとの間で本件土地を期間を定めずに建物所有の目的で賃借する契約を締結し、昭和22年、本件土地上に店舗兼居宅を建築し、同建物に居住して自転車等修理販売業を開始した。Xは、昭和39年6月8日Y方を訪れ、期間満了日である昭和51年11月23日に契約は解除となり、YはXに迷惑をかけずに本件土地を明け渡す旨の「土地賃貸借期間相互確認書」と題する書面をYに示して署名押印を求めた。Yは、これに署名押印して数日後これをXに渡した。その後同月20日、Xは、上記期間満了の際にYから要求されることのあるべき立退料の代りに10年間本件土地使用料を無償にすることにして明渡しを履行させるため、昭和41年11月24日から昭和51年11月23日までの間は使用貸借とすることを相互に確認する旨の「土地使用貸借書」と題する書面をYに示して署名押印を求めたところ、Yは使用貸借の法的意味、効力を十分知らないままこれに応じた。昭和41年11月、XはYに対し、前記両書面により同月23日で本件賃貸借は解約される旨を通知したところ、Yは上記解約は承認できないこと及び本件賃貸借は昭和51年11月23日まで存続する旨を通知した。

　Xは、本件賃貸借が使用貸借に更改されたこと、その期間が満了したこと、予備的に、本件賃貸借について期限付合意解約が成立し、あるいはYが更新請求権を放棄したことを主張し、Yに対し建物収去土地明渡しを訴求した。

判旨

　1　第一審は、Xの請求を棄却した（理由不明）。
　2　控訴審は、「借地人が更新請求権を予め放棄することは、一般に借地法4条1項、6条1項等の規定に反し、借地人に不利益なものであることはいうまでもない」とし、本件において、Yは、10年間の賃料が免除されることによっても補うことのできない著しい不利益を伴うものであって同法11条に該当し無効なものであると判示し、また、期限付合意解約であるとしても、合理的客観的理由があったとは認められないので、やはり借地法11条に該当し、無効であるとし、Xの控訴を棄却した。

Key point

　旧借地法下でも借地借家法下でも、更新に関する規定は強行法規（借地権者に不利なものが許されないとする片面的強行法規）であって、一時使用目的の借地権又は定期借地権である場合を別にすれば、予め更新請求権を放棄させる旨の約定や期間満了時に更新しない旨の約定が旧借地法11条ないし借地借家法9条により無効であることは、異論がない。なお、類似するものとして、一代限り借地を明け渡す旨の約定が旧借地法11条により無効とされた判例〔→41〕がある。

27 正当事由の有無について考慮すべき事情

正当事由の有無の判断に当たって、借地上建物の賃借人の事情は、原則として、借地権者側の事情として斟酌すべきではないとされた事例

一　審…広島地判昭和52年5月30日民集37巻1号5頁（主文及び事実）
控訴審…広島高判昭和54年7月31日民集37巻1号12頁
上告審…最判昭和58年1月20日民集37巻1号1頁

事案　Aは、昭和28年12月20日、その所有する本件土地を普通建物所有を目的とし、期間20年とし、Aの書面による承諾がない限り地上建物を他へ賃貸することを禁止する旨の特約付きで、Y_1に対して地上権設定をした。昭和32年Aが死亡し本件土地をX_1〜X_4の4名が相続した。Y_1は本件土地上に本件建物（2階建て）を所有し、1階の一部をY_2、Y_3にそれぞれ賃貸し、残部でY_1の妻が古物商を営み、Y_2、Y_3もそれぞれの賃借部分で古物商を営んでいる。また、同建物2階をY_2に賃貸し、Y_3が同所に居住している。Xらは、昭和48年12月22日ころY_1に対して更新拒絶の意思表示をしたが、Y_1は同月30日Xらに対し更新請求をした。

Xらは、期間満了を理由に、また、訴状をもってY_1に対し借地契約違反による地上権消滅請求をしたことを理由に、Y_1に対し本件建物の収去による本件土地の明渡しを、Y_2及びY_3に対し本件建物からの退去による本件土地の明渡しを訴求した。正当事由に関する事情として、Xらは、本件土地に隣接する所有地上にX_1が所有する4階建ての建物に居住するとともに質商を営んでいるが、手狭になったので隣接する他の店舗を賃借し、また、X_2の独立営業を期している。また、X_1とX_3は他所に土地建物を共有している。一方、Y_1は他所に居宅兼店舗とその敷地を所有し、同建物の一部を2名に賃貸し、残部で質商、金融業を営んでいる。Y_2、Y_3は、それぞれ本件建物で20年近く営業しているが、Y_3は他所に土地建物を所有して質屋を営んでいる。

判旨　1　第一審は、Xらの請求を棄却した（理由不明）。

2　控訴審は、上記諸事情を認定したうえで、「Xら側の本件土地の必要性は肯定できるが、借地上建物の賃借人を含めた借地人側の事情にも軽視できないものがあり、本件更新拒絶につき正当事由が備わったものと認めるに足りない。」と判示し、また、借地契約違反については借地関係を継続できないほどの背信性がないとして解除を認めなかった。

3　上告審は、「建物所有を目的とする借地契約の更新拒絶につき借地法4条1項所定の正当の事由があるかどうかを判断するにあたっては、土地所有者側の事情と借地人側の事情を比較考量してこれを決すべきものであるが《後掲最大判昭37．6．6を引用》、右判断に際し、借地人側の事情として借地上にある建物賃借人の事情をも斟

1章　借地に関する判例

酌することの許されることがあるのは、借地契約が当初から建物賃借人の存在を容認したものであるとか又は実質上建物賃借人を借地人と同一視することができるなどの特段の事情の存する場合であり、そのような事情の存しない場合には、借地人側の事情として建物賃借人の事情を斟酌することは許されないものと解するのが相当である《後掲最判昭和56.6.16を引用》。」と判示し、控訴審判決を破棄し、本件を原審に差し戻した。

Key point 旧借地法4条1項は、借地権設定者が借地契約の更新を拒むことができる要件としての正当事由について、「土地所有者カ自ラ土地ヲ使用スルコトヲ必要トスル場合其ノ他正当ノ事由アル場合」としていたが、本判決引用の判例（最大判昭37.6.6民集16巻7号1265頁）は「土地所有者側の事情と借地人側の事情を比較考量してこれを決すべきものである」として、借地権設定者、借地権者双方の事情を考慮すべきことを判示していた。この点は、借地借家法6条において、「借地権設定者及び借地権者（転借地権者を含む。以下この条において同じ。）が土地の使用を必要とする事情のほか、…」として明文化された。本件上告審も、上記判例の見解を前提としている。また、本判決引用の最判昭56.6.16裁集民133号47頁、判時1009号54頁は、第三者である建物賃借人の事情を斟酌するのは不当であるとして、これを斟酌した原判決（東京高判昭51.10.28判時841号37頁）を破棄して原審に差し戻しているが、本件上告審は、具体例を掲げて「特段の事情」がある場合には建物賃借人の事情をも斟酌することが許されるとしたものである。学説上は、一般論として、建物賃借人の事情をも借地権者側の事情として斟酌すべきであるとするものが見られる。

〔解説・評釈等〕太田豊・判解1事件、中田裕康・法協103巻7号225頁、石外克喜・民商91巻3号63頁、明石三郎・判評297号40頁、内田勝一・判タ493号116頁

28 正当事由の有無の具体的判断

借地権の存在を前提に特に安価で土地を買い受けた借地権設定者の更新拒絶に正当事由が認められないとされた事例

一　審…東京地判平成2年10月31日
控訴審…東京高判平成3年8月26日
上告審…最判平成6年6月7日判時1503号72頁

事案　甲土地及び乙土地は、従前は1筆の土地（以下「従前地」という。）であって、A、次いでBの所有であったが、Yらの先代Cは、従前地をAから賃借し、その上に本件建物を建築し、これをXらに賃貸してその賃料収入により生活していた（Xらは、現在も、本件建物を店舗、住居として使用している。）。X_1は従前地から分筆された甲土地を、X_2は同じく乙土地を、いずれも昭和56年3月17日ころBから、借地権の存在を前提として更地価格の2割程度の価格で買い受けてそれぞれその所有権を取得した。Cの借地権は、平成元年6月30日に期間満了となるが、X_1は昭和63年12月5日付通知書により、X_2は平成元年8月9日付通知書により、それぞれCに対し借地契約の更新拒絶の意思表示をした。Cは平成元年8月15日に死亡し、Yらが本件各土地の借地権を相続したが、同人らが相続税の申告をしたところ、本件各土地の借地権価格は1億9945万円余と評価され、同借地権を含むCの遺産の相続については、1803万円余の相続税が課せられることになった。その後、Yらは、本件各土地の借地権を他に譲渡して前記相続税の支払等に充てることを意図して、東京地裁に本件各土地の賃借権譲渡許可を求める借地非訟事件の申立てをした。他方、Xらは、同裁判所に本件建物の収去による本件各土地の明渡しを訴求した（本件）。上記借地非訟事件の鑑定委員会は、本件各土地の更地価格は10億8000万円、本件各土地の借地権価格をその75％程度と評価していた。そして、平成2年8月31日、X_1に対し4604万円余、X_2に対し3495万円余を支払うことを条件として本件各土地の賃借権を他に譲渡することを許可する旨の決定がされた。Xらは、本件各土地上に隣接地主らと共同で高層建物を建築する計画を有している。

判旨　1　第一審は、正当事由があるとはいえないとして、Xらの請求を棄却した（詳細不明）。

2　控訴審も、同様、正当事由があるとはいえないとして、Xらの控訴を棄却した。

3　上告審は、最大判昭37.6.6民集16巻7号1265頁を引用して、土地所有者側、借地権者側双方の事情を斟酌して正当事由の有無を判断すべき旨を述べたうえで、本件について、以下のとおり判示して、正当事由があるとはいえないとした原審の判断を是認し、Xらの上告を棄却した。「本件建物の賃借人であるXらが、Cの借地権が存在することを前提として本件各土地を安価で買い受け、Cに対して借地契約の更新拒絶の意思表示をしたという事情の下で、財産的価値の高い借地権を相続したことに

より多額の相続税の支払をしなければならない状況にあるＹらが、その借地権を他に譲渡して得られる金銭を右相続税の支払に充てるために、右譲渡許可を求める借地非訟事件の申立てをしたというのであり、また、Ｘらは、現に本件建物及びその敷地である本件各土地を自ら使用しているのであって、借地契約を終了させなくとも右の使用自体には支障がなく、本件各土地が譲渡されたとしても、その後の土地利用計画について譲受人らと協議することが可能であるなどの事情があることが明らかである。そうすると、右のようなＸらとＹら双方の事情を総合的に考慮した上でＸらの更新拒絶につき正当の事由があるということはできないとした原審の判断は、正当として是認することができ、その過程に所論の違法はない。」。

Key point 正当事由の有無の判断要素を具体的に示した最高裁判決である。特に本件では、Ｙらは借地権を他へ譲渡しようとしている点で、形式的には「土地の使用を必要としている」とはいえないものの、借地関係が終了すると他へ譲渡することができなくなることはもちろんのこと、借地権という重要な財産を失うことになるのであるから、借地権を存続させるべき必要性があったということができよう。その一方で、Ｘらは借地権の存在を前提として安価で本件土地を取得し、また本件建物をＹらから賃借して使用しているのであるから、Ｙらに本件土地の明渡しをさせてまで本件土地を直接使用すべき必要性は乏しかったといえよう。

　なお、借地非訟事件の譲渡許可決定は、借地権が存続していることを前提とするものではあるが、既判力を有するものではないので、同決定が確定したとしても、借地権が存続していることが法的に確定するわけではない。

〔解説・評釈等〕内田勝一・『借地・借家の裁判例（第2版）』（平成13年、有斐閣）30頁

29 立退料提供による正当事由の補完①

立退料10億3800万円の提供により正当事由が具備するとされた事例

東京地判平成6年8月25日判時1539号93頁

事案

新宿副都心にある本件土地（183㎡余）の一部は、Aが所有していたが昭和39年同人の死亡によりX₁を含むXらが相続により取得したものであり、本件土地の他の部分は、昭和55年、X₁が国から払下げを受けて取得したものである。Aは、昭和26年12月1日、本件土地を、期限を昭和46年11月30日までとしてYに賃貸し、Yはそのころ本件土地上に木造平家建（現況2階建）の本件建物を建築し、家族とともにここに住んでいる。本件賃貸借は前記期間満了時において、更新後の期間を平成3年11月30日までとして合意更新された。Xらは、同年12月7日にYに送達された本件訴状をもってYの本件土地使用継続に対し異議を述べた。

XらはYに対し、本件建物の収去による本件土地の明渡しを訴求した。Xらは、正当事由を補完するものとして、平成6年3月1日現在の借地権価格であるとする4億6100万円、あるいは鑑定結果による平成3年11月30日現在の借地権価格12億8700万円又は平成5年3月16日現在の価格10億3800万円の金銭補償を申し出ている（その他の正当事由に関する事情に関しては、判旨に要約されているとおりである。）。

判旨

鑑定人の鑑定時（平成5年3月16日）現在の鑑定結果による借地権価格10億3800万円をXらがYに支払うのと引換えに本件建物を収去して本件土地をXらに明け渡すべき旨をYに命じた。正当事由に関する判断は以下のとおりである。「Yは現に本件建物に居住しているのであるから、本件土地使用の強い必要性があることは確かである。しかし、Xらも、本件土地の返還を受け、本件土地を含むXら所有土地等をカーサ西新宿の持分権とともに第六ブロックの再開発のため提供し、そこに他の地権者らとともに共同で建築する建物や敷地に一定の権利を取得し、ここに居住しようとしているものであること、本件土地は位置的に第六ブロックの再開発をするために必要な土地であり、右再開発は、新宿副都心計画地域の中にあり、「西新宿六丁目西部地区」として地区計画を立てられた本件土地付近の状況に沿った内容であり、他のブロックでも法定の再開発や任意の建替え事業が進展しつつあること、第六ブロックの地権者らは協議会を設置し、新宿区が民間の再開発に対して助言等する機関として設立した都市整備公社の助言の下にこの再開発を行おうとしているものであることなどの諸事情を考慮すると、Xらにも旧借地法6条2項、4条1項但書にいう本件土地使用の必要性があるというべきである。そして、前記認定の事実やYにおいて代替物件を所有していること（特に中野区の土地については、本件土地からかなり近いところにあり、しかも、本訴係属中に一旦は空地となったものである。）、本

件建物は木造で現在ではすでに建築後40年以上経過し、Yも建替を計画したこともあるものであること、及び本訴提起後の調停中にYが代替物件や立退料の提案をしたように、Y自身本件土地から絶対に立退ができない状態とも窺えないこと、Yが本件土地に愛着を感じ、本件土地から離れたくないのであれば、再開発に参加し、他の街区と同様に街づくり協議会が建築しようと検討している住居棟に権利を取得して住む道もあることなどの事実をも考慮すると、Xらにおいて補完事由として相当の立退料を支払えば、正当事由が備わるものというべきである。」。

Key point 借地に関して、立退料の提供により正当事由が具備されるとした判例としては、他に、東京地判昭56．4．28判時1015号90頁（8億円）、大阪高判昭58．9．30判タ523号166頁（4500万円）、東京高判昭61．4．28金判748号31頁（9000万円）、東京高判昭61.10.29判時1217号67頁（1000万円）、東京地判昭62．3．23判時1260号24頁（1億8000万円）、神戸地判昭62.5.28判時1265号138頁（750万円）、東京地判昭63．6．9判時1311号84頁（9000万円）、東京地判平元.12.27判時1353号87頁（4億円）、東京高判平11.12．2判タ1035号250頁（1000万円）などがある。
〔解説・評釈等〕奈良輝久・判タ1020号47頁

30 立退料提供による正当事由の補完②
立退料の提供によっても正当事由が認められないとされた事例

大阪地判平成5年9月13日判時1505号116頁

事案　X（個人）は、昭和32年11月1日、Y（株式会社）に対し、堅固建物所有を目的とし、期間を30年と定めて本件土地を賃貸し、Yは、昭和34年、同土地上に本件建物（鉄骨鉄筋コンクリート造陸屋根12階建地下1階）を建築、所有している。Yは、昭和62年9月末日ころ、Xに対し、本件賃貸借契約の更新を申し入れ、Xは、同年10月20日ころ、Yに対し、更新につき異議を述べた。

Xは、Yに対し、本件建物の収去による本件土地の明渡しを訴求するとともに、予備的に50億円の提供を受けるのと引換えに同建物収去土地明渡しをするよう訴求した。

正当事由に関する主な認定事実は、つぎのとおりである。①本件土地は、JR大阪駅東南約500メートルの繁華なところにあり、近隣地域はいずれも高層ビルが存在あるいは建築中の高度商業地域である。②本件土地の最有効利用としては大規模高層店舗併用事務所が望ましいとされている。③本件建物は、建築後30年を経過し、附近に新しく建てられたビルと比較すると見劣りがし、また土地の最有効利用がされてはいない。④Xは、本件土地上に、最先端の技術を導入した賃貸用オフィスを中心とするインテリジェントビルを容積率いっぱいに建築することを計画している。⑤Yは、映画の製作・配給その他の興業を営んでおり、映画興業を営む者としては全国有数の規模であり、各地に多数の不動産を所有し、自らも不動産業を営んでいる。⑥Yは、本件建物内に映画館、事務所及び店舗を設けており、その余の部分を他の数名（数社）に賃貸し、これらの賃借人が本件建物内で飲食店を営んでいる（Xは、これら建物賃借人に対して建物退去土地明渡しを訴求しているが、その点は省略する。）。⑦本件土地の賃料については、昭和48年8月に訴訟上の和解が成立し、その後2年に一度賃料の改定交渉を行ってきたが、昭和51年6月以降の賃料は、公租公課が純賃料額を上回っており、一般的な公租公課比率からみれば低額な賃料で推移していたところ、Xが昭和58年5月にした増額請求に対し、Yは映画産業の不振を理由に消費者物価の上昇率に応じた純賃料の増額にしか応じられない旨回答し、その後交渉を重ねたが合意に至らなかった。⑧鑑定によれば、本件土地の借地権価格は67億1700万円相当である。⑨Xは、前述のとおり50億の立退料の提供を申し出て、その倍額の提供も考慮してもよいと述べ、Yのような資本家的借地人は資本の回収のみをその主たる目的としているのであるから、借地権価格相当の提供を受ければ明渡しを拒む事由はない旨を主張している。

判旨　まず、つぎのように述べて、特別の事情がなければ、正当事由は容易に認め難いとした。「Yはもちろんその余の被告らも、本件建物内での映画館あるいは飲食店の継続を望んでいるところ、Xの主張する更新拒絶の正当事由は、X自身で本件土地に収益性の高い建物を建築して高額の収入を得たいということに尽き

る。Xは、本件土地にかつてXの本宅があり、X家の本拠地であったことから、本件土地に収益性の高いビルを建築したいともいうが、Xの家業の関係から本件土地上に建物を建築したいとか、する必要があるというのではない。このような場合、建物が老朽化しているとか、専ら特定事業にのみ適合するように建築され、当該事業がまったく将来性がないとか、賃貸借契約締結の際に明渡しについて特別の合意があった等の事情があればともかく、そうでなければ正当事由は容易に認め難いところである。」。

さらに前記諸事情を認定したうえで、次のとおり判示して、正当事由の存在を否定した。「なるほど資本による事業は営利を目的とするが、社会的に有意義な活動を営むことによって利益を得るのであり、そして、事業は、多様な物的人的関係が統合した有機的な存在として活動しており、多数の従業員に雇用の機会を与えているばかりでなく、Yのように映画関係の事業を営む場合はもちろん、他の事業にあっても、多種多様の知的蓄積をも含んだ文化的意義及び社会的意義も有するのである。そうすると、Yらにおいて事業継続を望み、継続に現実的裏付がある限り、賃借人に使用の必要性があり、賃貸人側が単に経済益により多額の収益を上げたいというだけでは、賃貸人の更新拒絶につき正当事由はないといわざるを得ないし、賃貸人において、多額の、場合によっては借地権価格以上の立退料の提供があったとしても、正当事由が存在することにはならない。本件建物内には、Yらが営みあるいはその営業に関与する映画館が3館、飲食店が6店存在し、いずれもその営業を続けており、映画界の状況がXの主張どおりだとしても、右映画館の売上は、昭和60年以降において年間10億円近いのであって、Xの更新拒絶につき正当事由がないことは明らかというほかない。」。

立退料の提供が正当事由の補完事由となることは、旧借地法下でも認められていたが、借地借家法6条は「借地権認定者が土地の明渡しの条件として又は土地の明渡しと引換えに借地権者に対して財産上の給付をする旨の申出をした場合におけるその申出を考慮して」正当事由の有無を判断すべき旨を明文で規定した。

もっとも、立退料（その他の財産上の給付）の申出は、あくまで正当事由の「補完」事由と考えるべきであって、けっして「カネさえ積めば正当事由が認められる」というものでないことは、本判決の示すとおりである。本件と同様に、比較的高額の立退料の提供があっても正当事由を認めなかった裁判例として、東京地判昭56.10.12判タ466号144頁、東京地判昭61.12.26判時1252号73頁、東京地判昭和63．5．30判時1300号73頁、東京地判平2．4．25判時1367号62頁、東京高判平4．6.24判タ807号239頁、東京地判平8.7.29判タ941号203頁などがある。

31 立退料等提供の申出の時期

事実審の口頭弁論終結時までにされた立退料等の提供ないしその増額の申出は正当事由の有無について考慮することができるとされた事例

　一　審…前橋地判昭和63年9月19日民集48巻7号1318頁
　控訴審…東京高判平成元年11月30日民集48巻7号1331頁
　上告審…最判平成6年10月25日民集48巻7号1303頁

事案

　X（個人）、Y（会社）間の本件借地契約の期間が昭和60年8月31日に満了したが、Yが本件土地の明渡しをしないので、Xは、昭和60年8月31日Yに到達した本件訴状によりYの本件土地使用について異議を述べた。Xは、Yに対し、本件建物の収去による本件土地の明渡しを訴求したが、控訴審において、第1次予備的新請求として1350万円の支払を受けるのと引換えとする、第2次予備的新請求として2350万円の支払を受けるのと引換えとする、それぞれ上記建物収去土地明渡請求をした。

　正当事由に関して控訴審が認定した主な諸事情は次のとおりである（第一審の認定も、ほとんど変わらない。）。①本件土地は、前橋市の商業の中心地といえる商店街のほぼ真中にある東西（間口）約7.5m、南北（奥行き）約16ないし17mの土地で、Y経営のデパート本館建物の南側の道路を隔ててほぼ真向いの土地の一画に位置している。また同土地は、X経営の会社であるAの店舗建物の正面入口から約80m、同店舗敷地の裏門から20mくらいのところである。②本件土地上には、ほぼ土地いっぱいに本件建物が建っており、建築当初の5年ないし6年間は店舗として使用し、現在は、1階はごみ等の廃棄物集積場、2階は清掃業者の従業員控室、倉庫、男子更衣室、事務所等としていずれもYのデパートが使用している。③A（代表者はX、本店所在地はXの住所地）は本店所在地に薬局店舗を有して医薬品等の卸、小売業等を営んでいるが、本件土地に2階建建物を建築して1階を薬局従業員及び出入り業者の荷物運搬用トラックの駐車場にし、2階を農薬その他の在庫品の保管場所として利用し、現在の薬局店舗裏側の駐車場を顧客用駐車場とすることなどを計画している。もっとも、X所有の土地上に倉庫3棟があることなどから、本件土地の保管場所としての重要性はさほど高いものではない。④Xは、他にも土地を所有しているが、他へ賃貸したり建物がある等として、遊休土地部分はない。⑤Yは、昭和60年9月当時資本金14億円、年商321億円余の県内有数の大規模百貨店「Bデパート」等を経営する会社で、本店付近に多数の土地を所有し、店舗内に24台分の立体駐車場を有しているほか、数か所の特約駐車場も有しているが、これらは分散し、小規模のものもあり、前橋市内の他の大規模店舗であるイトーヨーカ堂が店舗内に600台分の来客用駐車場を備え更にその近隣に200台分以上の来客用駐車場を確保しているのと比べて、来客用駐車場の駐車能力は不十分であり、従業員用駐車場は全くない状態である。⑥Yは、更新について異議が述べられた時期に、本店付近に多数の土地を所有していたから、経営上の問題を別にすれば、本件建物に代わる施設をY所有地に建築するなどして確保することは不可能ではない。

判旨

1　第一審は、上記のような認定事実を総合すれば、「Xの本件土地の明渡請求はいまだ正当な事由がないと認めるのが相当である」と判示して、Xの請求を棄却した。

2　控訴審は、Xの控訴を棄却するとともに、その第1次予備的新請求の1350万円の提供、第2次予備的新請求の2350万円の提供をもってしても正当事由がないとしてXの第1次予備的新請求を棄却した。そのうえで、「しかし、Xの第2次予備的新請求に係る右意思表示には、本件土地の明渡と引き換えにYに対し右2350万円を超え、これと格段の相違のない範囲内で裁判所の決定する金額の立退料を支払う趣旨を含むものと解せられるので、更に検討するに、以上認定した事実に加えて、XがYに対し2500万円の立退料を支払う場合は、Xには借地法所定の正当事由があるものというべきである。」として、Yに対し、Xから2500万円の支払いを受けるのと引換えに本件建物を収去して本件土地をXに明け渡すように命じた（第2次予備的新請求のその余を棄却した。）。

3　上告審は、つぎのように述べて控訴審の判断を是認し、Yの上告を棄却した。「土地所有者が借地法6条2項所定の異議を述べた場合これに同法4条1項にいう正当の事由が有るか否かは、右異議が遅滞なく述べられたことは当然の前提として、その異議が申し出られた時を基準として判断すべきであるが、右正当の事由を補完する立退料等金員の提供ないしその増額の申出は、土地所有者が意図的にその申出の時期を遅らせるなど信義に反するような事情がない限り、事実審の口頭弁論終結時までにされたものについては、原則としてこれを考慮することができるものと解するのが相当である。けだし、右金員の提供等の申出は、異議申出時において他に正当の事由の内容を構成する事実が存在することを前提に、土地の明渡しに伴う当事者双方の利害を調整し、右事由を補完するものとして考慮されるのであって、その申出がどの時点でされたかによって、右の点の判断が大きく左右されることはなく、土地の明渡しに当たり一定の金員が現実に支払われることによって双方の利害が調整されることに意味があるからである。」。

　裁判所が、明渡しを請求する原告が申し出た立退料の額を上回る金額の支払と引換えに明渡しを命じることができることについては、建物賃貸借に関する最判昭46.11.25民集25巻8号1343頁〔⇨93〕がこれを肯定している（その場合、原告の請求についての一部認容となる。）。

〔解説・評釈等〕西謙二・判解27事件、内田勝一・私法判例リマークス1996（上）56頁、山田誠一・ジュリ臨増1068号85頁

1-5

借地の利用

傾向と実務

第1 建物の所有

1 建物建築の自由

　借地権は、「建物所有を目的とする地上権又は土地の賃借権」（借地借家2条1号）であるから、当然にその対象となる土地上に建物を建築し所有することが予定されている。したがってまた、借地権者が借地上に建物を建築することは当然に許される。もっとも、建物の種類、構造等を制限する借地条件があるときはそれに従わなければならないし、増改築を制限する特約があるときは（従前の建物が滅失した後）自由に建物を再築することができるわけではない。

2 建物の種類、構造等を制限する旨の借地条件がある場合

　旧借地法は、堅固建物所有を目的とする借地権と非堅固建物（普通建物）所有を目的とする借地権（堅固建物と非堅固建物の区別については、本章3参照）とでその存続期間を区別し（2条）、借地契約で建物の種類、構造を定めなかったときは非堅固建物所有を目的とするものとみなす（3条）こととしていた。借地借家法は、借地権の存続期間に関してこのような区別を設けなかったが、建物の種類、構造等を制限する特約をすることが許されなくなったわけではない。

　非堅固建物所有目的の借地権である場合に（借地権設定者との条件変更の合意又は後述する条件変更の裁判を受けることなく）堅固建物を建築することは、一般には重大な契約違反として、借地契約の解除事由となる（〔➲32〕参照）。非堅固建物所有目的の借地権である場合において、借地権者が堅固建物を建築することについて借地権設定者との協議が調わないときは、借地権者は裁判所に申立てをして、堅固建物所有目的への条件変更の裁判を受けて堅固建物を建築することができる（借地借家17条1項。〔➲34〕参照）。この裁判は、借地非訟事件と呼ばれる手続（借地借家41条以下）で行われるが、裁判所が堅固建物所有目的への条件変更を相当と認める場合には、附随的裁判として、借地権者から借地権設定者に対して土地の価格の10％相当の金員（財産給付）の支払を条件としてその裁判をする（17条3項）のが実務上の通例となっている（な

お、条件変更の裁判は、建物の用途制限があるような場合にも、申し立てることができる。）。

　堅固建物所有目的の借地権である場合において、借地上に非堅固建物を建築、所有することは、特段の事情のない限り、借地権設定者にとって格別不利益となるものではなく、契約違反とはならない。

3　増改築を制限する旨の借地条件がある場合

　借地権者がその所有する借地上建物の増改築（いわゆる「建替え」や建物滅失後の再築もこれに当たる。）をすることは、本来は自由である。しかし、借地上建物の増改築を禁止し又は制限する特約（以下「増改築禁止特約」という。）は、一般に有効であり、これがあるときは、借地権者は、原則として、借地権設定者の承諾を得なければ増改築をすることができない。もっとも、増改築について借地権設定者が承諾しないときは、借地権者は、裁判所に、承諾に代わる許可を求めることができる（17条2項）。この裁判も借地非訟事件手続で行われるが、裁判所が増改築を相当と認めるときは、借地権者が借地権設定者に対して一定の金額（全面改築、すなわち建替えの場合には、土地の価格の3～5％程度）を支払うことを条件として許可を与えるのが実務の通例である。

　増改築禁止特約があるのに、借地権者が借地権設定者の承諾もそれに代わる裁判所の許可も受けないで増改築をしたときは、契約違反（用法違反）として解除原因となる（もっとも、つねに解除が許されるわけではないことについては〔⇨35〕参照）。

第2　その他の借地の利用

1　更地のままの土地利用

　借地権は、前述のとおり、建物所有を目的とするものであるが、特段の事情のない限り、借地権者に建物を建築する義務があるわけではない。したがって、借地権者が借地上に建物を建築することなく更地のまま放置していたとしても、あるいは、資材置場等として利用していたとしても、一般には、借地権設定者に格別不利益であるというわけではないので、解除原因となることもない（もっとも「建物所有目的」であることを明記した契約書等がない場合において、当初から長い間、建物が建築されないときは、そもそも「建物所有目的」の契約ではなかった、すなわち借地権は発生していないと認定されるおそれが

あるし、借地権が発生している場合にも、期間満了時に建物が存在しないときは、借地権者は更新請求をすることができないという不利益を受けることとなる。)。

2 附随的な土地利用

借地上に建物を建築する場合も、借地全体に、いわば目いっぱいに建物を建てなければならないわけではない（そのような建築は、建築基準法上も許されないことが多い。)。借地の、建物が存しない部分である空地を、借地権者の建物利用に附随する施設として、庭として利用したり、花壇や駐車場を設けて利用することは、一般には許されているといえる。しかし、プールを設けたり、（特に非堅固建物所有目的である場合において）地下室を設けたりすることは、大量の土砂を排出し土地そのものの原状を著しく変更することになり、また、構造上、容易には解体できないと思われるので、借地権設定者の承諾がないかぎり、用法違反として解除原因となることが多いだろう（〔⇒39〕参照）。

3 有料駐車場その他

借地の全部又は相当部分を（特定の相手に、いわゆる「月ぎめ」で、あるいは不特定多数の者に対して）有料駐車場として利用することには問題が多い。土地の無断転貸とみられる側面がある一方で、建物所有という本来の目的を逸脱した、用法違反とみる余地もあるからである。これに関しては、無断転貸にも用法違反にも当たらないとした判例（〔⇒37〕のKey point 参照）、用法違反及び無断転貸に当たるが背信性がないとして解除を認めなかった判例〔⇒37〕、用法違反を理由とする解除を認めた判例（〔⇒37〕のKey point 参照）などがある。

やや特殊な事例として、借地上建物を暴力団の事務所として使用させたことが用法違反に当たるとして解除を認めた判例〔⇒40〕がある。

32 非堅固建物所有目的借地権における堅固建物の建築

非堅固建物所有目的の借地権である場合における堅固建物建築を理由とする借地契約解除が認められた事例

東京地判平成元年12月27日判時1361号64頁

事案　Xらは、昭和60年2月28日、その共有する本件土地を、普通建物所有目的で、期間を20年としてY₁に賃貸したが、その際、借地上建物をHD型の建築に限定する旨の本件特約がされた（「HD型」については、「鉄筋コンクリート布基礎（連続フーチング）軽量鉄骨造のいわゆるプレハブであって、永続的なものではなく、耐用年数は、木造と同じ程度であるが、解体収去ははるかに容易であり、後述する本件建物に比較して堅牢性、解体収去の難易、価格の点において著しく異なる。」と認定されている。）。Y₂は、Y₁から本件土地を無償で借り受け、同年8月ころから本件建物の建築を始めた。本件建物は、いわゆる重量鉄骨造であって、かつその工法上、堅牢性、耐火性、解体収去の困難性のいずれの観点からも、HD型を大幅に上回る堅固建物である（その詳細が認定されているが、省略する。その他の諸事情については、後掲判旨のとおりである。）。Xらは、同年12月4日、Y₁に対し本件賃貸借を解除する旨の意思表示をした。XらはY₂に対し、本件建物の収去による本件土地の明渡しを訴求した（併せてY₁外1名に対して本件建物からの退去による本件土地明渡しを訴求しているが、省略する。）。

判旨　つぎのとおり判示して、Yらの本件特約違反には背信性が高いとして、Xらによる本件賃貸借解除を認め、Xらの請求を認容した。「Xらは、本件土地の賃借権の譲渡に当たって、新しい賃借人が建築する建物に強い関心を抱いて承諾の可否につきこれを重視し、弁護士を依頼して、譲渡の承諾と建物の特定についての交渉に当たらせ、Y側の申出によるHD型に限定されることを再三確認し、これを公正証書にまで明記したことが認められる。したがって、Xらとしては、本件特約をYらに徹底させ、守らせるために通常採り得る全ての手段を尽くしたものということができ、他方、Yらは、これを確約したものと評価される。かつ、本件賃貸借契約が、借地権の価値が既に社会的に高まり、土地所有者側の収益のため採り得る行動が限られてきている現代において締結されたものであり、土地所有者としては、建物の朽廃・建替との関係での耐用年数、買取請求との関係での建物の価格及び地代・承諾料等との関係での建物の種類に関心を持たざるを得ない状況を考えると、Xらの本件特約への関心は、重大な利害関係のある事柄についてのものであって、不合理ではないというべきである。しかるに《証拠略》を総合すれば、Yらは、XらにHD型を建築しないことを何ら通知せず、HD型では建築確認を得るのが困難であることや、本件建物を建てることを説明しないまま本件建物を建築したことが認められる。以上の経

緯からすると、Yらの本件特約違反は、通常の用法違反とは異なり、極めて背信性の高いものといわざるを得ない。」、「以上の認定判断、殊にHD型と本件建物との異差の大きさ、X側が弁護士を関与させ、公正証書等を用いてまで本件特約の趣旨の徹底を図っていること、他方、Y側が何らの通知も協議もせずに本件建物の建築を強行したこと、そして、本件特約の違反がX・Y間に安定した信頼関係の生ずる前の契約関係の当初において行われたこと等に照らすと、XらとY₁との間の信頼関係は、Yらの背信行為によって既に破壊されたものというべきである。」。

 非堅固建物所有を目的とする借地権である場合において借地権者が堅固建物を建築した場合について借地契約の解除を認めたものとして、最判昭39.6.19民集18巻5号806頁、東京地判昭40.9.21判時420号12頁、名古屋高判昭53.1.31判時902号72頁（ただし、無断増改築を理由とする解除を肯認したものである。）などがある。

逆に、非堅固建物所有を目的とする借地権である場合において借地権者が堅固建物を建築した場合について、背信性がないことなどを理由に借地契約の解除を認めなかったものとして、東京地判昭28.8.24下民4巻8号1192頁（堅固建物の質倉が木造家屋の附属建物にすぎない。）、浦和地判昭38.12.9判時359号53頁（ガソリン給油所の附属施設としてブロック建物等を建築した事案に関するものであるが、それらの建物が「堅固建物に匹敵するかどうか明らかでない」とされている。）、東京高判昭39.7.13判時380号71頁（地域一帯が防火地域に指定された事案）、高松高判昭47.10.31下民23巻9〜12号586頁（旧建物が類焼したこと、防火地域であることなどを考慮した事例）などがある。

〔解説・評釈等〕山崎敏彦・『借地・借家の裁判例（第2版）』（平成13年、有斐閣）50頁

33 堅固建物所有目的の借地権への黙示の条件変更

非堅固建物所有目的の借地権について堅固建物所有目的に変更する旨の黙示の合意が認められた事例

東京地判平成4年10月29日判夕833号228頁

事案

　Aは、その所有する甲土地、乙土地、丙土地を昭和22年5月ころから昭和35年5月ころにかけて、順次Bに賃貸し、上記各土地上にはBが建築し、あるいは他から買い受けた木造建物があり、Bの住居やBが経営するC（合名会社）の店舗・倉庫として利用されていたが、Bは昭和41年ころ他所に転居したので、その後はCだけが上記各建物を利用していた（Cは、昭和44年Yに合併された。Yは、実質上Bが全額を出資し、代表取締役として経営する株式会社である。）。昭和41年、本件土地が面する道路の拡幅により甲土地、乙土地の一部が買収されたので、残りの土地である本件土地について、AとBは、本件土地について木造建物の敷地として使用する目的で賃貸借をしたことなどを定めた賃貸借契約書を取り交わした。Bは、上記道路拡幅に伴い上記各建物を取り壊し、昭和42年2月ころ堅固建物である旧建物の建築工事に着工し同年10月ころ完成した。同建物は、BがCに使用させるために建築したもので、C、その後はYが倉庫、事務所等として使用していた。Aの娘婿であるDが、昭和40年ころから、地代（賃料）取立てのために、3か月に1回、2、3日かけて、本件土地周辺の約30人の借地人のもとを訪れたが、旧建物が存した昭和59年9月ころまで、A側は旧建物（の建築）について何ら異議を述べなかった。Yは、昭和59年9月ころ、本件土地を堅固建物所有目的でBから転借し、昭和60年4月30日ころ、（BないしYが旧建物を取り壊したうえで）本件土地上に、堅固建物である本件建物を建築し所有している。Aは、昭和61年、本件土地をEに売り渡したが、その後、昭和62年6月18日、XはFから本件土地を買い受け、Bに対する本件土地の賃貸人たる地位を承継した。Xは、平成2年10月31日、用法違反を理由に、Bに対して本件賃貸借を解除する旨の意思表示をした。

　XはYに対し、本件建物の収去による本件土地の明渡しを訴求した。

判旨

　つぎのとおり判示し、A、B間に条件変更についての黙示の合意があったことを認めて、解除の効果が生じないことを理由にXの請求を棄却した（なお、Xは、BからYへの本件土地無断転貸を理由とする解除の主張もしていたが、本判決は、背信性が認められないとして解除を否定した。これについては省略する。）。

「A側は、Bが本件土地上に旧建物のような堅固な建物を建築所有したことを知りながら多年異議を述べることなく地代を受領してきた事実、A側は、Bが旧建物建築の頃から本件土地の賃貸借契約について堅固建物所有目的になったと公言していることを知りながら、放置してきた事実、昭和42年当時から本件土地を含む周辺の土地は防火地域・商業地域に指定されている事実、本件土地上に堅固建物である本件建物が建

築されつつあることを知り、しかも昭和60年1月の時点で本件土地（底地）の売買の話が決裂状態になった後でも、A側はBに対し本件建物の建築が用法違反であると指摘したことはない事実などに、借地法7条に規定の趣旨からすると、借地契約が非堅固建物所有の目的のものであっても、借地権者が、非堅固建物を取り壊し、その跡に堅固建物を建築したにもかかわらず、地主が遅滞なく異議を述べないときは、借地契約は堅固建物所有を目的とするものに変更されると解するのが相当であることを考え合わせると、旧建物が完成した昭和42年10月30日頃（遅くとも昭和59年）までに、Aは本件土地上に堅固建物である旧建物を建築することもやむを得ないものとして黙示に承諾しており、したがって、AとBとの間において、本件土地の賃貸借契約について非堅固建物所有目的を堅固建物所有目的に変更する旨の暗黙の合意が成立したものと認めることができる。」、「よって、Bには用法違反がないのであるから、Xは、これを理由としてXとB間の本件土地についての賃貸借を解除することはできない。」。

　旧借地法7条は、建物滅失後の再築による期間延長に関する規定である。本件では、すでに取り壊された建物が堅固建物であって、そのことについて20年近く借地権設定者（賃貸人）から異議がなかったことから、非堅固建物所有目的から堅固建物所有目的への条件変更について黙示的な合意があったと判断されたものである（そのような合意があれば、堅固建物建築が用法違反とならないことはもちろんである。）。

　本件と同様、借地権設定者が借地権者の堅固建物建築を黙認していたとして、用法違反による解除を認めなかったものとして、札幌高判昭51. 7 .19判タ344号229頁がある。

　なお、非堅固建物所有目的の借地権につき、借地権設定者が借地権者に対して与えた堅固建物への改築承諾は撤回することができないとした大阪高判昭52. 4 .14判時859号51頁がある。

34 堅固建物所有目的への条件変更の裁判

非堅固建物所有目的借地権の存続期間満了が近い場合に堅固建物所有目的への条件変更申立てを棄却した事例

　一　審…東京地決平成4年7月30日
　控告審…東京高決平成5年5月14日判時1520号94頁

事案　Yは、本件土地をXに非堅固建物所有目的で賃貸しており、その期間満了は平成7年3月31日である。本件土地上には、昭和39年ころに本件1建物（木造2階建）、昭和34年ころ本件2建物（木造2階建の共同住宅）、昭和30年代に本件3建物がそれぞれ建築された。本件土地は、JR池袋駅の近くに位置し、本件土地の属する地域は、商業地域、防火地域にそれぞれ指定され、高層ビルや事務所が建ち並んでいる。Xは、本件各建物が老朽化したので、土地の有効利用を図り、建物の賃貸により収入を得るため、本件土地上に鉄筋コンクリート造陸屋根7階建事務所兼居宅を建築することを計画したがYの同意を得ることができなかったので、堅固建物所有目的への、条件変更の裁判を求める旨の本件申立てをした。他方、Yは、平成7年に迫った本件賃貸借契約の期間満了の際には更新を拒絶し、本件土地の有効利用を図るため、ここに賃貸ビルを建築する予定である。

判旨　1　第一審は、Xの申立てを認容した（理由その他の詳細は不明）。
　2　抗告審は、期間満了が近いことなど、つぎのとおり判示して、原決定を取り消してXの申立てを棄却した。「本件賃貸借契約は平成7年3月31日に期間が満了し、Yがその更新拒絶をすることは明らかであるが、このように期間満了が近い場合に本件申立を認容するためには、条件変更の要件を備えるほか、契約更新の見込みが確実であること及び現時点において申立を認容するための緊急の必要性があることを要するものと解される。本件においては、Y及びXはいずれにも居住の必要性からではなく、本件土地を有効利用し、賃貸により収入を得るため、本件土地上にビルを建築しようとしていること、両者とも他に土地や住居を所有していること、本件土地の約半分を占めていた本件1建物は焼失し、更に本件2建物は類焼によりその家屋としての機能を殆ど失い、本件3建物も老朽化が目立つことなどの事実を総合すると、平成7年の期間満了時において本件賃貸借契約が更新される見込みが確実とはいえず、これを訴訟で解決することを待てないような緊急の必要性があるとも認められない。」。

Key point　借地権の期間満了が近いことを主な理由として堅固建物への条件変更申立てを認めなかった裁判例として、他に、東京高決昭51.1.30判時821号121頁、名古屋高裁金沢支決昭51.9.30下民27巻9～12号693頁、高松高決昭63.11.9判時1319号119頁、東京高決平元.11.10判タ752号231頁などがある。借地契約が原則として更新されることに鑑みると、上記のような取扱いは疑問なしとしない。

35 無断増改築を理由とする解除の可否
借地上建物の増改築等を制限する特約に違反したにもかかわらず解除が許されないとされた事例

一　審…東京地判昭和36年12月25日民集20巻4号726頁（主文及び事実）
控訴審…東京高判昭和39年7月31日民集20巻4号730頁
上告審…最判昭和41年4月21日民集20巻4号720頁

事案

X_1の先代であるAは、昭和27年10月15日、その所有する本件土地を、非堅固建物所有目的、期間を20年とし、「借地上建物を増改築し又は大修繕をなすときは賃貸人の承諾を受くべきこと、これに違背したときは催告を要せず解除することができる旨」の特約付きでYに賃貸し、Yは同地上に木造瓦葺2階建居宅（建坪17坪余、2階5坪）を所有していた。Aが昭和35年6月15日死亡したのでX_1が本件土地及びYに対する賃貸人たる地位を相続により承継した。Yは、昭和35年9月下旬ころ、X_1に無断で、本件建物の1階の根太及び柱を取り換え、2階の5坪を取壊して新たに2階14坪の増築及び大修繕を始めた。本件建物は従前Yの家族のみの居住の用に供していたところ改築後は2階5室を独立の室とするアパートとして他に賃貸するように改築された。X_1は、同年10月1日、Yに対し上記増改築工事を中止するよう異議を述べたが、Yが上記工事を続行したので、同月6日、Yに対し本件賃貸借を解除する旨の意思表示をした。

X_1はYに対し、本件建物の収去による本件土地の明渡しを訴求したが、昭和37年1月23日、本件控訴審係属中に本件土地をX_2に売却したのでX_2が訴訟参加し、X_1は脱退した。

判旨

1　第一審はX_1の請求を認容した（理由不明）。

2　控訴審は、根太及び柱の取替えについては「この程度の修理は家屋の維持保存のため普通のことであるから特約をもってこれを禁止することはできない」とし、2階部分の増改築については「この程度の増築は借地の効率的利用のため通常予想される合理的な範囲を出ないものであり、特約を以てこれを禁止することはできない」として、特約違反を理由とするXの解除を認めず、第一審判決を取り消してXの請求を棄却した。

3　上告審は、つぎのように判示して、原審の結論を是認し、Xの上告を棄却した。「一般に、建物所有を目的とする土地の賃貸借契約中に、賃借人が賃貸人の承諾を得ないで賃借地内の建物を増改築するときは、賃貸人は催告を要しないで、賃貸借を解除することができる旨の特約（以下で単に増改築禁止の特約という。）があるにもかかわらず、賃借人が賃貸人の承諾を得ないで増改築をした場合においても、この増改築が借地人の土地の通常の利用上相当であり、土地賃貸人に著しい影響を及ぼさないため、賃貸人に対する信頼関係を破壊するおそれがあると認めるに足りないときは、賃貸人が前記特約に基づき解除権を行使することは、信義誠実の原則上、許されない

ものというべきである。」。

 借地借家関係においては、賃借人ないし借地権者の債務不履行があったとしても、背信性が認められない場合（すなわち、信頼関係を破壊するに至ったと認められない特段の事情が認められる場合）は賃貸人ないし借地権設定者による賃貸借契約ないし借地契約の解除が許されないとする理論（「背信性の理論」などと呼ばれている。）は、最判昭28.9.25民集7巻9号979頁、最判昭30.9.22民集9巻10号1294頁（いずれも無断賃借権譲渡又は無断転貸の事案）、最判昭39.7.28民集18巻6号1220頁（賃料不払い）、そして無断増改築に関する本件上告審判決等により、今日確立しているといえる。

なお、本件事案は、旧借地法8条の2第2項による承諾に代わる増改築許可の制度が創設される以前のものであり、同制度施行後は、無断増改築で裁判所の許可も受けていないという場合については、従前よりも背信性の程度が高く評価される可能性が生じたといえよう。

背信性がないことなどを理由として増改築禁止特約違反による解除を認めなかった裁判例として、最判昭47.11.16民集26巻9号1603頁、東京高判昭57.1.28判時1038号293頁、東京地判昭63.5.31判時1300号68頁、東京地判平3.12.19判時1434号87頁などがある。

逆に、同違反による解除を認めた裁判例として、東京高判昭47.9.20判タ288号326頁、広島地判昭50.2.17判タ327号243頁、大阪地判昭51.3.29金判502号32頁、名古屋高判昭53.1.31判時902号72頁、東京高判昭54.7.30判タ400号163頁などがある。

〔解説・評釈等〕奈良次郎・判解30事件、古軸隆介・法協84巻4号520頁、水本浩・民商55巻6号105頁、望月礼二郎・判評96号1頁

36 増改築禁止特約がある場合における補修工事

増改築禁止特約がある場合において借地上建物についてなした工事が補修工事にすぎず解除が許されないとされた事例

東京地判昭和47年5月31日判時681号55頁

事案

Aは、昭和9年11月7日、その所有する本件土地を、期間を20年とし、建物を新築、増築、改築する場合には事前に賃貸人の承諾を得なければならない旨の本件増改築禁止特約を付してYに賃貸し、そのころYは、本件土地上に本件建物（亜鉛メッキ鋼板瓦交葺平家建）を建築し所有している。その後、Aが死亡しXが本件土地及び賃貸人たる地位を相続し、また本件土地賃貸借契約は昭和29年11月6日法定更新された。Yが昭和44年3月ころ本件建物について後記の本件工事を始めたので、Xは同年3月31日Yに対しその中止を要求するとともに中止しない場合は賃貸借契約を解除する旨を通知し、さらに同年4月9日Yに対し本件賃貸借を解除する旨通知した。Xは、Yに対し、本件建物の収去による本件土地の明渡しを訴求した。

本件工事の主な内容はつぎのとおりである。①屋根瓦を全面的なセメント瓦へ取り替えた。②周囲の下見板を全部はがし、南、北、西側をモルタル塗とし、南側の力板を新しくし、庇三か所を取り替えた。③南側、西側の土台を取り替えた。④西側四畳半の南西角の柱を1本取り替え、東西四畳半の境辺に新しい柱を1本入れ、北東角の柱は囲りから板をかぶせてモルタルを塗った。⑤四畳半2間の床板、大引、根太、床束を取り替えた。⑥玄関、四畳半の天井を新しく取り替え、台所に天井を新設した。⑦所々に下地工事を施したうえ、既存の壁の表面に全面的に漆喰を塗った。⑧建具、襖一部、畳全部を取り替えた。⑨なお、本件工事は本件建物の維持保全の見地から特に損傷の激しい箇所についてのみ補修・改善を行ったものであり、土台、柱、梁等の大部分は従前のものをそのままとし、建物の床面積、構造等には何ら変更を加えず、総工費は約70万円くらいであった。

判旨

本判決は、つぎのとおり判示し、Xの本件解除を無効とし、Xの請求を棄却した。「借地人が借地上に一旦建物を建築した以上、当該建物が朽廃してその使命を全うするに至るまでは、可及的にその機能ならびに美観を維持保存すべきことは当然のことであってそのためになされる合理的な範囲内の補修工事（必然的に大なり小なり当該箇所の改良を伴う。）はたとえその規模が大であったとしても許されるべきであり、これを特約によって禁ずることは借地法11条の趣旨に反し許されないというべきである。このような見地に立って本件工事の内容をみるに、本件建物は長期間にわたって手入れを怠っていたために、前記認定のような大規模の補修工事を必要とするに至ったもの、と考えられるが、前記認定のように未だ朽廃の時期には

至っておらず、これに対し前記認定のような補修改良工事を加えることは建物の機能・美観を維持保存するために必要な合理的範囲内の工事というべきであり、これをもって増改築禁止の特約に反するものとして解除をすることは許されず、したがって本件賃貸借の解除は無効というべきである。」。

Key point 　借地上建物の保存のため通常の修繕をすることは許され、これを一切禁止するがごとき特約は、旧借地法11条ないし借地借家法21条の法意に照らし無効というべきである。また、本件と同様、借地権者のした工事が構造、機能、美観を維持保全するためにした合理的範囲の補修工事であって、増改築禁止特約があっても許されるとした水戸地判昭54.3.16判タ392号124頁、部分的改修工事につき増改築禁止特約により賃貸人の承諾を要するとされた増改築工事に当たらないとした福岡地判昭59.7.4判タ537号191頁がある。
　もっとも、本件事案におけるYのした工事が、通常の修繕の範囲を超えていないか、改築に当たらないかは微妙なところである。ちなみに、(有効な存続期間の定めがなかった場合における法定の存続期間中に)借地権者が建物保存のため当然に許される通常の修繕の範囲を超えて無断の大修繕をした場合には、その大修繕がなければ朽廃したと思われる時期に借地権が消滅すると解する判例(最判昭42.9.21民集21巻7号1852頁)があるが、その当否は疑問である。

37 駐車場としての借地の使用

借地を有料駐車場として使用したことが用法違反及び無断転貸に当たるが信頼関係が破壊されていないとして解除が認められなかった事例

一　審…千葉地木更津支判平成元年12月4日
控訴審…東京高判平成2年4月26日判時1351号59頁

事案
　　Xは、本件土地をAに賃貸していたところ、昭和41年に非堅固建物所有目的、期間を20年として合意更新した。Aが死亡し、Yらが本件土地上に存した建物と賃借権を相続した。Yらは、同建物を従前貸家として使用していたが、1年以上にわたり借り手がつかず空家のままであって、庭には雑草がはびこり、浮浪者が入り込んだりして火災の発生する危険もあったので、建物が老朽化していることも考慮して、とりあえず本件土地を駐車場として使用する目的でXには無断で、業者に依頼して、昭和61年8月下旬ころ、同建物を取り壊し、整地して本件土地全部をアスファルト敷に舗装し、数名に対し有料で駐車場として使用させている。
　　Xは、無断転貸及び用法違反を理由としてYらに対し本件賃貸借を解除する旨の意思表示をし、本件土地の明渡しを訴求した。

判旨
　1　第一審は、本件土地の無断転貸及び用法違反を認めるとともに、信頼関係を破壊しているとして、Xの解除を認め、その請求を認容した（詳細不明）。
　2　控訴審も、Yらの行為は「本件土地の無断転貸に当たり、かつ本件賃貸借契約で定められた用法に違反するものといえる。」としたが、つぎのとおり判示して、信頼関係破壊を認めず（したがってまたXにした解除の効力を認めず）、第一審判決を取り消してXの請求を棄却した。「Yらが右建物を取り壊したのはそれなりの合理的理由に基づいており、右有料駐車場としての利用は、利用者の利用関係の解消は困難ではなく、暫定的かつ小規模なものであってその原状への復元も容易であり、更に、右建物取り壊し後のX側の対応を考慮すると、Yらが裁判所に改築の許可を申し立てるなどして速やかに本来の用法に復するよう努めなかった点を一概に強く非難することはできない。そうすると、《証拠略》により認められるAないしYらがXから賃借している本件隣地及び他の土地について、以前その地上建物の建替え又は修理について紛争があった事実を斟酌しても、なおYらとXとの間の本件賃貸借契約関係は、Yらの前示行為によっては未だ解除を相当とするほど信頼関係が破壊されたとはいえないというべきである。」。

第一審、控訴審ともに、借地権者が借地を有料駐車場として他へ賃貸していることを無断転貸及び用法違反に該当するとしながら、前者が信頼関係破壊（背信性）を認め、後者がこれを否定した点で、本件は興味深いものがある（信頼関係破壊ないし背信性の有無の判断が相当に微妙なものであることを示す好例ともいえよう。）。

　借地を有料駐車場（貸駐車場）として使用したという事案について、結論として借地権設定者による解除を認めなかった裁判例として、他に東京地判昭48．3．20判時724号50頁（用法違反を否定）、東京地判昭50．7．28判時807号61頁（用法違反、転貸を否定）、東京地判昭56．6．17判時1027号88頁（転貸を否定）などがある。なお、東京地判平4．7．16判時1459号133頁は、借地契約締結以来、借地権者が借地上に建物を建築することなく、20年近く駐車場として借地を使用しているという事案について用法違反による解除を認めなかったものである。

　逆に、駐車場として借地を利用したことが用法違反又は無断転貸に当たるとして解除を認めた判例として、東京地判昭50．3．31判時795号58頁（社宅、工場等の敷地を使用目的としているのに駐車場として使用したことが用法違反に当たる）、東京地判昭50．6．30判タ327号233頁（借地上に建物を建築する旨の特約があるのに関連会社の経営するボーリング場の来客用駐車場として使用したことが用法違反に当たる）、東京地判平5．3．29判タ871号252頁（借地の一部を駐車場として第三者に賃貸したことが土地の無断転貸に当たる）などがある。

38 その他の用法違反①

借地権者の越境建築を理由とする解除が認められた事例

一　審…横浜地判昭和34年 5 月22日民集17巻11号1353頁
控訴審…東京高判昭和36年 1 月30日民集17巻11号1360頁
上告審…最判昭和38年11月14日民集17巻11号1346頁

事案　Xらの先代Aは、昭和26年11月以降、その所有する本件土地（15坪）を非堅固建物所有目的で、期間を定めずBに賃貸した。昭和30年 5 月ころ、Aが本件土地に隣接するその所有地を測量したところ、B所有の本件建物が賃貸借の範囲である本件土地を越え、A方の敷地に 2 坪余越境して建てられていることを発見した。上記越境部分はA方店舗 2 階客座敷への昇降口建設のため絶対必要な場所であったので、Aは再三上記越境部分収去をBに申入れをした。Aは同月27日Bに対し、上記越境部分を同年 7 月20日までに収去するよう催告するとともに、上記期間内にBがこれを履行しないときは本件土地についての賃貸借契約を解除する旨の意思表示をした。Bはこれに応じず、同年 7 月23日ころ本件建物をYに売り渡した。Bは、同年 8 月10日ころ本件建物の上記越境部分を収去してこれをAに明け渡した。

本件土地を相続したXらはYに対し、本件建物の収去による本件土地の明渡しを訴求した。

判旨　1　第一審は、「本件越境が地主Aの店舗経営上に非常なる支障を及ぼすべきことは至って明白であって、《中略》右越境を目して結局本件借地15坪の用法違反ありというに妨げない。」と判示し、Xらによる解除の効力を認めてXらの請求を認容した。

2　控訴審も、第一審の上記判断を是認し、Yの控訴を棄却した。

3　上告審も、つぎのとおり判示して、Yの上告を棄却した。「借地人Bの本件所有建物と地主Aの所有店舗とが右の如く極めて近接しており、本件借地上の借地人所有の建物の越境が地主Aの店舗経営上、非常な支障を及ぼすべきことの明白なこと、原判示の如き場合にあっては、右越境を目して結局本件借地15坪それ自体の用法違反、すなわち賃借人としての債務不履行ありというに妨げないとした原判決の判断は是認できる。」。

本件は、賃貸借の目的土地自体の使用方法が問題となったものではなく、その地上建物が隣接する賃貸人所有地（賃貸借の目的とされていない部分）に越境していることをとらえて、賃貸借の目的土地についての用法違反に当たるとしたところが特徴的なところである。

〔解説・評釈等〕安倍正三・判解81事件、沢井裕・民商51巻 1 号116頁

39 その他の用法違反②

借地権者が地下駐車場建築のために借地を掘り下げたことを理由とする解除が認められた事例

東京地判平成 6 年 1 月25日判時1517号78頁

事案　AらはXから本件土地を賃借し、同土地上に木造 2 階建ての建物を所有していたが、Xの承諾を得て上記借地権付建物をY_1、Y_2に譲渡し、昭和63年 8 月 8 日、XとYらとの間で本件賃貸借が締結された。上記借地権譲渡の承諾に際し、Xは、新借地人であるYらが 3 年以内に行う建物の建替えについては承諾料をとらない旨約す一方、本件土地が袋小路の奥に位置し、近隣が低層住宅であることなどから、建て替える場合の建物は、木造又は簡易鉄骨プレハブ住宅 2 階建てとし、Yらが一部に居住する居宅及び共同住宅とすることを条件とし、契約書にもその旨を記載した（他に、「Yらは、本件土地内において危険又は衛生上有害その他近隣の妨害となるような業務又は施設をしない。」、「Yらは、Xの同意なくして、土地の形状を変更してはならない。」ことなどが約定されている。）。Yらは、しばらくは上記建物をそのまま使っていたが、その後建物を建て替えることとし、平成 2 年11月ころXにその旨挨拶したうえで、上記建物を取り壊した。Y_1は、不動産の設計施工等を業とするB（株式会社である工務店）グループを経営しており、本件土地上に地下駐車場付きの共同住宅を建てることを計画していたが、Xに対してはそのことを話さず、また、建物の規模等の説明もしなかった。同年12月、Yらは、本件土地に矢板を打ち込む工事に着手し、同月10日過ぎには、地下駐車場を作るための工事として、本件土地をほぼ全域にわたって深さ約 2 m余まで掘り下げ、土を搬出する工事を行い、そのため、本件土地内にかなりの湧水が出て水浸しの状態となったほか、周辺の土地に亀裂（地割れ）が発生したり、近隣家屋の壁等に割れ目が入ったりする被害が発生した。Xは、Yらがこのような工事をすることについて全く聞かされておらず、しかも、工事開始後、近隣住民からXのもとに種々の苦情が寄せられたので、同月13日Y_1に対し、契約違反であるから原状に回復するよう抗議の電話をしたところ、Y_2は「今は駐車場のため地下を掘るのは当然である」旨反論した。Xは同月18日Yらに対し本件賃貸借を解除する旨の意思表示をした。XがYらを相手に工事禁止仮処分申立てをしたところ、Yらも同月26日建築工事妨害禁止仮処分申立てをし、さらに平成 3 年 1 月には本件工事の目的である半地下式の鉄骨鉄筋コンクリート造の車庫兼物置を設置することについて借地条件変更（非堅固建物所有目的から堅固建物所有目的への変更）の申立てをした。同月10日仮処分審尋期日において、養生工事について打合せが調うまでは工事をしない旨合意されたが、Yらは同月13日以降、Xに連絡することなく、一方的に鉄筋等の資材を現場に搬入して工事を開始した。同年 3 月、上記仮処分手続において、本件工事続行の可否は借地条件変更の非訟事件手続において解決をみることとし、それまでは本件建物建築工事を中止し、本件土地の掘削部分は保全のため埋戻しをすることなどを内容とする和解が成立した。同年 9 月27日、上記借地非訟事件において鑑定委員から「借地条件変更は相当でない」とする意見書が提出され、Yらは同申立てを取り下げた。また、前記和解に基づいて埋戻工事が実施されたが、現状では地盤が軟弱化し、

一定の補強をしないと建物の建築が困難な状況となっている。
　XはYらに対し、本件土地の明渡しを訴求した。

判旨　つぎのとおり判示して、Yらのした工事が用法違反に当たり、また信頼関係破壊がない特段の事情があるとはいえないとして、Xの解除を認め、その請求を認容した。「Yらの行った掘削工事は、本件土地のほぼ全域にわたって地面を深さ2メートル以上まで掘り下げ、大量の土を搬出するという大規模なもので、そのため湧水が生じ、近隣にも支障が生ずるといった事態を招いており、しかも、右工事の結果、これを埋戻しても、現状では地盤の軟弱化のため、建物建築には一定の補強が必要とされる程に、土地の形質に影響を及ぼしたものであって、右工事は、本件土地の形状を著しく変更するものというべく、Xの同意なくして土地の形状を変更してはならないとの約定に違反することは、明らかである。」、「Yらの行った掘削工事の規模、態様、近隣への影響など既に認定した諸事情に照らすと、Yらの行為（土地の形状の変更）について、賃貸人との信頼関係を破壊がない特段の事情があるということはできない。」。

　本件では、賃貸借契約において、賃貸人の同意なく土地の形状を変更してはならない旨が契約書上明記され、Yらはその約定に違反しているとされたものであるが、そのような約定が明定されていないとしても、地下室、地下駐車場等の地下施設を建設することが許容されているというような特段の事情がないかぎり、土地を深く掘り下げることは用法違反に当たるといえよう。また、地下施設は、その性質上、一般には堅固建物に該当する場合が多いであろうから、非堅固建物所有目的の借地権においてそのような地下施設を建築することが契約違反（借地条件違反）に当たることも多いと思われる。

40 その他の用法違反③
借地権者が借地上建物を暴力団事務所に使用させたことを理由とする解除が認められた事例

大阪地判平成22年4月26日判時2087号106頁

事案

X（大阪市）は、平成2年、その所有する本件土地を、建物所有目的でY$_1$に賃貸し（あらかじめXの書面による承諾を得なければ本件土地上の建物の増改築をすることができない旨の特約がある）、Y$_1$は本件土地上に本件建物を建築、所有していたが、平成4年ころから、夫であり暴力団組長であるY$_2$に、本件建物を暴力団事務所として使用させていた。Y$_2$は、Xに無断で、本件建物の窓に鉄板を打ち付け、監視カメラ、サーチライト等を設置するなど、暴力団事務所としての防御的機能を果たすための改造を加えた。

Xは、平成21年4月、Y$_1$に対し、用法違反等を理由として本件賃貸借を解除する旨の意思表示をして、Y$_1$に対しては建物収去土地明渡等を、Y$_2$に対しては建物退去土地明渡等を訴求した。

判旨

Xには、普通地方公共団体として、公有財産である市有地を第三者に賃貸するに際し、住民の福祉の増進という目的に適う内容の契約を締結すべき行政上の責務があること、土地賃借人が上記目的を阻害する態様で本件土地を使用することは、賃貸人であるXとの信頼関係を大きく裏切る行為であること、暴力団事務所は近隣住民に大きな不安を与えるものであって、Xにとって到底容認できないものであること、暴力団事務所としての防御的機能を果たすことを意図した上記無断改造は、無断増改築禁止条項に違反することなどを判示して、Xによる解除を有効とし、その請求を認容した。

Key point

借地権者がその所有する建物をどのように使用するかは、特約で制限しないかぎり、一般に、借地権者の自由である（例えば、賃借地上建物の賃貸が土地の無断転貸に当たらないことにつき、〔➡44〕など。）。

また、無断増改築がなされた場合も、それが信頼関係を破壊するものでない場合には、解除は許されない（〔➡35〕参照）。

しかし、本件は、借地上建物を暴力団事務所として使用させるというものであって、近隣住民に大きな不安を与えることからすると、土地を賃貸借とした目的、趣旨を逸脱するものといえよう。本件の無断改造は、物理的には大がかりなものではないようだが、暴力団事務所としての〝特殊仕様〟であって、やはり信頼関係を破壊するものといえよう。

なお、建物賃借人が賃借建物を暴力団事務所として使用した場合に賃貸人による建物賃貸借契約の解除を認めた宇都宮地判昭62.11.27判時1272号116頁がある。

1-6
借地権の相続、譲渡、土地の転貸

傾向と実務

第1　借地権の相続

1　借地権相続の概要

　借地権は、不動産そのものではないが、土地に対する権利として、一般には相当の価値（土地の更地価格の5割ないし9割程度である場合が多い。）を有する重要な財産であり、借地権者が死亡したときは、（通常は借地上の建物とともに）その相続人に相続される。借地権者の死亡という事実によって当然に権利移転が生じるのであるから、後述する借地権（土地賃借権）譲渡の場合と異なり、借地権設定者（土地賃貸人）の承諾を問題とする余地はない（巷間、借地権設定者が借地権の相続人である借地権者に対し、新たな借地契約書の取交しや名義書替料を要求する例がたまにみられるが、契約書等を新たに取り交わす必要はないし、名義書替料を支払う義務もない。）。

　借地権者が死亡した時に借地契約が終了する契約（「一代限り」とする契約）は、借地権の存続期間に関する規定に反し、無効である（旧借地11条、借地借家9条。〔⇨41〕）。

2　借地権の共同相続等

　借地権者の相続人が複数いる場合には、その全員が（通常は借地上建物とともに）借地権を共同相続する。もっとも、借地権者は、相続人の中の一部の者に借地権を相続させる旨を遺言することができるし、（遺言がない場合において）借地権を相続した共同相続人間の遺産分割によってその中の一部の者にこれを取得させることもできる（なお、遺産分割は、相続開始時にさかのぼってその効力を生ずる。民法908条本文）。

第2　借地権の譲渡又は土地の転貸

1　地上権の譲渡等

　借地権が地上権である場合には、地上権者がこれを他へ譲渡したり第三者に土地を使用収益させる（以下、この場合も「転貸」という。）ことは（これらを禁止する特約がないかぎり）自由であり、借地権設定者（土地所有者）の承

諾、同意等を要しない。譲渡等を禁止する特約がある場合においてこれに反して譲渡等をした場合にも譲受人ないし転借人は有効に借地権（ないし転借地権等）を取得することができる。もっとも、この場合、地上権者に債務不履行（特約違反）責任が生じることになるので、地上権者は、借地借家法19条の類推適用により地上権譲渡等についての借地権設定者の承諾に代わる裁判所の許可を求めることができるというべきである。

2　土地賃借権の譲渡等

借地権が土地賃借権である場合には、賃借人が土地賃借権の全部又は一部を他へ譲渡したり土地の全部又は一部を他へ転貸するには、原則として、賃貸人の承諾を要し（民法612条1項）、賃借人が無断で賃借権の譲渡等をしたときは、賃貸人は賃貸借契約を解除することができる（同条2項）。土地賃借権は建物の従たる権利とみることができるので、建物を譲渡するときは、別段の合意がないかぎり、建物に伴って土地賃借権も移転することになる（民法87条2項）。もっとも、無断譲渡等があればつねに解除することができるというわけではなく、信頼関係を破壊したとは認められない特段の事情があるとき（換言すれば、譲渡等に背信性がないとき）は、解除は許されないとするのが判例（〔⇨53、54〕参照）通説である。

3　賃貸人の承諾に代わる裁判所の許可

賃借人が賃借地上建物を第三者に譲渡しようとする場合において、その第三者が土地賃借権を取得し、又は転借をしても賃貸人にとって不利益となるおそれがないのに土地賃借権の譲渡又は土地の転貸を賃貸人が承諾しないときは、裁判所は賃借人の申立てにより賃貸人の承諾に代わる許可（代諾許可）を与えることができる（借地借家19条。旧借地9条ノ2を踏襲したものである。）。この裁判は、条件変更、増改築許可の裁判と同様、借地非訟事件手続によって行われる。裁判所が許可を与える場合には、賃借人が賃貸人に対して一定の金員（一般には借地権価格の10％を基準としているが、譲受人が賃借人の推定相続人であるような場合は借地権価格の3％前後とすることが多い。）を支払うことを条件とするのが通常である。

賃借地上の建物についての公売又は競売によって第三者（買受人）がこれを取得したときは、買受人は当該建物の敷地の賃借権をも取得したことになるが、その取得を当然に賃貸人に対抗することができるわけではない。この場合、買

受人は、(土地賃借権の譲受けについて賃貸人が承諾しないときは) 裁判所に賃貸人の承諾に代わる許可(代諾許可)を(建物の代金納付後2か月以内に)申し立てることができる(借地借家20条。旧借地9条ノ3を踏襲したものである。この法定期間内に申立てをしなかった場合につき、〔⦿52〕参照)。そして、この場合、裁判所が許可を与える場合には、買受人が賃貸人に一定の金額(賃借人が申し立てる場合と同様に借地権価格の10％を基準としている。)の支払を命じるのが通常である(この場合には、その支払を許可の条件としない。なお、賃借地上建物の競売手続における売却基準価額は、買受人が賃貸人に支払うべき承諾料ないし財産給付額を考慮した評価額とされている。)。

4 賃貸人の介入権行使

賃借人が土地賃借権譲渡若しくは土地転貸について許可申立てをした場合又は競売等による賃借地上建物の買受人が土地賃借権譲受けについて許可申立てをした場合には、賃貸人は、裁判所の定める期間(3週間程度の場合が多い。)に、みずから建物及び賃借権譲渡又は転貸を受ける旨の申立てをすることができる(借地借家19条3項前段、20条2項。旧借地9条ノ2第3項、9条ノ3第2項を踏襲したものである。賃貸人のこのような優先買受権を、一般に「介入権」と呼んでいる。)。裁判所は、賃借人が自己の近親者への賃借権譲渡又は土地転貸について許可を求める場合を別にすれば、賃貸人に一定の金額(借地権価格の90％と建物価格の合計額が基準とされている。)を賃借人(ないし買受人)に支払わせ、それと引換えに建物及び土地賃借権の賃貸人への譲渡(所有権移転登記手続及び引渡し)を命じる裁判をするのが通常である。

5 建物取得者の建物買取請求権

第三者が賃借地上の建物その他賃借人が権原によって土地に附属させた物を取得した場合において、賃貸人が賃借権の譲渡又は転貸を承諾しないときは、その第三者は、賃貸人に対し、建物その他賃借人が権原によって土地に附属させた物を時価で買い取るべきことを請求することができる(旧借地10条、借地借家14条。建物買取請求権)。

もっとも、無断賃借権譲渡等を理由に賃貸人が有効に土地賃貸借契約を解除したときは、このような建物買取請求権が発生しない。

41 借地権の相続を許さない旨の特約

借地権者の一代限りで借地契約を解消する旨の約定が旧借地法11条により無効とされた事例

一　審…東京地判昭和48年3月28日
控訴審…東京高判昭和48年11月28日判時726号44頁

事案

　Aは昭和22年5月ころ、その所有する本件土地をBに賃貸し、Bは同土地上に本件建物を所有し、これに居住するとともに同建物の一部をY_2（会社）に賃貸していた。Aは、昭和30年12月23日、Cに対して負担する合計40万円の債務の弁済に窮した結果、Cからの強い要求に基づき、同日、同債務の弁済に代えて本件土地を買戻特約付きの売買名義で本件土地の所有権をCの子のXに移転し、Cは同土地を引き続き従前と同一条件でBに賃貸する旨をBに約した。その後Cは、本件土地賃借権の消滅を企図して、Bに対し、Bの一代限りで同賃貸借を解消する旨の記載のある書面を提示してこれにBの記名押印を求めたが、Bから拒絶された。そこでCはAに対し、Aの責任でBの一代限りで同賃貸借を解消することにBの承諾を得べきことを強硬に迫った。Aも、やむなくCが用意した、Bの居住中に限り本件土地を賃貸する旨の記載のある昭和30年12月23日付契約書をBのもとに持参提示して、いずれ本件土地を買い戻し、迷惑をかけることはない旨を告げて同書面への押印を懇請したので、BはAの言を信じ、同契約書の上記文言が発効することはあるまいと思い込んでこれに応じた。Bは、その後まもないころから上記押印したことを苦にしていたものの、Aが本件土地の買戻しをしないので、Aに代って自分が本件土地を買い取ろうとしてX側に申し入れたが、買戻期間（2年）を徒過していることを理由に拒絶された。Bは昭和45年1月2日死亡し、Bの子Y_1が本件建物を相続した。
　Xは、Y_1に対し本件建物の収去による本件土地の明渡しを、Y_2に対し本件建物からの退去による本件土地の明渡しを訴求した。これに対し、Y_1はXに対し、本件土地につき普通建物所有を目的とする期間の定めのない賃借権を有することの確認を訴求した（反訴か別訴か不明であるが、後者としても併合されている。）。

判旨

　1　第一審は、Xの請求を認容し、Y_1の請求を棄却した（理由不明）。
　2　控訴審は、つぎのとおり判示して、本件土地賃貸借解消に関する合意を無効とし、第一審判決を取り消して、Xの請求を棄却し、Y_1の請求を認容（Y_1が本件土地につき賃借権を有することの確認）した。「本件土地賃貸借については借地法の規定の適用があることはいうまでもないところ、同契約に期間の定めのなかったことは当事者に争いがないから、借地法第2条の規定によりその期間は30年とみなされる結果、本件賃貸借期間は昭和22年5月ころから同52年5月ころまでということになる。そして、それ以降は、本件土地所有者であるX側にいわゆる正当の事由のない限り、同土地上に建物を所有していることについて争いのないBまたはその権利の承継人の請求があれば、右賃貸借が更新されるべきものであることは同法第4条以下の

規定に徴して明らかである。そうだとすると、B（当時65才）が前認定のように代理人によって本件賃貸借契約につき不確定期限を設定し、その到来によってこれを解約するという不確定期限付合意解約をしたのは、右借地法の規定に反した借地条件を設定したものであって、少なくともこれがBにとって不利なものというべきことは明らかであるから、このような合意は、その合意の際に借地人であるBにおいて真実本件土地賃貸借を解約する意思を有していたと認めるのに足りる合理的客観的理由があり、しかも右合意を不当とする事情の認められない場合でない限り、借地法11条に該当し無効といわなければならない。」。

Key point 　借地権者の死亡時に借地契約を終了させる約定が（「特段の事情」の有無等を論じるまでもなく）旧借地法11条、借地借家法9条により無効であることは明らかである。もっとも、借地契約を合意解除することは問題ないし，ごく近い将来の一定期間に借地契約を終了させる旨の「期限付合意解除（解約）」も、内容次第では有効と解することができる（もっとも、長期間後の「解除（解約）」合意は、あらかじめ更新を拒むための脱法行為と認められることが多いと思われるし、「不確定期限付きの解除（解約）」合意も、一般には無効というべきであろう。）。本件控訴審は、B、X間の本件土地賃貸借終了（解消）に関する合意を「不確定期限付合意解約」と解しているが、むしろ、借地権の存続期間を借地権者死亡時までとする借地契約上の約定（特約）とみて、端的にこれを無効とするべきであったのではないか、とも思われる。

42 土地賃借権譲渡についての賃貸人の承諾を得べき譲渡人の義務

賃借土地上の建物の売主には、原則として、敷地の賃借権譲渡につき賃貸人の承諾を得る義務があるとされた事例

一　審…東京地判昭和43年10月24日民集26巻2号220頁（主文及び事実）
控訴審…東京高判昭和45年6月10日民集26巻2号224頁
上告審…最判昭和47年3月9日民集26巻2号213頁

事案

　Xは、昭和40年8月25日、Aから賃借している本件土地上に所有していた本件建物を、代金300万円でYに売り渡す旨の売買契約（本件売買）を締結し（すでにYがXに100万円を支払っていたことから、売買代金を200万円とする同日付公正証書が作成された。）、Yは同日内金100万円をXに支払い、さらにその後合計30万円をXに支払った（残代金は70万円となった。）。Xは、昭和41年4月20日、Yに対し、同月24日までに上記残代金70万円を支払うよう催告したが、Yがこれに応じなかったので、同年5月19日、Yに対し本件売買を解除する旨の意思表示をした。本件建物については同年3月7日付Yへの所有権移転登記が経由されている。
　Xは、Yに対し、本件建物がXの所有に属することの確認と130万円の支払と引換えに本件建物についてのYへの所有権移転登記の抹消登記手続を訴求した。これに対してYは、Xが本件土地の賃借権のYへの譲渡につきXがAの承諾を得る義務があるのにこれを履行しないまま上記催告をしたのであるから、同催告もそれに基づく解除も無効であること等を主張した（なお、Yは、XがAの承諾を得ないままであったので、昭和41年4月27日、自ら20万円をAに支払って賃借権譲渡の承諾を得たことをも主張している。）。

判旨

　1　第一審は、Xの請求を認容した（理由不明）。
　2　控訴審は、本件建物がXの所有に属することを確認すると共に、Yに230万円の支払を受けるのと引換えに所有権移転登記の抹消登記手続を命ずる旨第一審判決を変更し、Yのその余の控訴を棄却した。
　3　上告審は、つぎのとおり判示して、控訴審（原審）判決を破棄し、本件を原審に差し戻した。まず、建物の売買と敷地賃借権の関係について（ア）「賃借地上にある建物の売買契約が締結された場合においては、特別の事情のないかぎり、その売主は買主に対し建物の所有権とともにその敷地の賃借権をも譲渡したものと解すべきであ（る）」と判示する。次に、売主が賃貸人の承諾を得る義務について（イ）（建物及び敷地賃借権の譲渡に伴い）「右のような特約または慣行がなくても、特別の事情のないかぎり、建物の売主は買主に対しその敷地の賃借権譲渡につき賃貸人の承諾を得る義務を負うものと解すべきである。けだし、建物の所有権は、その敷地の利用権

伴わなければ、その効力を全うすることができないものであるから、賃借地上にある建物の所有権が譲渡された場合には、特別の事情がないかぎり、それと同時にその敷地の賃借権も譲渡されたものと推定するのが相当であるし、また、賃借権の譲渡は賃貸人の承諾を得なければ賃貸人に対抗することができないのが原則であるから、建物の所有権とともにその敷地の賃借権を譲渡する契約を締結した者が右賃借権譲渡につき賃貸人の承諾を得ることは、その者の右譲渡契約にもとづく当然の義務であると解するのが合理的であるからである。」と判示する。さらにXの承諾取得義務とYの代金支払義務が同時履行の関係に立つことを前提として、Xが承諾取得義務の履行をしないままし残代金支払催告とこれに基づく解除の意思表示が無効である旨のYの抗弁についてさらに審理すべき旨を指摘して本件を原審に差し戻した。

Key point まず、本件上告審判決の判旨（ア）に関しては、建物とその敷地の利用権との関係は、一般に主物と従物（従たる権利）の関係ないしはそれに類似する関係と理解されている（後掲〔⊃48〕において、建物に対する抵当権の効力がその敷地利用権に及ぶ旨判示されていることも、その理に通ずるものといえよう。）。したがって、他人の土地上に存する建物を譲渡したときは（特に、敷地利用権の譲渡をしない旨明示したような場合を別にすれば）その敷地利用権も建物譲受人に移転すると考えられる（民法87条2項）。もっとも、その譲渡を敷地の所有者等に対抗することができるかどうかは別問題である（敷地利用権が地上権である場合には、当然にその譲渡を土地所有者に対抗することができるが、賃借権である場合には、民法612条1項による賃貸人の承諾を得なければ賃貸人に対抗することができない。ちなみに、使用借権である場合には、その譲渡自体を土地所有者ないし使用貸主に対抗することができない。）。

本件上告審判決の判旨（イ）については、建物賃借権譲渡に関して、譲渡人は、特別の事情のないかぎり、譲渡につき賃貸人の承諾を得べき義務があることを判示した最判昭34.9.17民集13巻11号1412頁がある。なお、借地である賃借権の譲渡に関しては、賃貸人の承諾に代わる裁判所の許可の制度（借地借家19条、旧借地9条ノ2）があるので、土地賃借権の譲渡人は、賃貸人の承諾が得られない場合には、特段の事情のないかぎり、これに代わる裁判所の許可を得ることで譲受人に対する義務を履行したものといえる（なお、借地借家法19条による許可申立ては、土地賃借権を譲渡する前にしなければならない。）。

〔解説・評釈等〕奥村長生・判解16事件、能見善久・法協97巻5号129頁、三宅正男・民商67巻4号618頁、望月礼二郎・判評164号10頁

43 土地賃借権譲渡又は土地転貸と賃貸人の承諾の要否①

土地賃借権の共同相続人のひとりがその賃借権の共有持分を他の共同相続人に譲渡した場合は民法612条の賃借権譲渡に当たらないとされた事例

一　審…東京地判昭和27年7月21日民集8巻10号1823頁
控訴審…東京高判昭和28年6月17日民集8巻10号1829頁
上告審…最判昭和29年10月7日民集8巻10号1816頁

事案
　Aは、大正15年11月16日、Bに対し、その所有する本件土地上に存した木造建物3棟をBに売り渡すとともにその敷地である本件土地（170坪余）を、建物所有目的で、期間を同年12月1日から20年として賃貸した（本件土地上の建物が火災等で滅失したときや土地賃借権を無断譲渡したときは、当然に賃貸借契約が解除される旨の特約があった。）。昭和9年、Bが死亡し上記建物と本件土地の賃借権をその子であるX₁、C、D及びBの婿養子でX₁の夫であるX₂の4名が相続した。その後、昭和13年10月、CとDは、上記建物の共有持分と土地賃借権の準共有持分を（Aの承諾を得ることなく）X₁に譲渡し、同建物についてその旨持分移転登記を経由した。Aは昭和14年死亡しY₁が本件土地及びXらに対する賃貸人たる地位を相続した。上記建物は昭和20年4月戦災により焼失した。Y₁は、昭和21年4月ころ本件土地の各一部をY₂、Y₃に賃貸し、Y₂、Y₃はそれぞれの賃借地上に本件各建物を建築、所有してその敷地部分を占有している。
　Xらは、罹災都市借地借家臨時処理法（以下「臨時処理法」という。）施行時の昭和21年9月15日本件土地の借地権を有していたから同法11条により同日より10年その借地権が存続していること、戦時罹災土地物件令6条により借地権を第三者に対抗することができることなどを主張して、YらにしXらが本件土地の借地権を有することの確認を求めるとともにY₂、Y₃に対しそれぞれが所有する本件各建物の収去による各敷地の明渡しを訴求した。Y₁は、Xらの建物が焼失したこと、C、Dが賃借権の持分を無断譲渡したことにより本件土地賃貸借契約が当然解除されたことを主張し、さらに本訴中の昭和26年1月27日の口頭弁論期日においてC、Dの賃借権持分無断譲渡を理由とする同契約解除の意思表示をした。

判旨
　1　第一審は、火災等により借地上建物が焼失した場合を借地契約の解除原因とする上記特約は旧借地法2条に違反し同法11条により無効とし、賃借権の無断譲渡を同契約の解除原因とする上記特約には、「当初4人の共同賃借人がその内の2名に減少したに過ぎない」ような場合を含まない趣旨であり、また民法612条の法意も同様に解すべきであるとして、Yらの主張を退け、Xらの請求を全部認容した。
　2　控訴審も第一審判決をほぼそのまま引用してYらの控訴を棄却した。

3 上告審も、原判決の判断を正当としてYらの上告を棄却した。

Key point 本件上告審は、直接には説示してはいないが、第一審判決が判示したとおり、共同賃借人間の賃借権の準共有持分の譲渡は民法612条1項にいう賃借権譲渡に該当しないと解したものといえる。

借地上建物が滅失等により存在しなくなったときは、建物登記による借地権の対抗力（借地借家10条1項、旧建物保護法1条）は消滅するが、戦時罹災土地物件令6条、臨時処理法10条は、一定の場合に、建物登記なくして借地権を第三者に対抗することができる旨を定めている（本件においてXらがY$_2$、Y$_3$に本件各建物収去による各敷地の明渡しを請求することができるのは、前者に基づくものである。ちなみに、借地借家10条2項は、建物滅失時における掲示による借地権の対抗力を規定している。）。

「第三者に対抗できる借地権を有する者は、その土地に建物を建ててこれを使用する者に対し、直接その建物の収去、土地の明渡しを請求することができる」ことは、最判昭28.12.18民集7巻12号1515頁、最判昭29.6.17民集8巻6号1121頁が判示しているとおりである。

なお、賃借地上の建物の共有持分の譲渡等に伴う土地無断転貸につき背信性がないことを理由に解除を認めなかった判例として〔⊃**54**〕がある。

44 土地賃借権譲渡又は土地転貸と賃貸人の承諾の要否②

賃借地上建物の賃貸は土地の転貸に当たらないとされた事例

一　審…（裁判所、判決年月日不明）
控訴審…東京地判昭和34年9月10日判時208号53頁

事案　Xは、Yに対し、建物所有目的で本件土地を賃貸し、Yは同土地上に本件建物を所有し、これを他へ賃貸している。

Xは、付属建物（物置）の朽廃により借地権が消滅したこと、借地権の存続期間満了に際し更新につき異議を述べたことにより本件土地賃貸借契約が終了したこと、本件建物の賃貸が本件土地の無断転貸であることを理由に同契約を解除する旨の意思表示をしたことなどを主張し、Yに対して本件建物の収去による本件土地明渡しを訴求した。

判旨　1　第一審は、Xの請求を棄却した（詳細不明）。

2　控訴審は、旧借地法2条1項但書にいう「朽廃」は、「借地上に建築せられた建物につきその全部またはその重要部分が朽廃し、結局社会通念からみてその建物を使用することが最早不可能ないし著しく困難な状態に立ち到った場合のことをいう」のであって、本件のごとく付属建物たる物置が朽廃したに過ぎない場合はこれに当たらないとし、またXの更新拒絶は正当事由に基づくものではないとした。そして、無断転貸に関してはつぎのとおり判示し、建物の賃貸はこれに当たらないとして、Xの控訴を棄却した。

「他人の土地の上にある建物を賃借して利用する場合は、建物の敷地たる土地の利用をともなうことは前述のとおりであるけれども、この場合の土地の利用は、とくだんの事情のない限りあくまで地上に存立する建物の利用による間接のものであって、それ自体建物所有のための土地の利用に包含されると解すべきである。けだし他人の土地を建物所有のために利用するということは、一般にその土地に自己所有の建物を置くことによって土地を使用するということであって、この者はその建物を自ら所有する限り、地上建物を自ら使用すると、他人をして使用させると、はたまた空家のままとしておくことによって、建物所有による土地使用の態様それ自体にはなんの相違もないからである。従って他人の土地を建物所有のために使用する権原を有する者は、この権原にもとづきその地上に所有する建物を自由に他人に利用せしめることができるのであり、この建物利用にともなう敷地の利用は本来建物所有のためにする土地使用の権原に内包せられるものというべきである。この故に建物所有の目的で他人の土地を賃借する者がその所有建物を第三者に賃貸し、第三者が建物利用にともない敷地

たる土地を利用する場合は民法612条にいう意味で土地の転貸ということはできない。」。

Key point 賃借土地上の建物の賃貸が民法612条1項にいう土地の転貸に該当しないことは、すでに大判昭8.12.11大審院裁判例（民事）7号277頁が「転貸ハ賃借人カ賃借物ヲ第三者ニ賃貸スル関係ヲ指称スルモノナルヲ以テ土地ノ賃借人カ其ノ地上ニ建設シタル建物ヲ賃貸シ其ノ敷地トシテ土地ノ利用ヲ許容スル場合ノ如キハ之ヲ土地ノ転貸借ト目スヘキモノニ非サルハ勿論ノ次第ニシテ……」と判示し、また、後掲〔⇨59〕が「土地賃貸人は、土地賃借人が、その借地上に建物を建築所有して自らこれに居住することばかりでなく、反対の特約がないかぎりは、他にこれを賃貸し、建物賃借人をしてその敷地を占有使用せしめることをも当然に予想し、かつ認容しているものとみるべきであるから、……」と判示しているところであり、学説上もほとんど異論をみないところである。

　もっとも、借地上建物を借地権者自身の使用にとどめ他へ賃貸することを禁止ないし制限する旨の借地条件を設けることは一応有効と解される。このような場合に借地権者が建物を第三者に使用させようとする場合には借地借家法17条1項により裁判所に借地条件の変更を求めることができる。また、そのような借地条件がある場合において、借地権設定者の承諾（同意）も借地条件変更の裁判も得ないで建物を他へ賃貸したとしても、背信性が認められないときは、借地権設定者の借地契約解除は許されないというべきである。

45 土地賃借権譲渡又は土地転貸と賃貸人の承諾の要否③

離婚に伴う財産分与としての土地賃借権譲渡が民法612条の賃借権譲渡に当たらないとされた事例

福岡地小倉支判昭和36年7月13日下民12巻7号1678頁

事案 昭和21年、A（株式会社）が本件土地付近一帯の土地をその所有者から借り受けたうえ、その地上に乙家屋部分を含む家屋その他の家屋を建築し、そのころ、乙家屋部分を含む家屋をBに賃貸した。その後Bは、その賃借家屋をその敷地である本件土地を含む土地とともにAから買い受け、さらにその後、買い受けた土地上にA家屋部分を含む家屋を建築、所有していた。ところがその後門司市が施行した土地区画整理事業のため、本件土地がXらのために換地として指定され、その結果、本件土地上にあるA家屋部分及び乙家屋部分がXらの換地の中にくい込むこととなった。そこでXらは、昭和23年11月1日より期間を3年として本件土地を建物所有目的でBに賃貸した。Bはその妻であるYとともに本件土地上に存する家屋に居住していたが、昭和33年12月2日Yと協議離婚した。その際、A家屋部分を含む家屋1棟、B家屋部分を含む家屋1棟及び本件土地の賃借権を財産分与としてYに贈与し、上記各家屋につきYへの所有権移転登記が経由された。

XらはBに対し、賃貸借期間の満了を主張して本件土地の明渡請求訴訟を提訴したが、結局敗訴に終り、次いでYに対し上記各家屋部分の収去による本件土地の明渡しを訴求した。

判旨 まず、本件土地の賃貸借は一時使用のためのものであり、その期間が満了しているとのXらの主張については、「一時使用のため借地権を設定したることの明らかな場合」には該当せず、したがって旧借地法11条、第2条本文により、本来であれば昭和53年10月31日まで存続すべきものであると判示した。そして、BからYへの土地賃借権譲渡をXらの承諾なくしてXらに対抗することができるか否かについては、つぎのとおり判示してこれを肯定した。「BはXらに対して有していた本件土地に関する賃借権を、Yとの離婚に当り、その財産分与としてYに贈与したものであるところ、当裁判所としてはかかる場合においては、Xらの承諾の有無を問わず、Yにおいてこれが賃借権の移転をXらに対して対抗し得るものと解するのが相当であると考える。その理由は次のとおりである。即ち、(1)財産分与なるものは、その性質として、清算的性質、扶養的性質、若しくは制裁的（損害賠償的）性質などをいろいろと帯有しているものではあるけれども、現行法上その核心をなすものは、矢張り清算的性質であると考えられる。即ち、もともと夫婦の財産なるものは、その名義が夫または妻の単独である場合においても、これを実質的にみれば共有的なものであることは疑い得ないから、その離婚に際しては、これが清算をなす必要があり、こ

1章 借地に関する判例 133

の場合夫または妻が自己の名義となっている特定の財産を、妻または夫に対して譲渡し、その名義に変更することが、とりもなおさず、財産分与なるものの中核であり本質であるといわなければならない。この見地に立って本件をみるに、本件土地に関する賃借権なるものは、なるほどBがXらから取得したものであって、顕在的には同人が単独の賃借権者であったことには相違ないわけではあるけれども、これを社会的乃至経済的見地から実質的にみると、該賃借権については、同人の妻であったYにおいてもまた、その頃潜在的には若干の持分的権利を有していたものであることを、否定し得ないものと考える。《中略》そうだとすると、本件におけるBからYに対する賃借権の移転は、賃借人において他の純然たる第三者に対しその賃借権を譲渡し、以て賃貸人との間における信頼関係をも破壊するに足るべき賃借人の債務不履行として構成している民法612条第1項に所謂「賃借権の譲渡」には該当しないものといわなければならない。」。

Key point 夫婦の一方が賃借名義人である場合には、その夫婦が実質的に賃借権を準共有しているものと考えた場合には、離婚に伴う財産分与としての賃借権の譲渡は、実質的には他の準共有者への準共有持分の譲渡であるとみることができる（その場合が民法612条1項にいう賃借権譲渡に当たらないことについては、前掲〔⇨43〕参照）。

若干説明の内容を異にするものの、本判決と同様、離婚に伴う財産分与としての賃借権譲渡は民法612条1項にいう賃借権譲渡に該当しないとしたものに東京地判昭46.5.24判時643号58頁がある。なお、離婚に伴う財産分与の場合も同項にいう賃借権譲渡に該当するものの背信性を欠くので建物賃貸借の解除は許されないとしたものに大阪地判昭41.12.20判時485号56頁がある。

46 土地賃借権譲渡又は土地転貸と賃貸人の承諾の要否④

土地賃借人である有限会社の持分全部が譲渡され実質的な経営者の交代があった場合にも民法612条にいう賃借権譲渡には当たらないとされた事例

一　審…静岡地判平成5年7月27日民集50巻9号2439頁
控訴審…東京高判平成5年12月15日民集50巻9号2449頁
上告審…最判平成8年10月14日民集50巻9号2431頁

事案　Aは昭和45年その所有する本件土地（3筆）を建物所有目的でYに賃貸し、Yは同土地上に本件建物を建築、所有している。Aが昭和60年死亡しBが本件土地とYに対する賃貸人たる地位を相続したが、Bは、平成3年12月4日本件土地のうちの2筆をX_1に、他の1筆をX_2に売り渡した。Yは、貨物自動車運送業を営む資本金2000万円の有限会社であり、本件建物を車庫として使用していた。Yは、その設立時以来の代表取締役であるCが経営し、Yの持分はすべてCとその家族が所有し、役員もCとその親族で占められていた。Cとその家族は平成3年9月20日、その所有するYの持分全部を、個人として運送業を営んでいたDに売り渡し、同日付けでYの役員全員が退任し、Dがその代表取締役に、Dの家族がその他の役員に就任した。同日以降、Dが中心となってYの経営を行い、Yは本件土地建物を使用して従前と同様の運送業を営んでいる。

　Xらが本件土地の所有権に基づきYに対し本件建物収去による本件土地明渡しを訴求したところ、Yが本件土地賃借権を有する旨主張したので、Xらは平成4年8月25日、第一審口頭弁論期日においてYに対し、賃借権無断譲渡を理由として本件土地賃貸借契約を解除する旨の意思表示をした。

判旨　1　第一審は、「Yはその法人格は同一といえても、その実態は、C個人の会社から、それとは全く別個のD個人の会社となってしまった」ので「本件土地の賃借権がCの個人会社からD個人会社であるYに譲渡された」として、Xらの上記解除を認め、その請求を認容した。

　2　控訴審も、「Yの法人格は形式的には同一性を保持しているとはいえ、Yのごとき小規模な個人会社においては賃借人である経営者と地主との個人的な信頼関係に基づいて不動産賃貸借契約が締結されるのが通常であり、経営者が経営から完全に撤退して新経営者が経営を担当し、不動産を使用するに至ることは、その実質に着眼すれば、旧経営者から新経営者に対し賃借権の譲渡がなされたものというべきであるから、実体的にはCからDに対し、本件土地の賃借権が譲渡されたものとみるのが相当である。」と判示して、第一審の判断を是認してYの控訴を棄却した。

　3　上告審はつぎのとおり判示して原判決を破棄し、本件を原審に差し戻した。「右《民法612条》にいう賃借権の譲渡が賃借人から第三者への賃借権の譲渡を意味す

ることは同条の文理からも明らかであるところ、賃借人が法人である場合において、右法人の構成員や機関に変動が生じても、法人格の同一性が失われるものではないから、賃借権の譲渡には当たらないと解すべきである。そして右の理は、特定の個人が経営の実権を握り、社員や役員が右個人及びその家族、知人等によって占められているような小規模で閉鎖的な有限会社が賃借人である場合についても基本的に変わるところはないのであり、右のような小規模で閉鎖的な有限会社において、持分の譲渡及び役員の交代により実質的な経営者が交代しても、同条にいう賃借権の譲渡には当たらないと解するのが相当である。賃借人に有限会社としての活動の実体がなく、その法人格が全く形骸化しているような場合はともかく、そのような事情が認められないのに右のような経営者の交代の事実をとらえて賃借権の譲渡に当たるとすることは、賃借人の法人格を無視するものであり、正当でない。賃借人である有限会社の交代の事実が、賃貸借契約における賃貸人・賃借人間の信頼関係を悪化させるものと評価され、その他の事情と相まって賃貸借契約解除の事情となり得るかどうかは、右事実が賃借権の譲渡に当たるかどうかとは別の問題である。」。

Key point 本判決が、上記判旨に続けて、「賃貸人としては、有限会社の経営者である個人の資力、信用や同人との信頼関係を重視する場合には、右個人を相手方として賃貸借契約を締結し、あるいは、会社との間で賃貸借契約を締結する際に、賃借人が賃貸人の承諾を得ずに役員や資本構成を変動させたときは契約を解除することができる旨の特約をするなどの措置を講ずることができるのであり、……」と述べて、そのような特約を有効視している点も重要である。ちなみに、このような特約のある建物賃貸借契約において、賃借人である株式会社の全株式が譲渡され、取締役の変更がされた事案について、「脱法的無断賃借権の譲渡に当たると解することはできない」として解除を認めなかった東京地判平18.5.15判時1938号90頁がある。

なお、本件のような事案とは逆になるが、個人である賃借人が、その経営する会社に賃借権を譲渡したり賃借物を転貸した場合に、信頼関係が破壊されていないとして賃借権の無断譲渡又は賃借物の無断転貸を理由とする解除を認めない裁判例が相当数存在する（例えば、建物賃貸借に関する最判昭39.11.19民集18巻9号1900頁〔●114〕など）。

〔解説・評釈等〕山下郁夫・判解29事件、後藤元伸・別冊法時16号42頁、石外克喜・判評461号23頁、菅野佳夫・判タ941号72頁、和根崎直樹・判タ臨増978号80頁、升田純・NBL630号67頁

47 土地賃借権譲渡又は土地転貸と賃貸人の承諾の要否⑤

土地賃借人が賃借地上に所有する建物に譲渡担保権を設定したとしても譲渡担保権設定者（賃借人）が引き続き建物を使用している限り民法612条にいう賃借権譲渡又は転貸がされたとはいえないとされた事例

　一　審…横浜地判平成3年11月25日民集51巻6号2901頁
　控訴審…東京高判平成4年12月2日民集51巻6号2908頁
　上告審…最判平成9年7月17日民集51巻6号2882頁

事案

　Xはその所有する本件土地を建物所有目的でY₁に賃貸し、Y₁は同土地上に本件建物を所有してこれに居住していた（なお、本件建物の登記簿上の所有名義人はY₁の父のAとなっていた。）。Y₁は、平成元年2月、本件建物を譲渡担保に供してBから1300万円を借り受けたが、同月21日、Aをして、同建物を譲渡担保としてBに譲渡する旨の譲渡担保設定契約書及び登記申請書類に署名押印させ、これらをBに交付した。Bは、同日、Y₁から交付を受けた上記登記申請書類を利用して、本件建物につき、代物弁済予約を原因としてBを権利者とする所有権移転請求権仮登記を経由するとともに、売買を原因として所有名義人をBの妻であるCとする所有権移転登記を経由した。Y₁は、同月、本件建物から退去して転居したが、その後は、Xに対して何の連絡もせず、Bとの間の連絡もなく、行方不明となっている。Y₂は、同年6月10日、Dの仲介で本件建物を賃借する契約を締結して、それ以後同建物に居住している。上記賃貸借契約書には、契約書前文に賃貸人としてY₁とBの両名が併記され、末尾に「賃貸人Y₁」「権利者B」と記載されているが、賃料の振込先としてBの銀行預金口座が記載されており、また上記契約書に添付された重要事項説明書には、本件建物の貸主及び所有者はBと記載され、DはBの代理人と記載されている。本件土地の地代は、従前はY₁がX方に持参して支払っていたが、Y₁が本件建物から退去した後は、同年3月にBからXの銀行預金口座に振り込まれ、これを不審に思ったXがBの口座に上記振込金を返還すると、同年4月から12月までBからY₁名義で振り込まれた。本件建物につきCへの所有権移転登記がされていることを知ったXが平成2年4月13日、Cに対し建物収去土地明渡しを請求したところ、Bは同年5月14日、錯誤を原因としてCへの所有権移転登記を抹消した。Xは、Y₁に対して、平成4年7月16日に到達したとみなされる公示による意思表示により、賃借権の無断譲渡を理由として本件土地の賃貸借契約を解除した。

　XはY₁に対し、本件建物の収去による本件土地の明渡しを求めるとともに、Y₂に対し、本件建物からの退去による本件土地の明渡しを訴求した（Aに対しても建物収去土地明渡請求をしたが第一審判決で棄却され、確定しているので無視する。）。

1章　借地に関する判例　137

判旨 1 第一審は、「Bは本件建物の担保価値のみならず、その使用収益権も行使しており、本件建物所有権はBに確定的に移転しているといわざるを得ない」とし、Bへの無断賃借権譲渡を認め、XのY₁、Y₂に対する請求を認容した。

2 控訴審は、Bは本件建物に譲渡担保権の設定を受けたもので、これを実行したことも認められないので、本件建物の所有権を終局的・確定的に取得したものと認めることはできない、したがってまた本件土地の賃借権が終局的・確定的に譲渡されたともいえないとして、Y₂の控訴を認容して第一審判決を取り消してXの請求を棄却した。

3 上告審は、まず、借地人が建物の使用を継続している場合について、後掲最判昭40.12.17を引用して、つぎのとおり判示した。「借地人が借地上に所有する建物につき譲渡担保権を設定した場合には、建物所有権の移転は債権担保の趣旨でされたものであって、譲渡担保権者によって担保権が実行されるまでの間は、譲渡担保権設定者は受戻権を行使して建物所有権を回復することができるのであり、譲渡担保権設定者が引き続き建物を使用している限り、右建物の敷地について民法612条にいう賃借権の譲渡又は転貸がされたと解することはできない。」。しかし、つぎのとおり判示して、本件ではBへの賃借権譲渡又は転貸がされたと認められるとして、原判決を破棄してY₂の控訴を棄却した。「地上建物につき譲渡担保権が設定された場合であっても、譲渡担保権者が建物の引渡しを受けて使用又は収益をするときは、いまだ譲渡担保権が実行されておらず、譲渡担保権設定者による受戻権の行使が可能であるとしても、建物の敷地について民法612条にいう賃借権の譲渡又は転貸がされたと解するのが相当であり、他に賃貸人に対する信頼関係を破壊すると認めるに足りない特段の事情のない限り、賃貸人は同条2項により土地賃貸借契約を解除することができるものというべきである。」。

賃借地上建物が債権担保目的で買戻特約付売買により所有権移転登記が経由された事案につき、最判昭40.12.17民集19巻9号2159頁は、「民法612条2項所定の解除の原因たる賃借権の譲渡または転貸がなされたものとは解せられない」と判示して解除の効力を否定した。本件上告審判決もこれと同じ考え方に立つものであるが、譲渡担保権の実行前においても譲渡担保権者が賃借土地上の建物の引渡しを受けてこれを使用又は収益をするときは、民法612条にいう賃借権譲渡又は転貸をしたことになるとした点が本判決の注目すべき点である。なお、賃借地上建物の譲渡担保権者による旧借地法9条ノ2又は9条ノ3に基づく賃借権譲渡許可申立てが許されないとした大阪高決昭61.3.17判タ637号138頁がある。

ちなみに、債券担保目的の買戻特約付売買に関しては、「買戻特約付売買契約の形式が採られていても、目的不動産の占有の移転を伴わない契約は、特段の事情のない限り、債権担保の目的で締結されたものと推認され、その性質は譲渡担保と解するのが相当である。」とする最判平18.2.7民集60巻2号480頁がある。

〔解説・評釈等〕三村量一・判解42事件、道垣内弘人・ジュリ臨増1135号77頁、円谷峻・私法判例リマークス1999年（上）48頁

48 借地上建物に対する抵当権の効力

借地上建物に設定された抵当権は敷地の借地権に及ぶとされた事例

一　審…函館地判昭和38年10月9日民集19巻4号816頁
控訴審…札幌高函館支判昭和39年5月28日民集19巻4号820頁
上告審…最判昭和40年5月4日民集19巻4号811頁

事案　A（財団法人）はその所有する本件土地を普通建物所有目的でXに賃貸し、Xは同土地上に本件建物を所有していたが、これに、第1順位ないし第4順位までの各抵当権を設定した。同第2順位の抵当権者の申立てによる競売の結果、昭和36年1月25日、Yがこれを競落してその所有権を取得した。

Xは、Aに代位してYに対し本件建物の収去による本件土地の明渡しを訴求した。

判旨　1　第一審は、本件土地の賃借権は、本件建物と共に競落人であるYに移転しているとして、Xの請求を棄却した。

2　控訴審は、「たとえ土地所有者が敷地の賃借権の譲渡または転貸を承諾しないとしても、すでに競落人に賃借権を譲渡しあるいは転貸している従前の建物所有者としては、土地所有者に代位して競落人に対し敷地の明渡しを求めることはできない」と述べてXの控訴を棄却した。

3　上告審は、本件土地賃借権が競落人であるYに移転している旨、つぎのとおり判示してXの上告を棄却した。「土地賃借人の所有する地上建物に設定された抵当権の実行により、競落人が該建物の所有権を取得した場合には、民法612条の適用上賃貸人たる土地所有者に対する対抗の問題はしばらくおき、従前の建物所有者との間においては、右建物が取壊しを前提とする価格で競落された等特段の事情がないかぎり、右建物の所有に必要な敷地の賃借権も競落人に移転するものと解するのが相当である（原審は、択一的に、転貸関係の発生をも推定しており、この見解は当審の執らないところであるが、この点の帰結のいかんは、判決の結論に影響を及ぼすものではない。）。けだし、建物を所有するために必要な敷地の賃借権は、右建物所有権に付随し、これと一体となって一の財産的価値を形成しているものであるから、建物に抵当権が設定されたときは敷地の賃借権も原則としてその効力の及ぶ目的物に包含されるものと解すべきであるからである。したがって、賃貸人たる土地所有者が右賃借権の移転を承諾しないとしても、すでに賃借権を競落人に移転した従前の建物所有者は、土地所有者に代位して競落人に対する敷地の明渡しを請求することができないものといわなければならない。」。

Key point 敷地利用権が建物の「従たる権利」であり、建物に設定された抵当権がこれに及ぶこと、したがってまた、競売により建物所有権が買受人（競落人）に移転したときは敷地利用権も買受人に移転することについては、今日、ほとんど異論はない（本件上告審判決と同旨を述べたものとして、最判昭48．2．8金法677号44頁がある。）。

　もっとも、買受人がその敷地利用権の取得を敷地の所有者に対抗することができるかどうかは別問題である。敷地利用権が地上権であるときは、その取得を当然に敷地所有者に対抗することができる。敷地利用権が使用借権であるときは、その取得を敷地所有者に対抗するすべはない。そして敷地利用権が賃借権であるときは、本来は賃貸人の承諾がなければ賃借権の取得を賃貸人（ないし敷地所有者）に対抗することができないが（民法612条1項）、昭和41年改正後の旧借地法9条ノ3は、賃借地上建物を競売又は公売により買い受けた者（買受人、競落人）が土地賃借権の譲受けにつき賃貸人の承諾に代わる裁判所の許可を得ることができる旨の規定を設け、借地借家法20条がこれを踏襲している（買受人がこの許可申立てをしなかった場合につき、後掲〔◯52〕参照）。

　ちなみに、借地上建物に担保権を設定することは原則として自由であるが、これを禁止する（あるいは、借地権設定者の承諾を要する）旨の特約が付されることがある。このような特約を無効とする裁判例（浦和地判昭60．9．30判時1179号103頁）がある一方、その有効性を認め、かつ、信頼関係が破壊されたことを理由に借地契約の解除を認めた裁判例（東京地判昭44．3．27判時568号57頁）がある。担保権設定等を禁止する特約に違反したという事案について信頼関係を破壊するに足りない特段の事情があるとして賃貸人の解除権を否定した最判昭44．1．31判時548号67頁は、担保権設定禁止特約も一応有効であることを前提としているものと解される。

　なお、土地賃貸人が抵当権者に交付した、「借地権の消滅を来すおそれのある事実が生じたときは通知する」旨の念書に違反した場合につき、抵当権者の土地賃貸人に対する損害賠償請求を肯認した最判平22．9．9判タ1336号50頁がある。

〔解説・評釈等〕高津環・判解36事件、加藤一郎・法協83巻2号220頁、鈴木禄弥・民商54巻1号60頁、槇悌次・判評85号12頁

49 賃借権譲渡・転貸許可申立て①

土地賃借人死亡後の遺贈による土地賃借権譲渡許可申立てが適法とされ、賃貸人の建物等買受申立てが排斥された事例

一　審…横浜地川崎支決昭和54年2月16日
抗告審…東京高決昭和55年2月13日判時962号71頁

事案　本件土地とその地上に存する本件建物を所有していたAは、昭和35年6月29日、本件建物をBに売り渡し、本件土地を期限を定めず賃貸した。Yは、昭和43年6月21日、本件土地をAから買い受け、本件土地についてのBに対する賃貸人たる地位を承継した。Bは、昭和45年10月9日死亡したが、本件建物を事実上の養子（養女）であり、夫と共に本件建物においてBと同居しBの面倒を見ていたCに遺贈する旨の遺言があった。Cは、Bの遺言執行者Xに対する遺贈を原因とする本件建物についての所有権移転登記手続請求を認容する判決を得たうえで、Yに本件土地賃借権譲渡についての承諾を求め、またXも同様、同承諾を求めたが、いずれもYはこれを拒絶した。

XはYを相手方として、裁判所に、本件土地賃借権をCに譲渡することの許可を求める申立てをしたところ、Yは、本件建物及び本件土地賃借権を自分が買い受ける旨の申立てをした。

判旨
1　第一審は、Xの申立てを認容し、Yの申立てを棄却した。
2　抗告審も、Yの抗告を棄却したが、まず、つぎのとおり判示して、Xの申立てを適法とした。「借地法9条ノ2第1項に基づく借地権譲渡許可の申立は、同条項の規定の文言及び民法612条1項の趣旨に照らし、賃借権の譲渡又は賃借物の転貸をするに先立ってなされなければならないと解すべきであるが、借地人が賃借地上の所有建物を遺贈する場合についてまでそれに伴う土地賃借権譲渡につき遺贈の効力発生前に、賃貸人の承諾又はこれに代る裁判所の許可を求めることを借地人に要求するのは、遺贈の性質上極めて不当というべきであり、この場合は、遺贈の効力が発生した後、その相続人又は遺言執行者による目的物件の引渡又は所有権移転登記に先立って借地権譲渡についての賃貸人の承諾又はこれに代る裁判所の許可を求めれば足りると解するのが相当である。」。

つぎに、Yの介入権行使排斥の理由をつぎのとおり判示した。「抗告人（Y）は、借地法9条ノ2第3項に基づいて、本件宅地等借地権及び本件建物の優先買受を申し立てているところ、同条項の趣旨は、土地賃借人が借地を自ら直接使用することをやめて借地上所有建物と借地権を他に譲渡することにより、借地への投下資本を回収するため、借地権譲渡の許可を申し立てた場合に、借地権が他に移ることを望まない賃貸人に対して右借地権等を相当の価額で優先して買い取ることのできる権能を付与

し、もって、賃借人と賃貸人との利害の調整を図ることにあると解すべきである。ところが本件の場合、Bは、事実上の養子であり、かつB死亡時同人と同居していたCに、Bの遺産である本件建物とその敷地である本件宅地等の借地権を承継させて利用させる目的で、これをCに譲渡する旨遺言したものであることは、前認定事実関係から明らかであり、投下資本の回収を主たる目的とする通常の取引の場合とは事情を異にするものというべく、このような事情のもとに近親者その他の縁故者に対し借地権を譲渡する場合においても、賃貸人に優先買受権を認めることは、借地人の意思を全く無視し、かえって前示した借地法9条ノ2第3項の趣旨を失わせる結果となるというべきである。それゆえこのような場合には、賃貸人に優先買受権はないと解するのが相当である。」。

Key point 遺贈は、相続と異なり、遺贈者（遺言者）の法律行為（単独行為）に基づく「譲渡」であるから、土地賃借権の譲渡を賃貸人に対抗するにはその承諾又は承諾に代わる裁判所の許可（旧借地法9条ノ2、借地借家法19条）を要する（もっとも、相続人又はその一部に対する「遺贈」は、実質的には相続と同視することができるので賃貸人の承諾等を要しないというべきである。）。しかし、他の譲渡の場合のように譲渡の効力が生じる前の承諾等の取得は実際上困難であるから、例外的にその後の承諾等取得も認めるほかないだろう（賃借地上建物の所有権移転登記後であっても、建物の引渡しを受ける前であれば許可申立てが許されると解すべきである。本件事案のように、遺贈の効力が生じる前からその建物を受遺者が使用していた場合には、「引渡し」があったと認めることは困難であろう。）。

なお、推定相続人等の近親者への土地賃借権譲渡許可申立てがされた場合、賃貸人から介入権行使がされてもこれを認めないのが借地非訟事件における実務の一般的な取扱いとなっている。

50 賃借権譲渡・転貸許可申立て②

公競売における買受人の土地賃借権譲受許可申立事件において許可決定の付随的裁判として相当な額の敷金を差し入れるべき旨を定め、その交付を命ずることができるとされた事例

一　審…大阪地決平成12年12月14日民集55巻6号1020頁
抗告審…大阪高決平成13年4月12日民集55巻6号1027頁
許可抗告審…最決平成13年11月21日民集55巻6号1015頁

事案　Yは、昭和57年、その所有する本件土地を、堅固建物所有を目的とし、期間を昭和101年（平成38年）12月14日までと定めて、A（会社）に賃貸した。その際、Aは、上記賃貸借契約によって生ずる債務を担保するため敷金1000万円をYに交付した。Aは、本件土地上に本件建物を所有していたが、本件建物について競売が実施され、平成11年11月18日、買受人Xが競売代金を納付して、その所有権とともに本件土地の賃借権（本件賃借権）を取得した（なお、上記競売事件の物件明細書には、本件賃借権について「敷金1000万円」等の記載がされていた。）。Xは、Yに対して本件賃借権譲受けの承諾を求めたが、Yが承諾をしないので、借地借家法20条による賃借権譲受けの許可申立てをした。Yは、審問期日において、許可を与える場合は付随的裁判として相当額の財産上の給付とAが交付していたのと同額の敷金の交付を命ずべきである旨主張した。第一審における鑑定意見は、申立て認容を相当とする旨及び財産給付として借地権価格の10％に相当する491万円のほかに敷金1000万円をXに交付させるのが相当であるというものであった。

判旨　1　第一審は、鑑定委員会の判断が敷金1000万円の交付を前提とするものであり、「したがって、Xは、本件土地賃借権譲受にともない右敷金を差し入れることになる。」としながらも、「ただ、本決定においては、敷金の差し入れが、厳密な意味での借地借家法20条1項にいうところの借地条件の変更、あるいは財産上の給付には当たらないと解されることから、主文には掲げないこととした。」と述べて、Xの賃借権譲受け許可とYに491万円を支払うようXに命ずるだけの決定をした。

2　抗告審は、敷金に関して、「借地借家法20条1項の「財産上の給付」は、借地権設定者に賃借権の譲渡を承諾させて、借地契約関係に入ることを強制する代償として支払われるものである。ところが、敷金支払義務は、契約関係の中で発生するものであるから、付随処分として支払いを命じ得る性格のものとは解し得ない。」と判示して、Yの抗告を棄却した。

3　許可抗告審は、つぎのとおり、付随的裁判として敷金交付を命ずることができる旨を判示し、原決定を破棄し、本件を原審に差し戻した。「土地の賃貸借における敷金は、賃料債務、賃貸借終了後土地明渡義務履行までに生ずる賃料相当損害金債務、

その他賃貸借契約により賃借人が賃貸人に対して負担することとなる一切の債務を担保することを目的とするものである。しかし、土地の賃借人が賃貸人に敷金を交付していた場合に、賃借権が賃貸人の承諾を得て旧賃借人から新賃借人に移転しても、敷金に関する旧賃借人の権利義務関係は、特段の事情のない限り、新賃借人に承継されるものではない《最判昭53.12.22民集32巻9号1768頁を引用》。したがって、この場合に、賃借権の目的である土地の上の建物を競売によって取得した第三者が土地の賃借権を取得すると、特段の事情のない限り、賃貸人は敷金による担保を失うことになる。そこで、裁判所は、上記第三者に対して法《借地借家法》20条に基づく賃借権の譲受けの承諾に代わる許可の裁判をする場合には、賃貸人が上記の担保を失うことになることをも考慮して、法20条1項後段の付随的裁判の内容を検討する必要がある。その場合、付随的裁判が当事者の利益の衡平を図るものであることや、紛争の防止という賃借権の譲渡の許可の制度の目的からすると、裁判所は、旧賃借人が交付していた敷金の額、第三者の経済的信用、敷金に関する地域的な相場等の一切の事情を考慮した上で、法20条1項後段の付随的裁判の1つとして、当該事案に応じた相当の額の敷金を差し入れるべき旨を定め、第三者に対してその交付を命ずることができるものと解するのが相当である。」。

Key point 借地契約において敷金が授受される例は実際上少なく、公競売における買受人による賃借権譲受許可申立事件で敷金交付が問題となった事案は、公刊誌上本件のほか見当たらない。
　本件許可抗告審における敷金の法的性格についての判示は、建物賃貸借における敷金の性格について判示した最判昭48.2.2民集27巻1号80頁〔➡143〕と同旨である。また、特段の事情のない限り、賃借権譲渡に伴って敷金返還請求権が旧賃借人から新賃借人に承継されることがない旨を判示したものとして上記引用の最判昭53.12.22民集32巻9号1768頁〔➡147〕も建物賃貸借に関する判例である。ここにいう「特段の事情」は、例えば、旧賃借人が（賃貸人に対して敷金返還を求めないこととしたうえで）賃貸人に対する（将来の）敷金返還請求権を新賃借人に譲渡したような場合が考えられる。
〔解説・評釈等〕小野憲一・判解22事件、原田純孝・ジュリ臨増1224号87頁、田中敦・判タ臨増1125号60頁、平田健治・民商126巻3号101頁

51 賃借権譲渡・転貸許可申立て③

公競売の建物買受人による賃借権譲受許可申立事件において、借地権設定者は、賃借権の目的である土地と他の土地とにまたがって建築されている建物及び賃借権を譲り受ける旨の申立てをすることはできないとされた事例

一　審…東京地決平成18年6月19日民集61巻9号3257頁
抗告審…東京高決平成18年9月12日民集61巻9号3261頁
許可抗告審…最決平成19年12月4日民集61巻9号3245頁

事案　Y（会社）は、A（会社）に対し、本件土地を堅固建物所有目的で賃貸し、Aは本件土地と、これに隣接するB（個人）所有の甲土地にまたがって建築された本件建物（鉄筋コンクリート造地下2階付5階建）を所有していたところ、Xが平成17年5月24日競売事件において本件建物を買い受けてその所有権を取得した。XがYに対し本件土地の賃借権（本件借地権）譲受けについて承諾を求めたがYがこれを拒んだので、Xは裁判所にYの承諾に代わる許可の裁判を求めた（甲事件）。これに対し、Yは、本件建物及び本件借地権を自ら譲り受けるとし、その旨の裁判を求めた（乙事件）。なお、Bは甲土地の賃借権をXが譲り受けることを承諾している。

判旨　1　第一審は、甲事件につき、Xの申立てを認容してXの本件借地権譲受けを許可し、Xに、Yへの3378万円余の支払を命じるとともに、乙事件につき、「本件においてYの介入権申立てを認めると、本件建物のうち、甲土地にかかる部分についてはYに占有権原がなく、かつ、同部分の利用について、今後BとYとの協議に委ねることは、本件建物の権利関係を複雑かつ不安定なものにするといわざるを得ない。」としてYの申立てを却下した。

　2　抗告審は、乙事件について次のとおり判示し、Yの抗告を棄却した。「借地借家法20条2項が準用する同法19条3項の規定は、競売又は公売により建物を買い受けた第三者と借地権設定者の利害を調整するため、借地権設定者に自ら設定した賃借権を回収する機会を与えたものであるから、Yが譲渡を受けることができるのは、Yが賃借権を設定した本件土地上に存する建物部分と本件土地の賃借権に限られるものといわなければならない。《中略》本件土地上の建物部分を独立の区分所有権の客体に変更することが事実上不可能であるからといって、Yが所有していない本件隣接土地の上にある建物部分についてまでYが譲渡を受けることを許容し、その結果として、Bの承諾なく本件隣接土地の借地権をYに譲渡又は転貸させ、競売により本件建物全体を買い受けたXの賃借権譲受許可の申立てを認めないのは、YとXの利害調整の観点から妥当なものとはいい難く、借地借家法の予定しているところではないものと解

される。」。

 3　許可抗告審も、つぎのとおり判示して原審の判断を是認し、Yの抗告を棄却した。「賃借権の目的である土地と他の土地とにまたがって建築されている建物を競売により取得した第三者が、借地借家法20条1項に基づき、賃借権の譲渡の承諾に代わる許可を求める旨の申立てをした場合において、借地権設定者が、同条2項、同法19条3項に基づき、自ら当該建物及び賃借権の譲渡を受ける旨の申立てをすることは許されないものと解するのが相当である。なぜなら、裁判所は、法律上、賃借権及びその目的である土地上の建物を借地権設定者へ譲渡することを命ずる権限を付与されているが（同法20条2項、19条3項）、賃借権の目的外の土地上の建物部分やその敷地の利用権を譲渡することを命ずる権限など、それ以外の権限は付与されていないので、借地権設定者の上記申立ては、裁判所に権限のない事項を命ずることを求めるものといわざるを得ないからである。」。

Key point　本件は、賃借地上建物の公競売の買受人による借地借家法20条1項に基づく譲受許可申立てがされた事案に関するものであるが、賃借地上建物を譲渡しようとする者による同法19条1項に基づく譲渡許可申立事件について、最高裁は本件許可抗告事件の決定日と同日、借地権設定者は、賃貸借の対象土地と他の土地とにまたがっている建物とその賃借権の譲受けを求めることができない旨の、本件許可抗告事件の決定と同趣旨の決定をした（最決平19.12.4判時1996号32頁（②事件））。

 なお、（いずれも本件許可抗告審決定の前に出されたものであるが）上記のような「またがり建物」の場合にも、借地権設定者の譲受申立てを（何らかの留保付きである場合も含めて）認めた横浜地決昭44.8.22下民20巻7・8号594頁、その抗告審である東京高決昭46.3.23下民22巻3・4号280頁、大阪高決平19.8.9判タ1255号259頁、これを否定した大阪地決昭44.7.14下民20巻7・8号484頁、東京地決平13.3.16（平成12年（借チ）3013号、同年（借チ）3021号事件。公刊誌未登載）があった。

〔解説・評釈等〕石丸将利・判解33事件、田中英司・判評596号26頁、村田博史・民商139巻1号69頁、丸山英気・私法判例リマークス38号42頁、生熊長幸・ジュリ臨増1376号83頁

52 無断土地賃借権譲渡・土地転貸と土地賃貸借の解除①

強制競売の建物買受人が法定期間内に賃借権譲受許可申立てをしなかった場合に、賃借権無断譲渡を理由とする解除が認められた事例

一　審…東京地判平成16年12月24日
控訴審…東京高判平成17年4月27日判タ1210号173頁

事案　A所有の本件土地を賃借しているBは同土地上に本件建物を所有していたが、平成14年6月、同建物につき強制競売開始決定がされた。Xは、平成15年4月11日に本件土地を買い受け、上記競売事件の執行裁判所に対し、競落人（買受人）に対し賃借権譲渡の承諾を拒否すること、競落人が借地借家法20条1項による申立てをした場合には同条2項、同法19条3項による介入権（先買権）を行使する予定であることを記載した同年6月18日付上申書を提出した。Yは、同年10月29日、上記競売手続において本件建物を買い受けたが、その2か月以内に同法20条1項による申立てをしなかったので、Xは、賃借権の無断譲渡を理由に本件土地の賃貸借契約を解除し、Yに対し、本件建物の収去による本件土地明渡しを訴求した。

判旨　1　第一審はXの請求を認容した（理由不詳）。
　2　控訴審は、借地権付建物が競売により譲渡された場合にも、信頼関係破壊が認められないときは解除は許されないとする判例理論が排除されないことを一般論として述べたうえで、以下のとおり判示して、本件についてはYに「背信行為と認めるに足りない特段の事情があると認めることはできない。」としてYの控訴を棄却した。「同法《借地借家法》20条3項は、『第1項の申立ては、建物の代金を支払った後2月以内に限り、することができる。』として申立期間（不変期間）を定め、賃貸人の利益を保護し、これら各規定が相俟って、競落人と賃貸人の利害の調整を図っているのである。そこで、競落人が上記申立てをせず、申立期間を徒過したときには、賃貸人の解除が当然に許されるわけではないものの、控訴人のように不動産の売買、仲介業等を目的とする会社など不動産取引やこれに関連する法制度に精通している者が上記期間を徒過するときには、承諾を得られると信じ、それに合理的理由があるなど相当な理由が存する場合でない限り、申立期間の徒過は、解除を許す有力な判断資料になるといわざるを得ない。」。

Key point 賃借土地上の建物の、公売又は競売による買受人は、建物と共に敷地の賃借権を取得するが、賃借権の譲受けにつき賃貸人の承諾又は承諾に代わる裁判所の許可（借地借家20条1項）を得なければ、賃借権の取得を賃貸人に対抗することができない。裁判所は、同許可申立てがあるときは、これを許可する場合が多い（併せて、申立人に、賃貸人への借地権価格の10パーセント程度の財産給付を命じている）。しかし、買受人の代金納付から2か月が経過するともはやその申立てをすることはできなくなる（買受人が、実際上、もっとも注意すべき点である）。

　なお、信頼関係を破壊するに至っていないと認めるに足りない特段の事情がある場合は賃貸人による解除は許されないが（後掲〔◯53、54〕参照）、この特段の事情は、解除の効力を争う賃借人側が主張・立証しなければならない（最判昭41.1.27民集20巻1号136頁）。

53 無断土地賃借権譲渡・土地転貸と土地賃貸借契約の解除②

土地賃借権の無断譲渡又は無断転貸がされた場合にも背信行為と認めるに足りない特段の事情がある場合には賃貸借契約の解除は許されないとされた事例

一　審…静岡地判（判決年月日不明）民集 7 巻 9 号999頁（主文及び事実）
控訴審…東京高判昭和25年 3 月25日民集 7 巻 9 号1000頁
上告審…最判昭和28年 9 月25日民集 7 巻 9 号979頁

事案

　Aは、昭和 7 、 8 年ころ、その所有する本件土地を普通建物所有目的でY₁に賃貸し、Y₁は同土地上に甲建物（47坪余）と乙建物（24坪）の 2 棟の倉庫を建設所有し、前者をBに賃貸していたところ、昭和20年 6 月、上記両建物が焼失したので、Bは、昭和21年10月、Y₁に対し罹災都市借地借家臨時処理法 3 条の規定に基づき甲建物の敷地47坪余の借地権譲渡の申出をなし、Y₁の承諾を得てその借地権を取得した。その間、Xが本件土地をAから買い受け昭和21年 4 月15日所有権取得登記を了し、Y₁との本件土地賃貸借関係を承継した。Bは、Y₁の同一借地上である限り上記坪数の範囲内においては以前賃借していた倉庫の敷地以外の場所に建物を建設しても差し支えないものと信じ、その敷地に隣接する本件係争地上にBの子であるY₂名義の本件建物を建築した（Y₁も同様の見解のもとに上記建築を容認した。）。

　Xは、昭和25年 1 月20日、Y₁に対し本件土地の無断転貸を理由に本件土地賃貸借契約を解除する旨の意思表示をして、Y₁、Y₂に対し、本件建物の収去による本件土地の明渡しを訴求した。

判旨

　1　第一審は、Xの請求を棄却した（理由不明）。
　2　控訴審は、「Y₁に何ら背信的な廉のあることを認め難い」以上Xの解除の意思表示はその効力を生じないと判示してXの控訴を棄却した。
　3　上告審は、つぎのとおり判示して、Xの上告を棄却した。「元来民法612条は、賃貸借が当事者の個人的信頼を基礎とする継続的法律関係であることにかんがみ、賃借人は賃貸人の承諾がなければ第三者に賃借権を譲渡し又は転貸することを得ないものとすると同時に、賃借人がもし賃貸人の承諾なくして第三者をして賃借物の使用収益を為さしめたときは、賃貸借関係を継続するに堪えない背信的行為があったものとして、賃貸人において一方的に賃貸借関係を終止せしめ得ることを規定したものと解すべきである。したがって、賃借人が賃貸人の承諾なく第三者をして賃借物の使用収益を為さしめた場合においても、賃借人の当該行為が賃貸人に対する背信的行為と認めるに足らない特段の事情がある場合においては、同条の解除権は発生しないものと解するを相当とする。」。そして、Y₁の行為については、「賃貸借関係を継続するに堪えない著しい背信行為となすに足らないことはもちろんであるから、Xの同条に基く

解除は無効というの外はなく……」として原審の判断を是認した。

　借地関係、借家関係を問わず、無断賃借権譲渡、無断転貸の場合に、また、賃料不払い等の債務不履行の場合にも、背信行為と認めるに足りない（信頼関係を破壊するに至ったと認められない）特段の事情のあるときは解除が許されないとする理論（「背信性の理論」とか「信頼関係破壊の理論」などと呼ばれている。）は、すでに判例上確立しているといえる。

　他に、借地に関して無断賃借権譲渡又は土地無断転貸につき背信的行為と認めるに足りない（信頼関係を破壊するに足りない）特段の事情があるとして賃貸人の解除を認めなかった判例として、最判昭38.10.15民集17巻9号1202頁（僧侶個人の賃借地上建物を、宗教法人設立に伴い、同法人に所有権を移転した事案）、後掲〔⇨56〕、最判昭40.6.18民集19巻4号976頁（土地賃借人が同居の親族をして賃借地上に建物を建築させた事案）、最判昭40.9.21民集19巻6号1550頁（賃借人が親族に賃借地上建物を贈与した事案）、最判昭41.7.15判時455号38頁（会社が建物を譲り受けた後、その代表取締役個人がその敷地を賃借した事案）、最判昭43.9.17判時536号50頁（個人が賃借している土地を、個人企業を会社組織に改め、同社に使用させた事案）、最判昭44.4.24民集23巻4号855頁（離婚に伴い、賃借地上建物の所有名義を妻にした事案）、最判昭46.6.22判時636号48頁（借地の一部についての賃借権を譲渡した事案）、最判昭47.4.25判時669号64頁（賃借人がその個人企業と実質を同じくする会社に賃借土地を使用させた事案）などがある（ちなみに、最判昭39.12.25判時400号21頁は、そのような特段の事情があるとはいえないとし、また、最判昭41.1.27民集20巻1号136頁は、そのような特段の事情の存在は賃借人が主張・立証すべき旨を判示し、いずれも解除の効力を肯認している。）。

　なお、昭和41年借地法改正（同年施行）により、土地賃借権譲渡、転貸についての賃貸人の承諾に代わる裁判所の許可の制度（旧借地9条ノ2、9条ノ3）が創設され、その後、借地借家法に踏襲されている（同法19条、20条）。このような制度下においても、背信性理論が意義を失ったとはいえないが、このような制度を利用することなく無断賃借権譲渡、無断土地転貸をした場合には、背信性が認められる可能性が高いといえよう。

〔解説・評釈等〕中川淳・民商30巻1号66頁、広中俊雄・ジュリ200号130頁

54 無断土地賃借権譲渡・土地転貸と土地賃貸借契約の解除③

土地賃借人が賃貸人の承諾とは異なる持分割合で新築建物を共有することを容認して土地を無断転貸した場合に、解除が許されないとされた事例

一　審…東京地判平成19年12月14日
控訴審…東京高判平成20年5月14日
上告審…最判平成21年11月27日判時2066号45頁

事案　AからBが賃借した本件土地上にBが旧建物を建築してそこに居住していたが、その後、Xが賃貸人の地位を、Y_1が賃借人の地位を承継した。Y_1は同建物において妻Y_2、長男Cと同居していたが、昭和62年にCがY_3と婚姻し、昭和63年に長女をもうけてからは、彼らとも同居していた。Y_1は、平成9年ころに同建物を取り壊して本件建物を新築したが、その際、同建物をY_1が10分の1、Y_2が10分の2、Cが10分の7の各持分で共有することについてXの承諾を得ていたにもかかわらず、実際にはY_1は持分を取得せず、Cが10分の7、Y_2が10分の3の各持分の共有とした（第1転貸。Xは、この実際の持分を知らされていなかった。）。その後、平成17年にCとY_3が離婚し、Cが本件土地を離れた際、Cが上記持分を財産分与としてY_3に譲渡し、Y_1はこれを容認した（第2転貸。Xは事前にこれを知らされていなかった。）。

Xは、Y_1の無断転貸を理由に本件土地賃貸借契約を解除し、Yらに対し、本件建物の収去による本件土地明渡しを訴求した。

判旨　1　第一審は、第1転貸、第2転貸ともに、賃貸人に対する背信行為と認めるに足りない特段の事情があるとして、Xの解除を無効として、その請求を棄却した。

2　控訴審は、第1転貸については、建替え承諾条件の交渉をしたCが、条件が不利になると考えて、Y_1が本件建物の持分を取得しないことをXに説明しなかったこと、Y_1が本件建物の共有者とならない場合にはXが承諾料の増額を要求していたと推認されること、第2転貸についてはXに無断でY_3に対する転貸がされたことなどを述べて、背信行為と認めるに足りない特段の事情があるとはいえないとして、第一審判決を取り消してXの請求を認容した。

3　上告審は、第1転貸によって本件土地の利用状況に変化が生じたわけではないこと、Xが承諾した持分の内容とは、Y_1の10分の1の持分がY_2の持分に加えられただけであること、XはY_1が10分の1の持分を取得することに重大関心を有していたとは解されないこと、第2転貸についてはCからY_3への持分譲渡は離婚に伴う財産分与として行われたものであること、Y_3は離婚前から本件建物に居住していたものであ

り、Cが本件建物から退去したほか本件土地の利用状況に変化が生じていないこと、Xがこれによって何らかの不利益を被ったことは全くうかがわれないことなどを述べて、いずれについても「背信行為と認めるに足りない特段の事情がある」と判示して、控訴審判決を破棄し、Xの控訴を棄却した。

 土地賃借権の共同相続人のひとりがその賃借権の共有持分と他の共同相続人に譲渡した場合は民法612条の賃借権譲渡に当たらないとした〔⇨43〕がある。また、離婚に伴う財産分与としての賃借権譲渡は、やはり民法612条の賃借権譲渡に当たらないとする見解が有力である（前掲〔⇨45〕参照）。そうであるとするならば、第1転貸も第2転貸も、同条にいう無断賃借権譲渡、無断土地転貸には当たらないと解する余地があるように思われる。

やや特殊な事案であるが、借地人が賃借地上に建てた建物とその借地の隣地上にある建物が工事により接続されたことによって、付合して当該借地人と隣地上建物の所有者が共有する1棟の建物となった場合には、借地人が隣地上建物の所有者に、賃借権の一部を譲渡し、又は借地の一部を転貸したものといえるとして、土地賃貸借契約の解除を認めた東京地判平21．2．25判時2049号33頁がある。

55 無断土地賃借権譲渡・土地転貸と土地賃貸借契約の解除④

土地の無断転貸を理由とする解除権は、転借人が当該土地の使用収益を開始した時から10年を経過したときは時効によって消滅するとされた事例

一　審…神戸地判昭和56年4月7日民集41巻7号1451頁（主文及び事実）
控訴審…大阪高判昭和58年1月26日民集41巻7号1461頁
上告審…最判昭和62年10月8日民集41巻7号144頁

事案

本件土地は、もとAの所有であったところ、Aは大正初年B（合資会社）を設立してこれに同土地を含むA所有不動産の管理をさせていた。Y_1の先代Cは昭和11年7月、Bから本件土地を賃借し、同地上に甲、乙、丙3戸1棟の建物を所有しこれを他へ賃貸していた。Y_1は昭和20年3月、家督相続によりCの権利義務を承継し、Xも昭和34年6月相続により本件土地の所有権を取得した。Y_1は、甲建物をY_2に、乙建物をY_3にそれぞれに賃貸し、Y_2は理髪店を、Y_3は家具店をそれぞれ経営していた。Y_1は、昭和25年12月7日、丙建物をY_4（会社）に譲渡し、その敷地部分をAの承諾なく転貸し、同日以降Y_4がこれを使用収益している（Y_1は、丙建物の一部をY_5に賃貸している）。なお、Y_4はY_1を同敷地の所有者であると信じてこれを賃借していたものである。Xは昭和51年7月16日Y_1に対し、無断転貸を理由として本件土地の賃貸借契約を解除する旨の意思表示をした。

Xは、Y_1に対して甲建物収去による本件土地の明渡しを、Y_4に対しては丙建物の収去によるその敷地部分の明渡しを訴求した（XのY_2、Y_3及びY_5に対する請求はいずれも棄却され、確定しているので省略する。）。Y_1らはXの解除権の時効消滅を主張し、Y_4は、丙建物の敷地についての賃借権ないし転借権を時効取得した旨主張した。

判旨

1　第一審は、XのYらに対する各請求をいずれも棄却した（理由不明）。

2　控訴審は、Y_4への転貸がされた昭和25年12月7日から10年（昭和35年12月7日）を経過したことにより無断転貸を理由とするXの解除権が時効消滅した、Y_4は遅くとも昭和46年1月1日にはXに対抗できる転借権を時効取得した、としてXの控訴を棄却した。

3　上告審は、つぎのとおり判示して原判決を是認し、Xの上告を棄却した。「賃貸土地の無断転貸を理由とする賃貸借契約の解除権は、賃借人の無断転貸という契約義務違反事由の発生を原因として、賃借人を相手方とする賃貸人の一方的な意思表示により賃貸借契約関係を終了させることができる形成権であるから、その消滅時効については、債権に準ずるものとして、民法167条1項が適用され、その権利を行使することができる時から10年を経過したときは時効によって消滅するものと解すべきと

ころ、右解除権は、転借人が、賃借人（転貸人）との間で締結した転貸借契約に基づき、当該土地について使用収益を開始した時から、その権利行使が可能となったものということができるから、その消滅時効は、右使用収益開始時から進行するものと解するのが相当である。」（Y_4が土地の使用収益を開始した昭和25年12月7日から10年後の昭和35年12月7日の経過とともにXの解除権は時効により消滅した。)、「Y_4は、AひいてはXに対抗できる転借権を時効により取得したものということができるものというべきであるから、これと同旨の原審の判断は、結論において是認することができる。」。

Key point 無断転貸（無断賃借権譲渡についても同様に考えることができよう。）を理由とする解除権の消滅時効期間の起算点については、本件上告審判決の見解のほか、「賃貸人が転貸（譲渡）を知った時」とする見解などがある。
　　なお、賃借権の無断譲渡又は賃借物の無断転貸を理由とする解除権が時効消滅したとしても、無断転借人・譲受人は（原）賃貸人に転借・譲受けを当然には対抗することができず、（原）賃貸人は所有権に基づいて転借人・譲受人に目的物の明渡しを請求することができるというのが判例（後掲〔⇨**57**〕参照）であるから、本件においても、Y_4は（Xの解除権の時効消滅とは別に）転借権の時効取得を主張する必要があったものである。
〔解説・評釈等〕田中壯太・判例30事件、平井一雄・民商99巻4号540頁、横山美夏・法協106巻5号889頁、平田健治・判評355号41頁、松久三四彦・ジュリ臨増910号69頁、井上郁夫・判タ臨増706号28頁、織田博子・法時56巻8号117頁

56 無断土地賃借権譲渡・土地転貸による解除が許されない場合の法律関係①

土地賃借権の無断譲渡による土地賃貸借契約の解除が許されない場合には、譲受人はその賃借権取得を賃貸人に対抗することができるとされた事例

一　審…東京地判昭和34年11月19日民集18巻 5 号997頁
控訴審…東京高判昭和38年10月10日民集18巻 5 号1000頁
上告審…最判昭和39年 6 月30日民集18巻 5 号991頁

事案　Aは、妻（B）子を故郷の千葉に置いて東京の鮨屋の職人として働いているうち、Yと結婚を約し、Yの貯金と鮨屋の顧客Cからの借金を資本として独立して鮨屋を経営することとし、昭和25年末ころ、Xに権利金 7 万2000円を支払ってXから本件土地を賃借し、住宅金融公庫からの融資金で同地上に本件建物を建築し、Yと同居、協働して鮨屋を経営するに至った。その後Aは、Bと協議のうえ事実上離別して子供 4 人を引き取り、Yと事実上の夫婦として生活していた（Xはその事実を了知していた。）ところ、昭和31年 9 月 5 日死亡した。Yはその後も鮨屋営業を続けながらCからの借金を弁済し、また住宅金融公庫への返済を続けてきた。本件建物はAの所有名義であったので、YはBらAの相続人らとの調停により、Bら相続人に10万円を支払って本件建物の名義をYに移転した。そこでYは本件土地賃借権譲渡につきXに承諾を求めたがXはこれを拒絶した。

XはYに対し、本件建物の収去による本件土地の明渡しを訴求した。

判旨　1　第一審は、「本件のように事実上の夫婦として同棲していた夫が死亡してその妻が夫の相続人から借地権を譲受け、引続いて土地を使用する場合においては、法律上借地権の譲渡があったにせよ、事実上は従来の借地関係の継続であり、右借地権の譲渡は土地賃貸人との間の信頼関係を破壊するものとはいえない。しかもXの供述によればXはYが本件建物に同棲して事実上の夫婦として生活していたことを了知していたのであるから、Xは右譲渡に承諾を与えないことを理由に本件借地契約を解除することは許されず、従って又譲受人であるYはXの承諾がなくても右借地権の譲受をXに対抗し得るものというべく……」と判示して、Xの請求を棄却した。

2　控訴審も第一審判決を引用して同旨を述べ、Xの控訴を棄却した。

3　上告審も、つぎのとおり判示して、Yは本件賃借権譲受けをXに対抗できるとしてXの上告を棄却した。「右認定事実のもとでは、本件借地権譲渡は、これについて賃貸人であるXの承諾が得られなかったにせよ、従来の判例にいわゆる「賃貸人に対する背信行為と認めるに足らない特段の事情がある場合」に当たるものと解すべく、従ってXは民法612条 2 項による賃貸借の解除をすることができないものであり、ま

た、このような場合は、Xは、借地権譲受人であるYに対し、その譲受について承諾のないことを主張することが許されず、その結果としてYは、Xの承諾があったと同様に、借地権の譲受をもってXに対抗できるものと解するのが相当であるからである。」。

　　　　土地賃借権の無断譲渡又は土地の無断転貸がされた場合であっても「背信行為と認めるに足りない特段の事情がある場合」には賃貸人は土地賃貸借契約を解除することができないことは、前掲〔⇨53〕以来、確立した判例である。そして、その場合には、譲受人はその賃借権取得を賃貸人に対抗できると明示的に判示したところが、本件上告審判決の注目すべき点であって、その後、最判昭44．4．24民集23巻4号855頁、最判昭45.12.11民集24巻13号2015頁などでも同旨が示されている。本件は賃借権譲渡に関する事案であるが、土地の無断転貸の場合にも背信行為と認められないために賃貸人の解除が許されないときは、転借人はその転借権を原賃貸人に対抗することができるといえる（前掲〔⇨54〕参照）。なお、やや特殊な事案ではあるが、土地の賃貸人が賃借権譲渡を承諾すべき義務がある場合において、賃貸人の承諾がないまま賃借権譲渡がされた場合について、やはり賃貸人の解除は許されず、譲受人は賃借権譲受けを賃貸人に対抗することができるとした最判昭42．1．17民集21巻1号1頁がある。
〔解説・評釈等〕田中永司・判解52事件、広中俊雄・民商52巻2号130頁

57 無断土地賃借権譲渡・土地転貸による解除が許されない場合の法律関係②

土地賃借権の無断譲渡を理由とする解除権が時効消滅した場合にも賃貸人は譲受人に対し土地明渡請求をすることができるとされた事例

一　審…金沢地判昭和52年4月27日
控訴審…名古屋高金沢支判昭和52年9月20日金判613号8頁
上告審…最判昭和55年12月11日判時990号188頁

事案

Xら（4名）が仮換地指定を受けた本件各土地上に存する本件建物は、昭和13年4月1日ころ、A（株式会社）がXら又はその先代からそれぞれに建物所有目的で賃借して建築、所有していたものであるが、その後、本件建物はAからB、Cを経て、昭和34年1月21日Y（株式会社）に譲渡され、これとともにAの上記賃借権も転々して、Yに帰属した。

XらはYに対し、本件建物の収去による本件各土地の明渡しを訴求した。これに対して、Yは、本件賃借権譲渡につき背信行為と認めるに足りない特段の事情があるので解除権が発生しないこと及び解除権の消滅時効を援用した（なお、譲渡につきXの黙示の承諾があった旨の主張もされているが認定されていないので省略する。）。

判旨

1　第一審は、Xらの解除権が時効により消滅したとして、Xらの請求を棄却した（詳細不明）。

2　控訴審は、まず、上記特段の事情の存在を認めなかった。そして、解除権の消滅時効に関しては、「賃貸人の承諾なく第三者が賃借物を使用収益している状態の継続しているかぎり、賃貸人と賃借人との信頼関係はくり返し破壊されていることになり、したがって、賃貸人の契約解除権もこれに応じて日々発生するものと解するのが相当である。」と判示して「解除権消滅の抗弁は採用に値いしない。」とした。結局、第一審判決を取り消してXらの請求を認容した。

3　上告審は、つぎのとおり判示して、原判決（控訴審判決）の結論を是認してYの上告を棄却した。「賃借権の譲渡を承諾しない賃貸人は、賃貸借契約を解除しなくても、所有権に基づき、譲受人に対しその占有する賃貸借の目的物の明渡を求めることができるのであり《最判昭26.4.27民集5巻5号325頁、最判昭26.5.31民集5巻6号359頁、最判昭41.10.21民集20巻8号1640頁引用》、賃借権の譲渡人に対する関係で当該賃貸借契約の解除権が時効によって消滅したとしても、賃借権の無断譲受人に対する右の明渡請求権にはなんらの消長をきたさないと解するのが相当であるから、《最判昭52.10.24裁集民122号63頁引用》、論旨は、ひっきょう、原判決の結論に影響を及ぼさない事項について違法をいうものにすぎず、採用することができない。」

Key point 本件控訴審判決の解除権の消滅時効の起算点に関する見解は、転借人が土地の使用収益を始めた時を起算点とする前掲〔⇨55〕の見解と相容れないものである。

　本件上告審判決引用の最判昭26．4．27は、「土地所有者である賃貸人は賃貸借契約を解除することなく無断転借人に直接土地の返還を請求することができる」としたもの、最判昭26．5．31は「家屋の賃貸人は賃貸借契約を解除することなく賃借権の無断譲受人又は家屋の無断転借人に明渡しを請求することができる」としたもの、最判昭41.10.21は「土地賃貸人は賃貸借契約を解除することなく賃借権の無断譲受人に賃料相当の損害賠償を請求することができる」としたものである。また、最判昭52.10.24（金判536号28頁）は、解除権の時効消滅の主張に対し、賃貸人が無断譲受人又は無断転借人に対する明渡請求にはそれが影響を及ぼさない旨を判示したものである。

　以上は、いずれも「背信性がない」ことを理由に解除が許されない（〔⇨53、56〕参照）場合とは事案を異にするものである。

〔解説・評釈等〕辻正美・民商85巻1号124頁、月岡利男・法時53巻11号141頁

1-7

借地契約の終了（借地権の消滅）

傾向と実務

第1 借地契約の終了原因

1 期間満了

借地契約は、その期間（すなわち、借地権の存続期間）満了時において更新しないときは終了（すなわち、借地権が消滅）する。更新のない借地権である一般定期借地権（借地借家22条）や事業用定期借地権等（同23条）は、その期間満了時に当然に終了する。しかし、旧借地権や普通借地権は、期間満了時に更新することを原則としているので（本章4参照）、期間満了により終了するのは実際上まれである。

2 解除

借地権者の土地賃借権無断譲渡又は土地の無断転貸、（増改築禁止特約がある場合における）建物の無断増改築、普通建物所有目的の借地権であるのに堅固建物を築造するなどの条件違反（用法違反）、賃料不払いその他の債務不履行を理由とする借地権設定者の借地契約解除によっても借地契約は終了する。借地権設定者の債務不履行を理由とする借地権者の借地契約解除も理論上はあり得るが、通常は借地権者にとって利益となることではないので、実際上はほとんどみられない。

借地権設定者と借地権者の合意解除により借地契約を終了させることも少なくない（なお、借地契約の合意解除は、原則として、借地上建物の賃借人や転借地権者に対抗することができないとするのが判例である〔●59、60〕参照）。その場合、借地権設定者が立退料等の相当の対価を支払うことが多い。実質的には同じような結果となるが、借地権者から借地権とその地上建物を借地権設定者が相当の価格で買い受けたり、借地権設定者が借地権の目的たる土地の一部又は他の土地の所有権を借地権者に譲渡し、借地権者が借地権（及び地上建物）を借地権設定者に譲渡する、いわゆる等価交換をして借地契約を終了させることも少なくない。

3 借地上建物の朽廃

旧借地権において、当事者間で有効な借地権の存続期間（更新後の存続期間

についても同じ）を定めなかった場合には法定の存続期間となるが、その期間中に建物が朽廃（自然の推移により建物が腐朽損壊し建物としての社会的経済的効用を失うこと）したときは、借地権が消滅する（旧借地2条1項、5条1項後段。〔⇨61〕参照）。裁判上、「朽廃」が認められることは少ない。なお、老朽化した建物を無断で通常の修繕の域を超えた大修繕をした場合には、取り壊した建物が朽廃すべき時期に借地権が消滅するとした最判昭42.9.21民集21巻7号1852頁があるが、その当否は疑問である。

4　更新後の建物滅失を理由とする地上権放棄等と無断再築を理由とする地上権消滅請求等

普通借地権についての借地契約が更新した後に建物が滅失した場合には、借地権者は地上権放棄又は土地賃貸借の解約申入れをすることができ、この場合には放棄又は申入れの日から3か月を経過した時に借地権が消滅する（借地借家8条1項、3項）。普通借地権についての借地契約が更新した後に建物が滅失した場合において、借地権者が借地権設定者の承諾を得ないで残存期間を超えて存続すべき建物を築造したときは、借地権設定者は地上権消滅請求又は土地賃貸借の解約申入れをすることができ、この場合、消滅請求又は解約申入れの日から3か月を経過した時に借地権が消滅する（同条2項、3項）。

いずれの場合も、現時点では、当然のことながら、その例はない。

5　借地権設定者の介入権行使

借地借家法19条又は20条による賃借権譲渡（譲受）許可申立事件において借地権設定者（賃貸人）が自ら建物と賃借権の譲受けをしたい旨の申立てをした場合（介入権を行使した場合）に、これが認容されたときは借地権（賃借権）は借地権設定者に移転し、原則として混同（民法520条）によって消滅する。

6　その他の終了原因

上記に述べたほか、建物譲渡特約付借地権（借地借家24条）では、その特約により借地権者が建物を借地権設定者に譲渡した時に借地権が消滅する（現時点では、当然のことながら、その例はない。）。

また、相続や会社の合併等により借地権者と借地権設定者の地位が同一人に帰したときは、借地権は、原則として、混同により消滅する（民法179条、520条）。

さらに、土地が洪水等で流出するなどして滅失したときも借地権は消滅する

し、理論上は時効（民法167条）によっても消滅する（実際上はまれであろう。）。

第2　土地の返還（明渡し）

1　土地返還と建物収去土地明渡しの必要性

　借地契約が終了し、借地権が消滅したときは、借地権者は借地権の目的である土地を借地権設定者に返還しなければならない。この場合、借地権者は、借地権設定者に対し、本来は、土地を借りた時の原状に復して、すなわち借地上に所有する建物があればこれを収去して土地を明け渡すべき義務があるといえる（ちなみに、借地権が生じていない土地賃貸借の事案に関するものであるが、土地の無断転貸をした賃借人は、転借人が不法に投棄した産業廃棄物を賃貸借終了時に撤去すべき義務があるとした最判平17.3.10判時1895号60頁がある。）。一般定期借地権、事業用定期借地権等又は一時使用目的の借地権である場合には、借地契約の期間満了時までに借地上建物を収去して土地の明渡しをしなければならないのは当然である。（実際上はまれであるが）旧借地権又は普通借地権の場合において更新されることなく、しかも借地権者が後述する建物買取請求権を行使しない場合も同様である。

　借地権者が上記の義務を履行しないときは、借地権設定者は借地権者に対して建物収去土地明渡請求訴訟を提起して（建物の賃借人などの建物占有者がいる場合には、その者に対しても建物退去土地明渡請求訴訟を提起して）、その認容判決を得たうえで強制執行によって土地明渡しを実現するほかない。

2　建物収去が必要でない場合

　旧借地権又は普通借地権の場合において借地権者が建物買取請求権を行使した場合には、後述するとおり、借地上建物の所有権が借地権設定者に移転することになるので、借地権者が建物を収去する必要がないことは当然である。賃借権譲渡（譲受）許可申立事件において借地権設定者（賃貸人）の介入権行使（借地借家19条3項、20条2項）が認められた場合や、建物譲渡特約付借地権（借地借家24条）の場合において同特約に基づいて建物が借地権設定者に譲渡された場合も同様である。

第3 建物買取請求権

1 建物買取請求権の発生

　旧借地権又は普通借地権の存続期間満了時において借地契約の更新がないときは、借地権者は借地権設定者に対し借地上建物その他借地権者が権原により土地に附属させた物を時価で買い取るべきことを請求することができる（旧借地4条2項、借地借家13条1項。建物買取請求権）。

　同様に、第三者が賃借地上の建物その他借地権者（賃借人）が権原により土地に附属させた物を取得した場合において借地権設定者（賃貸人）が土地賃借権譲渡又は土地転貸を承諾しないときは、その第三者は、借地権設定者に対し、その建物等を時価で買い取るべきことを請求することができる（旧借地10条、借地借家14条。建物買取請求権）。

　期間満了時には原則として更新することになるし、賃借権譲渡・転貸については裁判所の許可を受けることができるので、これらの建物買取請求権が行使される例は少ない。

　賃借権の無断譲渡や地代等の不払い等の債務不履行を理由に借地契約が解除されたときは建物買取請求権を行使することができないとするのが判例である〔⇒64〕。なお、賃借権の無断譲渡・土地無断転貸につき背信性がなく解除が許されない場合には譲受人又は転借人は自己の賃借権（転借権）取得を借地権設定者に対抗することができる（〔⇒56〕参照）ので第三者としての建物買取請求権を行使する必要はない。

　一時使用目的の借地権である場合には期間満了による建物買取請求権がないのは規定上明らかである（なお、判例は、一時使用目的の借地権である場合には、建物取得者たる第三者も建物買取請求権を有しないとしている。〔⇒63〕）。

2 建物買取請求権行使とその効果

　借地権者は、期間満了を理由とする借地権設定者の建物収去土地明渡請求訴訟の判決確定後であっても建物買取請求権を行使することができる〔⇒66〕。もっとも、建物買取請求権はこれを行使することができる時から10年で時効により消滅する〔⇒72〕。なお、建物賃借人は建物賃貸人である借地権者に代位して建物買取請求権を行使することができないとするのが判例である〔⇒65〕。

建物買取請求権は形成権であるので、これが行使されたときは、その行使者（借地権者又は建物等を取得した第三者）を売主、借地権設定者を買主とする建物等についての売買契約が成立したのと同じ効果が生じる〔⇨**68**〕。

　この場合の代金額は「時価」であるが、その価額に消滅する借地権の価格が含まれないことは当然である。もっとも、判例は、そこに建物として存在しているという価値（場所的利益、場所的環境などと呼ばれている。）を参酌すること（具体的には、建物自体の価格に場所的利益相当分を加算すること）を認めている〔⇨**70**〕。

　なお、一定の場合には、裁判所は、代金支払いについて期限を許与することができるとされている（借地借家13条。旧借地権には適用されない。）。

58 借地権設定者の借地権者に対する存続期間満了時に土地明渡しを求める将来給付の訴えの適否

借地権設定者が借地権者に対して将来の存続期間満了時の建物収去土地明渡しを求める訴えが将来の給付の訴えの適格を欠くとして却下された事例

東京地判平成6年8月29日判時1534号74頁

事案　X（株式会社）は、昭和51年9月15日、その所有する本件土地（約46坪）を普通建物所有目的で、期間を同月16日から平成8年9月15日までの20年間としてY$_1$に賃貸し、本件土地上にはY$_1$とその妻Y$_2$が共有する本件建物がある。Xは本件土地を含む約2673坪を所有しており、同地において大手不動産会社であるAと共同して高層ビルを建築する計画であり、すでにその大部分について他の借地権者から明渡しを受けてそれらの建物の取壊しと整地をしている。Xは、期間満了時にY$_1$が本件土地を明け渡さないときは上記計画に多大な支障を生じるとして、上記期間満了に先立ち、平成4年7月27日、Y$_1$に対して更新拒絶の意思表示をしたうえで、Yらに対し、平成8年9月15日限り本件建物を収去して本件土地を明け渡すよう訴求した（なお、Xは、Yらに対し立退料として1億8000万円ないしこれを大幅に超えない程度で裁判所が相当と認める金額を支払う用意がある旨主張している。）。

判旨　本判決は、まず、将来給付の訴え（民訴135条、旧民訴226条）の要件（適格）についてつぎのとおり判示する。「将来の給付の訴えにおける請求権としての適格を有するためには、当該請求権発生の基礎となるべき事実関係及び法律関係がすでに存在し、その継続が予測されるとともに、右請求権の成否及びその内容につき債務者に有利な影響を生ずるような将来における事情の変動があらかじめ明確に予測し得る事由に限られ、しかもこれについて請求異議の訴えによりその発生を証明してのみ執行を阻止し得るという負担を債務者に課しても格別不当とはいえない場合であることを要するというべきである。」。

そして、本件については、つぎのとおり判示して、その適格を欠くとしてXの訴えを却下した。「本件賃貸借契約による借地権の消滅に基づく建物収去土地明渡請求が認められるには、賃借人であるY$_1$が借地権消滅に接着してした更新請求に対し、賃貸人であるXが遅滞なく異議を述べ、かつ、その異議について正当の事由があることが必要である（借地借家法附則6条、借地法4条1項ただし書）。そして、この正当事由は、期間満了時を判断基準として、右時点における賃貸人と賃借人の土地の使用を必要とする事情、借地に関する従前の経過及び土地の利用状況、賃貸人の申し出た

立退料その他諸般の事実関係を総合考慮して決定されるものであるところ、その基礎となる事実関係は、賃貸人及び賃借人の個別的な事情の変化はもとより、社会の状況、経済の動向等によっても様々な変動が生じ得る極めて浮動的な性格のものであることは明らかであり、賃貸人が申し出た立退料の額の当否等をあらかじめ確定することも甚だ困難であるといわなければならない。本件においては、口頭弁論終結時（平成6年7月25日）から本件賃貸借契約の期間満了時（平成8年9月15日）まで約2年2か月近くを残しているのであり、仮にX主張の正当事由を基礎づける事実が口頭弁論終結時において存在するとしても、なお事実関係は流動的であって期間満了時におけるXの本件明渡請求権の成否及びその内容についての事情の変動を現時点において明確に予測することは到底不可能である。また、右のような事実関係の浮動性に鑑みれば、口頭弁論終結時以後に事情の変動が生じた場合に、請求異議の訴えを提起してこれを主張立証してのみ執行を阻止し得るという負担を専らY₁に課すことは前記借地法4条1項ただし書の趣旨にも反し不当であるといわざるを得ない。」。

Key point　将来給付の訴えについての要件（適格）に関する本判決の見解は、最大判昭56.12.16民集35巻10号1369頁に依拠したものである。
　　また、本事案と同種の事案について、原告の将来給付の訴えとしての建物収去土地明渡請求訴訟について訴えを却下した原判決を是認した最判昭44.11.13判時579号63頁、訴えを却下した東京地判平4.1.27判時1459号140頁がある。
　なお、更新が認められない一般定期借地権、事業用定期借地権等又は一時使用目的の借地権において、借地権者があらかじめ期間満了時に土地明渡しをしない旨を表明しているような場合には、借地権設定者による将来給付の訴えとしての、将来の建物収去土地明渡請求が認められる場合があるだろう。

59 借地契約の合意解除と借地上建物の賃借人①

賃貸人、賃借人間で土地賃貸借契約を合意解除しても、土地賃貸人は、特段の事情がないかぎり、その効果を地上建物の賃借人に対抗できないとされた事例

一　審…松山地今治支判（判決年月日不明）民集17巻1号225頁（主文及び事実）
控訴審…高松高判昭和35年5月27日民集17巻1号226頁
上告審…最判昭和38年2月21日民集17巻1号219頁

事案　Xは、昭和21年8月1日、その所有する本件土地を、製作所用地、期間を10年としてAに賃貸し、Aは同地に製材工場として本件建物を建築し製材業を営んでいたが、昭和30年3月31日本件建物をYに賃貸して他に移転した。Yは本件建物で家具製造業を営んでいる。XとA間で、昭和31年12月13日、今治簡裁において成立した調停条項の中に、「XとAは、本件土地についての賃貸借契約が昭和31年7月31日限り解除消滅したことを認めること。」とする一項がある。
　XはYに対し、Aの借地権（賃借権）が期間満了により、又は解除により消滅したことを理由として、本件建物からの退去による本件土地の明渡しを訴求した。

判旨　1　第一審は、Xの土地明渡請求を認容した（理由不明）。
　2　控訴審は、まず、X、A間の本件土地賃貸借が一時使用目的であると認めるべき資料は存しないので10年の約定期間では終了しないとした。そして、X、A間の調停により「解除消滅」を認めたことについては、調停成立時である昭和31年12月13日に本件土地賃貸借契約の合意解除をしたものと認定した。そのうえで、「一般に土地の賃貸借が賃貸人と賃借人との間で合意解除されても、右の土地賃貸借或は土地賃借人と同人から同地上の所有建物を賃借している建物賃借人との間の建物賃貸借が一時使用のためのものであるとかその他特段の事情のない限り、土地賃貸人は右合意解除の効果を建物賃借人に対抗できないものと解するのが相当である。」と判示して、第一審判決を取り消してXの請求を棄却した。
　3　上告審も、つぎのように判示して原審の判断を支持してXの上告を棄却した。
「たとえXとAとの間で、右借地契約を合意解除し、これを消滅せしめても、特段の事情がない限りは、Xは、右合意解除の効果を、Yに対抗し得ないものと解するのが相当である。なぜなら、XとYとの間には直接に契約上の法律関係がないにもせよ、建物所有を目的とする土地の賃貸借においては、土地賃貸人は、土地賃借人が、その借地上に建物を建築所有して自らこれに居住することばかりでなく、反対の特約がないかぎりは、他にこれを賃貸し、建物賃借人をしてその敷地を占有使用せしめること

をも当然に予想し、かつ認容しているものとみるべきであるから、建物賃借人は、当該建物の使用に必要な範囲において、その敷地の使用収益をなす権利を有するとともに、この権利を土地賃貸人に対し主張し得るものというべく、右権利は、土地賃借人がその有する借地権を放棄することによって勝手に消滅せしめ得ないものと解するのを相当とするところ、土地賃貸人とその賃借人との合意をもって賃貸借契約を解除した本件のような場合には賃借人において自らその借地権を放棄したことになるのであるから、これをもって第三者たるYに対抗し得ないものと解すべきであり、このことは民法398条、538条の法理からも推論することができるし、信義誠実の原則に照しても当然のことだからである。《大判昭9.3.7民集13巻278頁、最判昭37.2.1裁集民58巻441頁を引用》」。

　本件上告審判決が掲げる民法398条は、地上権又は永小作権を抵当権の目的とした地上権者又は永小作人がその権利の放棄をもって抵当権者に対抗することができないとする規定、同じく同判決が掲げる民法538条は、第三者のためにする契約（民法537条）により第三者の権利が発生した後は同契約当事者はその権利を変更し又は消滅させることはできないとする規定である。また、同判決が引用する前掲大判昭9.3.7は、建物賃貸借の当事者がこれを合意解除してもその効果を適法な転借人に対抗することができない旨を判示したものである（最判昭37.2.1も同旨。なお、土地賃貸借の合意解除も適法な土地転借人に対抗することができないことは同様である。）。もっとも、特段の事情がある場合には、地上建物の賃借人や土地転借人にその解除の効果を対抗することができる（後掲〔⇨60〕、建物賃貸借に関する最判昭38.4.12民集17巻3号460頁〔⇨116〕参照）。

　なお、本件のように、土地賃貸借の合意解除を建物賃借人に対抗することができない場合における上記三者の関係をどのように解するかについては議論があるが、土地賃借人（建物賃貸人）と建物賃借人間の建物賃貸借は存続し、土地賃貸人と土地賃借人間の土地賃貸借は終了し、その後は、上記土地賃借人による土地の不法占有の状態となると解すべきであろう（その場合、土地賃貸人は土地賃借人であった者に対し、土地の賃料相当の損害賠償請求又は不当利得返還請求をすることができるが、建物収去土地明渡請求をすることはできないと解される。建物収去土地明渡請求をし、その認容判決を得ることができるとしても、建物賃借人が建物を占有しているかぎり、建物収去の強制執行をすることはできない。）。

〔解説・評釈等〕瀬戸正二・判解10事件、星野英一・法協82巻1号143頁、水本浩・民商49巻4号579頁、椿寿夫・法時35巻7号84頁、広瀬武文・判評59号11頁

60 借地契約の合意解除と借地上建物の賃借人②

土地賃貸借契約の合意解除の効果を地上建物の賃借人に対抗できるとされた事例

一　審…名古屋地判昭和47年4月26日民集28巻3号531頁
控訴審…名古屋高判昭和48年4月26日民集28巻3号538頁
上告審…最判昭和49年4月26日民集28巻3号527頁

事案　Xは、その所有する本件土地をAに賃貸し、Aは同土地上に建築所有していた本件建物を、昭和27年6月18日、Yに賃貸した。XとAとの間で、昭和30年12月15日、本件土地賃貸借契約を合意解除し、Aが昭和35年12月末日限り本件建物を収去して本件土地を明け渡すべき旨の調停が成立した。Yは、それまでAが個人として行ってきたものを会社（合資会社）組織に改めたもので、同人は設立と同時にその代表者となった。前記調停の際、XはY設立についてはまったく知らなかった。

XはYに対し、本件建物からの退去による本件土地の明渡しを訴求した。

判旨　1　第一審は、Xは本件土地賃貸借契約の合意解除を建物賃借人であるYに対抗し得るとして、Xの請求を認容した。

2　控訴審も、第一審判決をほぼそのまま引用して、Yの控訴を棄却した（最判昭38.4.12民集17巻3号460頁〔⇒116〕、前掲〔⇒59〕を引用している。）。

3　上告審は、「土地賃貸人と賃借人との間において土地賃貸借契約を合意解除しても、土地賃貸人は、特別の事情のないかぎり、その効果を地上建物の賃借人に対抗できないことは所論のとおりである。」としたうえで、前記原審認定事実を掲げて「右事実関係によれば、本件土地賃貸借契約の合意解除をもって、その地上の本件建物の賃借人たるYに対抗できる特別事情に当たると解することができ、これと同旨の原判決の判断は正当である。」と判示してYの上告を棄却した。

本件上告審判決と同様に、賃料不払いを理由とする土地賃貸借解除に基づく建物収去土地明渡請求訴訟において成立した裁判上の和解による土地賃貸借の合意解除の効果を建物賃借人に対抗することができるとした最判昭41.5.19民集20巻5号989頁がある。

〔解説・評釈等〕友納治夫・判解54事件、星野英一・法協93巻6号936頁、篠塚昭次・民商72巻2号351頁、沢田みのり・法時47巻8号153頁

61 建物の朽廃による旧借地権の消滅
建物の朽廃により借地権が消滅したとされた事例

一　審…東京地判平成5年3月29日
控訴審…東京高判平成5年8月23日判時1475号72頁

事案　　Aは、昭和43年12月31日、その所有する本件土地を、Bに対し、普通建物所有目的、期間を20年として賃貸し、Bは同土地上に本件建物を所有していた。Bが昭和61年に死亡しYらが本件建物と本件土地賃借権を共同相続した。本件賃貸借契約は、昭和63年12月30日、法定更新された。Aは、平成4年に死亡し、Xらが本件土地を共同相続した。
　Xらは、主位的にはYらの本件賃借権無断譲渡を理由とする解除を、予備的には本件建物の朽廃を理由とする借地権消滅を主張して、Yらに本件建物の収去による本件土地の明渡しを訴求した（本件賃借権譲渡は認定されなかったので、以下、これに関する判断等は省略する。）。本件控訴審の認定する本件建物の状況はつぎのとおりである。「1　本件建物は、昭和20年代の中頃に建築され、建築後約40年を経過した木造の平家建居宅であり、現在までに部分的に補修・修理がされた形跡はあるものの、土台・柱などの構造部材については修理が行われていない建物である。主たる屋根はセメント瓦葺きであり、外壁は下見張り一部プラスター塗りとなっている。本件建物の平面は四畳半及び廊下となっており、更に、玄関脇に約一畳の物置、台所回りに生子板葺きの下屋が増設されている。四畳の和室は、もと六畳の和室の一部が解体撤去されて四畳になったもので、撤去部分の外壁は生子鉄板の壁となっており、内壁の仕上げは行われておらず、屋根も撤去したままで、雨仕舞いに対して特別な配慮はされていない。2　本件建物の外観は、正面（南側）から見ると、向かって右側（東側）が沈んで傾斜している。これを四畳半の和室の敷居で実測すると、南東の角の柱が約5センチメートル沈んでおり、また、四畳半の和室の南西の角の柱及び四畳の和室の南東の角の柱が約4センチメートル東側に傾き、南北方向にも軽微な傾斜が存するうえ、柱の沈みなどの影響により屋根の棟が変形している。3　本件建物の基礎は立方体のコンクリート製であり、多少の不同沈下が存する。このコンクリート製基礎の上に角材の土台を乗せ、その上に柱を立てているが、外回りの土台の中には、土に接している部分があり、これが腐触しているほか、他の土台も取り替え時期に来ている。柱は、全般的には損傷の程度は大きくないものの、腐触している部分があり、特に、四畳の和室の東側の柱は外部に露出して雨ざらしの状態になっているため朽廃が進んでいる。内部の床組みはコンクリート基礎の上に束を立て大引きを架け、根太を渡して荒床板を張ったものであり、比較的損傷は少ないが、床下の束は傾いたものがあり、床束、大引き及び根太の一部は朽廃している。4　本件建物の主屋根は、北側が生子鉄板張りとなっており、南側がセメント瓦葺きになっているが、全般的にセメント瓦の劣化が著しく、厚さが薄くなり、割れやすれなどが見られ、屋根瓦としての機能は限界にきていて、雨漏りが発生している。5　外壁の下見板は、地盤に近い部分が劣化して腐触が見られ、北側では一部が外れて内部の小舞壁が見えている。《後略》」。

判旨　第一審は、XらのYらに対する請求を棄却したようである（詳細不明）。

2　控訴審は、つぎのとおり判示して本件建物の朽廃により借地権が消滅したとして、第一審判決を変更してXらの請求を認容した。「右事実、ことに本件建物が建築後40年という長期間を経過した建物であり、全体的に経年による劣化が進んでいるほか、無人のまま長年放置され、更に、もと六畳の和室の一部を解体撤去して四畳の和室にした際の補修が十分されていないなど保守管理が不十分であったことから、基礎、土台、柱及び屋根といった本件建物の構造部分にほぼ全面的な補修を行わなければ使用できない状況に至っていることを考慮すると、その補修には新築同様の費用が必要であると推認されるのであって、本件建物は、遅くとも当審における口頭弁論終結時（平成5年6月30日）までには、すでに建物としての社会的、経済的効用を失うに至り、朽廃したと認められる。」。

Key point　本件事案では、法定更新され、更新後の期間についての当事者間の有効な合意がないために、旧借地法5条1項後段、2条1項但書により借地権が消滅したとされたものである。建物の朽廃による借地権消滅を認めた裁判例として最判昭35．3．22民集14巻4号491頁、東京高判昭48．10．8判時727号46頁、東京高判昭52．8．29判時869号50頁、東京地判平2．9．27判時1391号150頁などがある。他方、朽廃を認めなかった裁判例として最判昭33．10．17民集17巻14号3124頁、最判昭43．12．20民集22巻13号3033頁などがある。前者には、建物が無人のまま長年放置されていたという事案が多い。なお、最判昭32．12．3民集11巻13号2018頁は、建物が朽廃したときは、その建物の賃貸借は当然終了するとしたものである。

ちなみに、最判昭42．9．21民集21巻7号1852頁は、借地上建物に通常の修繕の域を超えた大修繕がされた場合には、修繕前の建物が朽廃すべかりし時期に借地契約が終了すると判示したものであるが、増改築を制限する特約がないかぎり借地権者は建替え（全部改築）を含めて自由に増改築をすることができるのであるから、老朽化した建物の「大修繕」をすることも許されるというべきである（特に、建物朽廃による借地権消滅の制度を廃止した借地借家法の下では、そのように解するのが合理的である。）。

62 破産等を理由とする解除

破産・競売を解除事由とする解除特約に基づく借地契約の解除が無効とされた事例

東京地判平成24年1月13日判時2146号65頁

事案　Xは、平成19年7月、その所有する本件土地を建物所有目的でAに賃貸する旨の賃貸借契約を締結したが、同契約には、「賃借人が次の事項に該当するときは、賃貸人は催告を要せず、本件賃貸借を解除することができる。①賃料の支払を怠り、その額の合計が賃料の2か月分に達したとき、②賃借人につき、競売、破産があったとき」とする本件特約が付されていた。Aは、平成21年8月、破産手続開始決定を受け、A′がその破産管財人に選任された。A′は、平成22年4月、本件建物を破産財団から放棄した（同破産手続については、同年6月3日、終結決定がされた）。同年5月、本件土地につき、根抵当権の実行による担保不動産競売開始決定がされた。同年4月分、5月分の賃料がA′からもAからも支払われなかったので、Xは、同年6月11日、Aに対し、本件賃貸借契約を解除する旨の意思表示をした。Yは、平成23年1月、上記競売手続における買受人として代金を納付し、本件建物の所有権を取得した。

Xは、Yに対し、本件建物の収去による本件土地明渡しを訴求した。

判旨　本判決は、まず、賃料不払を理由とする解除について、後掲〔●132〕を引用して「賃料不払などの賃借人の債務不履行があった場合においても、賃借人の当該行為が賃貸人に対する背信行為と認めるに足りない特段の事情があるときは、民法612条の解除権は発生しない」とし、また、無催告解除ができる旨の本件特約については、後掲〔●133〕を引用して「契約を解除するに当たり催告をしなくても不合理とは認められないような事情が存する場合には、催告なしで解除権を行使することが許されるとの趣旨の約定として有効と解される」とした。本件借地権と合わせた本件建物の価値に比べると本件未払賃料が僅少であることなどから「催告をしないことが不合理とは認められないような事情が存するということはできない」と判示し、また、最判昭38.11.28民集17巻11号1446頁を引用して「土地の賃借人が、破産又は競売の申立てを受けたときは、賃貸人が催告を要せずして何時でも契約を解除し得る旨の特約が、事情のいかんを問わず無条件に賃貸人に契約解除権を認めるものであるとすれば、借地借家法9条の規定により無効といわざるを得ない」と判示し、Xのした解除の効力を否定して、Xの請求を棄却した。

建物賃貸借の場合はともかく、借地契約については、２か月分程度の賃料不払では、催告による解除も認められないことが多いだろう（土地の賃料の遅滞が４か月分にとどまる場合に催告解除の効力を否定した東京高判平８.11.26判時1592号71頁がある）。

　また、破産等、法的倒産手続の開始のみを理由とする契約解除は、民法642条のような明文の規定がある場合を別にすれば、判例は、一般に否定的であるといえる（売買契約に関する最判昭57.3.30民集36巻３号484頁、東京地判平10.12.8金判1072号48頁。なお、民法旧621条は、賃借人が破産宣告を受けたときは、賃貸人は賃貸借契約の解約申入れができる旨を規定していたが、最判昭48.10.30民集27巻９号1289頁は、その場合においても旧借地法４条１項但書、６条２項の正当事由を要すると判示していた。そして、上記民法旧621条は同622条に移されて削除された。

63 建物買取請求権の発生①

一時使用のための借地権については、建物等取得者の建物買取請求権は発生しないとされた事例

一　審…高知地判（判決年月日不明）民集8巻7号1420頁（主文及び事実）
控訴審…高松高判昭和27年11月5日民集8巻7号1421頁
上告審…最判昭和29年7月20日民集8巻7号1415頁

事案　Yはその所有する本件土地を、昭和21年5月ころ、Aに対し、掘立式の粗末な杉皮葺急造バラックのマーケットを建設させる目的で、その期間を3年くらいと定めて賃貸したが、その後昭和21年10月、上記期間を昭和23年12月末日と定めた。Aは同土地上に本件建物を建築所有し、これを他へ賃貸していたが、昭和21年7月10日、これをXに売り渡した（本件土地の賃借権譲渡又は転貸につきYは承諾をしていない。）。

Xは、Yに対し、主位的に本件土地につき自分が賃借権を有することの確認を求め、予備的に本件建物の買取り（建物の引渡しと引換えに代金50万円を支払うべきこと）を訴求した。

判旨　1　第一審はXの請求を棄却した（理由不明）。
2　控訴審は、AからXへの賃借権譲渡又は転貸についてYが承諾していないことを理由にXの主位的請求を失当とし、また、本件借地権は仮設建築物所有を目的として一時使用のために設定されたものであり、このような借地権では旧借地法10条の建物買取請求権は発生しないとして、Xの控訴を棄却した。
3　上告審も、つぎのとおり詳細な判示をして、一時使用のための借地権では旧借地法10条の建物買取請求権が発生しないとしてXの上告を棄却した。「借地法9条の一時賃貸借については同法10条の適用なきこと、大審院の判例とした処であり、今尚変更の要を見ない。一時的賃貸借は本来貸主が貸地とする意思のない場合でも借主の一時的目的の為めに好意的に賃貸する場合（例えば後に自己の住宅を建てる予定だけれども空いて居る間一時貸すというが如き）が多いのであり、全く借主個人の一時的目的に着眼しての貸借であってもともと他人への譲渡（融通性）などということは念頭にないものである。貸主から見れば元来貸地とする意思のないものであるから多くは特に短期間を定めて貸すのであり、その時期が来れば是非共明渡して貰うことを予期して居るのであって此点普通の貸借と異なり、特に強く個人間の信頼関係に重きを置くものである。それ故もし借地権が貸主の信頼出来ぬ人物に譲渡され、期間が満了しても明渡されず、居座わられる様なことになっては非常に迷惑を蒙るわけであるから、借地権を譲受けようとする者が貸主から見て信頼出来ず、期間満了後の順当な明渡を期待することが出来ない様な時は自由に、無条件に借地権の譲渡を拒絶し得なければならないのである。此際建物を買い取らなければならないというが如きは全く不

当な負担を負わされるのであり、場合によっては（例えば買取資金のない時の如き）その為いやいや乍ら借地権の譲渡を承諾せざるを得ざるに至ることなしとしない。貸主がもともと貸地とする意思で賃貸する普通の貸借においては借主が何人であっても地代さえ取れれば貸主の当初の目的は大体達せられるのであるから（そして地代については人的に信頼がなくても地上建物が担保となり得る）貸主は建物の買取りを欲しない時は借地権の譲渡を承諾すればいいのだという風にも考えられるけれども、一時賃貸の場合は期間満了後の明渡が重要なのであるから、貸主が譲受人を信頼することが出来ず、期間後の明渡について危惧の念を抱かしめる様な場合には自由に拒絶出来なければならないのであって、建物の買取というが如き重大な負担を負わされることは全く堪えられない処である。《中略》なお又地上建物も普通賃貸借の場合と異なり、一時的のものであるから、地主に上述の如き不当な負担を負わせて迄買取らせてその価値の保存をしなければならない程のものも無いのが通常である。又一時貸借は恒久的住宅を建てることを目的とするものではないから借地法の大眼目である居住の安定、住宅の保存ということも通常あてはまらないのである。条文の字句及配列の順序から見ると一応第10条は一時貸借についても適用がある様に見えないではないけれども大審院の判例は上来説明した様な一時貸借と普通貸借との本質的差異から来る実際上の必要に着目したもので、相当の見解であり、今尚変更の要を見ない。」。

　一時使用目的の借地権について旧借地法10条による（建物取得者の）建物買取請求権が発生しないとした大審院判例に大判昭5．3．3法律新聞3252号10頁、大判昭7．6．21民集11巻1198頁などがある。また、本件上告審判決後の最判昭33.11.27民集12巻15号3300頁も同旨を判示している。
　ちなみに、一時使用目的の借地権については、期間満了時の建物買取請求権が発生しないことが規定上明白である（旧借地9条による同4条2項の不適用、借地借家25条による同13条の不適用）が、旧借地法10条を踏襲した借地借家法14条は、規定上は、一時使用目的の借地権の適用除外としていない（25条参照）。同法施行後は、一時使用目的の借地権にも同法14条の適用があるとする見解もあるが、正当とは思えない。
〔解説・評釈等〕大場茂行・判解71事件、後藤清・民商31巻6号572頁

64 建物買取請求権の発生②

借地権者の債務不履行による土地賃貸借契約解除の場合には借地権者は建物買取請求権を有しないとされた事例

一 審…東京地判昭和31年11月20日民集14巻1号113頁
控訴審…東京高判昭和32年6月28日民集14巻1号119頁
上告審…最判昭和35年2月9日民集14巻1号108頁

事案

A（銀行）は、昭和24年6月1日、その所有する本件土地を普通建物所有目的でYに賃貸し、Yは同土地上に本件建物を所有していた。Yは昭和26年2月1日から賃料を延滞したので、Aは昭和28年4月19日、延滞賃料を同年6月末日まで支払うべきことを催告するとともに、その支払のないときは賃貸借契約を解除する旨の意思表示をしたがYは同催告に応じなかった。Aは、昭和30年4月16日、本件土地（及びYに対する延滞賃料債権等）をXに売り渡し、同年6月4日所有権取得登記を経由した。

XはYに対し、本件建物収去による本件土地の明渡しを訴求した（Yに対する延滞賃料、損害金請求、他の被告に対する建物収去（ないし退去）土地明渡請求もしているが、それらについては省略する。）。Yは、控訴審において旧借地法4条による本件建物買取請求をし、これによりXの本件建物収去土地明渡請求が理由なきに帰したと主張した。

判旨

1 第一審は、Yの賃料不払を理由とする本件土地賃貸借契約解除を認め、Xの請求を認容した。

2 控訴審は、Aの解除を認めるとともに、「土地の賃貸借契約が、賃借人の賃料不払等その義務不履行に基因して解除終了した場合には借地法第4条の適用なく、賃借人は建物買取請求権を有せざるものと解すべきである」と判示して、Yの控訴を棄却した。

3 上告審も、つぎのとおり判示して原判決の判示を是認し、Yの上告を棄却した。「借地法4条2項の規定は誠実な借地人保護の規定であるから借地人の債務不履行による土地賃貸借契約解除の場合には借地人は同条項による建物買取請求権を有しないものと解すべきである《いずれも旧借家法5条に関する最判昭31.4.6民集10巻4号356頁、最判昭33.3.13民集12巻3号524頁を引用》。」。

Key point

借家法5条は建物賃借人の造作買取請求権を規定したものであるが、上記引用にかかる判例は、賃借人の債務不履行を理由とする賃貸借契約解除の場合には、賃借人には造作買取請求権がない旨を判示したものである。本件上告審判決と同旨を述べたものとして最判昭37.6.26裁民集61号419頁、最判昭39.5.23裁集民73号569頁、最判昭54.5.29判時930号68頁（賃借地上の数棟の建物の一部の譲渡に伴う敷地の無断転貸を理由に土地賃貸借契約の全体が解除された場合、ほかの建物についての建物買取

請求権がないとした事例）などがある。なお、最判昭49.2.21金法713号40頁は、賃借地上建物が競売され、賃貸人が競落人への賃借権譲渡を承諾しない間に賃借人の賃料不払を理由に賃貸借契約を解除したときは、建物競落人は旧借地法10条による建物買取請求権を行使することができない旨を判示したものである。

　旧借地法4条2項は、「契約ノ更新ナキ場合ニ於テハ」としていたが、借地借家法13条は「借地権の存続期間が満了した場合において」としているので、賃料不払等による解除の場合に建物買取請求権が発生しないことは、より一層明瞭である。

　ちなみに、民法旧395条による土地の短期賃貸借（3年以下）の期間が満了した場合には、賃借人は旧借地法4条2項に基づく建物買取請求をすることができないとした最判昭53.6.15民集32巻4号729頁がある。民法旧395条本文による短期賃借権保護の制度（抵当権設定登記後に対抗要件を具備した、土地につき5年以内、建物につき3年以内の期間を定めた賃貸借は、その賃借権をもって、抵当権者ないし競売による買受人に対抗することができるとする制度）は、平成15年民法改正により廃止された（経過措置が設けられた。）。したがって、同改正法施行（平成16年4月1日）以降に、抵当権設定登記後に設定され又は対抗要件を具備した賃借権をもって抵当権者ないし競売手続における買受人に対抗することができない（したがって、土地の買受人は、そのような借地権者に対して建物収去土地明渡しを請求することができる。）。改正法施行後は、抵当権者ないし買受人に賃借権を対抗できない借地権者について建物買取請求権を論じる余地がないことはもちろんである。

〔解説・評釈等〕川添利起・判解8事件、星野英一・法協78巻2号231頁、後藤清・民商42巻6号117頁

65 建物賃借人による建物買取請求権の代位行使

建物賃借人は、旧借地法10条による借地権者の建物買取請求権を代位行使することができないとされた事例

一　審…東京地判（判決年月日不明）民集17巻3号540頁（主文及び事実）
控訴審…東京高判昭和35年6月14日民集17巻3号541頁
上告審…最判昭和38年4月23日民集17巻3号536頁

事案　Xは、その所有する本件土地をAに賃貸し、Aは同土地上に本件建物を所有していたが、本件建物と本件土地の賃借権をXの承諾なくBに譲渡した。Bは本件建物の一部をY_1に、他の部分をY_2に賃貸し、Yらが本件建物を占有している。

Xは、Yらに対し本件建物の各占有部分からの退去による本件土地の明渡しを訴求した。控訴審において、Yらは、その賃借権を保全するためBに代位してBのXに対する旧借地法10条による建物買取請求権を行使する旨を主張した。

判旨　1　第一審はXの請求を認容した（理由不明）。

2　控訴審は、YらはBの建物買取請求権を代位行使することはできないとして、Yらの控訴を棄却した。

3　上告審も、つぎのとおり判示してYらの上告を棄却した。「債権者が民法423条により債務者の権利を代位行使するには、その権利の行使により債務者が利益を享受し、その利益によって債権者の権利が保全されるという関係が存在することを要するものと解される。しかるに、本件において、Yらが債務者であるBの有する本件建物の買取請求権を代位行使することにより保全しようとする債権は、右建物に関する賃借権であるところ、右代位行使によりBが受けるべき利益は建物の代金債権、すなわち金銭債権に過ぎないのであり（買取請求権行使の結果、建物の所有権を失うことは、Bにとり不利益であって、利益ではない）、右金銭債権によりYらの賃借権が保全されるものでないことは明らかである。されば、Yらは本件建物の買取請求権を代位行使することを得ないものとした原審の判断は、結局、正当である。」。

Key point　本件上告審判決と同旨を述べたものに、最判昭55.10.28判時986号36頁がある。学説には、反対も少なくない。旧借地法4条2項（借地借家法13条）による、期間満了時における建物買取請求権についても、判例は同様に解する趣旨であろう。

なお、借地権者が建物買取請求権を行使すると建物の所有権が借地権設定者に移転し、建物賃借人は（建物賃借権の対抗要件として登記を具備し又は引渡しを受けているかぎり）建物賃借権を新所有者である借地権設定者に対抗することができることになり、新所有者が建物賃貸人たる地位を承継することとなる（最判昭43.10.29判時541号37頁参照）。

〔解説・評釈等〕可部恒雄・判解35事件、三宅正男・民商49巻6号903頁、石外克喜・法時36巻1号83頁

66 建物買取請求権の行使時期

借地権者は、借地権設定者による建物収去土地明渡請求訴訟の口頭弁論終結後に建物買取請求権を行使することができるとされた事例

一　審…大阪地判平成3年7月26日民集49巻10号3059頁
控訴審…大阪高判平成4年2月26日民集49巻10号3079頁
上告審…最判平成7年12月15日民集49巻10号3051頁

事案　（建物収去土地明渡しを命じた確定判決についての請求異議事件のみ、適宜簡略化して記載する。）Y所有の本件土地を賃借していたAは、同土地をその同族会社であるX₁に転貸し、X₁が同土地上に本件各建物を所有していた。YがA及びX₁を被告らとして提起した建物収去土地明渡請求事件について、上記Y、A間の土地賃貸借契約は昭和55年3月31日に期間満了により終了したとしてこれを認容する確定判決（本件高裁判決。口頭弁論終結日は昭和60年2月6日）がある。Aは昭和61年11月13日死亡し、X₂〜X₅がその地位を法定相続した。X₁は、平成元年12月1日、Yに対し、本件各建物につき買取請求権を行使する旨の意思表示をした。

XらはYに対し、本件高裁判決に基づく強制執行を許さない旨の請求異議の訴えを提起した。Yは、本件高裁判決の確定によりX₁の建物買取請求権は消滅したなどと主張した。

判旨　1　第一審は、X₁の建物買取請求権行使により本件各建物の所有権が当然Yに移転したとしてXらの請求を認容した。

2　控訴審も同旨を判示してYの控訴を棄却した。

3　上告審も、つぎのとおり判示して、建物収去土地明渡請求訴訟の口頭弁論終結後の建物買取請求権行使が可能であり、それが請求異議事由になる旨を判示した。「借地上に建物を所有する土地の賃借人が、賃貸人から提起された建物収去土地明渡訴訟の事実審口頭弁論終結時までに借地法4条2項所定の建物買取請求権を行使しないまま、賃貸人の右請求を認容する判決がされ、同判決が確定した場合であっても、賃借人は、その後に建物買取請求権を行使した上、賃貸人に対して右確定判決による強制執行の不許を求める請求異議の訴えを提起し、建物買取請求権行使の効果を異議の事由として主張することができるものと解するのが相当である。けだし、（1）建物買取請求権は、前訴確定判決によって確定された賃貸人の建物収去土地明渡請求権の発生原因に内在する瑕疵に基づく権利とは異なり、これとは別個の制度目的及び原因に基づいて発生する権利であって、賃借人がこれを行使することにより建物の所有権が法律上当然に賃貸人に移転し、その結果として賃借人の建物収去義務が消滅するに至るのである、（2）したがって、賃借人が前訴の事実審口頭弁論終結時までに建物買取請求権を行使しなかったとしても、実体法上、その事実は同権利の消滅事由に

1章　借地に関する判例　179

当たるものではなく《最判昭52.6.20裁集民121号63頁引用》、訴訟上も、前訴確定判決の既判力によって同権利の主張が遮断されることはないと解すべきものである、(3) そうすると、賃借人が前訴の事実審口頭弁論終結時以後に建物買取請求権を行使したときは、それによって前訴確定判決により確定された賃借人の建物収去義務が消滅し、前訴確定判決はその限度で執行力を失うから、建物買取請求権行使の効果は、民事執行法35条2項所定の口頭弁論の終結後に生じた異議の事由に該当するものというべきであるからである。」。

　借地権の存続期間満了を理由とする借地権設定者の借地権者に対する建物収去土地明渡訴訟の中で、借地権者が、正当事由の不存在等を理由に更新(すなわち、借地権がいまだ消滅していないこと)を主張しながら、予備的に建物買取請求権を行使し、主張することはもちろん可能であるが、訴訟戦略としての当否は別問題である。
　請求異議の訴え(民執35条1項)における異議事由の時的制限(同条2項)に関する判例は少なくないが、本件はこれに、注目すべき一例を加えたものといえる。
　なお、旧借地法10条の建物買取請求権に関して、賃貸人から提起された建物収去土地明渡請求訴訟の事実審口頭弁論終結後の買取請求権行使を認めた最判昭52.6.20金法846号34頁がある。
〔解説・評釈等〕井上繁規・判解42事件、上原敏夫・NBL603号62頁、春日偉知郎・ジュリ臨増1091号115頁、坂田宏・判評452号204頁、畑郁夫・民商115巻4・5号707頁

67 建物買取請求権の行使が権利の濫用に当たる場合

立退料支払と引換えに建物収去明渡しを命じた判決確定後にした建物買取請求権行使が権利の濫用に当たるとされた事例

東京地判平成13年11月26日判タ1123号165頁

事案　Xは、Yの先代Aから、昭和29年5月1日、建物所有目的で、期間を20年として土地を賃借し、昭和30年ころ同土地上に本件建物を建築して公衆浴場を経営していた。上記借地契約は上記期間満了時に法定更新したが、Yは、平成6年4月末日の期間満了時には更新を拒絶し、Xに対し建物収去土地明渡請求訴訟を提起した。同訴訟の控訴審において、平成11年11月15日、更新拒絶の正当事由を補完する金員（立退料）としてXがYから1億5435万円の支払を受けるのと引換えに本件建物を収去して本件土地を明け渡せとの判決が言い渡された（本件控訴審判決）。同判決は確定したが、Xは、平成12年6月14日、Yに対し、本件建物の買取りを請求した。

XはYに対し、XがYに対し本件建物等の引渡し及び本件建物の所有権移転登記手続をするのと引換えに4220万円を支払え、との訴えを提起した。Yは、Xの本件建物買取請求権行使が権利の濫用に当たるなどとしてこれを争った。

判旨　本判決は、「借地権者が借地権設定者から正当事由を補完する金員の提供を受けたからといって直ちに建物買取請求権の行使ができなくなるのではない。」としながら、つぎのとおり判示して、Xの本件建物買取請求権の行使は権利の濫用に当たるとしてXの請求を棄却した。「借地借家法13条1項の建物買取請求権の趣旨は、いまだ経済的効用をもつ建物が取り壊されることを回避するという社会的経済的要請や借地人が借地上の建物等に投下した費用を回収するなどのために認められた制度である。そうすると、本件では、本件建物は老朽化の傾向にあるのであって、公衆浴場という用途、その建築に高額の費用を要すること等を考慮しても、その取壊しによって社会経済的損失が著しく大きなものになるわけではない。また、本件建物は公衆浴場という特殊な用途にしか利用できないものである上、老朽化傾向のある本件建物を今後継続して公衆浴場として使用するにはかなりの困難が伴うものといえるから、仮にYが本件建物を買い取ったとしても、公衆浴場として利用することは難しく、早晩自己の費用で収去せざるを得ない状況にある。したがって、建物の取壊しを回避するという社会経済的な要請を実現することもできないことが予想される。しかも、Xは、Y側のこのような事情を知った上で、本件控訴審判決確定後時を移さず本件建物買取請求権を行使している。また、Xが本件建物に投下した費用についても、本件建物は平成6年4月の更新拒絶時において築後40年近くが経過している

上、本件控訴審判決によってXはYから1億5435万円の支払を受けていることを考えると、Xの本件建物の収去に伴う損失も実質的にてん補されていると認められる。以上によれば、本件において、仮に本件建物等買取請求権が認められたとしても、Xがそれを行使することは、借地借家法13条1項の建物買取請求権の制度趣旨に照らし、その権利の濫用に当たるというべきである。」。

Key point 借地権設定者の借地権者に対する建物収去土地明渡請求訴訟の事実審口頭弁論終結後に借地権者が建物買取請求権を行使し、これを同明渡判決の不許を求める請求異議の訴えにおける異議事由とすることができることは、前掲〔●66〕の示すとおりである。もっとも、更新拒絶の正当事由を補完するものとしての財産給付（立退料）を受けるのと引換えとする建物収去土地明渡しを命じる判決が言渡された場合には、やや問題である。実質的に、建物等の所有権を喪失することに伴う借地権者の不利益をも考慮してその財産給付が算定されていると認められる場合も多いと思われるからである。この点については、いまだ十分には議論されてはいないところであり、本判決は、下級審裁判例ではあるものの、この問題に一石を投じたものとして注目に値する。

68 建物買取請求権行使の効果①

建物買取請求権行使と同時に地上建物等の所有権が当然に借地権設定者に移転するとされた事例

一　審…甲府地判昭和27年8月13日民集9巻4号449頁
控訴審…東京高判昭和28年6月27日民集9巻4号454頁
上告審…最判昭和30年4月5日民集9巻4号439頁

事案　X、A間において本件土地について建物所有を目的とする賃貸借契約が成立した。本件建物はAからB（協同組合）へ、昭和26年2月20日BからY（個人）へそれぞれ売却され、これに伴って本件土地賃借権も譲渡されたが、賃借権譲渡につきXの承諾を得ることができなかった。
　XはYに対し、本件建物の収去による本件土地の明渡しを訴求した。Yは、控訴審において、Xに対し、旧借地法10条に基づき本件建物を時価で買い取るよう求めた。

判旨
1　第一審は、Xの請求を認容した。
2　控訴審は、Yの建物買取請求の抗弁は時機に遅れた防御方法の提出であって訴訟の完結を遅延させるものであるとしてこれを却下し、Yの控訴を棄却した。
3　上告審は、つぎのとおり判示して、原判決を破棄して本件を原審に差し戻した。
「借地法10条の規定による買取請求の行使あるときは、これと同時に目的家屋の所有権は法律上当然に土地賃貸人に移転するものと解すべきであるから、原審の第2回口頭弁論期日（実質上の口頭弁論が行われた最初の期日）において、Yが右買取請求権を行使すると同時に本件家屋所有権はXに移転したものであり、この法律上当然に発生する効果は、前記買請求権行使に関する主張がYの重大なる過失により時機に後れた防禦方法として提出されたものであるからといって、なんらその発生を妨げるものではなく、またこのため特段の証拠調を要するものではないから、Yの前記主張に基づき本件家屋所有権移転の効果を認めるについて、訴訟の完結を遅延せしめる結果を招来するものとはいえない。」。

Key point　本件上告審判決は、建物買取請求権が形成権であることを明確にしたものであって、すでに大判昭7．1．26民集11巻169頁が判示していたところである。
　なお、建物買取請求権行使が、賃貸人の提起した建物収去土地明渡請求訴訟の認容判決確定後でも可能であることからすれば（前掲〔●66〕参照）、控訴審に至って初めてこれを行使し、主張したからといって「時機に後れた防御方法」（民訴157条）に当たらないのは当然である。

〔解説・評釈等〕大場茂行・判解31事件、石田穣・法協92巻12号1670頁、山木戸克己・民商33巻3号374頁

69 建物買取請求権行使の効果②

旧借地法10条の建物買取請求権を行使した建物取得者は買取代金の支払を受けるまで同建物の引渡しを拒むことができるが、敷地占有による賃料相当額の不当利得返還義務が生じるとされた事例

一　審…福岡地判昭和31年12月6日民集14巻11号2235頁
控訴審…福岡高判昭和33年3月31日民集14巻11号2246頁
上告審…最判昭和35年9月20日民集14巻11号2227頁

事案　Xは、昭和21年3月ころ、その所有する本件土地を普通建物所有目的でAに賃貸し、Aは同土地上に本件建物の建築に着工したがその竣工と同時にBの所有とした（Xは、A、B間の本件土地賃借権譲渡をあらかじめ承諾していた。）。昭和25年3月、Bの国税滞納処分として本件建物が公売に付されCがこれを競落したが、Bがこれを買い戻した。同年4月1日、Bは本件建物をYに売り渡した。

XはYに対し、本件建物の収去による本件土地の明渡し及び昭和25年8月1日以降の賃料相当損害金支払いを訴求した。Yは、昭和29年5月20日の第一審の口頭弁論期日においてXに対し本件建物の買取りを請求した。

判旨　1　第一審は、Yの建物買取請求時の本件建物の価格を46万8千円と認定して、Yに対し、同額の支払を受けるのと引換えに本件建物とその敷地をXに引渡すべき旨及び買取請求時までの本件土地の不法占拠者として賃料相当損害金の、同買取請求後は不当利得返還として賃料相当分をXに支払うよう命じた。

2　控訴審は、原判決を変更し、Yに対し、Xから71万円余の支払を受けるのと引換えに本件建物とその敷地をXに明け渡すよう命じる旨第一審判決を変更した（損害金等支払に関する部分は第一審判決のとおり。）。

3　上告審は、建物買取請求権が行使された場合における土地使用関係についてつぎのとおり判示し、Yの上告を棄却した。（ア）「借地法10条による建物買取請求権の行使によりはじめて敷地賃貸借は目的を失って消滅するものと解すべきであるから《大判昭9.10.18民集13巻1932頁引用》、右行使以前の期間については貸主は特段の事情のないかぎり賃料請求権を失うものではないこと所論のとおりである。しかし、単に賃料請求権を有するというだけで、その間賃料相当の損害を生じないとはいい難い。貸主が現に右賃料の支払を受けた場合は格別、然らざるかぎり、無断転借人（又は譲受人）に対し賃料相当の損害金を請求するを妨げないものと解すべきである。《大判昭7.1.26民集11巻169頁、大判昭14.8.24民集18巻877頁を引用》」。「建物買取請求権を行使した後は、買取代金の支払あるまで右建物の引渡を拒むことができるけれども、右建物の占有によりその敷地を占有するかぎり、敷地占有に基く不当利得として敷地の賃料相当額を返還すべき義務があることは、大審院の判例とするところであり《大

判昭11. 5 .26民集15巻998頁引用》、いまこれを変更する要を見ない。」。

Key point 　地上建物取得者たる第三者の建物買取請求権行使時までの第三者の土地占有について損害賠償義務が発生することについては、すでに本件上告審判決引用の前掲大判昭7 . 1 .26、大判昭14. 8 .24が示していたところである。建物買取請求権行使後は、賃貸人の代金支払義務と第三者の建物引渡義務は同時履行の関係に立つので（最判昭52.12. 8 金法850号38頁参照）、土地の不法占有ということにはならない。賃料相当分の不当利得返還義務が生じるとすることには疑問がある。近時、本件上告審判決と同旨を述べたものに、東京高判平17. 6 .29判タ1203号182頁がある。

〔解説・評釈等〕川添利起・判解110事件、林良平・民商44巻 4 号692頁

70 建物買取請求権の目的建物の時価①

建物買取請求権の目的建物の「時価」については、その建物の存在する場所的環境を参酌すべきであるとされた事例

　一　審…函館地判（判決年月日不明）民集14巻14号3136頁（主文及び事実）
　控訴審…札幌高函館支判昭和34年4月7日民集14巻14号3137頁
　上告審…最判昭和35年12月20日民集14巻14号3130頁

事案　　Yは、その所有する本件土地をAに賃貸し、Aは同土地上に本件建物を所有していたが、昭和30年11月28日、Aは本件建物と本件土地賃借権をXに売り渡し、同日本件建物につき所有権移転登記を了した。Yが上記賃借権譲渡を承諾しなかったので、Xは同年12月17日、Yに対し、本件建物を時価で買い取るよう請求した。
　　XはYに対し、本件建物の時価として40万円の支払を訴求した（控訴審では、32万円余に減縮したようである。）。

判旨　1　第一審は、Yに対し、Xに対する20万円の支払を命じた（理由不明）。
　2　控訴審は、旧借地法10条にいう「時価」は、「建物が現存するままの状態における価格」であるが、借地権価格を含まず、また「建物の存在する環境によって異なる場所的価値はこれを含まず、……」として、後掲上告審が批判する判示をしたうえで、結論として本件建物の価格を20万円と認定して、Xの控訴を棄却した。
　3　上告審は、つぎのとおり原判決の判示を批判しながらもその結論を是認し、Xの上告を棄却した。「借地法10条にいう建物の「時価」とは、建物を取毀った場合の動産としての価格ではなく、建物が現存するままの状態における価格である。そして、この場合の建物が現存するままの状態における価格には、該建物の敷地の借地権そのものの価格は加算すべきでないが、該建物の存在する場所的環境については参酌すべきである。けだし、特定の建物が特定の場所に存在するということは、建物の存在自体から該建物の所有者が享受する事実上の利益であり、また建物の存在する場所的環境を考慮に入れて該建物の取引を行うことは一般取引における通念であるからである。されば原判決において建物の存在する環境によって異なる場所的価値はこれを含まず、従って建物がへんぴな所にあるとまた繁華な所にあるとを問わず、その場所の如何によって価格を異にしないものと解するのが相当であると判示しているのは、借地法10条にいう建物の「時価」についての解釈を誤ったものといわなければならない。しかし、原判決を熟読玩味すれば、原判決において判定した本件建物の時価は、建物が現存する状態における建物自体の価格を算定しており、本件建物の存在する場所的環境が自ら考慮に入れられていることを看取するに難くないから、原判決における上記瑕疵は結局判決に影響を及ぼすものではないといわなければならない。」。

本件上告審判決と同旨を述べた判例として最判昭47.5.23判時673号42頁がある。いずれも旧借地法10条に関するものであるが、同法4条2項（借地借家法13条）に基づく期間満了時の建物買取請求権が行使された場合も同様に解する趣旨であろう。
　なお、実務上は、場所的環境（場所的利益）を土地の更地価格の10パーセントから20パーセント程度と算定する例が多いようである。
〔解説・評釈等〕北村良一・判解148事件、星野英一・法協80巻2号236頁、鈴木禄弥＝阿部徹・民商45巻1号98頁

71 建物買取請求権の目的建物の時価②

建物買取請求権の目的建物の「時価」の算定に当たり、当該建物に抵当権が設定されていても減額すべきではないとされた事例

一　審…浦和地判昭和34年9月28日民集18巻2号242頁
控訴審…東京高判昭和36年8月25日民集18巻2号247頁
上告審…最判昭和39年2月4日民集18巻2号233頁

事案

　Aは昭和14年5月ころ、その所有する本件土地を含む土地を建物所有目的でBに賃貸していたところ、Bは昭和22年8月ころ、Aに無断で本件土地をCに転貸し、Cは昭和23年1月、同土地上に本件建物を建築所有するに至った。このことからA、B間に紛争が生じ、その解決策として、Aの承諾のもとに、昭和24年2月、Bの弟であるXがBの本件土地賃借人とCに対する転貸人たる地位を承継した。Yは、Aの承諾もXの承諾も得ないで、昭和31年5月28日、Cから本件建物と本件土地の転借権を譲り受けて同建物につきその旨所有権移転登記を経由した。

　Xは、自己の賃借権を保全するためAのYに対する所有権に基づく妨害排除請求権を代位行使して、Yに対し、本件建物の収去による本件土地の明渡しを訴求した。Yは、昭和31年9月3日、第一審の口頭弁論期日において、Aに対して本件建物の買取請求をしたが第一審判決がこれを認めなかったので、昭和35年6月24日、Xに対して買取請求をした。本件建物には、市税滞納処分による差押登記やD（銀行）のための根抵当権設定登記等が付されていることを理由に、Xは民法576条、577条により買取代金の支払いを拒むことができる（履行期にない）旨主張し、予備的請求として建物の明渡し及び所有権移転登記手続を訴求した。

判旨

1　第一審は買取請求は、原賃貸人と原賃借人（転貸人）の双方が賃借権譲渡の承諾を拒絶した場合には後者に対してなすべきであるから、YのAに対する買取請求によってY、A間に売買契約は成立しないと判示して、Xの請求を認容した。

2　控訴審は、YのXに対する買取請求により本件建物が時価（53万円余と認定）を代金としてXの所有に帰したことを認めたが、Xは民法577条により前記根抵当権の滌除の手続を終えるまで代金の支払を拒むことができるとして、原判決を変更し、Xの主位的請求を棄却し、上記予備的請求（Xへの本件建物の明渡し及び所有権移転登記手続）を認容した。

3　上告審は、Xは、Yの買取請求の意思表示によって本件建物の所有権を取得した以上、滌除権を有するとし、また、民法577条の適用があるとして、原審の判断を是認し、Yの上告を棄却した。抵当権の有無と建物の時価については、つぎのとおり判示した。「借地法10条による買取請求の対象となる建物の時価は、その請求権行使

につき特別の意思表示のない限り、その建物の上に抵当権の設定があると否とに拘りなく定まって居るものと解するを相当とするから、原審が、本件買取請求権行使当時の本件建物の時価は、所論根抵当権の負担あることを考慮に入れない鑑定価格に基づき530,625円である旨認定判示したのは、正当であり、判断についての右の立場を明示する意味においても、原審が右具体的価額を判示したことに意義がある。」。

Key point 　転借地関係がある場合において、転借地権者は、借地権の存続期間満了による消滅の場合には、直接借地権設定者に建物買取請求権を行使することができるとされている（借地借家法13条3項。旧借地法にはこれに関する明文の規定がなく、議論があった。）。建物取得者である第三者が借地借家法14条による買取請求をする場合には明確に規定されていないが、少なくとも、本件事案のように借地権設定者、借地権者（転貸人）がいずれも転借地権の譲渡を承諾しない場合は、借地権者として土地利用権を保持している借地権者に対して買取請求できると解するのが適切である。

　なお、民法旧378条以下に規定されていた滌除の制度は、相当の修正を加えたうえで現行民法379条以下の抵当権消滅請求制度として残されている。

〔解説・評釈等〕安倍正三・判解18事件、鈴木禄弥・民商51巻5号99頁、三宅正男・判評72号31頁

72 建物買取請求権の消滅時効
建物買取請求権が時効で消滅したとされた事例

一　審…横浜地判昭和40年9月25日民集21巻6号1604頁
控訴審…東京高判昭和41年9月14日民集21巻6号1611頁
上告審…最判昭和42年7月20日民集21巻6号1601頁

事案

　Aらは、その所有する本件土地を、大正13年3月ころ、普通建物所有目的でXに賃貸し、Xは昭和20年ころ、同土地をBに転貸し、Bは同土地上に本件建物を建築所有していたところ、昭和30年7月2日、本件建物をYに売り渡した。Xはその事実をその15日くらい後に知り、ただちにYに対し、本件土地の転借権譲渡ないし転々貸を承認しない旨申し伝えた。

　XはYに対し、Aに対する賃借権保全のため、Aに代位して、Aの所有権に基づく妨害排除請求権行使として、本件建物の収去による本件土地の明渡しを訴求した。Yは、昭和41年4月11日、控訴審の口頭弁論期日において、Xに対し、旧借地法10条に基づき、本件建物の買取りを請求した。Xは同建物買取請求権につき消滅時効を援用した。

判旨

　1　第一審は、Xの賃借権行使が権利の濫用に当たるとするYの主張を排斥して、Xの請求を認容した。

　2　控訴審は、旧借地法10条に基づく建物買取請求権の消滅時効期間は10年であり、XはYに対し転借権譲渡ないし転々貸を承認しない旨、遅くとも昭和30年7月末日までには伝達したのであるからすでにYの建物買取請求権は時効により消滅しているとして、Yの控訴を棄却した。

　3　上告審も、つぎのとおり判示して、Yの上告を棄却した。「借地法10条による買取請求権は、その行使により当事者間に建物その他地上物件につき売買契約が成立したのと同一の法律効果を発生せしめるものであるから、いわゆる形成権の一種に属するが、その消滅時効については民法167条1項を適用すべきものと解するのが相当である。したがって、本件建物買取請求権は権利を行使することをうる時から起算して10年の時効によって消滅するものと解すべきところ、《中略》してみれば、本件建物買取請求権の行使が可能となった時期はおそくとも昭和30年7月末日であり、YがXに対して該権利を行使したのは、右権利の行使が可能となった時から10年以上経過した後である昭和41年4月11日であるから、Y主張のXに対する建物買取請求権はすでに時効によって消滅している旨の原審の判断は、正当として是認することができ、その間原判決にはなんら所論の違法は認められない。」。

本件上告審判決(控訴審判決も同旨)と同旨を述べたものに、最判昭54.9.21判時945号43頁がある(なお、同判決は、賃貸人が提起した土地明渡請求訴訟における訴状送達の時から10年経過により建物買取請求権が時効消滅したとする原審判断を是認したものである。)。
〔解説・評釈等〕森綱郎・判解62事件、西原道雄・民商58巻2号256頁、山田卓生・判評113号31頁

2章　借家に関する判例

2-1 借家権の発生

傾向と実務

第1　建物賃借権（借家権）

1　「建物」該当性

いわゆる「借家権」は、建物を目的とする賃貸借契約（借家契約）に基づく賃借人の権利（建物賃借権）をいう（ただし、旧借家法、借地借家法上の「借家権」は一時使用目的である場合を含まない。）。

賃借権の目的物が「建物」といえるか、すなわち当該賃貸借契約に旧借家法ないし借地借家法の適用があるかどうかがまず問題となる。他から独立して排他的に占有使用できる場合には建物の一部であっても借家権の対象となるとするのが判例〔➡74〕であるが、独立性のない、デパートの「ケース貸し」などについては借家権が発生しないとするのが判例〔➡73〕である。

2　「賃貸借」該当性

借家権が発生するためには、当然のことながらその建物を目的とする賃貸借契約が存在しなければならないが、同契約は、賃借人が賃貸人に貸料を支払う関係であることが必要である（民法601条）。建物の貸借が無償でなされている場合は「使用貸借契約」（民法593条）であって賃貸借ではない。いわゆる「社宅」をどう扱うかは問題があるが、世間並みの対価が授受されているかどうかが借家権存否の重要な判断要素となるだろう（〔➡76、77〕）。

第2　借家権の発生

1　賃貸借契約締結

一般には、借家権は、賃貸人と賃借人が建物を目的とする賃貸借契約を締結することによって発生する（賃貸人が所有者に限られないことは、土地賃貸借の場合と同様である。）。「建物賃貸借契約書」といった書面を作成しなくても契約が成立するのが原則であるが、後述する定期建物賃貸借等では一定の書面を作成しないと契約の成立が認められない。なお、契約締結に際して、権利金、礼金、敷金、保証金を授受することは、建物賃貸借契約の成否とは、直接には関係がない。

ちなみに、建物の賃貸人が、その建物内で1年数か月前に居住者が自殺した事実があったことを知っていながら故意に賃借人に告げず賃貸借契約したことが賃貸人の不法行為に当たるとした大阪高判平26.9.18判時2245号22頁がある。

2 法定借家権の発生

建物譲渡特約付借地権（借地借家24条）が設定されている場合において当該特約の履行として建物が借地権設定者に譲渡された場合に、その建物の使用を継続する従前の借地権者又は建物賃借人が、建物の新所有者となった従前の借地権設定者に請求したときは、請求者と新所有者との間でその建物についての賃貸借がされたものとみなされる（同条2項本文）。これを法定借家権（法定建物賃借権）と呼ぶことができる。

第3 借家権の種類

1 普通建物賃貸借と定期建物賃貸借等

借地契約と同様、建物賃貸借もその期間満了時に更新するのが原則であるが、一定期間だけで更新することのない定期建物賃貸借等（借地借家38条、39条）が認められている（定期建物賃貸借については、本章3参照）。定期建物賃貸借等にも一時使用目的の建物賃貸借にも当たらない建物賃貸借を特に「普通建物賃貸借」と呼ぶことがある。

2 一時使用目的の建物賃貸借

建物を目的とする賃貸借ではあっても、それが一時使用のためにしたことが明らかな場合には、旧借家法は適用されない（同法9条）とされていたし、借地借家法第3章（借家）も適用されないとされている（同法40条。ちなみに、一時使用目的の借地権については、旧借地法ないし借地借家法が適用されるが、存続期間や更新に関する規定等が適用されないこととされている。）。これに関する判例は少なくない〔⇒78〕。

73 借家権発生の有無①

「ケース貸し」が旧借家法の適用がある建物賃貸借に当たらないとされた事例

一 審…福島地平支判（判決年月日不明）民集9巻2号186頁
控訴審…仙台高判昭和28年2月17日民集9巻2号191頁
上告審…最判昭和30年2月18日民集9巻2号179頁

事案

X_1〜X_6はY（デパート経営の会社）との本件各契約に基づきYのFデパート1階の一部の場所において、商品、什器を置いてそれぞれ営業している。本件各契約の内容は以下のとおりである。①Xらが使用する上記店舗の部分はあらかじめYから示されて定められたものである。②Xらの使用部分は営業場として一定しているものではあるが、同時に、同営業場はデパートの売場で、したがって売場としての区画がされているに過ぎず、これを居住に使用することは許されず、ことにYは店舗の統一を図るため商品の種類、品質、価格等につきXらに指示するなどのXらの営業方針に干渉することができるのはもちろん、Y経営のデパートたる外観を具備し又は同デパートの安全を図るため上記売場の位置等についても適当の指示を与えることができる。③Xらは自己の使用する営業場の設備を自己の費用で作り店舗の造作をなし得るが、同時に、同設備は定着物でなく移動し得るものに限られ、かつ造作等を設置する場合は必ずYの許可を要し、Yの方針に従わなければならない。④Xらは当初定められた種類の営業をそれぞれ自己の名義で行うが、同営業は名義の如何を問わずYの所有とされ、Xらにおいて営業権又は営業名義の譲渡、賃貸、書換えをすることができない。⑤Xらは自己の資本で営業し店員の雇入れ、解雇、給料支払はXらにおいてするものであるが、その営業方針は統一され、使用人の適否についてもYの指示に従わなければならない。⑥Xらは各営業場につき出店料として維持費名義でYに一定額を支払うこととされている（その他、省略）。

本件は、仮処分異議事件である。

判旨

1　第一審は、仮処分決定を取り消し、Xらの仮処分申請を却下した（詳細不明）。

2　控訴審はXらとYとの契約が旧借家法の適用があるものとは認められないとして、Xらの控訴を棄却した。

3　上告審は、つぎのとおり、本件各契約には旧借家法が適用されないと判示して、Xらの上告を棄却した。「XらはYに対し、Yの店舗の一部、特定の場所の使用収益をなさしめることを請求できる独立した契約上の権利を有し、これによって右店舗の一部を支配的に使用しているものとは解することができないから、原判決が、Xらは右店舗の一部につき、その主張のような賃貸借契約又は少なくとも借家法の適用を受くべき賃貸借にもとづく占有権を有することの疎明十分ならずとしたのは相当であって、これと反対の見解に立って、右契約に対し民法賃貸借に関する規定又は借家法の

適用ありと主張する論旨は採用することはできない。」。

　本件は、デパート、ショッピングセンター、スーパーなどに見られるケース貸し、出店契約ないしそれらに類似する契約事案である。その内容は様々であるが、特定の、独立した区画を排他的に使用占有しているような場合には建物賃貸借に当たるか、少なくとも旧借家法ないし借地借家法を類推適用すべき場合が多いと思われる（巷間、その実質が通常の建物賃貸借契約と変らないのに、「出店契約」、「物品販売委託契約」などと題する契約書を取り交わし、その中に「本契約には借地借家法の適用がない」などの規定を置いている例が見られるが、そのような標題の契約書を取り交わしたり、借地借家法の適用がない旨の規定を置いたからといって、当然に借地借家法の適用を免れるわけではない。）。

　なお、JR駅構内の店舗の賃貸借につき、当該営業施設区画には独立排他性が認められないので借地借家法が適用される建物賃貸借に該当しないとした東京地判平20.6.30判時2020号86頁がある。

〔解説・評釈等〕北村良一・判解12事件、林良平・民商33巻1号40頁

74 借家権発生の有無②

建物の一部についての賃貸借にも旧借家法の適用があるとされた事例

一　審…青森地判昭和40年10月20日民集21巻6号1436頁
控訴審…仙台高判昭和41年9月26日民集21巻6号1443頁
上告審…最判昭和42年6月2日民集21巻6号1433頁

事案　Y_1、Y_2は、いずれも昭和36年、日本式建物である本件建物の所有者であったAから、壁などで区画された本件建物の各一部である各建物部分をそれぞれ賃借し、引渡しを受けて居住していた。昭和39年3月10日Aから本件建物を買い受けたXはYらに対しそれぞれが占有する本件各建物部分の明渡しを訴求した。Yらは本件各建物部分の引渡しを受けていることによりそれぞれ建物賃借権をXに対抗することができると主張した。

判旨　1　第一審は、賃貸借の目的が日本式建物の一部であっても、旧借家法1条の適用があるとしてXの請求を棄却した。

2　控訴審も、ほぼ同旨を述べて、Xの控訴を棄却した。

3　上告審は、つぎのとおり判示してXの上告を棄却した。「建物の一部であっても、障壁その他によって他の部分と区画され、独占的排他的支配が可能な構造・規模を有するものは、借家法1条にいう「建物」であると解すべきところ、原判決の引用する第一審判決の確定した事実によれば、本件建物の（イ）（ロ）部分は、それぞれ障壁によって囲まれ独占的排他的支配が可能な構造を有するというのであるから、原判決が（イ）（ロ）部分の賃貸借に対抗力があると判断したことは正当であって、所論の違法は認められない。」。

Key point　分譲マンション等の区分所有建物の各専有部分はもちろん、賃貸マンション、アパート、オフィスビルの各貸室についての賃貸借が「建物」賃貸借として旧借家法ないし借地借家法第3章の適用対象となることは、今日、異論がない。独立性の薄い木造の日本式建物であっても本件事案のように障壁で区画されている場合も同様に扱うべきは本件上告審判決のとおりである。なお、自由に移動できる陳列棚で仕切られた店舗の一部の賃貸借について、賃借部分が構造上独立性を欠くことを理由に旧借家法の適用を否定した大阪地判昭44.7.17判時590号70頁がある。

〔解説・評釈等〕瀬戸正二・判解53事件、星野英一・法協85巻6号73頁、望月礼二郎・民商58巻1号77頁、三宅正男・判評107号27頁

75 借家権発生の有無③

鉄道高架下施設の一部分の賃貸借契約に旧借家法の適用があるとされた事例

一　審…東京地判昭和63年3月24日
控訴審…東京高判平成元年7月6日判時1319号104頁
上告審…最判平成4年2月6日判時1443号56頁

事案　Aは、旧国鉄の高架下施設の賃貸などの事業を営むBから鉄道高架下施設（本件施設物）の使用承認を受け、これを2つに区切り、一方の部分で飲食店（本件店舗）を営んでいたが、高齢になったことからYとの間で本件店舗の営業に関する「経営委託契約書」という標題の契約書をもって本件契約を締結した。Yは同契約後、本件店舗で飲食店を営業していたが、Aは、その後本件店舗の経営権を長女Xに譲渡し、XはBから本件施設物の使用承認を受けた。Xは、Yの本件店舗の営業に異議をはさみ、Yに対して、本件店舗の明渡しを訴求した。

判旨　1　第一審はXの請求を棄却した（詳細不明）。

2　控訴審は、下記上告審判決が引用するとおり、本件施設物ないし本件建物は旧借家法にいう「建物」に当たり、本件契約は（Xが主張するような経営委託契約ではなく）建物賃貸借契約に当たるので旧借家法の適用を受けるがXの解約申入れには正当事由が認められないとして、Xの控訴を棄却した。

3　上告審も、つぎのとおり判示して、原判決の判断を是認してXの上告を棄却した。「原審は、(一)本件施設は、鉄道高架下施設であるが、土地に定着し、周壁を有し、鉄道高架を屋根としており、永続して営業の用に供することが可能なものであるから、借家法にいう建物に当たる、(二)本件店舗は、本件施設物の一部を区切ったものであるが、隣の部分とはブロックにベニヤを張った壁によって客観的に区別されていて、独立的、排他的な支配が可能であるから、借家法にいう建物に当たる、(三)本件店舗での営業に関するAとYとの間の本件契約は、経営委託契約ではなく、本件店舗及び店舗内備品の賃貸借契約であって、借家法の適用がある、(四)本件契約は、期間満了後、期間の定めのない賃貸借として更新されている、(五)Aの相続人として同人の地位を承継したXがした本件契約の解約申入れに正当事由はない、として、Xの本件請求を棄却しているが、原審の右認定判断は、原判決挙示の証拠関係に照らし、正当として是認することができ、原判決の所論の違法はない。」。

Key point　鉄道高架下の工作物について登記することのできる建物に当たると判示した大判昭12.5.4民集16巻9号533頁がある（ちなみに、鉄道高架下の利用を目的とする土地賃貸借について旧借地法の適用を認めたものに東京地判昭44.5.20判時565号70頁、同法、旧借家法いずれの適用をも否定したものに京都地判昭34.5.6下

民10巻5号935頁、東京地判昭38.8.30判タ151号161頁などがある。)。旧借家法ないし借地借家法(第3章)にいう建物に該当するとしても、その施設提供者(利用許諾者)と施設利用者間の契約がそれらの法が適用される「建物賃貸借」といえるかどうかは別問題である(旧国鉄の施設利用に関して、いずれも旧借家法の適用を否定した神戸地判平4.8.13判時1454号131頁(①事件)、京都地判平4.11.6判時1454号131頁(②事件)参照。)。本件のA、B間の契約について本件第一審判決、控訴審判決は、いずれも旧借家法の適用ある賃貸借ないしこれに類似した契約であるとしている(本件上告審は、この点に触れてはいない。)。東京高判平元.7.6判時1319号104頁は、旧国鉄の鉄道高架下の施設物の一部における飲食店の経営委託名目の契約について、旧借家法の適用のある建物賃貸借であるとしている。

このほか、旧借家法ないし借地借家法の適用のある建物賃貸借に当たるか否かが争われた事例として、東京高判平9.1.30判時1600号100頁(養鰻用ハウスにつき肯定)、横浜地横須賀支判平9.1.25判時1677号106頁(ゴルフ練習場及び建物施設の賃貸借につき否定)などがある。やや特殊な事案に関するものとして、大阪高判昭53.5.30判時927号207頁(広告塔の所有を目的とするビル屋上の賃貸借について旧借家法の適用を否定)、東京地判昭61.1.30判時1222号83頁(ビルの一部にある立体駐車場とその設備機械等の賃貸借について旧借家法の適用を否定)などがある。

〔解説・評釈等〕山田卓生・別冊法時8号66頁、石黒清子・判タ臨増852号72頁、山野目章夫・ジュリ臨増1024号86頁

76 社宅の使用関係①
有料社宅につき旧借家法の適用がないとされた事例

一　審…東京地判（判決年月日不明）民集8巻11号2049頁（主文及び事実）
控訴審…東京高判昭和27年10月13日民集8巻11号2050頁
上告審…最判昭和29年11月16日民集8巻11号2047頁

事案　X（会社）は、その所有する本件建物の一部である21号室A（6畳）の1室（本件貸室）を、従業員であったYに貸し与え、社宅料として月額36円を徴してきた。Yは昭和24年6月22日にXを退社（解雇？）したので、Yに対して本件貸室の明渡しを訴求した。Yは、月額36円で本件貸室を期間の定めなく賃借したものであり解雇により当然に賃貸借が終了するものではないとしてこれを争った。

判旨
1　第一審は、Xの請求を認容した。
2　控訴審は、X、Y間の本件貸室の使用関係は賃貸借とは認められないとしてYの控訴を棄却した。
3　上告審も、つぎのとおり判示して原判決の判断を是認してYの上告を棄却した。「会社とその従業員との間における有料社宅の使用関係が賃貸借であるか、その他の契約関係であるかは、画一的に決定し得るものではなく、各場合における契約の趣旨いかんによって定まるものと言わなければならない。原判決がその理由に引用した第一審判決の認定によれば、Xは、その従業員であったYに本件家屋の1室を社宅として給与し、社宅料として1か月36円を徴してきたが、これは従業員の能率の向上を図り厚生施設の一助に資したもので、社宅料は維持費の一部に過ぎず社宅使用の対価ではなく、社宅を使用することができるのは従業員たる身分を保有する期間に限られる趣旨の特殊の契約関係であって賃貸借関係ではないというのである。」（原判決に違法はない。）。

本件では、本件貸室が賃貸された場合の相当賃料額（賃料の相場）が明確ではないが、「1か月36円」というのが「維持費の一部」とされているところからすると、賃料としての相場よりもはるかに低いものであったと想像される。「社宅」ではあっても世間並みの金員が授受されている場合は別異に判断されることがあるのはもちろんである（後掲〔○77〕参照）。

〔解説・評釈等〕長谷部茂吉・判解105事件、鈴木禄弥・民商32巻4号479頁

77 社宅の使用関係②

従業員専用の寮の使用関係につき、相当の対価の授受があることを理由に旧借家法の適用のある建物賃貸借に当たるとされた事例

一　審…東京地判昭和28年12月24日民集10巻11号1457頁
控訴審…東京高判昭和29年10月30日民集10巻11号1463頁
上告審…最判昭和31年11月16日民集10巻11号1453頁

事案　A（会社）は、戦前昭和19年暮か昭和20年1月ころ、専ら従業員用の寮として使用されていた本件建物（A所有）の甲室、乙室（いずれも6畳）を、各月額18円で従業員であったY_1、Y_2にそれぞれ貸し与え、Y_1、Y_2は同所に居住している。上記使用料は、当時としては、世間並みの相当家賃額であった。上記各貸室契約には、会社の都合で解雇され雇用契約が終了したときはその3か月後に各室をAに明け渡すべき旨の約定があった。Xは、昭和24年10月17日、Aから本件建物を買い受けてその所有権を取得し、昭和25年10月4日その旨の登記を了した。Yらは、昭和25年3月末日をもってAの都合で解雇された。

Xは、上記雇用契約終了から3か月が経過したとして、Yらに上記各室の明渡しを訴求した。これに対して、Yらは、本件各室の使用契約は旧借家法の適用のある建物賃貸借であるから、解雇によって終了するものではないとしてこれを争った（Yらが甲室、乙室以外に使用している建物部分についての明渡請求や債務不履行解除を理由とする予備的請求としての明渡請求に関する部分は省略する。）。

判旨　1　第一審は、「賃料と称する額は昭和24年当時1か月1畳につき5円ないし8円であって右建物の維持費に使用せられ、室の利用の対価として取得するものではない」、「その利用関係は雇用関係に従属するものと解するのが相当であり、従ってこのような寮の利用関係は民法上の使用貸借、賃貸借とは異なる特殊の契約であってその性質上借家法の適用はないものというべきである」と判示して、Xの請求を認容した。

2　控訴審は、本件各室の使用料が「当時としては世間並みの相当家賃額」であったとし、「右使用料は借室使用の対価として支払われていたものというべく、本件家屋各室の使用契約は、本件家屋がAの従業員専用の寮であることにはかかわりなく、これを賃貸借契約というを憚らない。」と判示し、旧借家法の適用を肯定し、上記「解雇契約終了後3か月以内に明け渡す」旨の約定は同法に違反する無効なものであるとして、第一審判決を変更して、Yらに対するXの甲室、乙室明渡請求を棄却した。

3　上告審は、つぎのとおり判示して原審の判断を是認した。「およそ、会社その他の従業員のいわゆる社宅寮等の使用関係についても、その態様はいろいろであって必ずしも一律にその法律上の性質を論ずることはできないのであってYらの右室使用

の関係を、原判決が諸般の証拠を総合して認定した事実にもとづき賃貸借関係であると判断したことをもって所論のような理由によって、直ちにあやまりであると即断することはできない。」。

Key point 社宅、寮等の使用に関する契約は、雇用契約と密接な関係があり、世間相場の賃料額よりもはるかに低い金額の「使用料」を支払わせて、水道料、電気料等の実費に充てている場合が多いようである。そのような場合には、賃貸借と認めることは困難であるが、本件事案のように「世間並みの賃料額相当」の金員を授受している場合には、その関係を賃貸借と認めるのが適切な場合が多いだろう。前掲〔⇨76〕、本件のほか、社宅等につき旧借家法の適用を認めなかったものとして最判昭30.5.13民集9巻6号711頁、最判昭39.3.10判時369号21頁、最判昭44.4.15判時558号55頁などがあり、旧借家法の「準用」があるとしたものに東京地判昭47.4.25判時679号33頁がある。やや特殊なものではあるが、政党所有建物に居住する、同政党を除名された元幹部に対する明渡請求事件について、これを認容した東京高判昭59.9.25判時1134号87頁がある。
〔解説・評釈等〕北村良一・判解88事件、林良平・民商35巻5号698頁

78 一時使用のための建物賃貸借

期間を3年とする建物賃貸借が一時使用のための建物賃貸借に当たるとされた事例

一　審…大分地判（判決年月日不明）民集15巻9号2311頁（主文及び事実）
控訴審…福岡高判昭和32年12月25日民集15巻9号2312頁
上告審…最判昭和36年10月10日民集15巻9号2294頁

事案　X、Y間の賃貸借について、裁判上の和解により昭和26年6月末日限り、YがXに本件建物部分を明け渡す義務があったけれど、その明渡期限を延長する意味において、当時在学中のXが1年後に卒業し、その後2年間商業見習を経て当該家屋に店舗を構えて独立営業するまでの間これをYに賃貸すること、すなわち昭和25年12月20日から昭和28年12月19日まで満3年間と定め、Yも上記事情を了解し、他に適当な店舗兼住宅を得た場合には、上記期間内でも賃借家屋を明け渡すべき旨を約し、賃料についても、短期間の賃貸借である事情から特に比隣の賃料相当額をはるかに下回る月額3000円と定めた。

　XはYに対し、Yが他に建物を取得、所有したことを理由に賃貸部分の明渡しを訴求した。控訴審において、上記賃貸借が一時使用のためのものであり、その期間が満了したことを追加して主張した。

判旨
1　第一審は、Xの請求を棄却した（理由不明）。
2　控訴審は、本件賃貸借が一時使用のための賃貸借に当たるとして、第一審判決を取り消して、Xの請求を認容した。
3　上告審において、Yは、本件賃貸借の「期間3年」は短期とはいえず、一時使用のための賃貸借には当たらないなどと主張したが、上告審は、つぎのとおり判示して、原判決を是認し、Yの上告を棄却した。「借家法8条にいわゆる一時使用のための賃貸借といえるためには必ずしもその期間の長短だけを標準として決せられるべきものではなく、賃貸借の目的、動機、その他諸般の事情から、該賃貸借契約を短期間内に限り存続させる趣旨のものであることが、客観的に判断される場合であればよいのであって、その期間が1年未満の場合でなければならないものではない。」。

Key point　比較的長期の期間の賃貸借を一時使用のための建物賃貸借と認められたものとしては、裁判上の和解や調停でそのような合意をしたという場合が少なくない。一時使用のための建物賃貸借と認められた事例として、最判昭41.10.27判時467号36頁（当初2年と定められていたものの、その後「更新」が繰り返され、結局、賃貸借成立から約7年半以上経過）、最判昭43.1.25判時509号34頁（無断転借人のパチンコ店営業開始に起因する明渡訴訟の中で、同転借人に対して5年間賃貸する旨の裁判上の和解がされた。）、東京地判平8.9.26判時1605号76頁（起訴前和解によりパチンコ店について5年間の賃貸借をした。）などがある。

〔解説・評釈等〕高津環・判解107事件、山田卓生・法協81巻5号102頁、植林弘・民商46巻4号133頁

2-2

建物の譲渡と
借家権の対抗力

傾向と実務

第1　建物の譲渡と賃貸人の地位の承継

　契約上の地位の譲渡は、相手方にとって不利益となる場合もあるので、原則としてその契約の相手方の承諾が必要である。しかし、建物所有者である建物賃貸人がその建物を他へ譲渡する場合には（そして、賃借人がその建物の賃借権を建物譲受人に対抗することができる場合には）、特段の事情のないかぎり、賃貸人の地位が建物譲受人に移転し、これについて賃貸借契約の相手方である賃借人の承諾を要せず（借地に関する最判昭46.4.23民集25巻3号388頁参照）また、賃借人に対する通知も要しない〔⇨79〕とするのが判例、通説である。さらに判例は、建物譲渡の当事者間で賃貸人の地位を譲渡人に留保する旨の合意をしたとしても、それだけでは、上記の「特段の事情」には当たらないとしている〔⇨83〕。

　建物譲渡により賃貸人の地位が譲受人に移転するときは、賃借人に対する敷金返還債務も譲受人が承継するが、これについては3章3-3で解説する。

　賃貸人は賃貸借の目的物の所有者に限らないが、建物賃貸人が賃貸に係る建物を所有していない場合には、その建物を譲渡等処分することができないことは当然であり、前述の「賃貸人の地位の移転」も生じない。例えばAがその所有する建物をBに賃貸し、BがこれをCに賃貸（Aから見た場合は転貸）している場合において、Aがその建物をDに譲渡した場合には、特段の事情のないかぎり、A、B間の賃貸借がD、B間の賃貸借に移行するが、B、C間の賃貸借関係は、これによって影響を受けることはない。

第2　建物賃借権（借家権）の対抗力

1　民法上の対抗要件（登記）

　債権は、本来は対抗力を有するものではないが、不動産賃借権については、例外的に、登記（賃借権設定登記）をすることにより対抗力を備えることができるものとされている（民法605条）。したがって、建物について賃借権設定登記を備えているときは、その後その建物が第三者に譲渡された場合にも、その

譲受人に対し自己の賃借権を対抗することができる。もっとも、賃借権設定登記は、賃貸人と賃借人の共同申請により実現されるものであり、賃貸人は（特に登記手続をすることを約定しないかぎり）その登記手続に応ずべき法的義務はないので、実際上も（担保目的でされる場合を別として）建物に賃借権設定登記がされることはまれである。

2　借家法、借地借家法による対抗要件（引渡し）

旧借家法は、前記民法上の対抗要件である登記がない場合であっても、賃借人が建物の引渡しを受けていれば、その後にその建物を譲り受けた者などの第三者に自己の建物賃借権を対抗することができるものとし（1条）、建物賃借人を保護した。借地借家法もこれを踏襲し、同様に、建物の引渡しによる賃借権の対抗力を認めている（31条1項）。

賃借人が賃借した建物に住んだり、その建物を事務所や店舗として現実に利用している場合には、当然、すでに引渡しを受けているといえるし、「引越し」がまだであるとしても、賃借人が賃貸人からすでに建物内に入ることのできる鍵などの交付を受けている場合には、引渡しを受けたものと考えてさしつかえないだろう。

3　抵当権実行（競売）による建物所有権移転の場合

賃借権設定登記又は建物の引渡しにより建物賃借権の対抗要件を具備した後に建物に抵当権設定登記が経由された場合には、その抵当権実行としての担保不動産競売により建物を取得した買受人に建物賃借権を対抗することができる（買受人は建物賃貸人たる地位を承継する。）。もっとも、本来優先する賃借人の債務不履行によって抵当権が実行されたときは別異に扱われる〔⇒84〕。

逆に、建物賃借権の対抗要件具備が抵当権設定登記に後れるときは、競売により建物を取得した買受人に建物賃借権を対抗することができない。この場合、一定要件の下で、買受人の買受け時（代金納付時）から6か月間は買受人に対する明渡しを猶予される（民法395条）。この間賃貸借が継続するわけではないが、買受人は賃借人だった建物使用者に使用の対価を請求することができ、建物使用者がこれに応じないときは、この猶予が失効する（この関係につき、〔⇒85〕参照）。

79 賃貸建物の譲渡についての通知

賃貸建物の譲渡に伴う賃貸人の地位承継を賃借人に通知する必要がないとされた事例

一　審…東京地判（判決年月日不明）民集12巻13号2053頁（主文及び事実）
控訴審…東京高判昭和31年12月26日民集12巻13号2056頁
上告審…最判昭和33年 9 月18日民集12巻13号2040頁

事案　Aは、昭和23年 3 月、本件建物を、期間の定めなく、Yに賃貸して引き渡したが、その後、本件建物はAからBに、BからCに、CからXに順次移転し、X（株式会社）は昭和25年 7 月21日その所有権移転登記を経由した。Xは、Yに対し、賃料の支払いを請求したが、Yは、本件建物譲渡につきAから何ら通知を受けていないことを理由にこれに応じなかった。Xは、昭和26年11月20日Yに対し、昭和25年 8 月 1 日以降の未払賃料を同書到達後10日以内に支払うよう催告するとともにその支払がないときはYとの賃貸借を解除する旨を通知したが、Yはこれに応じなかった。

Xは、Yに対し本件建物の明渡し等を訴求した。

判旨　1　第一審は、Xの請求を認容した（理由不明）。

2　控訴審は、本件建物の所有権が上記のとおり順次移転したことに伴い、旧借家法 1 条により、本件賃貸借も順次承継されたとして、Yの控訴を棄却した。

3　上告審も、つぎのとおり判示して原審の判断を是認し、Yの上告を棄却した。
「借家法 1 条により建物の所有権取得と同時に当然賃貸借を承継するものであって、その承継の通知を要しない旨の原判決の判断並びにXの所為が信義則に反しない旨の原判示は、いずれも当裁判所の正当として是認できるところである。」

Key point　賃貸建物の譲渡により、（賃借人が賃借権を譲受人に対抗することができる場合には）特段の事情のないかぎり、賃貸人の地位が譲受人に承継されることは、すでに確立した判例といえる（借地について、賃借人の承諾を要しないとした最判昭46. 4 .23民集25巻 3 号388頁参照）。この場合、当然のことながら、承継される賃貸借契約の諸条件も譲受人に効力を生じることとなる（後掲〔⊃80〕参照）。

賃貸人は、賃貸建物の譲渡による賃貸人の地位の移転を、その建物の所有権移転登記を経由することによって賃借人に対抗することができるものと一般的に解されている。

賃貸人の地位の移転（承継）があったとしても、賃借人への通知等がないために、賃借人がその事実を知らないまま、賃料を旧賃貸人に支払い、そのことに過失がない場合には、その支払は、債権の準占有者に対する弁済として有効視される（民法478条）。

〔解説・評釈等〕北村良一・判解100事件、谷口知平・民商40巻 4 号87頁

80 賃貸建物の譲渡に伴う賃貸人の地位移転と転貸許容特約

賃貸建物の譲渡に伴い賃貸人の地位を承継した譲受人は、前賃貸人たる譲渡人と賃借人との間の転貸許容の特約をも承継するとされた事例

一　審…青森地八戸支判（判決年月日不明）民集17巻8号1029頁（主文及び事実）
控訴審…仙台高判昭和35年6月30日民集17巻8号1033頁
上告審…最判昭和38年9月26日民集17巻8号1025頁

事案　本件建物の所有者であった未成年者Aの代理人として、その母Bは、昭和20年8月ころ、本件建物をCに賃貸して引き渡した。そのころは終戦のころであって、本件建物は屋根や壁が壊れ、床板はなく、人が住めないほど荒廃した空家であったが、Bから将来これをCに売ってもよいとの話があったので、Cは、そのころ会社からもらった退職金の大半である9000円近くを投じ、B了承のもとに本件建物に大修理を加え、自分の欲するまま内部を改装し、その家族であるY₁～Y₃とともに居住し、本件建物の一部を理髪店としてY₂とともに理髪業を始めた。Cは、本件建物の一部を上記理髪店とは別の店舗とし、本件建物に入居して間もないころからY₃をして同店舗で昭和24年まで化粧品雑貨商を、その後昭和25年春まではパチンコ店を営ませ、その後はY₃とDとの共同経営のパチンコ店を営ませ、さらに昭和28年1月からは同部分をEに転貸してパチンコ店を営ませていた。Bは、Cが当該部分を他人に使用させていることを知りながら、無断転貸を問題としたことはなかった。Aは、昭和28年12月3日、本件建物をXに売り渡し、Xがその所有権を取得した。Cは、昭和31年1月末ころ、同店舗部分をY₄に賃貸（転貸）し、Y₄は同所で写真屋、写真材料商を始めた。Cは、昭和32年3月2日死亡し、Y₁～Y₃がCを相続した。Xは、昭和32年6月13日Y₂に対し、同年12月26日Y₁及びY₃に対し、それぞれ無断転貸を理由にY₁～Y₃との本件建物賃貸借を解除する旨の意思表示をした。
　XはYらに対し本件建物（Y₄に対しては、その転借部分）の明渡しを訴求した。

判旨　1　第一審は、Xの請求を棄却した（理由不明）。
　2　控訴審は、Aの代理人であるBがCに対し同人が前記転貸部分を不特定の第三者に転貸することを当初から黙示的に承諾していたものと認定したうえで、Xの本件建物所有権取得に伴い「AがCに対してした転貸を承諾する旨の特約は、Xが、これを承継したものと認める」として、Xに前記解除の意思表示は無効であると判示してXの控訴を棄却した。
　3　上告審も、つぎのとおり判示して原審の判断を是認し、Xの上告を棄却した。
「所論は、所論のいわゆる概括的転貸許容の特約は賃貸借契約の本来的（実質的）事

2章　借家に関する判例

項ではないから、その登記なくしては、家屋の新所有者に対抗できないと主張して、これと異なる原判決の判断を攻撃する。しかし、借家法1条1項の規定の趣旨は、賃貸借の目的たる家屋の所有権を取得したる者が旧所有者たる賃貸人の地位を承継することを明らかにしているのであるから、それは当然に、旧所有者と賃借人間における賃貸借契約より生じたる一切の権利義務が、包括的に新所有者に承継せられる趣旨をも包含する法意である。右と同趣旨の原判決の判断は正当であり、所論は独自の見解であって、採用できない。」。

Key point 賃貸建物の譲渡に伴い賃貸人の地位が建物譲受人に承継されるときは、旧賃貸人、賃借人間の賃貸借契約の内容（諸条件）がそのまま包括的に承継されることは、最判昭38.1.18民集17巻1号12頁（前家賃の約定）、最判昭39.6.26民集18巻5号968頁（賃料取立債務の約定）などが示すとおりである。賃借権譲渡又は転貸の包括的な許容は賃借権設定登記における登記事項のひとつではあるが（不動産登記法81条3号）、賃借権設定登記をすること自体が賃貸借成立の効力要件でないことはもちろんのこと、実際上、ほとんど登記されることがないことに鑑みれば、賃借権設定登記における賃借権譲渡、転貸の許容の登記の有無を問題にするのは意味がないだろう。

〔解説・評釈等〕瀬戸正二・判解58事件、星野英一・法協82巻4号553頁、鈴木禄弥・民商50巻4号596頁

81 賃貸建物の譲渡に伴う賃貸人の地位承継と旧賃貸人の契約解除権

賃貸建物の譲渡に伴う賃貸人の地位承継があった後は旧賃貸人は賃貸借を解除することができないとされた事例

　　一　審…佐賀地判昭和34年8月13日民集18巻7号1358頁
　　控訴審…福岡高判昭和35年3月3日民集18巻7号1364頁
　　上告審…最判昭和39年8月28日民集18巻7号1354頁

事案　Xは、昭和32年12月1日、その所有する本件建物を月額賃料7000円でYに賃貸した。XはYに対し、昭和34年10月6日到達の書面をもって、昭和33年5月以降昭和34年9月までの延滞賃料を同書面到達後5日以内に支払うことを催告するとともにその支払がないときはYとの本件建物賃貸借を解除する旨を通知したが、Yは同期間中にその支払をしなかった。

　XはYに対し、本件建物の明渡しを訴求した。Yは、控訴審において、「Xは、昭和34年9月28日、本件建物をAに売り渡しているので、上記解除は無効であり、Xは本訴請求をなす権利を有しない。」と主張した。

判旨　1　第一審は、Xの請求を棄却した（理由不明）。

　2　控訴審は、Xの前記催告、解除が有効であるとし、Yの前記主張に関しては、「Xの本訴請求は賃貸借の消滅による賃貸物返還請求権に基づくものであるから、かりにY主張の如くXが本件建物の所有権を他に譲渡したとしても、右事実は本訴請求を妨げる理由とならない。」と判示して、第一審判決を取り消してXの請求を認容した。

　3　上告審は、つぎのとおり判示して、原判決を破棄し、本件を原審に差し戻した。「自己の所有建物を他に賃貸している者が賃貸借継続中に右建物を第三者に譲渡してその所有権を移転した場合には、特段の事情のないかぎり、借家法1条の規定により、賃貸人の地位もこれに伴って右第三者に移転するものと解すべきところ、本件においては、XがYに対して自己所有の本件建物を賃貸したものであることが当事者間に争いがないのであるから、本件賃貸借契約解除権行使の当時Xが本件建物を他に売り渡してその所有権を失っていた旨の所論主張につき、もしXがこれを争わないのであれば、XはYに対する関係において、右解除権行使当時すでに賃貸人たるの地位を失っていたことになるのであり、右契約解除はその効力を有しなかったものといわざるを得ない。しかるに、原審が、叙上の点を顧慮することなく、Yの所論主張につき、本件建物の所有権移転が本訴請求を妨げる理由にはならないとしてこれを排斥したのは、借家法1条の解釈を誤ったか、もしくは審理不尽の違法があるものというべく、

右違法は判決に影響を及ぼすことが明らかであるから、論旨は理由がある。」。

　　賃貸建物の所有権移転に伴って賃貸人の地位が譲受人に移転したときは、賃貸借契約の解除権も新賃貸人たる譲受人に移転し、旧賃貸人（譲渡人）はこれを有しないことは、本件上告審判決の判示するとおりである。基本権たる賃料債権も新賃貸人に移転することはもちろんであるが、すでに発生した（あるいは弁済期が到来した）支分権たる賃料債権（未払賃料債権）は、別途、債権譲渡をしなければ新賃貸人に移転するものではないと考えられる。なお、敷金があるときは、建物譲渡時に未払賃料にその敷金が充当され、その残額につき、敷金返還債務が新所有者（新賃貸人）に承継されるとするのが判例である〔→145〕。

〔解説・評釈等〕森綱郎・判解75事件、鈴木禄弥・民商52巻4号84頁

82 建物買取請求権行使と借家権の対抗

賃借土地上の建物を取得した者が旧借地法10条による建物買取請求権を行使した場合には建物賃借人は賃借権を借地権設定者に対抗することができるとされた事例

一　審…（不明）
控訴審…大阪高判（判決年月日不明）
上告審…最判昭和43年10月29日判時541号37頁

事案　Xは、A（食糧営団）に本件土地を賃貸し、Aは本件土地上に本件建物を建築、所有していたが、Aは、その後本件建物をその敷地である本件土地の賃借権とともにBに譲渡した。Bは、本件建物の一部（本件建物部分）をYらに賃貸してこれを引き渡したが、本件土地賃借権譲渡についてXの承諾が得られないことから、旧借家法10条に基づき、Xに対し本件建物の買取請求をした。

Xは、（BないしBの相続人に対し、本件建物収去による本件土地明渡しを求めるとともに？）Yらに対し本件建物部分からの退去による本件土地の明渡しを求めたもののようである（詳細不明）。

判旨　1　第一審は、XのYらに対する請求を認容した（詳細不明）。

2　控訴審は、Yらは建物賃借権をXに対抗することができるとして、第一審判決を取り消し、Xの請求を棄却した（詳細不明）。

3　上告審も、つぎのとおり判示して、Xの上告を棄却した。「Bの右買取請求権行使により、本件建物所有権は本件土地賃貸人であるXに移転するが、右の所有権移転に先だち、Yは本件建物の前所有者であるBから本件建物部分を賃借しその引渡しを受けているのであるから、Yは借家法1条1項により右建物部分の賃借権を新所有者であるXに対し主張しうると解するのが相当である。」。

Key point　借地権の存続期間満了時における建物買取請求権行使（旧借地4条2項、借地借家13条）の場合には、それより前にその建物を賃借して引渡しを受けていた賃借人が建物の新所有者である借地権設定者に建物賃借権を対抗することができることは当然であって異論はない。しかし、賃借地上建物の取得者である第三者の建物買取請求権（旧借地10条、借地借家14条）の場合には、学説上異論があった（本件第一審判決はそのような見解に立ったものであろう。）。大判昭14.8.24民集18巻877頁は、旧借地法10条による建物買取請求権行使の場合にも旧借家法1条による建物賃借権の対抗を認めていたし、最判昭36.2.28民集15巻2号324頁もそのことを前提としている。

2章　借家に関する判例

83 賃貸建物の譲渡と賃貸人の地位を譲渡人に留保する旨の合意

賃貸建物の新旧所有者が賃貸人の地位を旧所有者に留保する旨を合意しても、賃貸人の地位が新所有者に移転しない特段の事情があるとはいえないとされた事例

一 審…東京地判平成5年5月13日判時1475号95頁
控訴審…東京高判平成7年4月27日金法1434号43頁
上告審…最判平成11年3月25日判時1674号61頁

事案

Aは、平成元年3月17日、本件ビル(地下2階付10階建)を建築、所有したが、同月31日これをBに売却して、Bからこれを賃借した。Aは、同年6月16日本件ビルの6階から8階部分(本件建物部分)をXに賃貸し(本件賃貸借契約)、X(株式会社)から保証金名目で3383万円余の交付を受けた。Aは、平成2年2月15日、本件ビルをBから買い戻し、同年3月27日、本件ビルにつき、①売主をA、買主をC外38名(Cら)とする売買契約、②譲渡人をCら、譲受人をY(信託銀行)とする信託譲渡契約、③賃貸人をY、賃借人をDとする賃貸借契約、④賃貸人をD、賃借人をAとする賃貸借契約、がそれぞれ締結された。上記売買契約及び信託譲渡契約締結に際し、本件賃貸借契約における賃貸人の地位をAに留保する旨が合意(本件合意)された。平成3年9月12日、Aに対して破産宣告がされたが、Xは、それまで、上記①ないし④の売買契約等が締結されたことを知らず、Aに対して賃料を支払い、この間、A以外の者がXに対して本件賃貸借契約における賃貸人としての権利を主張したことはなかった。Xは、本件賃貸借契約における賃貸人の地位がYに移転したと主張したが、Yがこれを認めなかったことから、平成4年9月16日、信頼関係が破壊されたとして、Yに対して本件賃貸借契約を解除する旨の意思表示をし、その後、本件建物部分から退去した。

Xは、本件賃貸借契約の賃貸人たる地位がAからCらを経てYに承継されたとして、Yに対し、本件保証金から約定の20パーセントの償却費を控除した残額である2706万円余の支払を訴求した。これに対し、Yは、(ア)Cら及びYはAから本件保証金の交付を受けていない、(イ)債務は信託の対象とならないからYは本件保証金返還債務を承継しない、(ウ)本件保証金は敷金の性質を有するものではないから賃貸人の地位の移転があっても返還債務は承継されない、などと主張した。

判旨

1 第一審は、賃貸建物が譲渡されたときは、当然に賃貸人の地位が新所有者に承継されるのであり、新旧所有者間で賃貸人の地位を承継しない旨を合意してもそれだけでは賃借人に対して効力を生じる余地はない、などとして、Yの主張を排斥して、Xの請求を認容した。

2 控訴審は、特段の事情のない限り賃貸建物の所有権の移転に伴って賃貸人の地位も移転するが、新旧所有者間で賃貸人の地位を旧所有者に留保する合意のほか、賃

貸人の地位が移転しないことを賃借人が承認ないし容認しているのでなければ、上記特段の事情があるとはいえない、などとして、Yの控訴を棄却した。

 3　上告審は、つぎのとおり判示して原審の判断を是認し、Yの上告を棄却した。「自己の所有建物を他に賃貸して引き渡した者が右建物を第三者に譲渡して所有権を移転した場合には、特段の事情のない限り、賃貸人の地位もこれに伴って当然に右第三者に移転し、賃借人から交付されていた敷金に関する権利義務関係も右第三者に承継されると解すべきであり《最判昭39.8.28民集18巻7号1354頁〔➡81〕、最判昭44.7.17民集23巻8号1610頁〔➡145〕引用》、右の場合に、新旧所有者間において、従前からの賃貸借契約における賃貸人の地位を旧所有者に留保する旨を合意したとしても、これをもって直ちに前記特段の事情があるものということはできない。けだし、右の新旧所有者間の合意に従った法律関係が生ずることを認めると、賃借人は、建物所有者との間で賃貸借契約を締結したにもかかわらず、新旧所有者間の合意のみによって、建物所有権を有しない転貸人との間の転貸借契約における転借人と同様の地位に立たされることとなり、旧所有者がその責に帰すべき事由によって右建物を使用管理する権原を失い、右建物を賃借人に賃貸することができなくなった場合には、その地位を失うに至ることもあり得るなど、不測の損害を被るおそれがあるからである。もっとも、新所有者のみが敷金返還債務を履行すべきものとすると、新所有者が無資力となった場合などには、賃借人が不利益を被ることになりかねないが、右のような場合に旧所有者に対して敷金返還債務の履行を請求することができるかどうかは、右の賃貸人の地位の移転とは別に検討されるべき問題である。」（藤井裁判官の反対意見がある。）。

Key point　本件事案は、いわゆる「不動産小口化商品」として開発された取引形態である（上記Ｃらが実質的な投資家である。）。
　新築の賃貸建物には当初から金融機関のための抵当権が付されている場合が多く、建物所有者が必ずしも資力が十分とはいえないことを考慮すると、賃貸建物が譲渡された場合に譲受人である新所有者（新賃貸人）が敷金返還債務を承継し、旧所有者が免責されるとすると、賃借人が不測の損害を被るおそれがある。
　筆者は、賃貸物件の所有権が移転するときは、特段の事情のない限り、賃貸人の地位及び敷金返還債務が新所有者に承継されるが、旧所有者も敷金返還債務を免責されないと解する（それゆえにこそ、賃借人の承諾を得ることなく、契約上の地位を譲渡することができるのである。）。また、一般論としては、新旧所有者間の合意により賃貸人の地位を留保することも可能と解する。
〔解説・評釈等〕磯村保・判評491号34頁

84 抵当権実行(競売)と抵当債務者である賃借人

実行抵当権の抵当債務者ではない抵当債務者である優先賃借人に対しては引渡命令を発することができないとされた事例

一　審…横浜地川崎支決平成12年2月10金判1116号19頁
抗告審…東京高決平成12年4月5日金判1116号18頁
許可抗告審…最決平成13年1月25日民集55巻1号17頁

事案　Yは、昭和63年11月、Aからその所有する本件建物を賃借し引渡しを受けた。Aは、平成元年4月、Bのために本件建物に抵当権を設定し同年5月その旨登記を経由した。同年11月、Aは、Yの債権者Cのために、平成8年6月、Yの債権者Dのために、それぞれ本件建物に抵当権を設定した。平成9年Bの上記抵当権実行としての競売が実施され、Xが本件建物を買い受けた。

　Xは、Yを相手方として、本件建物の引渡命令の申立てをした。なお、Yが上記C又はDに対して、抵当債務の不履行に陥っているとの記録はない。

判旨　1　第一審は、Xの申立てを認容してYに対する引渡命令を発令した。

2　抗告審は、抵当権に優先する賃借人がその抵当債務につき債務不履行の事実がない場合には、引渡命令の対象とならない旨を判示して、第一審決定を取り消し、Xの申立てを却下した。

3　許可抗告審は、「執行裁判所は、最先順位の抵当権を有する者に対抗することができる賃借権により不動産を占有する者に対しては、この占有者が当該不動産に自己の債務を担保するために抵当権の設定を受け、当該抵当権の実行として競売の開始決定（二重開始決定を含む。）がされていた場合を除き、引渡命令を発することができないと解するのが相当である。」と判示し、さらに次のとおりその理由を述べて、Xの抗告を棄却した。「最先順位の抵当権を有する者に対抗することができる賃借権により不動産を占有する者であっても、当該不動産が自らの債務の担保に供され、その債務の不履行により当該抵当不動産の売却代金からこの債務の弁済がされるべき事情がある場合には、その賃借権を主張することは、当該抵当不動産の売却を困難とさせ又は売却価額の低下を生じさせて、当該抵当権者及び担保を提供した所有者の利益を害することとなるから、信義則に反し許されないというべきであり、かかる占有者は、当該不動産の競売による買受人に対してその賃借権をもって対抗することができないと解するのが相当である。当該抵当権の実行として競売の開始決定がされているときは、その債務不履行の事実は民事執行法83条1項ただし書にいう「事件の記録上」明らかであるから、執行手続上もその賃借権を主張することが許されない場合に該当す

るといえる。しかし、当該抵当権の実行としての競売開始決定がされていない場合には、執行事件の記録上は、その債務不履行の事実が明らかということはできず、当該占有は買受人に対抗することができる賃借権によるものというべきである。」（本件では、執行事件の記録上、最先順位の抵当権に優先する賃借権により本件建物を占有しており、自己の債務を担保するための抵当権の実行としての競売開始決定がされていないので、引渡命令を発することができる場合に該当するとはいえない。）。

Key point　抵当権と賃借権の対抗関係（優劣）は、その対抗要件具備の先後で定まるのが原則である。すなわち、最先順位の抵当権設定登記よりも先に賃借権設定登記（民法605条）又は建物の引渡し（借地借家法31条1項）を受けた賃借人は、その賃借権を競売による買受人に対抗することができ、この場合、買受人は賃貸人たる地位を承継する。逆に、賃借権の対抗要件具備が最先順位の抵当権設定登記に後れる場合には、（賃借権の対抗要件具備に後れて抵当権設定登記を経由した後順位抵当権者の抵当権実行としての競売による場合も）賃借権を買受人に対抗することができない。したがって、買受人は賃借人に対して建物の明渡しを請求することができるが、一定要件の下で、買受人の買受け時（代金納付時）より6か月間は引渡し（明渡し）を猶予される（民法395条）。

　以上の原則の大きな例外となるのが、最先順位の抵当権設定登記より先に対抗要件を具備した賃借人でありながら抵当債務者であり（この場合、所有者である抵当権設定者は、抵当権者に対する物上保証人である）、かつ、その抵当債務につき債務不履行に陥っている者である。実行抵当権の債務者ではない場合には、本件許可抗告審の判例により、引渡命令の発令は一般に困難であるが、その場合でも、買受人による建物明渡請求訴訟において被告である賃借人（抵当債務者）の債務不履行が認定されるときは、その請求を認容するのが、一般の裁判実務である（東京高判平13.11.22金判1140号53頁参照）。

〔解説・評釈策〕瀬戸口壮夫・判解2事件、古積健三郎・民商130巻6号177頁、内山衞次・別冊法時24号138頁、生熊長幸・判評512号16頁、荒木新五・判タ1068号79頁、廣田民生・判タ臨増1096号200頁

85 引渡猶予期間中の対価

民法395条2項による引渡猶予期間中の対価が認定された事例

一　審…東京地決平成22年6月14日判タ1348号234頁
抗告審…東京高決平成22年9月3日判タ1348号232頁

事案　本件建物（区分所有建物）につき、平成19年、抵当権が設定され、その登記が経由された。その後、平成21年7月、Yが本件建物を賃料月額5万5000円、管理費月額7万円で賃借して占有を始めた。上記抵当権の実行による競売手続において、平成22年4月27日、Xがこれを買い受けた。Xは、本件建物の対価として、Yに対して月額16万3000円の支払を求めた。Yは、従前の賃料及び管理費の合計額12万5000円を提供したがXが受領を拒否したのでこれを供託した。Xは、16万3000円と上記供託額の差額3万8000円の支払を催告したがYが応じなかったので、同年6月4日、Yに対して引渡命令の申立てをした。

判旨　1　第一審は、Xの主張する月額16万3000円の対価が相当として認められないので、民法395条2項の要件が充たされたものとはいえず、Xの買受け時から6か月を経過していないとして、Xの申立てを棄却した。

　2　抗告審は、民法395条第2項にいう対価について、つぎのとおり判示し、第一審同様、Xの主張する月額16万3000円が相当とは認められないとして、その抗告を棄却した。「抵当権者に対抗することのできない賃貸借により抵当権の目的である建物の使用又は収益をする者であって、競売手続の開始前から使用又は収益をする者（民法395条1項1号。以下「使用収益者」という。）は、賃借権に基づいて使用収益するのではなく、単に直ちに買受人に引渡しをしなければならないとすると酷であるということから、6か月の間引渡しが猶予されているにすぎない。このことからすると、使用の対価の性質は、使用収益者自身による当該建物の使用収益を経済的に評価して、買受人に返還すべき不当利得に類似するものであり、占有者の従前からの使用収益を前提とした、継続賃料の額をも考慮して、適正な使用の対価の額を算定するのが相当である。」。

Key point　民法395条2項にいう「対価」は、「賃料」でないことはもちろん、建物使用者である元賃借人が従前支払っていた賃料額と同一であるとはいえないが、従前の賃料額が明らかに不相当と認められるような特段の事情がないかぎり、実務的には、従前賃料額をもって、対価の額として扱う場合が多いと思われる。同種事案に関するものとして、長く月額賃料25万円で賃貸をしていた建物使用者が買受けの直前に、賃貸人との合意により月額10万円に減額されたと主張して、買受人の差額支払の催告に応じなかった場合に、買受人の建物使用者に対する引渡命令を認めた原審決定を肯認して、建物使用者の抗告を棄却した東京高決平22.11.9判タ1346号237頁がある。

86 賃貸建物譲受人と賃借人の看板等設置

賃貸建物の譲受人の賃借人に対する看板等撤去請求が権利の濫用に当たるとされた事例

- 一　審…東京地判平成24年1月19日
- 控訴審…東京高判平成24年6月28日
- 上告審…最判平成25年4月9日判時2187号26頁

事案

　Aは、昭和34年から本件建物を所有していたが、平成22年1月、これをBに売却し、同年4月、BはこれをXに転売した。Yは昭和39年ころから本件建物の地下1階部分（本件建物部分）で本件店舗（そば屋）を営んでおり、遅くとも平成8年9月までには本件建物部分の賃借権を得た。Yは、本件店舗の営業開始以降、Aの承諾を得て、本件建物の1階部分の外壁、床面、壁面等に、本件看板等（看板、装飾及びショーケース）を設置した。
　Xは、所有権に基づき、Yに対し本件建物の明渡し、本件看板等の撤去等を訴求した。

判旨

　1　第一審はXの請求を棄却した（詳細不明）。
　2　控訴審は、本件建物部分の賃借権には本件看板等の設置権原は含まれていないとし、また、Xの同撤去請求が権利の濫用に当たるような事情は見受けられないとして同請求を認容した。
　3　上告審は、概略、下記4点を説示して、XのYに対する本件看板等の撤去請求は権利の濫用に当たるとして、控訴審判決の当該部分を破棄して、当該部分についてのXの控訴を棄却した。理由の要点は、①本件建物部分と本件看板等は社会通念上一体のものとして利用されてきた、②Yが本件看板等を撤去せざるを得ないこととなるとYの営業継続が著しく困難となるので、Yには本件看板等を利用する強い必要性がある、③本件看板等の設置が本件建物所有者の承諾を得たものであることをXは十分知り得た。④本件看板等が存在することによりXの本件建物所有に具体的な支障が生じていることはうかがわれない、というものである。

Key point

　本件看板等は、本件建物部分ではなく、その設置部分について、当然に賃借権の対抗力が及んでいるとは考え難い（本件上告審判決の法廷意見もそのことを前提としていると解される。もっとも、田原睦夫裁判官は、その補足意見の中で「借家人が同条《筆者注：借地借家法31条》により第三取得者に対して借家権を対抗することができる場合には、上記の看板等に表示する権利も当然に対抗することができるものというべきであって、……」と述べている。なお、借地権者が2筆の土地のうちの1筆にのみ登記した建物を有する場合に、土地の買主による他の1筆の明渡請求が権利の濫用に当たるとした最判平9.7.1民集51巻6号2251頁（前掲〔➡20〕のkey point参照）がある。
　看板等設置許容は、むしろ、賃貸人の地位を承継する建物譲受人が受け容れるべき、（賃料の支払方法等と同様の）契約内容の一部と解すべきではないか、とも思われる〔➡80〕参照）。

〔解説・評釈等〕松尾弘・民商148巻4・5号96頁、笠井修・別冊法時49号6頁、高橋眞・ジュリ臨増1466号69頁、田中壮大・NBL1011号78頁

2章　借家に関する判例　219

2-3

普通建物賃貸借と定期建物賃貸借等

傾向と実務

第1　普通建物賃貸借の更新・解約申入れと正当事由

1　期間の定めの有無

普通建物賃貸借（後述する定期建物賃貸借等にも一時使用目的の建物賃貸借にも該当しない建物賃貸借）には、当事者間でその期間を定めている場合と定めていない場合がある。普通建物賃貸借において、1年未満の期間を定めた場合は、その定めは無効なものとして、期間の定めがないものとみなされる（旧借家3条ノ2、借地借家29条1項）。

民法604条は、賃貸借の存続期間について「20年を超えることができない」としているが、同条は建物賃貸借には適用されない（借地借家29条2項。同項は平成11年に追加されたものであるが、同改正法施行前にされた、期間を30年とする建物賃貸借の期間が民法604条1項後段により20年に短縮されるとした東京地判平26.9.17金判1455号48頁がある。）。

なお、期間の定めのある普通建物賃貸借が法定更新したときは、（当事者間で、あらためて期間を定めない限り）更新後は期間の定めがないものとなる（借地借家26条1項ただし書）。

2　期間の定めのある普通建物賃貸借と更新の有無

期間の定めのある普通建物賃貸借は、その期間満了時において、原則として更新する。すなわち、普通建物賃貸借において、当事者が期間満了の1年前から6か月前までに相手方に対して更新をしない旨の通知又は条件を変更しなければ更新をしない旨の通知をしなかったときは、更新する（旧借家2条1項、借地借家26条1項本文）。そして、賃貸人がこの通知をするには、後述する正当事由が必要である（旧借家1条ノ2、借地借家28条）。

普通建物賃貸借において賃貸人が正当事由をもって上記更新をしない旨の通知をしたときであっても、期間満了後賃借人が建物の使用を継続する場合に賃貸人が遅滞なく異議を述べなかったときも、同様に更新する（旧借家2条2項、借地借家26条2項）。

なお、期間の定めのある建物賃貸借が更新した場合、賃借人の保証人は、特

段の事情のない限り、更新後の賃借人の債務についても保証責任を負うというのが判例〔⇒95〕である。

3 期間の定めのない普通建物賃貸借と解約申入れ

期間の定めのない普通建物賃貸借の場合には、賃貸人が賃貸借の解約申入れをするとその申入れ日から6か月後に賃貸借が終了する（旧借家3条1項、借地借家27条1項）。そして、賃貸人がこの申入れをするには、後述する正当事由が必要である（旧借家1条ノ2、借地借家28条）。

賃貸人が正当事由をもって解約申入れをした場合であっても、申入れ日から6か月経過した後も賃借人が建物を継続して使用する場合に賃貸人が遅滞なく異議を述べなかったときは、賃貸借は終了しない（旧借家3条2項、借地借家27条2項）。

期間の定めのない建物賃貸借において、賃借人はいつでも解約申入れをすることができるが、この場合には申入日から3か月を経過した時に賃貸借が終了する（民法617条1項2号）。この場合には正当事由を要しない。

4 正当事由

(1) 正当事由が必要な場合

前述のとおり、期間の定めのある普通建物賃貸借において期間満了の1年前から6か月前までに賃貸人から更新拒絶の意思表示をする場合又は期間の定めのない普通建物賃貸借において賃貸人が解約申入れをする場合には正当事由が必要である（ちなみに、期間満了後又は解約申入れによる賃貸借終了後の賃借人の建物継続使用に対する賃貸人の異議には、理論上は、正当事由を要しない。）。

なお、期間の定めがある普通建物賃貸借において賃貸人による中途解約申入れができる特約がある場合については、賃貸借終了時まで6か月以上の期間があり、かつ、正当事由がある場合にはその効力が認められるとする説が有力である〔⇒88〕。

(2) 正当事由を備えるべき時期

期間の定めがある場合においては、まず、更新拒絶の意思表示をした時に正当事由があることが必要であるが、その時には正当事由はなかったものの期間満了の前6か月以上正当事由が継続して存在した場合には更新拒絶が認められる（すなわち、更新しない）と解する。逆に、更新拒絶の意思表示をした時に

は正当事由があったとしても期間満了時には正当事由がなかったという場合には更新拒絶は認められない（更新する）と解する。

期間の定めのない場合における解約申入れの時からその6か月後まで正当事由が継続して存在する場合には解約の効果が生じることは問題がない。解約申入れの時には正当事由がなかったものの、その後、正当事由を備え、それが6か月継続した場合には、やはり解約の効果が生じる（〔⇨87〕参照）。

(3) 正当事由の内容

旧借家法1条ノ2は、正当事由について「自ラ使用スルコトヲ必要トスル場合其ノ他正当ノ事由アル場合」と規定していたが、賃貸人、賃借人双方の事情を考慮して判断すべきものとされていた〔⇨89〕。そして、借地借家法28条は、実質的には、従来の判例を集大成して、これをより具体化、明確化した。

すなわち、①建物の賃貸人及び賃借人（転借人を含む。）が建物の使用を必要とする事情（原賃借人・転貸人及び転借人の建物使用の必要性を重視して原賃貸人の更新拒絶についての正当事由を否定したものとして、東京地判平24.1.20判時2153号49頁参照）、②建物の賃貸借に関する従前の経過、建物の利用状況及び建物の現況、③建物の賃貸人が建物の明渡しの条件として又は建物の明渡しと引換えに建物の賃借人に対して財産上の給付をする旨の申出をした場合におけるその申出――を考慮して正当事由の有無が判断されることとされている。上記③は、（金銭による場合は）いわゆる立退料と称されるものであり、旧借家法下でもこれが正当事由を補完するものであることが認められていたが（〔⇨92〕ほか）、立退料さえ出せば正当事由が認められるというものではない。なお、裁判所は、賃貸人から立退料の申出がある場合には、その申出額を上回る立退料の支払と引換えとする建物明渡しを命じることができるとされている（〔⇨93〕参照）。

5 更新料

建物賃貸借の更新をするに、「更新料」を授受することがあるが、これについては、3章3-3に譲る。

第2 定期建物賃貸借等

1 定期建物賃貸借

期間の定めのある建物賃貸借をする場合には、公正証書等の書面で契約をす

るときは、更新がない旨を定めることができる（借地借家38条1項前段）。この場合には、1年未満の期間を定めることも許される（同項後段）。この規定に基づく賃貸借を「定期建物賃貸借」という（定期建物賃貸借に基づく賃借権は「定期借家権」と呼ばれる。）。定期建物賃貸借をしようとするときは、賃貸人は賃借人に対し、あらかじめ、賃貸借の更新がなく期間満了により賃貸借が終了することを、書面を交付して説明しなければならず（同条2項）、書面交付によるこの説明をしなかったとき、更新しない旨の定めは無効となる（同条3項。したがって、その場合は、原則として更新する普通建物賃貸借となる。〔⇨**96**、**97**〕）。そして、その期間の定めが1年以上である場合には、賃貸人が期間満了の1年前から6か月前までに賃借人に対し期間満了により賃貸借が終了する旨を通知しなければ、その終了を賃借人に対抗することができない（同条4項本文。〔⇨**98**〕参照）。

　2　取壊し予定の建物の賃貸借

　法令又は契約により一定の期間を経過した後に建物を取り壊すべきことが明らかな場合には、その建物を取り壊すこととなる時に賃貸借が終了する旨を定めることができ、この場合も1年未満の期間を定めることが許される（借地借家39条1項）。上記の特約は、その建物を取り壊すべき事由を記載した書面でしなければならない（同条2項）。

　これに関する判例は、今のところ、公刊誌上見当たらない。

87 正当事由を備えるべき時期

解約申入れ時に正当事由が存在しなくても、その後正当事由が具備されるに至った場合にはその時から6か月の経過により賃貸借が終了するとされた事例

一　審…山形地酒田支判昭和38年8月24日民集20巻9号1719頁
控訴審…仙台高秋田支判昭和40年10月6日民集20巻9号1729頁
上告審…最判昭和41年11月10日民集20巻9号1712頁

事案　Xは、表通りに面する本件建物とその裏側の建物を所有し、本件建物をAに、裏側建物をBに賃貸し（訴訟提起時の本件建物の賃料は月額2500円。）、自らは酒田市内のU寺の所有建物を月額7000円の家賃で賃借し、下駄を中心とする履物商を営んでいたが、営業不振のうえ家賃も高額であり、U寺の住職の妹が東京から帰郷して使用する必要があることを理由に、昭和32年初めころ、U寺から立退きを迫られたので、昭和33年6月4日Aに到達した書面をもって解約申入れをした。その後、Bが前記裏側建物を任意明け渡したのを機会に、履物商の廃業を決意し、昭和38年11月末ころ賃借建物をU寺に返還し、同裏側建物に転居した。その後Xは人夫等として稼働し月額1万数千円の賃金を得てようやく生活を保っている。同裏側建物は階下6畳1室、2階6畳1室あるのみで、階下には家具類を置き、老母の居室にあてて余裕なく、2階1室にXが妻と高校3年生の長男と共に雑居し、手狭である。Xは、収入も少ないので、本件建物の明渡しを受けたうえ、食堂経営又は他の適当な営業を始めたいと念願している。Aは、C社工場に勤務し、月収2万5000円くらいを得ていたが昭和38年6月2日死亡し、Y_1～Y_5がその地位を相続した。Y_1は、本件建物を利用して自転車預り業を営み月収1万円くらいを得ている。Aは、生前、酒田市内の土地40坪余を買い受けていた。A死亡によりYらはC社から死亡退職金205万円余の支給を受けているので、これらの資金をもって上記買受地上に相当の家屋を新築するのはさまで困難ではない状態にある。

　XはAに対し（主位的には、期限付合意解除による明渡し請求をしているが、第一審、控訴審によって排斥されているので省略する。）解約申入れにより昭和33年12月3日に本件賃貸借が終了したとして本件建物の明渡しを訴求した（Aは、第一審の口頭弁論終結後死亡したものと思われる。）。

判旨　1　第一審は、Xの解約申入れ時、旧借家法1条ノ2にいう正当事由が認められないとして、Xの請求を棄却した。

　2　控訴審は、解約申入れ時には正当事由を具備していなかったとしたが、遅くとも昭和38年12月末ころには正当事由を具備したものとし、それより6か月を経過した昭和39年6月末に本件賃貸借は終了したと判示して、第一審判決を変更してXのYらに対する請求を認容した。

　3　上告審は、つぎのとおり判示して、原審の判断を是認し、Yらの上告を棄却した。「建物の賃貸借契約の解約申入れに基づく該建物の明渡請求訴訟において、右解

約申入れをした当時には正当事由が存在しなくても、賃貸人において右訴訟を継続維持している間に事情が変更して正当事由が具備した場合には、解約申入れの意思表示が黙示的・継続的になされているものと解することができるから、右訴訟係属中正当事由が具備するに至った時から6か月の期間の経過により該賃貸借契約は終了するものと解するのが相当であり、このような場合に、所論のように、正当事由が存在するに至った後に、口頭弁論期日において弁論をなしまたは期日外において特に別個の解約申入の意思表示をなすこと等を、必ずしも必要とするものではない。」

　解約申入れによって賃貸借が終了したことを主張して所有権に基づく建物明渡訴訟を提起したときは解約申入れが効力を生じていないならば改めて解約申入れをする旨の意思表示を暗黙に包含するものと解すべきであると判示した最判昭28.10.23民集7巻10号1114頁があった。そして、解約申入れ時に正当事由が存しなかったとしても、口頭弁論終結時までの6か月間に正当事由が存在していれば、賃貸人の建物明渡請求を認容すべき旨を判示した最判昭29.3.9民集8巻3号657頁があった（同旨を述べたものに最判昭42.10.24判時501号66頁がある。）。本件上告審判決も、解約申入れの意思表示が明渡訴訟中、黙示的、継続的になされていると解したうえで、正当事由具備の時から6か月後に賃貸借が終了することを明示的に判示したものである。

　ちなみに、旧借家法1条ノ2の正当事由があって、これによる解約申入れが有効になされたことを理由とする建物明渡判決が確定した後に当該事由が消滅したとしても、従前の賃貸借が当然に復活したり賃貸人の明渡請求権が当然に消滅するものではないと判示した最判昭33.1.23民集12巻1号96頁がある（もっとも、事情によっては、確定判決による強制執行が権利の濫用に当たるものとして許されない場合もあるだろう。）。

〔解説・評釈等〕高津環・判解90事件、戒能通厚・法協84巻10号1410頁、水本浩・民商56巻5号93頁、古山宏・判評103号12頁

88 期間内中途解約特約の効力

期間の定めのある建物賃貸借契約における、特約による期間中の解約権行使が有効とされた事例

東京地判昭和36年5月10日下民12巻5号1065頁

事案

Xは、昭和29年11月1日、その所有する本件建物を期間を5年としてYに賃貸したが、「Xにおいて解約権を留保し、期間内でも解約申入れができる」旨の特約があった。Xは、昭和36年3月16日にYに到達した書面により解約申入れ及び更新拒絶の意思表示をした。Xは、Xが重役として勤務するA（株式会社）所有の自動車の車庫として使用したいと考えている。Xの現在の居宅は狭くてたまらないというほどではなく、Xも本件建物を居室として使用する意思はない。Yは、本件建物をXの承諾を得て軽飲食店風に改装して軽飲食店を開業している。Yには夫や子供がいないため、親族の世話になるというわけにもいかず、女ひとりで生活の道をたてていかねばならない状況にある。

XはYに対し、前記解約申入れの6か月後である昭和34年9月16日に本件建物賃貸借が終了した、そうでないとしても、更新拒絶により同年10月31日に本件建物賃貸借が終了したとして、本件建物の明渡しを訴求した。

判旨

まず、前記期間内特約について、つぎのとおり判示して、これを有効とした。「この点に関しては諸説あるが、期間を定めた条項を解約権留保の条項より重く見て、期間を絶対に動かしえないものと解さねばならぬ根拠に乏しい。これと逆に解約権留保条項を重く見れば、期間の定めは無意義乃至意義の薄い規定となるだけで、借家法第6条の問題を生じない。右二つの条項は相容れない面が大きいけれども、全面的に矛盾するものでなく、両立しうる余地のある条項である。してみると契約条項はできる限り有効に解釈すべきであるから、両者を一様に有効視することは許されて然るべきである。」。そして、Xの更新拒絶については正当事由がないとし、「従って又これと同時になされた解約申入れにも正当の事由を欠くことは同様というべく……」と述べてXの請求を棄却した。

Key point

期間の定めのある建物賃貸借契約において、期間内に賃貸人から中途解約の申入れができる旨の特約（解約権留保特約）を無効とする見解（東京地判昭27.2.13下民3巻2号191頁）もあるが、多数説は有効説を採っている。もっとも、解約申入れ後ただちに明け渡す旨の特約は無効である（東京地判昭55.2.12判時965号85頁）。本判決は、解約権留保特約も有効であるが、正当事由がなければその効力を生じないことを前提としたものである。また、正当事由があっても、解約申入れ後直ちに明け渡す義務が生じるのではなく、その時より6か月後（特約でそれを超える期間を定めたときは、その定めに係る期間経過時）に解約の効果が生ずると解すべきである。

89 解約申入れと正当事由の内容

「正当事由」は賃貸借当事者双方の事情を考慮し妥当と認むべき理由をいうとされた事例

一　審…東京地判（判決年月日不明）民集8巻1号218頁（主文及び事実）
控訴審…東京高判昭和27年4月28日民集8巻1号223頁
上告審…最判昭和29年1月22日民集8巻1号207頁

事案　Xは、所有する本件家屋を、期間を定めずYに賃貸していたが、その後、本件家屋階下の3畳間（女中部屋）と7畳間（応接室）を使用し始めた。Xの家族は妻、長男、二男、三女、四女であるが上記2室では全員の起居ができないので、三女と四女はXが局長をしている江戸川区の郵便局舎の宿直室（6畳）に仮寓している。Yは、本件家屋の玄関約2坪に履物箱等の家具を置き、中央約6坪の板の間は食堂兼家具置場に、その隣約2坪半のサンルームは来客の応接場に、6畳及び4畳敷の2室は寝室兼茶の間にあて、階上は約7坪のアトリエのほか6畳座敷の間は額縁その他の家具置場にあて、その占有家屋全部の使用を余儀なくされている。また他へ移転することも困難である。XはYに対して昭和23年11月12日到達の書面をもって上記賃貸借解約申入れをし、本件家屋のうちY占有部分の明渡しを訴求した。

判旨　1　第一審は、Xの請求を棄却した（詳細不明）。
2　控訴審は、「Xにおいて本件家屋全部を自ら使用する必要あるものと一応認定せざるを得ない。」としながらも、Yの前記使用状況を認定したうえで、正当の事由あるものとは判定し難いとしてXの控訴を棄却した。
3　Xは、上告理由において、原判決が「Xが自ら使用する必要がある」ことを認定しながら正当事由を否定したのは旧借家法1条ノ2の解釈を誤ったものであるなどと主張したが、上告審は次のとおり判示してこれを排斥し、Xの上告を棄却した。「借家法1条ノ2にいわゆる「正当の事由」とは、賃貸借当事者双方の利害関係その他諸般の事情を考慮し、社会通念に照し妥当と認むべき理由をいうのであって所論のように賃貸人が自ら使用することを必要とするとの一事を以て、直ちに右「正当の事由」に該当するものと解することのできないことは既に当裁判所判例の示すところである。」。

Key point　旧借家法1条ノ2にいう「正当事由」の有無を判断するには、賃貸人、賃借人双方の事情を考慮すべきことは、すでに最判昭25.2.14民集4巻2号29頁、最判昭25.6.16民集4巻6号227頁、最判昭26.9.14民集5巻10号565頁が示していた。借地借家法28条は「賃貸人及び賃借人（転借人を含む。）が建物の使用を必要とする事情のほか、……」として、双方の事情を考慮すべき旨の明示的規定を置いている。
〔解説・評釈等〕北村良一・判解9事件、鈴木真次・法協111巻5号148頁、乾昭三・民商30巻6号572頁

90 正当事由の有無①

土地の有効利用を理由とする更新拒絶につき正当事由が認められた事例

東京地判平成2年3月8日判時1372号110頁

事案　X（株式会社）は、昭和45年9月1日、本件建物を、物品の保管用とし、期間を1年としてY（株式会社）に賃貸し、その後1年毎に更新してきた。Xは、昭和60年2月20日、Yに対し、契約の更新を拒絶する旨の意思表示をした。つぎの事情がある。①本件賃貸借の期間は1年と定められていたが、前記更新拒絶通知まですでに約5年半が経過している。②本件倉庫は昭和29年に建築された木造建物で、すでに相当老朽化していて、高価品や医薬品、精密機器等の付加価値の高い物品を保管するには適しない状況にある。③本件土地周辺は、本件賃貸借契約締結後、急速に土地の高度利用が進み、高層建築物が増加し、また、地価も著しく高騰している。④本件土地の利用効率は周辺の土地の利用状況と比べて著しく低い。⑤Xは、本件土地上に存する建物を取り壊し、その跡に地上7階、地下1階のオフィスビルを建築し、事務所としてこれを賃貸する計画を有している（その他の事情は省略する。）。XはYに対し、昭和60年8月末日に本件賃貸借が終了したと主張して本件建物の明渡しを訴求した。

判旨　つぎのとおり判示して、Xの更新拒絶には正当事由があるとし、その請求を認容した。「以上に認定した事実を総合すれば、Xにおいては、本件土地の周辺の客観的な状況の変化等に応じ、本件倉庫その他本件土地の上に存する建物を取り壊し、その跡に近代的な建築物を建築し、もって本件土地を有効に活用する必要があると認められ、したがって、XのYに対する本件倉庫の賃貸借契約の更新拒絶については正当の事由があると認めるのが相当である。」。

Key point　正当事由の有無に関する裁判例は無数にあるが、老朽化した建物の建替えによる土地の有効利用の必要性を理由に、立退料の提供なしに正当事由を認めた近年のものとしては、他に浦和地判平11.12.15判時1721号108頁（住宅・都市整備公団による建替事業に関するもの。）がある。

〔解説・評釈等〕関武士・判評409号2頁

91 正当事由の有無②
耐震性に問題のある建物についての解約申入れに正当事由が認められた事例

東京地判平成25年1月25日判時2184号57頁

事案　Aは、昭和58年、Y等に対し、その所有する本件建物の1階の一部である本件建物部分を賃貸して引き渡し（本件賃貸借）、Yは同所で歯科診療所を営んでいる（別途、Aは、その所有する本件土地を駐車場としてYに賃貸していたが、これに関する詳細は省略する）。その後本件土地及び本件建物は、AからBへ、BからXへ売却され、Xが賃貸人の地位を承継し、平成22年5月27日、Yに対して本件賃貸借の解約申入れをし、これによって本件賃貸借が同年11月27日に終了したとして、Yに対して本件建物部分（及び本件土地）の明渡等を訴求した。その後、Xは、本件土地及び本件建物をZに売却し、Zが本訴訟に承継参加し、Xは脱退した。Zは、（Z自身も解約申入れをしている）本件建物が昭和56年及び平成18年の建築基準法改正により強化された耐震基準よりも前の耐震基準で建築されており、地震により倒壊する危険性があること、建物を分譲マンションに建て替えて有効利用を図ることなどを解約申入れの正当事由として主張し、さらに予備的に「Zから6000万円又は裁判所が相当と認める金額の支払を受けるのと引換えに」本件土地及び本件建物部分の明渡しを訴求した。

判旨　つぎのとおり判示して、その解約申入れに一応正当事由があることを認めたうえで、立退料6000万円で正当事由を補完することができるとして、Zの予備的請求（6000万円の支払と引換えにする本件土地及び本件建物部分の明渡請求）を認容した。「本件建物を設計施工した建設会社が本件建物の耐震診断を行ったところ、本件建物については、「地震の震動及び衝撃に対して倒壊し、又は崩壊する危険性がある」との結論であったから、Zが、このような耐震性に問題のある本件建物を取り壊し、新たに本件土地の上に建物を建築しようとするのは不合理な行動とはいえない。そして、Zは、訴訟承継する時点において本件土地上において本件建物を取り壊した上で分譲用マンションを建築するという具体的計画（本件開発計画）を有しており、この計画は、本件土地の立地条件、周辺環境、用途規制等に照らして合理的であるといえるから、Zとしては、耐震性に問題のある本件建物を取り壊し、本件開発計画を実現するために、本件建物部分の明渡しを求める必要性があるというべきである。」。

東日本大震災の後、建物の耐震性が強く意識されるようになったが、近時、建物賃貸借の更新拒絶又は解約申入れに必要な正当事由の重要な要素として、建物の耐震性に問題があることを掲げる事例が多くなっているように思われる。近時、耐震性の欠如、建替えの必要性等を理由に正当事由を認めたものとして、東京地判平20.4.23判タ1284号229頁、東京地立川支判平25.3.28判時2201号80頁などがあり、正当事由を否定したものとして東京地判平25.2.25判時2201号73頁などがある。

92 立退料による正当事由の補完①
立退料支払と明渡しとの引換給付判決が適法とされた事例

一　審…新潟地裁三条支判（判決年月日不明）民集17巻2号294頁（主文及び事実）
控訴審…東京高判昭和37年5月17日民集17巻2号298頁
上告審…最判昭和38年3月1日民集17巻2号290頁

事案　Yは、昭和2年本件建物をAから期間の定めなく賃借し同所で理髪業を営んでいる。Xは、昭和22年3月ころ本件建物をAから買い受けて賃貸人の地位を承継した。Xは、昭和33年8月13日Yに対し本件建物賃貸借の解約申入れをした。Xが代表取締役であるB（株式会社）は、もとXの個人営業であったものを会社組織に改めたものであるが、BもXも債権者らから支払の督促を受けているので、本件建物が競売される前にこれを値段高く売却する必要があるが、Yが賃借したままでは相当の値下りを来たすことになる。一方、Yには特段の資産はなく、本件建物等を買い受ける余裕はなく、また、その営業の性質上本件建物を明け渡して他に移転することは相当に困難な状況にある。

XはYに対し、本件建物の明渡しを訴求した。また、控訴審に至って、移転料40万円を支払うことを補強条件として更に新たな解約申入れをした。

判旨　1　第一審は、Xの請求を棄却した（詳細不明）。

2　控訴審は、Xの昭和33年8月13日の解約申入れについては正当事由がないとした。しかし、昭和37年4月14日の移転料40万円を支払うことを補強条件とする解約申入れには正当事由があり、その6か月後である同年10月14日の経過により本件賃貸借が終了する旨を判示し、第一審判決を変更して、「Yは、昭和37年10月14日を経過したときは、Xの提供する金40万円と引換えに本件建物をXに明渡せ」とする判決を言い渡した。

3　上告審は、つぎのとおり判示して原審の判断を是認し、Yの上告を棄却した。「原判決が、その認定した当事者双方の事情に、XがYに金40万円の移転料を支払うという補強条件を加えることにより、判示解約の申入が正当の事由を具備したと判断したことは相当であって、借家法1条の2の解釈を誤った違法や理由不備の違法は認められない。」。

Key point　立退料により正当事由が補完される場合に立退料支払と引換えに明渡しを命ずる引換給付判決は、実務上定着している（なお、代わり家屋の賃貸等を条件として明渡しを命じた最判昭32.3.28民集11巻3号551頁参照）。

〔解説・評釈等〕瀬戸正二・判解25事件、後藤清・民商49巻5号710頁、本城武雄・法時39巻2号95頁

93 立退料による正当事由の補完②

解約申入れを理由とする建物明渡請求訴訟において当事者の明示の申出額を超える額の立退料支払との引換えによる明渡判決をすることができるとされた事例

一　審…京都地判昭和40年1月21日民集25巻8号1352頁
控訴審…大阪高判昭和41年5月31日民集25巻8号1359頁
上告審…最判昭和46年11月25日民集25巻8号1343頁

事案

Xは、昭和28年8月1日、本件店舗をYに賃貸していたが、改めて昭和32年12月31日、期限を2年とする賃貸借契約を締結した。その期間満了前に適法な更新拒絶の意思表示はなかったが、Xは昭和34年10月31日Yに到達した書面で本件賃貸借の解約告知をした。XはYに対し、更新拒絶を理由として、昭和38年、Yに対して本件店舗の明渡しを訴求したが、昭和39年6月15日Yに到達した準備書面で請求原因を解約告知を理由とする明渡請求に変更した。さらに、同書面において、立退料として300万円を提供するので、その支払と引換えに本件店舗を明け渡すべき旨を主張した。Xは、本件店舗の敷地に高層ビルを建てて、Xを含む企業グループの事務所を収容する計画である。Yは、本件店舗で果実小売商を営んでいる。Yの店舗は他にも存するが、本件店舗のような格好の場所を他に見い出すことは困難である（その他の事情は省略する。）。

判旨

1　第一審は、まず、Xの昭和34年10月31日Y到達の書面による告知（解約申入れ）は、期間満了前にされたものであるから正当事由の有無を問わず効果を生じないと判示した。しかし、昭和39年6月15日Y到達の準備書面は黙示的に解約告知をしているものとした。そして、無条件の解約告知については正当事由が認められないとして、Xの「第1次請求」を棄却し、300万円の提供による解約告知には正当事由があるとしてYに対し「300万円受領と引換えに本件店舗を明け渡せ」とする判決を言い渡した。

2　控訴審判決は、まず、「無条件の家屋明渡請求と立退料の提供を条件とする家屋明渡請求とは1個の請求であって、第1次請求と予備的請求との関係に立つものではない」として、原判決の「第1次請求を棄却する。」との主文表示を不適切と指摘したが、Xが特にこれについて不服申立てをしていないところから、これについての判断をしないとしている。

立退料に関して、「特に反対の意思がうかがわれない限り、解約申入をする者はその主張する金額に必ずしもこだわることなく、一定の範囲内で裁判所にその決定を任せていると考えるべきであって、Xの解約申入も右と同趣旨であると解せられる。当裁判所は、隣地である日本交通公社跡の売買価格等諸般の事情を考慮して右補強条件を満たすに足りる立退料は500万円をもって相当と考える。」と判示して、第一審判決

を変更して「YはXから500万円の支払を受けるのと引換えに、Xに対し本件店舗を明渡せ」とする判決を言い渡した。

3　上告審は、つぎのとおり判示して原判決を是認し、Yの上告を棄却した。「原審の確定した諸般の事情のもとにおいては、XがYに対して立退料として300万円もしくはこれと格段に相違のない一定の範囲内で裁判所の決定する金員を支払う旨の意思を表明し、かつその支払と引き換えに本件係争店舗の明渡を求めていることをもって、Xの右解約申入につき正当事由を具備したとする原審の判断は相当である。所論は右金額が過少であるというが、右金員の提供は、それのみで正当事由の根拠となるものではなく、他の諸般の事情と総合考慮され、相互に補完しあって正当事由の判断の基礎となるものであるから、解約の申入が金員の提供を伴うことによりはじめて正当事由を有することになるものと判断される場合であっても、右金員が、明渡によって借家人の被るべき損失のすべてを補償するに足りるものでなければならない理由はないし、また、それがいかにして損失を補償しうるかを具体的に説示しなければならないものでもない。」。

　賃貸人（原告）の提示する立退料の金額を超える金額の支払と引換えにする明渡請求の認容判決は、一種の、請求の一部認容に当たるものと考えられる。しかし、賃貸人の提示をはるかに超える金額の支払との引換給付判決は、原告の請求を逸脱するものとして許されないだろう。

　実際には、裁判所が明渡請求の原告に対し、立退料支払とその限度についての意向を聴いたうえでこれを判決に反映させている場合が多いと思われる。

　なお、立退料の申出（提供）により正当事由を認めた近年の裁判例としては、東京地判平3．5．30判時1395号81頁、東京地判平9．9.29判タ984号269頁、東京地判平9．10.29判タ984号265頁、東京地判平9．11.7判タ981号278頁、東京高判平10．9．30判時1677号71頁、東京地判平11．1．22金法1594号102頁、東京高判平12．3．23判タ1037号226頁などがある。立退料の提供があっても正当事由を補完しえないとしたものに、福岡地判平元.6.7判タ714号193頁、東京地判平元.6．19判タ713号192頁、後掲〔○102〕、東京地判平4．3.26判時1449号112頁、東京地判平4．9.25判タ825号258頁、東京高判平5．12.27金法1397号44頁、東京地判平9．2．24判タ968号261頁などがある。

〔解説・評釈等〕千種秀夫・判解56事件、水本浩・民商67巻2号280頁、篠塚昭次・判評158号24頁、山本和敏・判タ278号57頁、三宅正男・ジュリ臨増509号46頁

94 立退料による正当事由の補完③

賃貸人が解約申入れの後に提供又は増額を申し出た立退料等の金員を参酌して当該解約申入れの正当事由を判断することができるとされた事例

一　審…大阪地判平成元年1月18日民集45巻3号297頁（主文及び事実）
控訴審…大阪高判平成元年9月29日民集45巻3号303頁
上告審…最判平成3年3月22日民集45巻3号293頁

事案

Aは、昭和10年ころ、その所有する本件建物をYに賃貸した。Aは昭和20年8月9日死亡し、Xが賃貸人の地位を承継した。本件建物は築後60年近くを経過した木造瓦葺平家建の居宅であり、朽廃には至らないまでも老朽化が著しく、その敷地（X所有）の有効利用のためには早急に本件建物を取り壊してその跡地に新しい家屋を建てるのが望ましく、そのためにはYから本件建物の明渡しを受ける必要がある。Xは、同じ敷地内にある建物に未婚の長男と居住しているが、（控訴審口頭弁論終結時）74歳で、妻はすでに死亡しており、心臓が悪く、いつ病臥するかもしれない状態であるため、二女が身近に居住してその介助を受けるのが望ましい。二女の家族は、夫の勤務先の社宅に住んでいるが、すでに手狭であり、Xとしては、本件建物を取り壊して二女に一戸建ての家屋を所有させたいと考えている。Yは、74歳であり、夫は戦死し、2人の子はすでに独立して別に暮らしているので同居の家族はなく（本件建物の一部にBを居住させているほか）、本件建物に居住し、本件建物から約20分の所に店を構え、訪問販売による服地販売業をして生活をしている。Yは、相当額の立退料さえもらえば本件建物をXに明け渡すことを考えてもよい旨を供述しており、一定額の経済的負担をすれば他に借家を求めることは容易である。

Xは、本件建物の朽廃による本件賃貸借の終了、Yの信頼関係破壊を理由とする本件賃貸借の解除を理由として、Yに対し本件建物の明渡しを訴求した（Bに対する建物明渡請求、Yに対する物置の収去による敷地の明渡請求等については省略する。）。Xは、第一審における昭和62年5月11日の口頭弁論期日において立退料100万円の提供とともに解約申入れをした。さらに、控訴審における平成元年7月21日の口頭弁論期日において「300万円もしくはこれと格段に相違のない金額の範囲で裁判所が相当と認める立退料」を提供する旨の申出をした。

判旨

1　第一審は、Xの請求を棄却した（詳細不明）。
2　控訴審は、（Xの、建物朽廃による本件賃貸借終了、信頼関係破壊を理由とする本件賃貸借解除の主張を排斥したうえで）Xが相当額の立退料を提供すれば解約申入れをする正当事由を具備するといえるところ、立退料は100万円では低きに失するが、300万円では正当事由を具備するとし、「平成元年7月21日の300万円の立退料の提供とともにした解約の申入れは、正当事由があるものというべきであるから、その後6か月を経過した平成2年1月21日の経過をもって右解約の効力が生ずることになる。」と判示し、第一審判決を変更し、Yに対し、Xから300万円の支払を受

けるのと引換えに本件建物を明け渡すよう命じた。

3　上告審は、つぎのとおり判示し、Xが昭和62年5月11日にした解約申入れは、その後の立退料300万円の増額申出によって正当事由を具備したことになるのでその6か月後の昭和62年11月11日の経過によって本件賃貸借が終了しているのであって、原判決が、Xが増額申出をした日から6か月後に終了するとしたのは旧借家法1条ノ2の解釈を誤った違法があるとしたが、不利益変更禁止の原則により原判決を変更することが許されないことを理由に、Yの上告を棄却した。「建物の賃貸人が解約の申入れをした場合において、その申入時に借家法1条ノ2に規定する正当事由が存するときは、申入後6か月を経過することにより当該建物の賃貸借契約は終了するところ、賃貸人が解約申入後に立退料等の金員の提供を申し出た場合又は解約申入時に申し出ていた右金員の増額を申し出た場合においても、右の提供又は増額に係る金員を参酌して当初の解約申入れの正当事由を判断することができると解するのが相当である。けだし、立退料等の金員は、解約申入時における賃貸人及び賃借人双方の事情を比較衡量した結果、建物の明渡しに伴う利害得失を調整するために支払われるものである上、賃貸人は、解約の申入れをするに当たって、無条件に明渡しを求め得るものと考えている場合も少ないこと、右金員の提供を申し出る場合にも、その額を具体的に判断して申し出ることも困難であること、裁判所が相当とする額の金員の支払により正当事由が具備されるならばこれを提供する用意がある旨の申出も認められていること、立退料等の金員として相当な額が具体的に判明するのは建物明渡請求訴訟の審理を通じてであること、さらに、右金員によって建物の明渡しに伴う賃貸人及び賃借人双方の利害得失が実際に調整されるのは、賃貸人が右金員の提供を申し出た時ではなく、建物の明渡しと引換えに賃借人が右金員の支払を受ける時であることなどにかんがみれば、解約申入後にされた立退料等の金員の提供又は増額の申出であっても、これを当初の解約の申入れの正当事由を判断するに当たって参酌するのが合理的であるからである。」。

　旧借家法のもとでも、立退料の申出（ないし提供）により正当事由を補完できること、立退料支払と引換えに明渡請求を認容することができることは確立した判例（前掲〔➡92、93〕参照）であったが、どの時点で正当事由を具備したことになるのかについては、従来の判例は明確ではなく、裁判実務では、本件控訴審判決のごとく、相当の額の申出ないし提供があった時に正当事由が具備され、それより6か月後に解約の効果として賃貸借が終了するとの見解に立った処理をすることが多かったようである。本件上告審判決は、解約申入後に立退料の申出やその増額の申出をした場合にも、それを参酌して当初の解約申入時に正当事由があったとすることができるとしたものである。

〔解説・評釈等〕滝澤孝臣・判解7事件、田中宏治・法協113巻6号991頁、奈良次郎・別冊法時5号60頁、吉田克己・判タ778号38頁

95 建物賃貸借の更新と保証人の責任

建物賃借人の保証人は、特段の事情のない限り、賃貸借更新後の賃借人の債務についても保証責任を負うとされた事例

- 一　審…神戸地判平成5年10月15日
- 控訴審…大阪高判平成6年5月25日
- 上告審…最判平成9年11月13日判時1633号81頁

事案　Yは、昭和60年5月31日、Xの実弟であるAに対し、本件マンションを、期間を同年6月1日から2年間、賃料を月額26万円として賃貸した。その際、Xは、Yに対し、Aが本件賃貸借契約に基づきYに対して負担する一切の債務を連帯保証した（本件保証契約）。本件賃貸借契約締結の際に作成された契約書には、賃貸借期間の定めに付加して「但し、必要あれば当事者合議の上、本契約を更新することも出来る。」と規定されていて、Yとしては上記賃貸借期間を家賃の更新期間と考えており、同期間満了後も賃貸借を継続することを予定していた。他方、Xは、本件保証契約締結時、本件賃貸借が更新されることを十分予測できたが、Aに高額の収入があると認識していたところから同人の支払能力について心配しておらず、そのため本件賃貸借の更新についても無関心であった。YとAは、①期間を昭和62年6月1日から2年間、②平成元年6月1日から2年間、③平成3年6月1日から2年間とする、それぞれ前契約期間満了のころ、各更新合意をした。各合意更新の際に作成された賃貸借契約書にはXの署名押印はなく、各合意更新の際にYからXに対して保証意思の確認の問い合わせがされたことはなく、XがAに対して引き続き連帯保証人となることを明示的に了承したこともなかった。Aが前記②の期間中の賃料合計75万円及び前記③の期間中の賃料等合計759万円を支払わなかったことから、Yは、平成4年7月中旬ころ、Aに対し、本件賃貸借の更新を拒絶する旨を通知し、平成5年6月8日ころ、Xに対し、Aの賃料不払が継続している旨を通知した。Aは、同月18日、Yに対し本件マンションを明け渡した。Yは、Xに対し、本件保証契約に基づき、未払賃料等合計834万円と上記明渡日までの賃料相当損害金19万8000円について連帯保証債務履行請求を有すると主張している。

XはYに対し、本件保証契約の効力は合意更新後の未払賃料債務等には及ばない、仮に及ぶとしてもYによる上記保証債務履行請求は信義則に反するとして、連帯保証債務不存在確認を訴求した。

判旨　1　（第一審、控訴審に関しては、掲載誌冒頭コメントによる。）第一審は、更新前の契約と更新後の契約には法的同一性がないので、更新前の契約に付された担保は（敷金を除き）特段の事情がない限り更新後の契約には及ばないとして、Xの請求を認容した。

2　控訴審は、本件保証契約の効力は合意更新後の賃貸借にも及び、YのXに対する保証債務履行請求は信義則に反するものではないとして、第一審判決を取り消して、

Xの請求を棄却した。

3　上告審は、つぎのとおり判示して、原審の判断を是認し、Xの上告を棄却した。「建物の賃貸借は、一時使用のための賃貸借の場合を除き、期間の定めの有無にかかわらず、本来相当の長期間にわたる存続が予定された継続的な契約関係であり、期間の定めのある建物の賃貸借においても、賃貸人は、自ら建物を使用する必要があるなどの正当事由を具備しなければ、更新を拒絶することができず、賃借人が望む限り、更新により賃貸借関係を継続するのが通常であって、賃借人のために保証人となろうとする者にとっても、右のような賃貸借関係の継続は当然予測できるところであり、また、保証における主たる債務が定期的かつ金額の確定した賃料債務を中心とするものであって、保証人の予期しないような保証責任が一挙に発生することはないのが一般であることなどからすれば、賃貸借の期間が満了した後における保証責任について格別の定めがされていない場合であっても、反対の趣旨をうかがわせるような特段の事情のない限り、更新後の賃貸借から生ずる債務についても保証の責めを負う趣旨で保証契約をしたものと解するのが、当事者の通常の合理的意思に合致するというべきである。もとより、賃借人が継続的に賃料の支払を怠っているにもかかわらず、賃貸人が、保証人にその旨を連絡するようなこともなく、いたずらに契約を更新させているなどの場合に保証債務の履行を請求することが信義則に反するとして否定されることがあり得ることはいうまでもない。以上によれば、期間の定めのある建物賃貸借において、賃借人のために保証人が賃貸人との間で保証契約を締結した場合には、反対の趣旨をうかがわせるような特段の事情のない限り、保証人が更新後の賃貸借から生ずる賃借人の債務についても保証の責めを負う趣旨で合意がされたものと解するのが相当であり、保証人は、賃貸人において保証債務の履行を請求することが信義則に反すると認められる場合を除き、更新後の賃貸借から生ずる賃借人の債務についても保証の責めを免れないというべきである。」。

Key point　建物賃借人の保証人の保証債務は更新後に発生した賃借人の未払賃料債務等にも及ぶとするのが学説上も有力であったし、裁判実務の大勢であったように思われる。
　もっとも、借地契約は（一時使用目的である場合を除く）数十年単位の長期的なものであるので、建物賃貸借の場合とは別異に解すべきであって、本件上告審判決の射程外というべきである。また、更新のない、定期建物賃貸借における保証も、仮に、その賃貸借期間満了時に同一内容で賃貸借の再契約がされたとしても、当初の定期建物賃貸借契約締結時に予定されたものではないし、再契約は別の契約であるから、再契約後の賃借人の債務に保証責任が及ばないのは当然である。
　なお、信義則上、建物賃借人の保証人の保証責任を減縮したものに、東京地判昭51.7.16判時853号70頁、東京高判平25.4.24判時2198号67頁などがあり、連帯保証契約の解約を認めたものに東京地判平9.1.31判タ952号220頁がある。
〔解説・評釈等〕平田健治・判評477号37頁、下村正明・別冊法時18号34頁、副田隆重・判タ982号57頁、塩崎勤・判タ臨増1005号82頁

96 定期建物賃貸借①

借地借家法38条2項所定の説明がなかったとして建物賃貸借の更新が認められた事例

東京地判平成24年3月23日判時2152号52頁

事案

X（電鉄会社）は、鉄道高架橋下の建物部分（4か所）について、平成21年6月から平成22年4月にかけて、従前の各賃借人Y_1ないしY_4との間で、従前の普通建物賃貸借契約を合意解除して、期間を、Y_1、Y_2については1年3か月余、Y_3、Y_4については7か月とする定期建物賃貸借契約書を取り交わした。その際、Xは、Yらに対し、「定期建物賃貸借（定期借家）契約についての説明書」（本件説明書）を示し、Yらから同書面の「承諾書」の署名欄に署名押印を得た。本件説明書には（借地借家法38条1項ではなく）「法38条2項の規定に基づく定期建物賃貸借」と記載し、また、「法26条、28条及び29条1項の規定による契約の更新はない」として、更新に関する規定ではない同法29条が記載されている。また、Xが担当者を通じてYらにした説明は、「本件説明書の条項の読み上げにとどまり、条項の中身を説明するものではなく、仮に条項内の条文の内容を尋ねられたとしても、六法全書を読んで下さいといった対応をする程度のもの」であった。さらに、本件説明書より先にXが前記賃貸借契約書を受領した可能性、ひいては、本件賃貸借契約の締結前に同法38条2項所定の説明が行われていない可能性がうかがわれる。

Xは、Yらに対し、各占有部分の明渡しを訴求した。

判旨

まず、後掲〔⇒97〕のKey pointで紹介する最判平22.7.16判時2094号58頁を引用して、借地借家法38条2項にいう書面（説明書）が賃貸借契約に先立って、契約書とは別に交付すべき書面であることを判示するとともに、その書面を交付して行うべき説明については、「締結される建物賃貸借契約が、一般的な建物賃貸借契約とは異なる類型の定期建物賃貸借契約であること、その特殊性は、同法26条所定の法定更新の制度及び同法28条所定の更新拒絶に正当事由を求める制度が排除されることにあるといった定期建物賃貸借という制度の少なくとも概要の説明と、その結果、当該賃貸借契約所定の契約期間の満了によって確定的に同契約が終了することについて、相手方たる賃借人が理解してしかるべき程度の説明を行なうことを要すると解される。」と判示した。その上で、上記事実を認定し、「本件賃貸借契約について、法38条2項所定の説明をしたと認めることはできず、XとYらの間の各本件賃貸借契約に係る契約の更新がないこととする旨の定めは、いずれも有効とは認められないから、各賃貸借期間の満了後、法26条により更新され、いまだ終了していないことになる。」と判示して、XのYらに対する請求を棄却した。

Key point 本件事案では、「説明書」自体に正確な記載をしていないうえに、（認定事実によれば）X側の口頭の説明も杜撰なものだったようである。
　なお、本判決は、「法38条1項所定の定期建物賃貸借契約をしたと認められる」としたうえで、同条2項所定の説明がなかったとして「更新がないこととする定めは無効」（同条3項）とするが、同条1項にいう定期建物賃貸借は、更新しない旨の定めが有効な場合に初めて認められるものであるから、そもそも、定期建物賃貸借が成立したとは認められず、普通建物賃貸借が成立したと解するほかないものである。
　なお、同法2項の書面に関しては、後掲〔⇒97〕及びそのKey pointで紹介する最判平22.7.16判時2094号58頁がある。

97 定期建物賃貸借②

借地借家法38条2項所定の書面（説明書）が契約書とは別個独立の書面であることを要するとされた事例

一　審…東京地立川支判平成21年10月29日民集66巻9号3298頁
控訴審…東京高判平成22年3月16日民集66巻9号3308頁
上告審…最判平成24年9月13日民集66巻9号3263頁

事案

　X（賃貸人）は不動産賃貸等を業とする会社、Y（賃借人）は賃室の経営等を業とする会社であり、本件建物において外国人向けの短期滞在型宿泊施設を営んでいる。Xは、平成15年7月18日、Yとの間で「定期建物賃貸借契約書」と題する書面（本件契約書）を取り交わし、期間を同日から平成20年7月17日まで、賃料を月額90万円とする、本件建物の賃貸借契約を締結した。本件契約書には、本件賃貸借は契約の更新がなく、期間の満了により終了する旨の条項（本件定期借家条項）がある。Xは、本件賃貸借契約の締結に先立って平成15年7月上旬頃、Yに対し、本件賃貸借の期間を5年とし、本件定期借家条項と同内容の記載をした本件契約書の原案を送付し、Yは、同原案を検討した。Xは、平成19年7月24日、Yに対し、本件賃貸借が期間満了により終了する旨を通知した。
　Xは、Yに対し、本件建物の明渡しを訴求した。

判旨

1　第一審は、借地借家法38条2項は、必ずしも「常に」別個独立の書面によることを義務づけたものではないとし、「少なくとも、賃借人が、契約書等において、当該賃貸借契約が定期建物賃貸借契約であり、更新がないことを認識していたという場合はこの限りではない」と判示し、本件賃貸借が更新がないことをYが認識していたことを認定したうえで、Xの請求を認容した。
2　控訴審も、第一審判決をほぼそのまま引用して、Yの控訴を棄却した。
3　上告審は、つぎのとおり判示して、控訴審判決を破棄し、第一審判決を取り消して、Xの請求を棄却した。「法《筆者注：借地借家法》38条1項の規定に加えて同条2項の規定が置かれた趣旨は、定期建物賃貸借に係る契約の締結に先立って、賃借人になろうとする者に対し、定期建物賃貸借は契約の更新がなく期間の満了により終了することを理解させ、当該契約を締結するか否かの意思決定のために十分な情報を提供することのみならず、説明においても更に書面の交付を要求することで契約の更新の有無に関する紛争の発生を未然に防止することにあるものと解される。」、「以上のような法38条の規定の構造及び趣旨に照らすと、同条2項は、定期建物賃貸借に係る契約の締結に先立って、賃貸人において、契約書とは別個に、定期建物賃貸借は契約の更新がなく、期間の満了により終了することについて記載した書面を交付した上、その旨を説明すべきものとしたことが明らかである。そして、紛争の発生を未然に防止しようとする同項の趣旨を考慮すると、上記書面の交付を要するか否かについては、

2章　借家に関する判例　241

当該契約の締結に至る経緯、当該契約の内容についての賃借人の認識の有無及び程度等といった個別具体的事情を考慮することなく、形式的、画一的に取り扱うのが相当である。」、「したがって、法38条2項所定の書面は、賃借人が、当該契約に係る賃貸借は契約の更新がなく、期間の満了により終了すると認識しているか否かにかかわらず、契約書とは別個独立の書面であることを要するというべきである。」(本件契約書の原案が本件契約書とは別個独立の書面であるとはいえない)。

Key point 借地借家法38条2項にいう書面(以下「説明書」という)については、本判決に先立つ最判平22．7．16判時2094号58頁が、「上告人《筆者注：賃借人》において本件公正証書の内容を承認していることのみから、法38条2項において賃貸借契約の締結に先立ち契約書とは別に交付するものとされている説明書面の交付があったとした原審の認定は、経験則又は採証法則に反する」として、説明書が契約書とは別個独立の書面である旨を判示していた(この判決を引用する前掲〔⇒96〕の事案は、一応説明書をいったん賃借人に交付しているものの、その内容が正確を欠き、十分な説明がされていないというものである)。しかし賃借人の認識の有無や程度等によっては、説明書がなくても、「更新しない旨の特約」が有効視される場合があるのかどうかについては、必ずしも明確ではなかった。本判決は、「個別具体的事情を考慮することなく、形式的画一的に取り扱う」べき旨を明らかにしたものである。

〔解説・評釈等〕秋山靖浩・ジュリ臨増1453号83頁、加藤新太郎・金判1417号8頁

98 定期建物賃貸借③

定期建物賃貸借の期間満了後にした終了通知の6か月経過後は、契約の終了を賃借人に対抗することができるとされた事例

東京地判平成21年3月19日判時2054号98頁

事案　Aは、その所有する本件建物1及び本件建物2（これらを併せて「本件各建物」という）のそれぞれにつき、Yとの間でいずれも期間を平成19年7月31日までとする定期建物賃貸借契約（本件各契約）を締結して引き渡した。本件各建物は、平成18年12月にAからBへ、平成19年6月8日BからXへ順次売却され、これによりXが本件各契約における賃貸人の地位を承継した。Xは、同年11月19日、Yに対し、本件各契約の期間が満了していること、同通知通達後6か月の経過をもって本件各契約が終了することを通知（本件通知）した。

Xは、Yに対し、平成20年7月5日、本件各建物の明渡し等を訴求した。その後、Xから本件建物を取得したZが承継参加し、Xは脱退した。

判旨　（Xが「平成20年5月19日から本件各建物の明渡済みまで」の使用損害金の支払を請求していたのに対し、Xが本件各契約の終了をYに対抗できるのは「本件通知から6か月経過後の平成20年5月20日からである」として、同日以降の損害金請求を認容したほか）つぎのように判示して、Xの請求を認容した。「借地借家法38条所定の定期建物賃貸借契約のうち契約期間が1年以上のものについて、賃貸人が期間満了に至るまで同条4項所定の終了通知を行わなかった場合、賃借人がいかなる法的立場に置かれるかについては争いがあるところ、《中略》①定期建物賃貸借契約は期間満了によって確定的に終了し、賃借人は本来の占有権原を失うのであり、このことは、終了通知が義務づけられていない契約期間1年未満のものと、これが義務づけられた契約期間1年以上のものとで異なるものではないし、後者について終了通知がされたか否かによって異なるものでもない、②ただし、契約期間1年以上のものについては、賃借人に終了通知がされてから6か月後までは、賃貸人は賃借人に対して定期建物賃貸借契約の終了を対抗することができないため、賃借人は明渡しを猶予されるのであり、このことは、契約終了通知が期間満了前にされた場合と期間満了後にされた場合とで異なるものではない」。

借地借家法38条4項は、契約期間が1年以上である定期建物賃貸借の場合は、期間満了の1年前から6月前までの間（通知期間）中に終了通知をしなければその終了を賃借人に対抗することができない（同項本文）とするとともに、この通知期間経過後に終了通知をした場合にはその通知日から6月経過後にその終了を賃借人に対抗することができる（同項ただし書）としている。通知期間経過後、契約期間満了までに終了通知をした場合の効果は同項ただし書から明らかであるものの、契約期間満了

2章　借家に関する判例　243

後にした「終了通知」の効果については、その場合も通知から6か月経過すれば契約終了を賃借人に対抗することができる（借地借家法26条の適用も民法619条の適用もない）とする見解と、民法619条により普通建物賃貸借契約が締結されたものと推定すべきであるとの見解に分かれていた（本判決登載誌の冒頭コメント参照）。本判決は、前者の見解を採用したものである。

2-4

借家の利用

傾向と実務

第1　借家の利用方法とその違反（用法違反）

　賃借人は、契約又はその目的物の性質によって定まった用法に従ってその物の使用及び収益をしなければならない（民法616条、594条1項）。建物賃貸借契約では、契約書の中でその建物をどのような目的で使用すべきであるかが明記されている場合が多いが、契約で定められていない場合であっても、賃借人はその建物の性質に合った使用をする義務がある。

　そのような使用方法（用法）に違反した使用がされた場合には、賃貸人は賃借人の債務不履行（用法違反）を理由に建物賃貸借を解除することができる（もっとも、用法違反があったとしても、信頼関係を破壊するに至っていないと認められる特段の事情があるときは解除は許されない。〔➡99、102〕など参照）。

　裁判例に多く現れるものとしては、建物賃借人の建物敷地の無断使用（建物賃借人は建物使用のために合理的な範囲でその建物の敷地をも利用することができるが、その範囲を逸脱するときは用法違反となる。〔➡100〕）、賃借建物の無断改築ないし改装（〔➡103〕など）、賃借建物である店舗等での営業内容の大幅な変更〔➡103〕、ペットの飼育〔➡104〕などに関するものが多い。やや特殊なものとしては、深夜麻雀や近隣住民に対する暴言等の迷惑行為（〔➡105、106〕）などがある。

第2　賃貸人の修繕義務等

1　賃貸人の修繕義務

　建物賃貸人は、賃借人に対して当然、建物の使用収益をさせる義務があるが、建物に欠陥が生じ、賃借人の使用収益が妨げられているときは、賃貸人はこれを修繕すべき義務があり（民法606条1項）、賃貸人が建物の保存に必要な修繕等の行為をしようとするときは、賃借人はこれを拒むことはできない（同条2項）。

　賃貸人の修繕義務は特約によって軽減したり免除することができる。実際上

も、契約書において一定の小修繕については賃借人の負担としていることが多い。

また、修繕に要する費用が、賃料等に比して過大なものとなる場合には、賃貸人は、修繕義務を負わない〔●108〕。

なお、「修繕は賃借人がする」旨の特約も有効であるが、一般には、このような特約は、賃貸人が修繕義務を負わない趣旨と定めたものに過ぎず、賃借人に積極的に修繕義務を負わせたものではないと解される（最判昭43.1.25判時513号33頁。なお、最判昭29.6.25民集8巻6号1224頁参照）。

2 賃借人の費用償還請求権

建物賃貸人に修繕義務がある場合、その他、本来賃貸人が負担すべき、建物の使用に必要な費用（必要費）を賃借人が支出したときは、賃借人はその支出した費用を償還するよう賃貸人にただちに請求することができる（民法608条1項。賃貸人がこれに応じないときは、賃借人は自己の賃料債務と賃貸人の必要費償還債務とを相殺することができる。なお、建物賃借人は賃貸建物の原状を維持する範囲の修繕をすることができるとする東京高判昭59.9.22判時1021号106頁がある。）。

建物使用に支障があるというわけではないものの、賃借人が賃貸建物の価値を高めるための費用（有益費）を支出したという場合（たとえば、壁紙の貼替えや外壁タイルの補修など）には、賃貸借終了時に、建物の価値の増加分が現存している場合に限り、賃借人は賃貸人に対し、実際に支出した金額又は価値増加分を（そのいずれかを賃貸人の選択により）賃貸人に請求することができる（同条2項、同法196条2項）。

これらの費用償還請求権を行使したにもかかわらず、賃貸人がその償還に応じないときは、賃借人はその償還（支払）を受けるまで、賃借建物の返還（明渡し）を拒むことができる（民法295条による留置権。大判昭14.4.28民集18巻484頁、大判昭10.5.13民集14巻876頁。なお、最判昭33.1.17民集12巻1号55頁参照）。

これらの費用請求権は、特約によって軽減または免除することができる（実際上も、契約書において、賃借人がこれらの費用償還請求権をあらかじめ放棄していることが多い。）。

99 建物賃借人の敷地利用①

建物賃借人が空地に無断で増築したことが背信行為に当たらず、解除が許されないとされた事例

一　審…東京地八王子支判（判決年月日不明）民集15巻7号1944頁（主文及び事実）
控訴審…東京高判昭和33年4月18日民集15巻7号1948頁
上告審…最判昭和36年7月21日民集15巻7号1939頁

事案

Aは、昭和3年7月、その所有する本件建物をYに賃貸した。本件建物は、当時、すでに相当の年月を経た古家で、Yにおいて自ら自己の費用で理髪店向きその他居住に好都合なように適宜改造して使用すべく家主においては修理をしない約定でYがこれを借り受け、Yが所要の修理をして使用を始めたものであった。その後、昭和10年5月、Bが本件建物をAから買い受け、さらに昭和12年1月、XがBから本件建物を買い受けて賃貸人の地位を承継した。Yは、昭和22年秋ごろ、Xの承諾を得ないで、本件建物の裏手に当たる、東と北が同建物で限られた空地に、西と南を板で囲い屋根を古トタン板で葺いた東西12尺余、南北10尺余のバラック風の仮建築物を増築し、その内部に約4畳敷の仮部屋、通路としての板張り及び幅3尺8寸長さ7尺8寸くらいのタタキの風呂場を設け、本件建物の板壁の内約3尺を撤去して両建物を内部連結させるなどの増改築をした。Xは昭和24年4月ころ上記増築を発見したが、その時は、特に抗議もしなかった。XはYに対し、昭和28年3月10日到達の書面をもって、上記増改築が本件賃貸借契約に違反するとして解除の意思表示をした。

XはYに対し、本件建物の明渡し及び上記増築部分の収去によるその敷地部分の明渡しを訴求した。

判旨

1　第一審は、Xの請求を棄却した（詳細不明）。

2　控訴審は、本件賃貸借契約に無断増改築を禁ずる特約があったと認むべき証拠はないが、たとえそのような特約がなくとも、増改築の状況、程度如何によっては解除原因となることなどを述べたうえで、上記増築は3尺ほどの板壁を撤去したほかは本件建物の構造を変更したものでないこと、増築部分は1日で撤去できる程度の仮建築であり、「これによってXとYとの間の契約関係を維持させることを困難とするような事情は認められない」とし、Xはこれを理由に解除することはできないと判示して、Xの控訴を棄却した。

なお、建物賃借権に基づきYは本件敷地を占有使用できる正権原を有するとした。

3　上告審も、原審認定の上記事実を再述したうえで、「Yの所論の増築行為をもってXに対する背信行為に当らず、また原判決説示の理由でYが右増築部分の敷地につき占有権原があるとした原判決の判断は相当である。」としてXの上告を棄却した。

Key point 借地契約に増改築禁止特約がない場合には、借地権者は自己の所有する借地上建物の増改築をするのは自由である。しかし、建物賃借人が自分の所有物でもない賃借建物を無断で増改築することは、一般には、建物の本来の用法を逸脱するものといえる。また、建物賃借人は、賃借建物の使用収益をするに必要な限度でその敷地をも利用することができるが（借地に関する最判昭38．2．21民集17巻1号219頁〔⇨59〕参照）、そこに自己の所有建物を築造することは、一般には、やはりその限度を超えているといえるだろう（〔⇨100〕参照）。もっとも、本件増築部分の敷地は、建物賃貸人が特に利用できるような空き地ではなかったようである。そして、そもそも、賃貸借契約締結当時の賃貸人が増改築を許容していたのであれば、その関係は当然Xに承継されているといえるだろうし、XがYの増改築を知った後、約4年間特に抗議もしなかったのであれば、黙示的に事後承諾をしたと認めることもできよう（本件賃貸借契約においてYの増改築が許容されていた場合やXが事後的にYの増改築を承諾したのであれば、Yの債務不履行はないのであるから、もはや背信性の有無を論じる余地はないといえる。）。賃借建物の敷地における建物賃借人の建物築造を敷地利用権の範囲内であるとしたものに、大阪地判昭42．3.30判時501号81頁、前橋地高崎支判昭46．5．31判時643号81頁、最判昭46．7．1判時644号49頁がある。

〔解説・評釈等〕坂井芳雄・判解88事件、星野英一・法協80巻3号427頁、広中俊雄・民商46巻2号152頁

100 建物賃借人の敷地利用②

建物賃借人の無断増築（新築）が著しい不信行為であるとして賃貸人の無催告解除が認められた事例

一　審…大阪地判昭和35年10月27日民集17巻8号1073頁
控訴審…大阪高判昭和37年2月28日民集17巻8号1079頁
上告審…最判昭和38年9月27日民集17巻8号1069頁

事案　Aは本件土地（44坪余）とその地上の甲建物を所有していたところ、昭和21年ころ、甲建物をYに居住のため賃貸（本件建物の敷地は約6坪）した（本件賃貸借）。甲建物は戦災による焼残りの土蔵であって、便所、炊事場等の設備もなかったので、Yが本件土地上に簡易な仮設便所及び炊事場を設けることをAは許容していた（Yは、本件土地上に便所及び炊事場として使用されていると思われる物置小屋を建築、所有している。）。Yは、昭和31年1月ころから、Aに無断で、甲建物に接続して本件土地上に木造瓦葺2階建居宅（建坪約6坪。以下「乙建物」という。）を建築し、これを所有している。AはYに対し、昭和31年4月12日到達した書面をもって、Yの乙建物建築を理由に本件賃貸借解除の意思表示をした。Aは同年7月27日死亡し、XらがAの権利義務を承継した。

XらはYに対し、甲建物の明渡しと、上記便所、物置小屋及び乙建物の収去による本件土地の明渡しを訴求した。

判旨　1　第一審は、Yの乙建物建築が本件賃貸借の継続を著しく困難ならしめる不信行為に当たり、このよう不信行為を理由とする解除には催告を要しないとしてAによる解除の効力を認めて、Xらの請求を認容した。

2　控訴審も、Yの乙建物建築について第一審判決と同旨を述べて、Yの控訴を棄却した（ただし、本件土地明渡請求については、上記便所、物置小屋及び乙建物の敷地部分である32坪余についてこれを認容する旨、第一審判決を変更した。）。

3　上告審も、つぎのとおり判示して、原審の判断を是認し、Yの上告を棄却した。「原審認定の事実関係のもとで、建物の賃借人は賃貸人の所有にかかる敷地又はこれに接続する賃貸人所有地上に賃貸人に無断で建物を建築し得ないとした原判決の判断は、正当であり、本件無断建築にかかる建物の建坪が約6坪であることを考え併せて、右無断建築行為を以て賃貸人の信頼を裏切り本件建物賃貸借の継続を著しく困難ならしめる不信行為と解するを妨げないとし、該不信行為のあったことを理由とするXのYに対する賃貸借解除の意思表示を有効とした原審判断は首肯できる。」。

契約当事者の一方がその債務を履行しない場合（すなわち、債務不履行の場合）には、相手方が相当の期間を定めてその履行の催告をし、その期間内に履行がないときに初めて、相手方が契約を解除することができるのが原則である（民法541条）。しかし、建物賃貸借において賃借人が賃貸人との間の信頼関係を破壊し、

賃貸借契約の継続を著しく困難にした場合は、賃貸人は催告を要せず、将来に向かって賃貸借契約を解除することができるとした最判昭27.4.25民集6巻4号451頁があり、本件上告審判決はこれを踏襲したものである。

なお、建物賃借人が建物敷地上に建物を建築すべく角柱、鉄製アングル等を設置した事案について、建物賃借人の敷地利用権の範囲を逸脱しているとしてそれらの物件の収去請求を認めた最判昭50.7.10判時793号49頁、建物賃借人の敷地上の無断建物建築を理由とする建物賃貸借の解除を認めた東京地判昭37.4.6判時296号13頁、大阪地判昭38.10.10判時384号39頁などがある。

〔解説・評釈等〕安倍正三・判解72事件、星野英一・法協82巻4号559頁、林良平・民商50巻4号618頁

101 賃借人の賃借部分以外の占有使用

建物の一部の賃借人による他の部分の不法占拠を理由とする賃貸借契約解除が認められた事例

一　審…福岡地大牟田支判昭和37年10月4日民集19巻6号1380頁
控訴審…福岡高判昭和39年4月3日民集19巻6号1389頁
上告審…最判昭和40年8月2日民集19巻6号1368頁

事案　Yは、X所有の本件建物のa部分を賃借して店舗として使用していた。その後Xの明示の承諾を得ることなくb部分にまで店舗を拡張してこれを占有使用していたが、結局、Xは異議を述べることなく黙認の形となった。その後Yは、Xに無断でAの賃借部分であったc、d部分を勝手に占拠し、さらに2階（e部分）も同様不法占拠し、結局、本件建物全部を占有使用するに至った。XはYに対し、昭和28年11月ころ本件賃貸借の解約申入れをし、その後、さらに解除の意思表示をした。

XはYに対し、本件建物の明渡しを訴求した。

判旨　1　第一審は、Yの賃借部分に関しては不信行為がないとし、その不法占拠部分（c、d、e）についてのみ、Xの明渡請求を認容した。

2　控訴審は、Yのc、d、e部分の不法占拠は「甚しい信義違背の行為」であるとし、Y賃借部分については解約告知（その日から6か月経過により発効）または解除により賃貸借が終了し、その後は不法占拠であるとし、Yの控訴を棄却し、Xの控訴により第一審判決を変更し、本件建物（全部）の明渡請求を認容した。

3　上告審は、上記原審の認定事実を述べたうえで、つぎのとおり判示して、Yの上告を棄却した。「その他原審が確定した一切の事実関係を斟酌すれば、Yの右行為は、本件建物の賃貸借契約の基礎にある当事者相互の信頼関係を裏切って、賃貸借関係の継続を著しく困難ならしめる不信行為であるといわざるをえない。かかる場合に、Xが右不信行為を理由に、賃貸借を解除できるとした原審の判断は正当である。」。

Key point　建物の賃借部分だけをみれば、特に、用法違反があるとはいえないとしても、賃借部分以外の部分の不法占拠は、たとえば賃借建物の敷地に無断で建物を新築したり（前掲〔○100〕参照）、近隣に対する迷惑行為（後掲〔○105、106〕参照）をした場合と同様に、賃貸人に対する背信行為となるのは当然である。本件控訴審判決及び上告審判決は、その理を明らかにしたものといえる。なお、これらは（必ずしも明示的ではないが）無催告解除を認めたものといえる。類似事案について賃貸人の無催告解除を認めたものとして、最判昭44.6.17判時563号51頁がある。

〔解説・評釈等〕蕪山巌・判解58事件、高津幸一・法協83巻4号556頁、水本浩・民商54巻4号55頁

102 建物賃借人の建物無断改築（改装）又は使用目的の無断変更①

建物賃借人が賃借建物を改築し、活版印刷工場から製版工場に変更したことが用法違反及び増改築禁止特約に違反するが、未だ信頼関係を破壊しない特段の事情があるので解除が許されないとされた事例

東京地判平成3年12月19日判時1434号87頁

事案　Aは、昭和46年3月31日ころ、Y（株式会社）に対し、本件建物を賃貸した。AとYは、両者間の賃料増額請求訴訟の裁判上の和解において、賃料額、賃貸借期間などにつき合意したが、同和解には、特約条項として「Yは、本件建物を現状のまま印刷工場として使用するものとし、他の目的に使用してはならない。」、「Yは、本件建物につき、その賃貸借契約の本旨に従い、改造、変更その他の大修繕をしない。」旨の記載があった。Aは平成元年2月17日死亡し、Xら（2名）が本件建物の賃貸人たる地位を承継した。Yは、平成元年12月ころ、本件建物を、従前の活版印刷の工場兼事務所から写真印刷のための製版の作業所兼事務所に変更した。また、Yは、そのころ、本件建物につき、①玄関の木製戸をアルミサッシに変更し、②1階の床にコンクリートを流して平らにし、③1階に天井を設け、④2階に新たに部屋を作る工事（本件工事）をした。XらはYに対し、平成2年3月17日、原状回復するよう催告し、同年4月9日にYに到達した書面で、本件建物の無断改築を理由に本件賃貸借契約を解除する旨の意思表示をした。また、XらはYに対し、同年9月6日Yに到達した書面で、立退料として2000万円を支払う意思のあることを表示して、同契約の解約を申し入れた。

　XらはYに対し、主位的には解除を理由とする無条件の本件建物の明渡しを、予備的には解約申入れを理由とする2000万円の支払と引換えにする本件建物の明渡しを訴求した。

判旨　本判決は、Yの使用目的変更と本件建物改築がいずれも、前記特約に違反するとしたが、そのうえで、まず、使用目的変更に関しては「写真印刷の製版作業は、活版印刷作業と比較し静かで清潔な作業であり、本件建物を製版の作業場として使用すること自体が直ちにXらに対し、不都合、不利益をもたらすものとはいえない。」とした。つぎに、本件工事に関しては、①は本件建物の価値を高めこそすれ、その保存状況に悪影響を及ぼすものではない、②はもともと床がコンクリートで覆われていた可能性が高く、ところどころにあった穴にコンクリートを流し込んで埋め戻す程度の工事をしたにすぎない、③は、ベニヤの吊り天井を吊るしたにすぎず、これを撤去して原状回復することもさほど困難ではない、④は、ベニヤ板とガラスの引き違い戸を取り付けることで間仕切りをし、ベニヤ板の天井を設けて独立性をもたせた程度のものにすぎず、これを撤去して原状回復することもさほど困難なこと

ではないとし、さらに「Yが写真印刷に転換したのは、本件建物の明渡し時期を先に延長する目的で殊更になしたものではなく、前記認定のとおり、得意先からの働き掛けによりやむなくしたものであるところ、本件工事は、本件建物で写真製版の作業をするために、防犯、防塵及び防振動上通常必要とされる範囲内の工事である。」とした。そして、Xの解除に関して、つぎのとおり判示した。「右の認定の事実によれば、Yがした写真印刷作業所への用法変更及び本件工事は、その目的、内容及び本件建物に及ぼす影響等を総合すると、いずれも、Yが印刷の仕事を継続していく上でなしたいわば不可避的ともいうべき変更であり、本件建物に恒久的かつ重大な影響を加えるものではないと認められる。そうすると、これらの行為は、近い将来活版印刷が継続できなくなって本件建物の明渡しを受けることができるだろうとのXらの期待に反するものではあるが、なお、賃借人としての信頼関係を破壊しない特段の事情があると認めるのが相当である。したがって、これらの違反を理由とするXらの債務不履行解除の主張は、結局理由がない。」。さらに、Yが、写真印刷に転換するため約7000万円をかけ機械等を購入したことなどを理由に、立退料をもって正当事由を補完することができないとして、Xらの解約申入れには正当事由がないとし、Xらの請求をいずれも棄却した。

借地関係及び借家関係においては、契約違反等があっても、信頼関係を破壊するに至っていないと認められる特段の事情のあるときは解除は許されないとする確立した判例理論（「背信性の理論」、「信頼関係破壊の理論」などと呼ばれている。）があるが、本判決もこれに従ったものといえる。

103 建物賃借人の建物無断改築(改装)又は使用目的の無断変更②

麻雀屋として使用する目的で賃借した建物を賃借人が無断で全面的に改装してゲームセンターにしたことなどによる賃貸人の無催告解除が認められた事例

東京地判昭和60年1月30日判時1169号63頁

事案　Xは、昭和45年8月31日、本件建物の一部である本件店舗をYに賃貸したが、同契約には、本件店舗には出入口通路部分は含まれない、Yは本件店舗を麻雀屋としてのみ使用する、Yは本件店舗を現状のまま使用する、Yは本件店舗において近隣の迷惑となる営業を行わない、とする合意があった。Yは、昭和53年3月下旬、本件店舗内部を、ゲームセンター用に全面改装し、表玄関口をも改装してゲームセンターの営業に転向したが、その際、正面出入口にシャッターを設け、隣接貸室利用者との共同出入口通路部分を自己の店舗の一部として取り込み、正面入口にイルミネーション付の看板を取り付ける等の工事をした。Yは、上記改装及び営業の転向について、Xに無断で着手し、Xから工事の中止や原状回復の申入れを受けながら、これを無視してなした。

　XはYに対し、本件建物の明渡しを訴求し、その訴状をもって本件賃貸借解除の意思表示をした（同訴状は昭和58年10月8日、Yに送達された。）。

判旨　Yの上記各行為が合意に違背する背信的行為であることを述べたうえで、つぎのとおり判示して、本件賃貸借契約についてのXの無催告解除の効力を認めて、XのYに対する本件建物明渡等の請求を認容した。「右事由を、総合すると、本件店舗の賃貸借契約の基盤となっているＸＹ間の信頼関係は、Yの行為によって、既に回復し難いほど破壊されているものと判断せざるを得ない。」。

Key point　本件と同様、賃借建物の無断改装（ないし無断改築）と使用目的（業種）の無断変更を理由に、賃貸人による無催告解除を認めた近時の裁判例として、他に、東京地判平元.1.27判夕709号211頁（ファッション関係店舗を改装してアイスクリーム販売店とした事案）、東京地判平3.7.9判時1412号118頁（マリンスポーツ店の事務所、店舗として使用する約定で賃借したにもかかわらず、女性に接客させて酒食を提供するクラブを開業した事案）などがある。やや特殊な事案であるが、事務所として賃借をした貸室を暴力団事務所とした場合に賃貸人による無催告解除を認めた東京地判平7.10.11判夕915号158頁がある。

2章　借家に関する判例

104 建物賃借人のペット飼育等

建物賃借人が特約に違反してマンションの1室で猫を飼っていることを理由とする賃貸借契約解除が認められた事例

東京地判昭和58年1月28日判時1080号78頁

事案

X（株式会社）は、昭和48年3月1日、本件旧建物の1室をY（男性作家）に賃貸し、その後2年毎に合意更新をしたが、その間、昭和55年12月に旧建物から、賃貸マンション（本件マンション）の1室である本件貸室に目的物を変更した。そして、昭和56年3月1日、期間を2年として合意更新した（以下、同日更新された本件貸室の賃貸借契約を「本件賃貸借契約」という。）。本件賃貸借契約には、「貸室内にて風紀衛生上、若しくは火災等危険を引起すおそれのあること、又は近隣の迷惑となるべき行為其の他犬猫等の家畜を飼育してはならない」旨の特約（本件特約）があった。Yは本件旧建物に入居する以前から猫1匹を飼っており、本件貸室に入居後も引き続きその猫を飼っていたが、その飼育にあたっては、爪を切り、部屋の中から出さないように留意し、猫の排泄場として、便所の傍に細かく破いた新聞紙を入れたポリエチレンの箱を置き用済みの新聞紙は週3回のゴミ収集日に他のごみと一緒に捨てることにしていた。しかし、Yは、部屋の中の掃除をほとんど行うことなく、部屋の中を乱雑にとりちらかしているほか、衛生面についても著しく配慮を欠くため、本件建物内に猫の臭いその他諸々の臭いの入りまじった悪臭がこもっており、Yが昭和55年12月に本件旧建物から本件貸室に移転した際、本件旧建物の修理に来た職人は、部屋の悪臭がひどいため同部屋には二度と入りたくないというほどであったが、本件貸室内の悪臭もそれと同程度だった。さらに、本件マンション駐車場には同マンションの元居住者が密かに飼い、転居の際に置いていった猫2匹が野良猫となってすみついているが、Xはその野良猫や近所の飼猫にも、1週間に数回の割合で、本件マンション内又は隣接する公園内で餌を与えており、このことについてX代表者又はその従業員がYに昭和56年1月ころから、そのようなことをすると本件マンションに野良猫が集まり一帯が不衛生となるからやめるように申し入れていたが、Yはこれに応じなかった。XはYに対し、同年6月17日に到達した書面で、本件賃貸借を解除する旨の意思表示をした。

XはYに対し、本件貸室の明渡しを訴求した（なお、XのYに対する請求は、YのXに対する賃借権確認等の本訴請求に対する反訴としてされたものであるが、Yの本訴請求は棄却されており、これについての説明は省略する。）。

判旨

本判決は、野良猫に餌を与える等のYの行為は本件特約に違反するとしたうえで、つぎのとおり判示して、Xのした本件賃貸借契約解除の効力を認めた。「一般に、猫を飼育することそれ自体について非難されるべきいわれはない。しかし、本件のような多数の居住者を擁する賃貸マンションにおいて、猫の飼育が自由に許されるとするならば、家屋内の柱や畳等が傷つけられるとか、猫の排泄物など

のためにマンションの内外が不衛生になるという事態を生じ、あるいは、近隣居住者の中に日常生活において種々の不快な念を懐くものの出てくることは避け難いし、更には、前記認定のように転居の際に捨てられた猫が居着いて野良猫化し、マンションの居住者に被害を与えたり、環境の悪化に拍車をかけるであろうことは推測に難くないから、本件のような賃貸マンションにおいては猫の飼育を禁止するような特約がなされざるをえないものということができる。従って、本件のような賃貸マンションにおいてかかる特約がなされた以上、賃借人はこれを厳守する義務がある。もっとも、Yは、猫の爪を切ったり、その排泄物の処理については意を用いていたことは前記認定のとおりであるが、それだけでは右特約を遵守しているものとはいい難いし、更に、Xは本件マンションの敷地内でも野良猫に餌を与えたり、あるいは、賃貸借契約中の記載をほしいままに塗りつぶし、猫の飼育についてもXの承諾をえたかのような工作さえしていることは前記認定のとおりである。そうすると、YとX間の信頼関係はすでに失われているものということができるから、本件賃貸借契約は、昭和56年6月17日をもって解除により終了したといわなければならない。」。

Key point 本件事案と類似した事案（アパートの一室の賃借人が野良猫に餌を与えていたため、アパートに野良猫が一度に5、6匹も集まるようになり、猫の糞尿などでアパート内外が汚れたという事案）について賃貸人による無催告解除を認めた新宿簡判昭61.10.7判時1221号118頁がある。また、3階建てビルの1階をペットショップとして、2階を居宅として賃借した者が、後者から他へ転居した後、同所を犬、猫等の飼育、飼料器具等の保管場所として使用し始めたという事案について賃貸人の（催告をしたうえでの）解除を認めた東京地判昭59.10.4判時1153号176頁、ペット飼育禁止特約に違反して共同住宅の一室で犬を飼っていたという事案について催告解除を認めた東京地判平7.7.12判時1577号97頁などがある。

やや特殊なケースであるが、居住目的の建物賃貸借においてペット飼育禁止特約がない場合について、賃借人が無断で賃借建物の屋上に鳩舎を設置して約100羽の鳩を飼育していることを理由に賃貸借契約の解除を認めた名古屋地判昭60.12.20判時1185号134頁がある。

105 建物賃借人の近隣迷惑行為等①

ショッピングセンターの一区画の賃借人が同センターの他の賃借人や賃貸人らに暴言を吐き、あるいは暴行をしたことなどが、賃貸借契約における特約により賃借人に課せられた附随的義務の不履行に当たるとして賃貸借契約の無催告解除が認められた事例

一 審…神戸地尼崎支判昭和48年11月30日民集29巻2号106頁（主文及び事実）
控訴審…大阪高判昭和49年6月21日民集29巻2号111頁
上告審…最判昭和50年2月20日民集29巻2号99頁

事案

X（株式会社）は、その所有する本件建物を区分して青物、果物等の店舗として他へ賃貸し、ショッピングセンターとしていたが、昭和44年12月、その一区画である本件建物部分をYに青物商営業のため賃貸した（本件賃貸借契約）。同契約には、Yにつぎの①ないし③いずれかに当たる行為があるときはXは無催告で本件賃貸借契約を解除することができる旨の特約が付された。「①粗暴な言動を用い、または濫りに他人と抗争したとき。②策略を用い、または他人を煽動して、本ショッピングセンターの秩序を紊し、あるいは運営を阻害しようとする等不穏な言動をしたと認められたとき。③多数共謀して賃貸人に対して強談威迫をしたとき。」。Yは昭和45年2月10日ころから本件建物部分で青物商を営んでいたが、同人にはつぎの(1)ないし(4)の行為があった。「(1)ショッピングセンター内で当初その奥の場所に店舗を構えていた青物商を営むBがYの店舗と並ぶ表側に場所を変えたので、YはX代表者Aに対し、Bを奥の場所に移すことを求め、その要求が容れられないとなると、Aに対し、「若い者を来させる。どんな目にあうかわからん。」等と述べ、また、YがBの前にはみ出して自己の商品を並べたため、同店よりAに苦情があったので、AがYに注意をしたが、改めなかった。(2)Yの店は青物商であり、その販売品目もおのずから限定されているのに、同人は隣のC（果実商）と同じく果物の販売を始めたため、CからAに苦情があり、同人がYに果物の販売をやめるよう申し入れたが、Yはこれに応じなかった。(3)昭和45年7月27日、YがBの前にはみ出して自己の商品を並べたのでAがYに注意したところ、Yはその従業員らとともにAに殴るなどの暴行を加え、約3週間の治療を要する傷害を被らせ、Yは罰金刑に処せられた。(4)Yは、ごみ処理が悪かったり、ショッピングセンターの定休日にルールを無視して自己の店舗だけ営業したりしてショッピングセンターの正常な運営を阻害していた。」。

XはYに対し、本件建物部分の明渡しを訴求し、その訴状の送達（昭和45年8月29日）をもって、Yの約定違反又は不信行為を理由に、本件賃貸借契約を解除する旨の意思表示をした。

判旨

1　第一審は、Xの請求を認容した（理由の詳細は不明であるが、Xの無催告解除の効力を認めたものであることは明らかである。）。

2　控訴審は、第一審判決をそのまま引用して、Yの控訴を棄却した。

3 上告審は、まず、前記特約とその違反による賃貸借解除の可否について、つぎのとおり判示した。「本件賃貸借は、ショッピングセンターを構成する商店の一つを営業するため、同センター用の1棟の建物の一区分についてされるものであるから、その賃貸借契約に関して、賃貸人が賃借人の右のような行為を禁止することは、多数の店舗賃借人によって共同してショッピングセンターを運営、維持して行くために必要不可欠なことであり、その禁止事項も通常の賃借人であれば容易にこれを遵守できるものであって、賃借人に不当に重い負担を課したり、その賃借権の行使を制限するものでもない。したがって、右のような行為を禁止することには合理的な理由があり、これを借家法6条により無効とすることはできない。」、「ただ、賃借人の右特約違反が解除理由となるのは、それが賃料債務のような賃借人固有の債務の債務不履行となるからではなく、特約に違反することによって賃貸借契約の基礎となる賃貸人、賃借人間の信頼関係が破壊されるからであると考えられる。そうすると、賃貸人が右特約違反を理由に賃貸借契約を解除できるのは、賃借人が特約に違反し、そのため、右信頼関係が破壊されるに至ったときに限ると解すべきである。その解除にあたっては、すでに信頼関係が破壊されているので、催告を要しないというべきである《最判昭41.4.21民集20巻4号720頁、最判昭47.11.16民集26巻9号1603頁引用》」。そして、本件については、つぎのように判示して、無催告解除を認めた原審の判断を是認し、Yの上告を棄却した。「《Yの行為は》共同店舗賃借人に要請される最少限度のルールや商業道徳を無視するものであり、ショッピングセンターの正常な運営を阻害し、賃貸人に著しい損害を加えるにいたるものである。したがって、Yの右のような行為は単に前記特約に違反するのみではなく、そのため本件賃貸借契約についてのXとYとの間の信頼関係は破壊されるにいたったといわなければならない。」。

Key point 本件上告審判決は、特約違反による信頼関係破壊を理由としているが、特約がない場合にも、用法違反を理由に解除することが可能な事案であると思われる（後掲〔⇨106〕参照）。同判決引用の最判昭41.4.21〔⇨35〕は借地契約に関して信頼関係破壊がないとして解除を認めなかったものである。また、最判昭47.11.16民集26巻9号1603頁は、借地に関して無催告解除が許される場合があることを述べたうえで、結果として解除を認めなかったものである。建物賃貸借に関して無催告解除を認めたものとしては、〔⇨100、103〕などがある。

〔解説・評釈等〕田尾桃二・判解6事件、能見善久・法協94巻3号403頁、広中俊雄・民商73巻5号637頁、安倍正三・別冊ジュリ78号106頁

106 建物賃借人の近隣迷惑行為等②
共同住宅の一室の賃借人が近隣の迷惑となる行為をしたことを理由とする解除が認められた事例

東京地判平成10年5月12日判時1664号75頁

事案　Xらは、平成7年7月1日までに、その共有する本件賃貸マンションの一室である506号室をY₁（女性）に賃貸したが（本件賃貸借）、同契約には「①賃借人は騒音をたてたり風紀を乱すなど近隣の迷惑となる一切の行為をしてはならない。②賃借人が賃貸借契約の条項に違反したとき、あるいは、賃借人またはその同居人の行為が建物内の共同生活の秩序を乱すものと認められたときは、賃貸人は、何らの催告を要せずして、賃貸借契約を解除することができる。」とする特約（本件特約）が付されていた。Y₂（男性）はY₁の同居人として同室に居住している。Yらは同室入居の直後ころから隣の505号室の住人であるAに対し、同室から発生する音がうるさいなどと文句を言うようになり、平成8年5月ころまで、何回も執拗に抗議を続け、夜中に506号室と505号室の壁を叩くなどの騒音を出したりY₂が505号室の入口の扉を強く足で蹴飛ばしたりしたことがあった。AはYらが506号室に入居するまで妻子と通常の家庭生活を営み、両隣りの部屋の住人とも何らの紛争もなく平穏な生活を営んでいたし、Yら入居後も特に騒音を発したことがなかったが、Yらから執拗に抗議を受けたり嫌がらせを受けたため、平成8年5月ころ505号室から退去して他へ移転した。以後505号室は空室のままとなっている。Yらは、入居直後ころから隣りの507号室の住人であるB（女性）に対しても同室からの音がうるさいなどと抗議するようになり、同人に対し大声で怒鳴ったり夜中に壁を叩いたりした。Bは、異常な騒音を発生させたことはなかったが、Yらに対する恐怖心を募らせ、平成7年11月ころ507号室から退去して他へ移転した。その後、平成8年1月ころ、C夫婦が507号室に入居したが、同年2月初めころ、夜11時ころ、突然C方へ押し掛け、玄関へ入り込んで同室の音がうるさいなどと大声で怒鳴った。Yらは、その後、何回もCに音がうるさいなどと文句を言った。そのため、管理人らの計らいで同年10月ころ同マンションの402号室へ移転した。以後、507号室は空室のままとなっている。Yらは506号室に入居する前、別の共同住宅の102号室をDから賃借して居住していたが、ここでも同様に隣室の住人に音がうるさいなどと文句を言ったり、嫌がらせをしたために、それらの住人がいずれも他へ転居してしまったので、DはYらに対し同102号室の明渡訴訟を提起した。同訴訟においてYらが平成7年7月31日限り同室を明け渡す旨の訴訟上の和解が成立したところから、Yらはこれに従って同室を明け渡し、本件マンション506号室に転居したものであった。
　XはY₁に対し、平成8年12月21日到達の書面により本件特約違反を理由に本件賃貸借を解除する旨の意思表示をして、506号室の明渡しを訴求した。

判旨　本判決は、つぎのとおり判示して、Yらの信頼関係破壊を理由とするXの（無催告）解除の効力を認めて、Xの請求を認容した。「Yらは、隣室から発生する騒音は社会生活上の受忍限度を超える程度のものではなかったのであ

から、共同住宅における日常生活上、通常発生する騒音としてこれを受容すべきであったにもかかわらず、これら住人に対し、何回も、執拗に、音がうるさいなどと文句を言い、壁を叩いたり大声で怒鳴ったりするなどの嫌がらせ行為を続け、結局、これら住人をして、隣室からの退去を余儀なくさせるに至ったものであり、Yらの右各行為は、本件賃貸借契約の特約において、禁止事項とされている近隣の迷惑となる行為に該当し、また、解除事由とされている共同生活上の秩序を乱す行為に該当するものと認めることができる。そして、Yらの右各行為によって、506号室の両隣りの部屋が長期間にわたって空室状態となり、Xらが多額の損害を被っていることなど前記認定の事実関係によれば、Yら右各行為は、本件賃貸借における信頼関係を破壊する行為に当たるというべきである。」。

Key point 本判決は、近隣に迷惑となる行為を禁止する特約違反があったことを指摘しているが、そのような特約がない場合であっても、近隣に迷惑をかける行為は、一般に用法違反に当たるといえる。

建物賃借人の他のアパートの居住者や近隣住民に対する迷惑行為等を理由とする賃貸人の解除を認めた裁判例としては、他に、東京北簡判昭43.8.26判時538号72頁（賃借人が、連日のごとく、深夜まであるいは徹夜の麻雀をした事案）、東京地判昭54.10.3判時962号89頁（賃借人が、深夜、早朝、度々、近所で大声で「バカヤロウ」、「ドロボウヤロウ」などと怒鳴って騒ぎたて、アパートの貸室を賃借しようとする者が皆無となった事案）、大阪地判昭58.1.20判時1081号97頁（賃借人の長男である少年が連夜の如く友人らを連れ込んで駐車場内をバイクで走り回ったり、建物内でシンナーを吸ったり、エレベーター内で放尿するなどの騒ぎを起こした事案）、東京地判平10.6.26判タ1010号272頁（賃借人が貸室内に社会常識の範囲をはるかに超える著しく多量のゴミを放置した事案）などがある。

107 建物賃貸人の修繕義務①

建物賃貸人の修繕義務不履行を理由に賃料支払を拒絶できないとされた事例

一　審…大阪地判（判決年月日不明）民集17巻11号1480頁
控訴審…大阪高判昭和37年1月10日民集17巻11号1491頁
上告審…最判昭和38年11月28日民集17巻11号1477頁

事案

Xは、昭和20年7月、その所有する本件建物（住戸3戸で構成される1棟）のうちの1戸（本件家屋）をYに賃貸し、Yはこれに居住していた。昭和25年9月3日のジェーン台風により、本件家屋裏北側と東側の土塀が倒壊し、屋根瓦が破損し、家屋がやや西側に傾くなど、相当の被害を被ったが、当時本件家屋の管理をしていたXの父、Aが東側の部分約1間を除く他の部分に杉板塀を設置し、屋根の修理をした。Aが上記管理を辞した昭和29年1月ころまでの間は、賃料の統制額によっていた事情もあって、X、Y協議のうえ、修理のつど、その費用を折半負担する方法で、屋根替、床の根太の取替えなどの修理を施してきた。その後、上記のような協議もなされないで経過したが、本件家屋は、建築年数の経過に伴い、部分的に破損、腐食の箇所を生じ、その都度、部分的には不便、支障があったものの、上記破損等の部分については、Yがその費用で応急の補修を施してきた。そのため、昭和29年7月以降は、本件家屋は、居住の用に耐えないほど、あるいは居住に著しい支障を生ずるほどには至っていない。その後、昭和32年6月10日の大雨で本件家屋の階下の壁が落下した。Xがその修理をしないのでYが板を打ちつけて応急的修理を施した。昭和32年6月末ころ、Yら本件建物（本件家屋を含む。）の賃借人がXに本件建物の修繕を申し込んだがXがこれに応じなかったため、Yらは、一方的に、X、Yら間で修繕費用分担額が決定するまで賃料の支払を留保する旨をXに伝えた。Yが同月1日以降の賃料を支払わなかったので、XはYに対し、同年11月15日到達の書面をもって同到達後5日以内に延滞賃料を支払うよう催告したが、Yは同期間内にその支払いをしなかった。それまでの間、Yは、本件建物の必要費、有益費合計3万円余を支出している。

XはYに対し、本件家屋の明渡しを訴求した。Yは、Xの修繕義務とYの賃料支払義務は同時履行の関係に立つところ、Xが修繕義務を履行しないのでYには賃料支払義務の遅滞がないこと、また、3万円余のXに対する費用償還請求権を有するのでその償還があるまで本件家屋を留置することなどを主張した。

判旨

1　第一審は、「賃借人が賃貸人の右修繕義務の不履行を理由に賃料の支払を拒みうるためには、賃貸人が右義務を履行しないために賃借家屋の使用収益ができないか、または使用収益に著しい支障の生ずる場合でなければならない」とし、本件家屋はそこまでは至っていないとした。また、地代家賃統制令の統制に服していることから「賃貸人の負担する修繕義務の範囲も、おのずから軽減されるべきもの」であるとし、結局、Xの修繕義務を認めず、Xの前記解除の効力を認めたが、

Yの費用償還請求権による留置権の主張を認めて、YがXから3万円の支払を受けるのと引換えに本件家屋の明渡しをすべき旨を命じた。

2　控訴審も、本件家屋が居住の用に耐えないほど、あるいは居住に著しい支障を生ずるほどには至っていないとして、「Xの修繕義務の不履行を理由に前記賃料全部の支払を拒むことはできない」と判示して、Yの控訴を棄却した。

3　上告審も、つぎのとおり判示して、原審の判断を是認し、Yの上告を棄却した。
「以上の事実関係の下においては、Xの修繕義務の不履行を理由に、賃料全部の支払を拒むことを得ないとした原審の判断は正当と認められ、所論民法606条1項の解釈を誤った違法ありとすることはできない。」

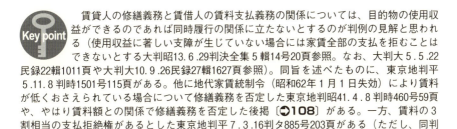

賃貸人の修繕義務と賃借人の賃料支払義務の関係については、目的物の使用収益ができるのであれば同時履行の関係に立たないとするのが判例の見解と思われる（使用収益に著しい支障が生じていない場合には家賃全部の支払を拒むことはできないとする大判昭13.6.29判決全集5輯14号20頁参照。なお、大判大5.5.22民録22輯1011頁や大判大10.9.26民録27輯1627頁参照）。同旨を述べたものに、東京地判平5.11.8判時1501号115頁がある。他に地代家賃統制令（昭和62年1月1日失効）により賃料が低くおさえられている場合について修繕義務を否定した東京地判昭41.4.8判時460号59頁や、やはり賃料額との関係で修繕義務を否定した後掲〔◯108〕がある。一方、賃料の3割相当の支払拒絶権があるとした東京地判平7.3.16判タ885号203頁がある（ただし、同判決は、合意解除による賃借人の建物明渡し後の未払賃料請求等の事案に関するものである。）。

なお、日常的なコバエの発生が、賃貸人の債務不履行に当たるとして賃借人に対する損害賠償義務を認めた東京地判平24.6.26判時2171号62頁、ビル外壁に木製型枠を残置していたために隣接ビルから出火した火災によりビルが延焼し、ビルの賃借人が損害を受けた事案につき、賃貸人の債務不履行責任及び土地工作物責任を認めた東京地判平24.8.29判時2169号16頁、店舗内のトイレの溢水事故につき転貸人の転借人に対する債務不履行責任を認めた東京地判平27.1.22判時2257号81頁がある。

〔解説・評釈等〕坂井芳雄・判解89事件、後藤清・民商51巻2号99頁

108 建物賃貸人の修繕義務②

賃料額に照らし不相当に多額の費用を要する場合には賃貸人は修繕義務を負わないとされた事例

一　審…東京簡判昭和53年3月30日
控訴審…東京地判昭和55年8月26日判時992号76頁
上告審…東京高判昭和56年2月12日判時1003号98頁

事案　Xは、昭和47年11月9日、本件マンションの一室である本件貸室を、賃料を月額3万8000円として、Yに賃貸した。その後賃料額は月額4万4000円と改定された。Yが昭和51年6月1日以降の賃料を支払わなかったので、Xは、同年10月12日、Yに対し、本件賃貸借を解除する旨の意思表示をした。XはYに対し、本件貸室の明渡し及び未払賃料等の支払を訴求した。Yは、本件貸室の遮音構造が不完全であるのでXにはその修繕義務があるのにこれを怠ったとして、賃料の3割の減額請求をし、その効力が賃貸借開始時に遡るとして、賃料遅滞を否定した。本件控訴審係属中の昭和53年2月末日、Yが本件貸室を明け渡したので、XはYに対する明渡請求を取り下げた。

判旨　1　第一審は、Xの請求を概ね認容したもののようであるが、詳細は不明である。

2　控訴審は、Xの修繕義務、及びこれを原因とするYの賃料減額請求権の発生を否定し、Xの請求を概ね認容した。

3　上告審も、つぎのとおり判示して、Xの修繕義務を否定し、Yの上告を棄却した。「契約当初から賃借物に欠陥が存しても、賃貸人が修繕義務を負うべき場合とそうでない場合があり、その区別は、もともと賃貸人の修繕義務は賃借人の賃料支払義務に対応するものであるところからして、結局は賃料の額、ひいては賃料額に象徴される賃借物の資本的価値と、欠陥によって賃借人がこうむる不便の程度との衡量によって決せられるものと考えられる（なおこのことは破損、欠陥が契約成立後に生じた場合でも同じであって、その修繕に不相当に多額の費用、すなわち賃料額に照らし採算のとれないような費用の支出を要する場合には、賃貸人は修繕義務を負わないことも同じ理に基づく。）」。

Key point　賃料額に比べて不相当に高い費用を要する場合には修繕義務がないことは、今日の通説的見解である。東京地判昭41.4.8判時460号59頁も、「賃貸人が修繕義務を負うのは、修繕が可能であって、かつ、その必要のある場合に限られるものというべく、修繕が可能というためにはそれが物理的に可能であるだけでなく経済的にも可能であることを要するものと解すべきである。」とし、老朽化した家屋の大修繕について、賃貸人に修繕義務はないと判示している。

109 建物賃貸人の修繕義務③

建物賃貸人の修繕義務不履行があっても、賃借人が損害を回避又は減少させる措置をとることができた時期以降の損害のすべての賠償を請求することはできないとされた事例

一　審…福井地敦賀支判平成15年8月22日（民集63巻1号109号）
控訴審…名古屋高裁金沢支判平成18年10月16日（民集63巻1号123頁）
上告審…最判平成21年1月19日民集63巻1号97頁

事案
　Yは、平成4年3月5日、本件ビル（昭和42年建築）地下1階の本件店舗部分をXに賃貸し（本件賃貸借契約）、Xは同所でカラオケ店の営業を始めた。平成4年9月ころから本件店舗部分に頻繁に浸水が発生していたが、平成9年2月12日、本件店舗部分が床上30～50cmまで浸水し（本件事故）、Xは同所でのカラオケ店の営業ができなくなった（同月17日にも、同所で汚水の出水、浸水があった。）。YはXに対し、同月18日ころ、本件ビルの老朽化等を理由として本件賃貸借契約を解除する旨の意思表示をした。Yの代表者Aは、本件事故直後よりXから、カラオケ店の営業を再開できるよう本件ビルを修繕するよう求められていたが、これに応じず、本件ビル地下1階部分の電源を遮断するなどした。本件ビルは本件事故前より老朽化により大規模な改装と設備の更新の必要があったが、それらをしなければ直ちに当面の利用に支障が生じるというわけではなく、本件店舗部分を含めて使用不能の状態にはなっていなかった。Xは、本件事故によるカラオケセット等の損傷につき、損害保険会社から3711万円余の保険金の支払を受けたが、これには営業利益損失に対するものは含まれていなかった。
　XはYに対し、営業利益喪失等による損害賠償として、本件事故の1か月後である平成9年3月12日から平成13年8月11日までの4年5か月間の得べかりし営業利益（金額不明）を訴求した（本訴）。Yは、本訴提起後の平成11年9月13日、Xに対し、賃料不払等を理由として本件賃貸借契約を解除する旨の意思表示をして、本件店舗部分の明渡等を訴求した（反訴）。

判旨
　1　第一審は、Yの賃貸借契約解除を有効とし、Yの反訴請求を全部認容するとともに、Xの本訴請求を338万円及びそれに対する年6分の遅延損害金の限度で認容した。
　2　控訴審は、Xの求める4年5か月間の得べかりし営業利益を3104万円余と算定し、その限度でXの請求を認容し、Yの解除を無効とし、Yの反訴請求を棄却した。
　3　上告審は、上記認定事実をもとに、Yが本件修繕義務を履行したとしても老朽化して大規模な改修を必要としていた本件ビルにおいてXが本件賃貸借をそのまま長期にわたって継続し得たとは考え難いこと、本件本訴が提起された時点では本件店舗部分における営業再開が実現可能性の乏しいものとなっていたこと、Xは他の場所でカラオケ店を営業することが可能であったこと、3711万円余の保険金でカラオケセッ

ト等を相当程度整備することができたこと等を指摘したうえで、つぎのとおり判示して、原判決中、Xの本訴請求に関する部分を破棄して原審に差し戻し、Yの反訴請求に関する上告を棄却した。「遅くとも、本件本訴が提起された時点においては、Xがカラオケ店の営業を別の場所で再開する等の損害を回避又は減少させる措置を何ら執ることなく、本件店舗部分における営業利益相当の損害が発生するにまかせて、その損害のすべてについての賠償をYらに請求することは、条理上認められないというべきであり、民法416条1項にいう通常生ずべき損害の解釈上、本件において、Xが上記措置を執ることができたと解される時期以降における上記営業利益相当の損害のすべてについてその賠償をYらに請求することはできないというべきである。」。

　本件は、必ずしも建物賃貸借に特有の問題ではなく、債務不履行に基づく損害賠償請求をいかなる範囲で認めるべきかという問題である。そして、債権者には、損害を回避し又は減少させる措置をすべき信義則ないし条理上の義務があると考えられる（不法行為に基づく損害賠償請求についても同様に考えることができるだろう。）。本件上告審判決は、そのような義務を明確に肯定したものとして重要な意義を有するものである。

〔解説・評釈等〕髙橋譲・判解 3 事件、中田裕康・法協127巻 7 号130頁、廣峰正子・法時81巻12号112頁、難波譲治・別冊法時40号22頁、千葉恵美子・判評609号 6 頁、野澤正充・判タ臨増1298号63頁、潮見佳男・ジュリ臨増1398号91頁

110 建物賃借人の有益費償還請求権

賃貸人が交替したときは、新賃貸人のみが有益費償還義務を負うとされた事例

一 審…東京地判昭和41年6月9日民集25巻1号142頁（主文及び事実）
控訴審…東京高判昭和42年3月30日民集25巻1号145頁
上告審…最判昭和46年2月19日民集25巻1号135頁

事案　Xは、昭和15年6月20日、Yから本件建物を賃借し、キャバレーとして営業していたが、終戦後、進駐軍側の要望や指示もあって、本件建物に再三手を加え増改築を重ねた。Yは、当時の社会情勢から格別苦情も異議も述べず、暗黙のうちにこれを承認する態度をとっていた。Yは昭和29年1月本件建物をBに譲渡し、さらに数人を経て、最後にC、Dの共有になった。昭和39年4月、建物収去土地明渡請求事件の確定判決による執行により本件建物は収去された。XはYに対し、本件建物のために有益費163万円を支出したとして、その支払を訴求した。

判旨　1　第一審は、Xの請求を棄却した（詳細不明）。
　2　控訴審は、Y、X間の賃貸借契約上の賃貸人の地位は、YからBへの本件建物譲渡に伴いBに承継され、Yは賃貸借関係から離脱したと判示して、Xの控訴を棄却した。
　3　上告審は、つぎのとおり判示して、Xの上告を棄却した。「建物の賃借人または占有者が、原則として、賃貸借の終了の時または占有物を返還する時に、賃貸人または占有回復者に対し自己の支出した有益費につき償還を請求しうることは、民法608条2項、196条2項の定めるところであるが、有益費支出後、賃貸人が交替したときは、特段の事情のないかぎり、新賃貸人において旧賃貸人の権利義務一切を承継し、新賃貸人は右償還義務者たる地位をも承継するのであって、そこにいう賃貸人とは賃貸借終了当時の賃貸人を指し、民法196条2項にいう回復者とは占有の回復当時の回復者を指すものと解する。そうであるから、Xが本件建物につき有益費を支出したとしても、賃貸人の地位をBに譲渡して賃貸借契約関係から離脱し、かつ、占有回復者にあたらないYに対し、Xが右有益費の償還を請求することはできないというべきである。」。

Key point　賃貸建物譲渡に伴い賃貸人の地位が建物譲受人に移転したときは、建物譲受人である新賃貸人が敷金返還債務を承継し、建物譲渡人たる旧賃貸人は賃貸借契約関係から離脱し、敷金返還債務を負わないとするのが判例（後掲〔→**145**〕）であるが、本件上告審判決はそれと同様の見解を示したものといえる。なお、建物賃借人が賃借建物に附加した部分が滅失した場合には当該部分に関する有益費償還請求権は消滅するとした最判昭48.7.17民集27巻7号798頁がある。
〔解説・評釈等〕鈴木重信・判解2事件、三宅正男・民商65巻6号997頁、須永醇・判評152号21頁、石外克喜・ジュリ臨増509号43頁

2-5 建物賃借権の相続、譲渡又は建物の転貸

傾向と実務

第1　建物賃借権の相続又は同居人の承継

1　建物賃借権の相続

　建物の賃借人が死亡した場合には、建物賃借権（借家権）は、借地権と同様、一種の財産として賃借人の相続人に相続される。相続人が複数存在する場合、すなわち共同相続の場合は、特定の相続人に建物賃借権を相続させる旨の遺言があればそれに従うことになるが、そのような遺言がないときは、共同相続人全員が相続分に応じて共同相続する。共同相続人間の遺産分割協議によって特定の相続人にこれを取得させることもできるし、協議が調わないときは、申立てにより家庭裁判所が審判によって遺産分割をする（賃借建物において賃借人と同居していた相続人が、その建物賃借権の相続について、他の相続人に優先するわけではない。）。これらの点は、他の遺産（相続財産）の扱いと変わるところがないが、ただ、建物賃借権は、一般には（借地権と異なり）さほど大きな価値を有するものではないので、遺言書や遺産分割協議書の中で取得者が明示されることは少ないようである。

2　同居人による建物賃借権の承継

　居住用建物の賃借人が死亡し、その相続人がいない場合において、婚姻又は縁組の届出はしていないものの賃借人と事実上夫婦又は養親子と同様の関係にあった同居者がいるときは、その同居者がその建物の賃借人の権利義務を承継する（旧借家7条ノ2第1項本文、借地借家36条1項本文）。ただし、その同居者が承継を強制されるいわれはないので、賃借人が相続人なしに死亡したことを同居者が知った後1か月以内に賃貸人に対し、賃借人の権利義務を承継しない旨の意思表示をしたときは、承継はしない（旧借家7条ノ2第1項ただし書、借地借家36条1項ただし書）。建物賃借人の相続人がいる場合には、賃借人と事実上の夫婦又は養親子の関係にあった同居者は賃借人の権利義務を承継することはないが、賃貸人から建物明渡請求されたときは、相続人が取得した賃借権を援用して賃貸人に対抗することができる（〔●111〕参照）。賃借人と同居していなかった賃借人の相続人が賃借人と事実上夫婦又は養親子の関係

にあった同居者に対して賃借建物の明渡しを求めた場合、その請求が権利の濫用に当たるものとして許されないことがある（建物賃貸借に関するものではないが、内縁の夫が所有していた建物の相続人からの、内縁の妻に対する建物明渡請求を権利の濫用に当たるとして排斥した最判昭39.10.13民集18巻8号1578頁がある。）。

第2　建物賃借権の譲渡又は建物の転貸と賃貸人による賃貸借契約解除

1　建物賃借権の譲渡又は建物転貸

　賃借人は、賃貸人の承諾を得なければ賃借権を他へ譲渡し又は賃借物を他へ転貸することができない（民法612条1項。もっとも、譲渡等の当事者間では譲渡等が有効であることにつき大判昭2.4.25民集6巻182頁参照）。借地に関しては、土地賃借権の譲渡又は土地転貸について賃貸人の承諾に代わる裁判所の許可を得ることができるが（旧借地9条ノ2、9条ノ3、借地借家19条、20条）、建物賃貸借についてはそのような制度は設けられていない。

2　無断賃借権譲渡等を理由とする賃貸人の解除

　賃借人が賃貸人の承諾を受けないで賃借権を譲渡したり賃借物を転貸したときは、賃貸人は賃貸借契約を解除することができる（民法612条2項）。もっとも、賃貸人の承諾を得ないで、建物賃借権の譲渡や建物転貸がされた場合にも、賃貸人、賃借人間の信頼関係を破壊するに至っていないと認められる特段の事情のあるときは賃貸人による解除は許されないとするのが確立した判例理論である（〔⇒113、114〕など。なお、「特段の事情」の存在については、解除の効力を争う賃借人が主張立証すべきであるとする、借地に関する最判昭41.1.27民集20巻1号136頁があるが、建物賃貸借に関する最判昭43.3.29判時517号49頁も、同判決を引用して同旨を述べている。）。この点は、借地の場合と同様であるが、「賃貸人の承諾に代わる裁判所の許可」の制度のない建物賃貸借においては、上記判例理論は、より一層重要な意義を有する。

111 建物賃借人の死亡とその準親族の建物居住権

建物賃借人の事実上の養子であった者は賃借人の相続人の賃借権を援用して賃貸人に対抗することができるとされた事例

一　審…神戸地判（判決年月日不明）民集16巻12号2460頁（主文及び事実）
控訴審…大阪高判昭和34年 4 月14日民集16巻12号2462頁
上告審…最判昭和37年12月25日民集16巻12号2455頁

事案　　Xは、その所有する本件建物をAに賃貸していた。Yは昭和17年 4 月以降、琴師匠であったAの内弟子となって本件建物に同居してきたが、年を経るに従い、子のなかったAはYを養子とする心組を固めるに至り、晩年にはその間柄は師弟というよりは全く事実上の母子の関係に発展し、周囲もこれを認め、Aが昭和30年12月12日死亡した際も相続人としてBらがいたが、親族一同了承の下にYを喪主として葬儀を行わせ、Aの遺産はすべてそのままYの所有と認め、Aの祖先の祭祀もYが受け継ぐことになり、Aの芸名の襲名も許され、その世帯を事実上引き継いでその主宰者となった。

Xは、本件建物の所有権に基づき、Yに対し本件建物の明渡しを訴求した。

判旨
1　第一審は、Xの請求を棄却した（詳細不明）。
2　控訴審は、「住宅の賃借権には、特段の事情のない限り、その性質上、賃借人の世帯員の居住権を内包するものと解するのが相当であって、その世帯員は、必ずしも法律上の親族関係による家族のみに限らず、社会通念上共同生活体を構成するのが自然であると認められる者をも包含するものと見るべきところ……」としたうえで、「Yは前叙の理由により相続人等の共同相続した本件賃貸借を援用しXに対し本件家屋に居住する権利を対抗しうるものといわねばならない。」と判示して、Xの控訴を棄却した。
3　上告審は、まず、Aの本件建物の賃借権がBら、Aの相続人に承継されたとする原審判断を正当とした。そのうえで、つぎのとおり判示してXの上告を棄却した。「Yは、Aを中心とする家族共同体の一員として、Xに対しAの賃借権を援用し本件家屋に居住する権利を対抗しえたのであり、この法律関係は、Aが死亡し同人の相続人等が本件家屋の賃借権を承継した以後においても変りがないというべきであり、結局これと同趣旨に出た原審の判断は、正当として是認できる。」。

本件は、居住用建物の賃借人が相続人なくして死亡した場合に関する旧借家法 7 条ノ 2 （同条は、借地借家法36条に踏襲されている。）が施行される前の事案であるが、同規定施行後であっても（賃借人に相続人がいる場合であるので）同規定が適用されない場合である。賃貸人の許容に基づいて賃借建物を使用してい

る賃借人の家族や従業員等は、一般には、独立の占有者とはいえず、賃借人の履行補助者（占有補助者）と見るべきものである。親族的関係にある者も同様である。本件上告審判決と同旨を判示したものに、最判昭42.2.21民集21巻1号155頁（建物賃借人の内縁の妻であった者は、賃借人の共同相続人の賃借権を援用して賃貸人に対抗することができるが、内縁の妻が共同相続人と並んで賃借人となるわけではないとし、原判決が内縁の妻に対する未払賃料の請求を認めた部分を破棄して、これを棄却した。）、最判昭42.4.28民集21巻3号780頁（建物賃借人の相続人が行方不明、生死不明である場合にも賃借人の内縁の夫だった者は相続人の賃借権を援用して賃貸人に対抗することができるとした。）などがある。

　なお、建物賃貸借の事案ではないが、居室の所有者（被相続人）と不仲で同居していなかった養子が、その居室を相続した後、さし迫った必要もないのに、その居宅に被相続人と同居していた被相続人の内縁の妻に対してその居宅の明渡しを請求した事案につき、これを権利の濫用に当たるとして排斥した最判昭39.10.13民集18巻8号1578頁がある。

〔解説・評釈等〕蕪山厳・判解140事件、川島武宜・法協81巻6号722頁、谷口知平・民商49巻3号357頁、望月礼二郎・別冊ジュリ40号129頁

112 賃借権無断譲渡又は無断転貸①

1個の契約で2棟の建物を賃貸した場合において1棟の建物の無断転貸を理由に2棟の建物全部についての賃貸借を解除することができるとされた事例

一　審…大阪地判昭和29年5月21日民集11巻12号1932頁
控訴審…大阪高判昭和30年12月24日民集11巻12号1940頁
上告審…最判昭和32年11月12日民集11巻12号1928頁

事案　Xら両名は、昭和18年3月、共同住宅甲、乙2棟を共同経営するため新築、共有し、これを徴用工員の宿として使用させるためY（株式会社）に賃貸した。戦後、昭和20年8月31日、Yの申入れにより、Xらは、あらためて甲、乙2棟につき賃料額を定めるなどしてこれをYに賃貸した。Yは、昭和22年4月ころ、Xらの承諾を得ないで甲建物をAに転貸し、Aはこれを利用して下宿業を始め、20数室をそれぞれ間借人に間貸をしている。

　XらはYに対し、甲、乙2棟の明渡しを訴求し、その訴求の送達（昭和24年3月11日）をもって上記賃貸借契約を解除する旨の意思表示をした（Xらは、ほかに、解約申入れによる賃貸借の終了等をも主張しているが、省略する。）。

判旨　1　第一審は、Yの上記転貸が「Xらに対する著しい背信行為」であるとして、その解除の効力を認めて、Xらの請求を認容した。

　2　控訴審も、第一審判決を全面的に引用してYの控訴を棄却したが、転貸したのは甲建物のみであり、乙建物についての解除は許されないとのYの主張については、「賃貸人が、1個の賃貸借契約で各独立の2棟の建物を賃借し、そのうちの1棟についてのみ無断転貸をした場合でも、他に特段の事情のないかぎり、賃貸人に対して著しい背信行為があるものとして、賃貸人は民法612条によって右賃貸借契約全部の解除権を取得するものと解するのが相当である」として、これを排斥した。

　3　上告審も、つぎのとおり判示して、原審の判断を是認し、Yの上告を棄却した。「1個の賃貸借契約によって2棟の建物を賃貸した場合には、その賃貸借により賃貸人、賃借人間に生ずる信頼関係は、単一不可分であるこというまでもないから、賃借人が1棟の建物を賃貸人の承諾を得ないで転貸する等民法612条1項に違反した場合には、その賃貸借関係全体の信任は裏切られたものとみるべきである。従って、賃貸人は契約の全部を解除して賃借人との間の賃貸借契約を終了させその関係を絶つことができるものと解すべきである。されば原判決が、賃貸借関係は賃貸人と賃借人との相互の信頼関係に基いて成立するものであるから、賃借人が1個の賃貸借契約で各独立の2棟の建物を賃借し、そのうち1棟についてのみ無断転貸をした場合でも、他に特段の事情のないかぎり、賃貸人に対して著しい背信行為があるものとして、賃貸人は民法612条によって右賃貸借契約全部の解除権を取得するものと解すべきであると

判示したことは正当であって、原判決には所論の違法はない。」。

　2棟の建物について1個の賃貸借契約を締結した場合も、一般には可分の関係と考えられるので、当事者間で1棟のみの合意解除をすることはもちろん、賃貸人が1棟のみについて（無断転貸等を理由として）賃貸借契約を解除（契約の一部解除となる。）をすることは可能である。同一の当事者間で2棟の建物について各別に賃貸借契約を締結した場合において、そのうちの1棟の転貸を理由として（当該建物についての賃貸借契約を解除することはできるものの）他の1棟について解除することはできないとした大阪地判昭47.10.16判時703号62頁があるが、同種の2個の賃貸借契約のうちの1個の契約についての無断転貸その他の背信行為が、他の契約についての背信行為と認められる場合もあると思われる（その場合には、2個の賃貸借契約を解除することができることとなる。）。

　ちなみに、借地契約における目的土地の一部の転貸を理由に借地契約の全部を解除することができるとした最判昭34.7.17民集13巻8号1077頁、最判昭42.12.8判時506号38頁、借地権の一部無断譲渡につき、譲渡部分だけの解除を認めた原判決（東京高判昭42.2.27下民18巻1・2号171頁）を是認した最判昭46.6.22判時636号48頁などがある。

〔解説・評釈等〕大場茂行・判解108事件・五十嵐清・民商37巻5号722頁

113 賃借権無断譲渡又は無断転貸②

賃借建物の一部を転貸しているにもかかわらず、背信行為と認めるに足りない特段の事情があるとして賃貸人の解除が無効とされた事例

一 審…高知地判（判決年月日不明）民集15巻4号1220頁（主文及び事実）
控訴審…高松高判昭和32年7月12日民集15巻4号1222頁
上告審…最判昭和36年4月28日民集15巻4号1211頁

事案

Xは、昭和21年末ころ、その所有する本件建物をY_1に賃貸した。本件建物の建築費は約5千円であったがXが支出したのは300円くらいであり、他はY_1が支出した。その後、昭和24年、昭和26年に本件建物の修理及び増改築がなされたが、その費用（約10万円）もすべてY_1が負担した。Y_1は、本件建物で薬種商とたばこ小売業を営んでいたが、薬種商の営業が不振であったため、生活資金を得る一助として、昭和29年6月、Y_2との間に、Y_1が本件建物の階下の一部分をY_2に提供し、そこにY_2がまんじゅう製造機械を据えつけてまんじゅうの製造販売をし、その利益をY_1、Y_2間で一定割合で配分する旨の共同経営契約を締結した。同契約に基づき、同年7月、Y_2が同機械を本件建物階下に据えつけてまんじゅうの製造販売を開始した。Y_2に使用させている部分は階下のごく一部にすぎず、同機械は移動式のものであって建物の構造にはほとんど影響がなく、その取除きも容易である。Xは、昭和29年7月14日ころY_1に対し、Y_2への無断転貸を理由に本件賃貸借を解除する旨の意思表示をした。

XはY_1に対して本件建物の、Y_2に対して同建物の一部であるその占有部分の、各明渡しを訴求した。

判旨

1　第一審は、Xの請求を棄却した（詳細不明）。

2　控訴審は、「Y_1が家屋賃貸人たるXの承諾を得ないでY_2をして本件家屋の一部を使用させたことを以て、必ずしも家屋賃貸人に対する背信行為即ち賃貸借関係を解消しなければならぬ程度にXにとって堪え難い背信的行為であるとは未だ認め難く、本件の場合民法第612条の解除権は発生しないものといわなければならない。従ってXのなした前記賃貸借契約解除の意思表示は無効というべきである。」と判示して、Xの控訴を棄却した。

3　上告審は、まず一般論として、「賃借人が賃貸人の承諾を得ないで第三者をして賃借物を使用させた場合においても、賃借人の当該行為が賃貸人に対する背信的行為と認めるに足りない特段の事情がある場合においては、賃貸人は、民法612条2項により契約の解除をなし得ないこと、当裁判所累次の判例の趣旨とするところである《最判昭28.9.25民集7巻9号979頁、最判昭30.9.22民集9巻10号1294頁、最判昭31.5.8民集10巻5号475頁を引用》」と判示した。そして、本件については、「原審の認定した一切の事実関係（《省略》）を綜合すれば、Y_1が家屋賃貸人たるXの承諾を得

ないでY₂をして本件家屋の階下の一部を使用させたことをもって、原審が家屋賃貸人に対する背信的行為と認めるに足らない特段の事情があるものと解し、Xのした本件賃貸借契約の解除を無効と判断したのは正当である。」として、Xの上告を棄却した。

本件上告審判決引用の最判昭28.9.25（前掲〔⊃53〕）は借地に関して「信頼関係破壊の理論（背信性の理論）」を述べたもの、最判昭30.9.22は、商工組合法により設立された組合が商工省の内示、通達により解散し、2社（有限会社）に業務を引き継がせた事案につき背信性を否定したもの、最判昭31.5.8は、建物賃借人が多額の費用を投じて賃借建物を増改築したうえ、そのごく一部を転貸した事案につき背信性を否定したものである。本件についても、賃借人の多額の費用負担で（賃貸人の了解の下に）建物の増改築がなされたこと、転貸部分が賃借建物のごく一部であることなどが背信性否定の要因となったものである。なお、建物賃借人が離婚に際して妻に賃借権を譲渡したことに背信性がないとした大阪地判昭41.12.20判時485号56頁がある。

ちなみに、「背信行為と認めるに足りない特段の事情」は、解除の効力を争う賃借人が主張、立証すべきである（借地に関する最判昭41.1.27民集20巻1号136頁、建物賃貸借に関する最判昭43.3.29判時517号49頁）。

〔解説・評釈等〕三渕乾太郎・判解50事件、林良平・民商45巻5号199頁、石田喜久夫・法時33巻13号108頁

114 賃借権無断譲渡又は無断転貸③

賃借人が個人企業を会社組織に改め、賃貸人の承諾なく当該会社に賃借建物を使用させている場合に、背信行為がなく、解除は許されないとされた事例

　一　審…大阪地判昭和36年9月30日民集18巻9号1905頁（主文及び事実）
　控訴審…大阪高判昭和39年2月28日民集18巻9号1908頁
　上告審…最判昭和39年11月19日民集18巻9号1900頁

事案

　Aは、昭和22年7月、その所有する本件建物（木造2階建）をYに賃貸した。Yは同建物賃借当初から同建物の階下約7坪の店舗において、「B商会」という名称でミシン販売の個人営業をしていたが、税金対策のため、昭和24年ころ「(株)Bミシン商会」という商号の会社組織にし、昭和25年ころにはこれを解散してC(株)を組織し、昭和30年ころ、D(株)と商号変更した。これらの会社の株主は家族の名前を借りたものの、実際の出資はすべてYがしたものであり、各会社の実権もYが掌握している。その営業は、個人企業の時代と実質的に変更がなく、上記店舗の使用状況も会社になった後も変っていない。Yは、D(株)から転借料などの支払を受けたことはなく、かえって、Aに対する賃料を同社振出名義の小切手で支払っていた。AはYに対し、昭和35年5月27日、Yの上記会社に対する「無断転貸」を理由に本件賃貸借を解除する旨の意思表示をした。Aは昭和35年12月4日死亡し、Xら3名が本件建物を相続した。

　XらはYに対し、本件建物の明渡しを訴求した（なお、Xらは、Yの無断増改築を理由とするAのした賃貸借解除による賃貸借終了を主張していたものであるが、排斥されているのでこの点については省略する。）。

判旨

　1　第一審は、Xらの請求を棄却した（詳細不明）。

　2　控訴審は、「背信行為と認めるに足らない特段の事情がある場合には民法612条の解除権は発生しない」とする、借地に関する最判昭28.9.25民集7巻9号979頁（前掲〔◯53〕）を引用したうえで、「個人であるYがその賃借家屋を個人企業と実質を同じくする株式会社に使用させたからといって、賃貸人との間の信頼関係を破るものとはいえない」と判示してXらの控訴を棄却した。

　3　上告審も、前掲最判及び最判昭30.9.22民集9巻10号1294頁を引用して同旨を述べたうえで、つぎのとおり判示して、Xらの上告を棄却した。「個人であるYが本件賃借家屋を個人企業と実質を同じくするD(株)に使用させたからといって、賃貸人との間の信頼関係を破るものとはいえないから、背信行為と認めるに足らない特段の事情あるものとして、Xらが主張するような民法612条2項による解除権は発生しないことに帰着するとした原審の判断は正当である。」。

建物賃借人である個人が個人企業を会社組織に改め、当該会社として賃借建物を使用している事案について、賃借権無断譲渡ないし建物無断転貸を理由とする賃貸借契約解除の可否が争われたケースは少なくない。商工組合法に基づいて設定された組合である賃借人が商工協同組合法制定時、生産部門と販売部門を分離するように、との商工省当局の内示の通達を受け、同組合を解散し、各部門を遂行するための有限会社2社を設立し、賃借建物を使用させたという事案について、解除権を行使しえないと判示した最判昭30.9.22民集9巻10号1294頁がある。ちなみに、借地関係について、個人である土地賃借人が個人企業を会社組織に改めて同会社に土地を使用させた場合に解除権を否定した最判昭43.9.17判時536号50頁がある。また、個人である土地賃借人が賃借地上建物を現物出資して有限会社を設立し、同社に所有権移転をしたという事案について解除権を否定した最判昭47.4.25判時669号64頁、土地賃借人である僧侶個人がその賃借土地上建物を宗教法人の所有とした事案について解除を否定した最判昭38.10.15民集17巻9号1202頁がある。

〔解説・評釈等〕高津環・判解103事件、米倉明・法協91巻11号1676頁、水本浩・民商53巻1号67頁

115 賃借権無断譲渡又は無断転貸④
美容院の業務委託契約が店舗の転貸に当たるとして建物賃貸借契約解除が有効とされた事例

東京地判平成7年8月28日判時1566号67頁

事案　Xは、昭和43年1月9日、その当時の本件建物の賃借人であったAらからその賃借権を譲り受け、同月20日、本件建物につき、使用目的を美容院店舗として、期間を20年として賃借し、同所で美容院を経営してきた。X（賃借人）とY（賃貸人）は、昭和63年1月20日、本件建物につき、従前と同様の使用目的、期間3年として賃貸借契約を締結し、次いで平成3年1月20日、期間を3年として同契約を更新した（本件賃貸借契約）。XとBは、平成4年2月24日、XがBに「美容に関する運営業務」を委託する旨の記載のある業務委託契約書を取り交わし、BがXに保証金及び権利金名目で各50万円を支払った（本件業務委託契約）。Bは同日より平成6年1月末日までの間、「C」という名称で美容院の業務を行った。XはBに委託料等何らの金員も支払わなかった。Yは、本件業務委託契約及びこれに基づくBの本件建物利用がXによる無断転貸であるとして、平成5年7月15日ころXに対し、本件賃貸借契約を解除する旨の意思表示をした。Bは、平成6年1月末日、本件建物から退去し、Yに本件建物を引き渡した。

Xは、本件業務委託契約によるBの本件建物利用が転貸に当たらず、仮に転貸に当たるとしても背信性がないのでYによる解除は許されないなどと主張し、Yに対してXが本件建物について賃借権を有することの確認を訴求した（XはBに対しても損害賠償請求等をしているが省略する。）。

判旨　本判決は、つぎのとおり判示して、本件業務委託契約の実質は本件建物の転貸借であり、背信性を認め得ない特段の事情も認められないとしてYの前記解除を有効とし、Xの請求を棄却した。「本件業務委託契約に関する書面としては覚書がある。同書面では、第1条において、Xが代表者を務める(有)DがBに対し美容に関するすべての運営業務を委託する旨が記載されているものの、Bが行う美容院店舗の名称については、Bにおいて決定し、Xがまったく関与しないものとされていること（第2条）、Bが、毎月定額の運営費をXに支払うものとされていること（第3条）、本件建物に関する毎月の光熱費については(有)DがBに請求し、Bがその責任において支払うものとされていること（第4条）、本件業務委託契約に際して、Bが(有)Dに対し、保証金として50万円、権利金として50万円をそれぞれ支払うものとされていること（第5条）、右契約期間の最初の月にあたる平成4年2月分の本件建物に関する家賃の負担につき(有)DとBとの分担割合が決められていること（第6条第2文）、本件賃貸借契約の更新時において家主に対して支払うこととなる更新料についてのBの負担割合が決定されていること（第7条）などからすると、同契約の実質の大半は本件建物の転貸借契約であると認められる。」

建物賃貸借、特にスナック、バー、クラブなどの飲食店についての賃貸借において、賃借人が第三者に「経営委任」、「業務委託」などの名目で、実質的に賃借店舗を転貸（ないし賃借権譲渡）するケースが少なくない。本来の業務委託等では、委託者が受託者に報酬（委託料）を支払うのが一般であるが、実質的転貸の場合には、「受託者」（実質的転借人）が「委託者」に実質的な転借料を支払う（あるいは、賃借人の名義で直接賃貸人に賃料を支払う）こととしているのが通常である。経営委任ないし業務委託等が転貸に当たるとしたものに、東京地判昭32．2．4判時180号46頁、大阪高判昭37．6．15下民13巻6号1199頁（使用人に店舗の運営を任せていた事案）、東京地判昭47．6．30判時684号69頁、東京高判昭51．7．28判時834号64頁、東京地判昭53．7．18判タ371号105頁、神戸地判昭61．8．29判タ627号164頁、東京地判平4．2．24判時1451号136頁（①事件。ダンス教室に使用する目的で賃借した建物をヨガ教室等の主宰者に時間貸しをした事案に関するもの。）などがある（以上は、いずれも無断転貸を理由とする解除を認めたものである。）。逆に、類似事案について転貸に当たらないとしたものに神戸地判平4．6．19判時1451号136頁（②事件）がある。

2-6 建物賃貸借の終了と建物明渡し

傾向と実務

第1 建物賃貸借の終了原因

1 期間満了と解約申入れ

　普通建物賃貸借において期間の定めがあるときは、その期間の満了によって一応賃貸借は終了することになるが、賃借人が望むかぎり原則として更新すること、すなわち賃貸人は正当事由がないかぎり更新拒絶ができないこと、定期建物賃貸借は、その期間満了時に、当然に終了することなど、本章3で述べたとおりである。

　普通建物賃貸借において期間の定めがないときは、当事者の解約申入れによって一定期間（賃貸人からの申入れの場合は6か月経過後、賃借人からの申入れの場合は3か月後）に賃貸借が終了することになるが、賃貸人が解約申入れをするには正当事由が必要なこと等も、本章3で述べたとおりである。

2 解　除

　建物賃借人の賃料不払、用法違反等の債務不履行や賃借権無断譲渡等があったときは、賃借人は賃貸借を解除することができるが、信頼関係を破壊するに至らない（背信行為と認めるに足りない）特段の事情があるときは、賃貸人による解除は許されない（用法違反については本章4で、賃借権の無断譲渡等については本章5で説明した。賃料不払については次章で説明する。）。なお、適法な（すなわち賃貸人の承諾のある）転貸借がされている場合において、賃貸借契約が賃借人（転貸人）の債務不履行を理由とする解除により終了した場合、賃貸人が転借人に対して目的物の返還を請求した時に、原則として転貸借が終了するというのが判例〔●117〕である。

　賃貸人と賃借人間の合意解除によって建物賃貸借を終了させることも少なくない。その場合、賃貸人が賃借人に対して立退料を支払うことが多い（この立退料は、賃貸人の更新拒絶又は解約申入れの要件としての正当事由の補完として提供する立退料とは、多少性格を異にする。合意解除の際の立退料は、建物賃貸借を終了させる条件として授受されるものであって、その金額はあくまで双方の合意によって決まるものである。）。

適法な転借人がいる場合には、建物賃貸人と賃借人（転貸人）間で合意解除をしても、その効果を、原則として転借人に対抗することができないとするのが判例（大判昭9.3.7民集13巻4号278頁。その例外として〔→116〕参照）である。

3 その他

建物賃借人が賃貸人からその建物を買い受けたり、相続したりしてその所有権を取得すると（原則として）賃借権は混同により消滅する。賃貸借の目的である建物が、地震による倒壊、火災による焼失等で滅失した場合には、賃貸借は終了する。理論上は、時効によっても消滅する。

第2 賃借建物の明渡しと原状回復

1 明渡義務

建物賃貸借が終了したときは、当然のことながら、賃借人は賃借建物（ないし建物の一部。以下、同じ。）を賃貸人に明け渡す義務がある。後述する造作買取請求権を行使する場合のほか、賃借人は、賃借建物内の動産を搬出、撤去しなければ、明渡しを完了したとはみなされない（もっとも、賃借人が残置動産の所有権を放棄し賃貸人の自由な処分に任せる条件で、賃貸人が動産の残置を許容することも珍しくない。）。

賃貸借が終了したにもかかわらず、賃借人が賃借建物を明け渡さないときは、不法占有となり、少なくとも賃料相当の損害金支払義務が生じる。

2 原状回復義務

建物賃借人は、賃借建物を賃借した時の状態（原状）に戻してこれを賃貸人に返還（明渡し）をしなければならない（原状回復義務）。

原状回復義務の範囲をめぐっては、実際上、紛争が生じることが少なくない。賃借人が用法に従ってその建物を使用している場合に通常生じる損耗（畳のすり減りや壁の汚れなど）は、賃貸人としても当然に予測すべきであるし、その価値減少分は賃料額を決定する際に織り込み済みであると考えられるので、それについては、原則として賃借人は「元どおり」にする必要はないし、その費用を負担する必要もない。しかし、通常損耗の修復に係る費用を将来の賃貸借終了時に賃借人に負担させることを予定して賃料額を低く抑えているという場合も考えられないでもないので、通常損耗分の修復費用も賃貸人が負担する旨

2章 借家に関する判例

が具体的かつ明確に書面等で合意されている場合には、そのような合意も原則として有効である〔⇨118〕。

ちなみに、工場建物の賃借人が敷地の土壌汚染物質を除去しなかったことが原状回復義務の不履行に当たるとして損害賠償義務を認めた東京地判平19.10.25判時2007号64頁がある。

第3　造作買取請求権

1　造作買取請求権の発生

造作とは、建物の便益を図るために建物に取り付けた、取り外し可能な動産をいう。畳、襖や障子等の建具、照明器具、エアコンなどがこれに当たる（もっとも、近年の居住用賃貸建物では、あらかじめこれらの造作が取り付けられた状態で賃貸借がされる場合が通常である。）。建物賃借人が賃借建物に造作を取り付けた場合には、別段の合意がないかぎり、賃借人はその所有動産である造作を撤去、搬出することができることはもちろんである。しかし、畳や建具等の造作はその建物から取り外すと無価値になってしまうことも少なくない。そこで、賃借人が賃貸人の同意を得て賃借建物に取り付けた造作があるときは、賃貸借終了時に賃貸人に対し時価で買い取るよう請求することができるものとされている（旧借家法5条、借地借家法33条）。旧借家法下で、賃借人の債務不履行その他背信行為により賃貸借が解除された場合には造作買取請求権に関する旧借家法5条の適用がないとするのが判例（最判昭31.4.6民集10巻4号356頁、最判昭33.3.13民集12巻3号524頁）であったが、「建物の賃貸借が期間の満了又は解約の申入れによって終了するとき」とする借地借家法33条では、そのことは規定上明らかである。

旧借家法下では同法5条は強行法規（特約をもって排除することができない規定。）とされていたが、借地借家法33条は強行法規とされていないので、特約でその適用を排除することができるし、実際にも、契約書上、明文をもって排除されていることが多い。

賃借人が造作買取請求権を行使することができる場合にも、（前述の費用償還請求権と異なり）建物について留置権（民法295条）は発生しない。すなわち、賃貸人が造作代金を支払わないからといって、賃借人は建物の明渡しを拒むことができないというのが判例である〔⇨119〕。

116 賃貸借の解除と転借人①
建物賃貸借の合意解除の効果を転借人に対抗することができるとされた事例

一　審…名古屋地判（判決年月日不明）民集17巻3号463頁（主文及び事実）
控訴審…名古屋高判昭和36年9月13日民集17巻3号465頁
上告審…最判昭和38年4月12日民集17巻3号460頁

事案　Xは、昭和17年ころ、その所有する本件建物をAに賃貸した。Aはこれを鉄工所に使用する目的で賃借し、個人としてボルトナットの製造業を営んでいたが、1年くらい後にB（有限会社）を設立し、Bが引き続き本件建物で同じ事業を続けていた。昭和20年6月ころBとほかの2社が合併してAが代表取締役であるY（株式会社。Aとその家族が70％の株式を保有している。）が設立され、Yも引き続き工場として同建物を使用していた。そして、Xは、Yから賃料を受け取るなどして、Yの同建物使用、占有を承諾していた。昭和27年2月15日、簡易裁判所において、XとA、C（Yの工場長として本件建物に居住していた者）との間で、A、Cが昭和30年11月末日限り本件建物をXに明け渡す旨の調停が成立した。ついで、A、Cが、昭和27年2月ころ、あらためて本件建物をXから賃借したと主張してXに対して請求異議の訴えを提起したところ、昭和33年5月29日、A、Cが本件建物の明渡義務があることを再確認し、Xが昭和34年1月末日まで明渡しを猶予する旨の裁判上の和解が成立した。Aらは上記期限を徒過したのでXの申立てによって明渡しの執行がされたが、Yに対しては明渡しの執行ができなかった。

　XはYに対し、Yが賃借権を有しないことの確認及び本件建物の明渡しを訴求した。

判旨　1　第一審は、Xの請求を認容した（詳細不明）。
　2　控訴審は、賃貸人が承諾をした転借人がいる場合には賃貸人と賃借人（転貸人）が合意解除をしても転借人の権利は消滅しないとする後掲大判昭9.3.7を引用して同旨を述べたうえで、Yは、前記調停及び和解によりX、A間の賃貸借が終了することを了承していたのであるから、信義則上、遅くとも本件訴状送達（昭和34年8月21日）後、Yの転借権は終了していると判示して、Yの控訴を棄却した。
　3　上告審は、つぎのとおり判示して、原審の判断を是認し、Yの上告を棄却した。
「原判決の確定した事実によれば、本件賃借人と転借人とは判示のような密接な関係をもち、転借人は、賃貸人と賃借人との間の明渡に関する調停および明渡猶予の調停に立会い、賃貸借が終了している事実関係を了承していたというのであるから、原判決が、本件転貸借は賃貸借の終了と同時に終了すると判断したのは正当であって、所論の違法は認められない。」。

Key point 本件控訴審判決引用の判例は、建物賃貸借に関する大判昭9.3.7民集13巻278頁である。借地関係について借地契約の合意解除を借地上建物の賃借人に対抗することができないとする判例（最判昭38.2.21民集17巻1号219頁〔●59〕）が見られるが、賃料不払等により本来解除により明渡しを請求できる場合や土地賃借人と建物賃借人を同視できるような場合は、例外的に合意解除の効果を建物賃借人に対抗することができるとする判例（最判昭49.4.26民集28巻3号527頁〔●60〕）があった。

　本件控訴審判決は「本件転貸借は賃貸借の終了と同時に終了する」としているものではないと思われる（なお、転貸借の終了時に関しては、後掲〔●117〕があるが、本件事案のように、賃借人と転借人を同視できる場合には、賃貸借終了と同時に転貸借も終了すると解してさしつかえない。）。

　ちなみに、建物賃借人の内縁の妻が賃借人の相続人の賃借権を援用して賃貸人に対抗することができる場合には、賃貸人と相続人（賃借人）間の合意解除の効果を内縁の妻に対抗することができないとした東京地判昭63.4.25判時1327号51頁がある。

〔解説・評釈等〕瀬戸正二・判解29事件、星野英一・法協82巻2号332頁、篠塚昭次・民商49巻6号867頁、広瀬武文・判評62号7頁

117 賃貸借の解除と転借人②

賃貸借契約が賃借人（転貸人）の債務不履行を理由とする解除により終了した場合、適法な転貸借は、原則として、賃貸人が転借人に目的物の返還を請求した時に終了するとされた事例

一　審…東京地判平成5年3月22日民集51巻2号413頁（主文及び事実）、判時1473号73頁
控訴審…東京高判平成5年10月27日民集51巻2号418頁
上告審…最判平成9年2月25日民集51巻9号398頁

事案　X（株式会社）は、本件建物をA（有限会社）から賃借し、Aの承諾を得てこれをY_1に転貸していた。Y_2はY_1と共同して本件建物でスイミングスクールを営業していたが、その後Y_1と実質的に一体化して本件建物の転借人となった。XがAに対する昭和61年5月分以降の賃料支払を怠ったので、AはXとの賃貸借契約を解除した（これにより賃貸借契約は昭和62年1月31日終了した。）。Aは、昭和62年2月25日、X及びYらに対して本件建物の明渡し等を求める訴訟を提起した。Yらは、昭和63年12月1日以降Xに対する転借料の支払をしなかった。平成3年6月12日、前記訴訟においてAのX及びYらに対する本件建物明渡請求を認容する第一審判決が言い渡され、同判決のうちYらに関する部分は控訴されることなく確定した。Aは、平成3年10月15日、上記確定判決に基づく強制執行により、Yらから本件建物の明渡しを受けた。

XはYらに対し、主位的に昭和63年12月1日から平成3年10月15日までの転借料（Xから見た場合には、転貸料）合計1億3110万円の支払を訴求し、予備的に不当利得を原因として同額の支払いを訴求した。Yらは、その支払義務を争うとともに、Xの債務不履行（履行不能）を理由として、Aによる解除後Xに対して支払った転借料を不当利得であると主張し、またAに支払った損害金4000万円余についてXに対する損害賠償請求権があるとして、それによる相殺を主張した。

判旨　1　第一審は、「賃貸人が目的物を賃貸する権限を有しない場合でも、賃貸借契約そのものは有効に成立し得るのであり、賃借人は現実に使用収益をした以上、賃料支払義務を免れることはできないと解される。」と判示して、Yらの相殺の抗弁を認めたほか、Xの請求を認容した。

2　控訴審も、同旨を述べて、（相殺対象の債権についての判断の違いから）第一審判決を一部変更したものの、同判決と同様、YらのXに対する支払義務を認めた。なお、最判昭50.4.25民集29巻4号556頁、最判昭36.12.21民集15巻12号3243頁に言及しながらも、これらはYらの賃料（転借料）支払義務を否定する根拠とすることはできないとした。

3　上告審は、つぎのとおり判示して、Xの主位的請求に係る転借料債権は発生し

2章　借家に関する判例　289

ていないとし、また、本件事実関係のもとでは不当利得を原因とするXの予備的請求も理由がないとし、原判決（控訴審判決）のYら敗訴部分を破棄し、同部分につき第一審判決を取り消し、XのYらに対する請求をいずれも棄却した。「賃貸人の承諾のある転貸借においては、転借人が目的物の使用収益につき賃貸人に対抗し得る権原（転借権）を有することが重要であり、転貸人が、自らの債務不履行により賃貸借を解除され、転借人が転借権を賃貸人に対抗し得ない事態を招くことは、転借人に対して目的物を使用収益させる債務の履行を怠るものにほかならない。そして、賃貸借契約が転貸人の債務不履行を理由とする解除により終了した場合において、賃貸人が転借人に対して直接目的物の返還を請求したときは、転借人は賃貸人に対し、目的物の返還義務を負うとともに、遅くとも右返還請求を受けた時点から返還義務を履行するまでの間の目的物の使用収益について、不法行為による損害賠償義務又は不当利得返還義務を免れないこととなる。他方、賃貸人が転借人に直接目的物の返還を請求するに至った以上、転貸人が賃貸人との間で再び賃貸借契約を締結するなどして、転借人が賃貸人に転借権を対抗し得る状態を回復することは、もはや期待し得ないものというほかなく、転貸人の転借人に対する債務は、社会通念及び取引通念に照らして履行不能というべきである。したがって、賃貸借契約が転貸人の債務不履行を理由とする解除により終了した場合、賃貸人の承諾のある転貸借は、原則として、賃貸人が転借人に対して目的物の返還を請求した時に、転貸人の転借人に対する債務の履行不能により終了すると解するのが相当である。」（本件では、前述のとおり、Aは昭和62年2月にYらに対して訴訟を提起して明渡しを請求しているので、昭和63年12月1日時点では、Xの履行不能により転貸借は終了していたので、転借料債権は発生していない。）。

Key point 転貸借は、原賃貸借に基礎を置くものではあるが、原賃貸借とは別の、転貸人（原賃借人）と転借人間の賃貸借契約であって、原賃貸借が終了すれば、転借人は自己の賃借権（原賃貸人に対する関係での転借権）を原賃貸人に対抗することができなくなる。しかし、だからといって当然に転貸借までが終了するとはいえない。転貸借自体の終了時をどのように考えるかについては議論のあったところであるが（控訴審が言及した最判昭36.12.21は、「賃借人が債務不履行により賃貸人から賃貸借契約を解除されたときは、賃貸借契約の終了と同時に転貸借契約もその履行不能により当然終了する」とした原審判断を是認したものである。本件上告審判決はこれを明確に判示し、実務上の決着をつけたものといえる。なお、本件控訴審が言及した最判昭50.4.25は、所有権ないし賃貸権限を有しない者から不動産を賃借した者は、その権利者から明渡しを求められた場合には、民法559条、576条により、同明渡請求後は賃料支払を拒絶することができると判示したものである。

〔解説・評釈等〕山下郁夫・判解11事件、加賀山茂・別冊法時16号46頁、辻伸行・判評465号21頁、吉田克己・判タ949号57頁、塩崎勤・判タ臨増1135号75頁、鎌田薫・別冊ジュリ160号136頁

118 建物賃借人の原状回復義務

建物賃借人に通常損耗についての補修義務が認められるためには、その旨の特約が明確に合意されていることが必要であるとされた事例

　一　審…大阪地判平成15年7月16日
　控訴審…大阪高判平16年5月27日判時1877号73頁
　上告審…最判平成17年12月16日判時1921号61頁

事案　Y（地方住宅供給公社法に基づき設立された法人）は、本件共同住宅を一括して借り上げ、各住宅部分を一般個人に賃貸している。平成9年12月、Yは本件共同住宅の入居説明会を開催し、Yの担当者が参加者に対し、賃貸借契約書、補修費用の負担基準等についての説明が記載された「すまいのしおり」等を配布し、退去時の補修費用について同契約書添付の本件負担区分表（賃借人の負担とされる補修につき、襖紙・障子紙に関する「汚損（手垢の汚れ、タバコの煤など生活することによる変色を含む）・汚れ」、各種仕上材に関する「生活することによる変色・汚損・破損」などが記載されている。）に基づいて負担することになる旨の説明をしたが、同表の個々の項目についての説明はしなかった。Xの妻の母が上記説明会に出席してY担当者の説明を聞き、配付資料を持ち帰ってXに交付した。平成10年2月1日、XはYから本件住宅を賃借する旨、Yと賃貸借契約（本件契約）を締結し、その引渡しを受ける一方、同日、Yに対し敷金35万円余（本件敷金）を交付した。なお、その際、Xは本件負担区分表の内容を理解した旨記載した書面を提出している。本件契約書には、明渡時に賃借人が賃借住宅を原状に復すべきこと、本件負担区分表に基づき補修費用をYの指示により負担しなければならない旨を定めている（本件補修約定）。Xは、平成13年4月30日、本件契約を解約し、Yに本件住宅を明け渡した。Yは、本件敷金から本件住宅の補修費用として通常の使用に伴う損耗（通常損耗）についての補修費用を含む30万円余を差し引いた残額5万円余をXに返還した。XはYに対し、本件敷金の未返還分30万円余の支払を訴求した（本件では、①本件補修約定は通常損耗の補修費用を負担する内容のものか、②上記①が肯定される場合、本件補修約定の、通常損耗に係る費用をXが負担することを定める部分は公序良俗に反する無効なものか、③本件補修約定によりXが負担すべき箇所とその補修費用が争点となった。）。

判旨　1　第一審は、特約がない限り賃借人は通常損耗に関して原状回復を負わない（その修繕費用は賃貸人が負担する。）が、これと異なる特約も、契約自由の原則から許される、本件補修約定は公序良俗に反するものではない、敷金から控除されるべき30万円余は不当に高額とはいえない、としてXの請求を棄却した。

　2　控訴審は、第一審とほぼ同旨を述べて、Xの控訴を棄却した（①通常損耗の補修費用を賃借人に負担させる特約も契約自由の原則から許される（公序良俗に反するものではない。）、②本件負担区分表は本件契約書の一部をなすもので、その内容は明

確である、と判示している。）。

3　上告審は、原判決（控訴審判決）の、上記①の判断を是認したが、つぎのとおり判示して、上記②の判断を是認できないとして、原判決を破棄し、本件を原審に差し戻した。「賃借人は、賃貸借契約が終了した場合には、賃借物件を原状に回復して賃貸人に返還する義務があるところ、賃貸借契約は、賃貸人による賃借物件の使用とその対価としての賃料の支払を内容とするものであり、賃借物件の損耗の発生は、賃貸借という契約の本質上当然に予定されているものである。それゆえ、建物の賃貸借においては、賃借人が社会通念上通常の使用をした場合に生ずる賃借物件の劣化又は価値の減少を意味する通常損耗に係る投下資本の減価の回収は、通常、減価償却費や修繕費等の必要経費分を賃料の中に含ませてその支払を受けることにより行われている。そうすると、建物の賃借人にその原状回復義務を負わせるのは、賃借人に予期しない特別の負担を課すことになるから、賃借人に同義務が認められるためには、少なくとも、賃借人が補修費用を負担することになる通常損耗の範囲が賃貸借契約書の条項自体に具体的に明記されているか、仮に賃貸借契約書では明らかではない場合には、賃貸人が口頭により説明し、それを合意の内容としたものと認められるなど、その旨の特約（以下「通常損耗補修特約」という。）が明確に合意されていることが必要であると解するのが相当である。」、「本件契約書には、通常損耗補修特約の成立が認められるために必要なその内容を具体的に明記した条項はないといわざるを得ない。」、「そうすると、Xは、本件契約を締結するに当たり、通常損耗補修特約を認識し、これを合意の内容としたものということはできないから、本件契約において通常損耗補修特約の合意が成立しているということはできないというべきである。」

Key point　本件上告審判決は、賃借人は通常損耗について原状回復義務を負わないという大原則を前提としたうえで、通常損耗の補修（ないしその費用）を賃借人に負わせる特約の有効性を認めたものである。ただし、その特約の成立が認められるには、賃借人が負担することとなる補修内容が具体的かつ明確になっている必要があるとして、事実上その要件を厳格化したものであり、実際上は、同特約の成立は容易には認められないと思われる。

なお、本件上告審判決前、同種事案についての下級審裁判例として、大阪高判平12.8.22判タ1067号209頁（通常損耗補修特約の成立を否定）、大阪高判平15.11.21判時1853号99頁（本件上告審判決と類似）、大阪高判平16.7.30判時1877号81頁（同特約は公序良俗に反し無効とする。）、大阪高判平16.12.17判時1894号19頁（同特約は消費者契約法10条により無効とする。）などがあった。本件上告審判決後、同判決を引用して特約を認めなかった東京地判平24.10.31判タ1409号377頁がある。

〔解説・評釈等〕宮澤志穂・判タ1210号54頁、和根崎直樹・判タ臨増1245号51頁、内田勝一・ジュリ臨増1313号86頁、沖野眞已・別冊ジュリ200号56頁

119 建物賃借人の造作買取請求権

造作買取請求権行使によって生じた賃貸人に対する造作買取代金債権に関して、賃借建物についての留置権は発生しないとされた事例

- 一　審…東京地判（判決年月日不明）民集8巻1号27頁（主文及び事実）
- 控訴審…東京高判昭和28年6月30日民集8巻1号31頁
- 上告審…最判昭和29年1月14日民集8巻1号16頁

事案　Xは、昭和19年、その所有する甲、乙両建物（本件各建物）をYに賃貸した。YはXに無断で、甲建物に昭和23年10月以降Aを、昭和24年以降Bを、乙建物に昭和23年以降Cを、それぞれ居住させている（なお、Yは、Aとの間で賃料を支払わせる約定で居住させている。また、第一審におけるYらの主張によれば、Bについては、一時的に居住させていたもの、CはYの親族であり、家族の病気等を理由に引きとったもののようである。）。XはYに対し、昭和24年6月5日到達の書面をもって、無断転貸を理由に本件賃貸借を解除する旨の意思表示をした。

XはYに対し、本件各建物の明渡しを訴求した（A、B、Cに対してもそれらの各占有部分の明渡しを訴求しているが省略する。）。Yは、Aらを居住させていることが転貸に当たらないこと等を主張するとともに、仮にXの本件解除が認められる場合には、「甲建物の2階2坪の増築部分」、「甲建物のウィンドウ硝子及びベニヤ板張」、「乙建物の炊事場増築部分」につき造作買取請求権を行使し、その代金の支払を受けるまで本件各建物を留置する旨を主張した。

判旨　1　第一審は、XのAに対する明渡請求のみを認容し、その余の請求を棄却した（詳細不明。なお、Aは控訴せず、また、XはYに対する請求についてのみ控訴したようである。）。

2　控訴審は、B、Cを居住させたことは「それぞれ特別の事情に基づくものであって」民法612条の転貸借に当たらないとしたが、Aに賃料をとって居住させたのは明らかに転貸であるとしてXの本件賃貸借解除を認め、第一審判決を取り消してXの請求を認容した。そして、Yの留置権の主張については、つぎのとおり判示してこれを排斥した。「造作買取代金債権は造作に関して生じた債権で、建物に関して生じた債権ではないから、仮にYに造作買取代金債権があるとしても、これによって建物につき留置権を行使することができず、Xの建物明渡請求を拒絶することができないものといわなければならない。」。

3　上告審も、「造作買取代金債権は造作に関して生じた債権で、建物に生じた債権ではないと解するを相当とする《大判昭6.1.17民集10巻6頁を引用》。」と判示して原審の判断を是認し、Yの上告を棄却した。

旧借家法5条に基づく造作買取請求権行使による造作買取代金によって建物についての留置権が発生しないことは、すでに本件上告審判決引用の大審院判例が判示していたところであり、本件上告審判決もこれを踏襲したものである。最判昭29.7.22民集8巻7号1425頁も同旨（同時履行の抗弁権を行使することもできないとする。）を述べている。

　本件事案においてYが主張している増築部分等はすでに建物の一部となっているものであって、動産とはいえず、そもそも「造作」には当たらないとも考えられる。さらに、無断転貸や債務不履行を理由に賃貸借を解除された場合には造作買取請求権は発生しないとするのが判例（最判昭31.4.6民集10巻4号356頁、最判昭33.3.13民集12巻3号524頁）である。

　なお、建物賃借権がその建物を特殊な目的に使用するために特に付加した設備等は、旧借家法5条にいう「造作」に含まれないとした最判昭29.3.11民集8巻672頁がある。

〔解説・評釈等〕大場茂行・判解2事件、後藤清・民商30巻6号511頁

3章　借地・借家に共通する問題に関する判例

3-1

土地又は建物の賃料等

傾向と実務

第1　借地権と土地使用借権の区別

　借地権には、建物所有を目的とする地上権と建物所有を目的とする土地賃借権の2種があるが（借地借家2条1号）、前者には有償である場合（すなわち、地代の授受を伴う場合）と無償である場合がある（民法266条参照）。無償の地上権である場合には、外形上、土地使用貸借との区別が明確でない場合が多いが、地上権設定契約書等をもって地上権であることが明確に認定できる場合を別にすれば、裁判実務上、使用貸借と認定される場合が多い。

　貸主、借主間で若干の、ある程度定期的な金員の授受があるような場合にも、たとえばそれが土地にかかる公租公課に相当する程度のものでしかないような場合は、土地使用の対価とは認められず、使用貸借であると認定されることになろう。もっとも、賃貸借契約において、当初は相当の賃料であったものの、長年、増額請求がされないままであったために、賃料額が公租公課を下回るに至ったというような場合は、当事者の契約関係が当然に使用貸借に変更されたものとみることはできない。

　土地使用貸借である場合には（旧借地法ないし借地借家法による保護がないので）貸主の借主に対する土地返還（明渡し）請求は比較的容易に認められることになるが、事情によってはそれが権利の濫用に当たるものとして許されないことがある（〔⇒120〕のKey point 参照）。

第2　建物賃借権と建物使用借権の区別

　他人の建物の利用関係が賃貸借に基づくものか使用貸借に基づくものかは、ひとえに賃料支払の約定があるか否かによる。

　建物の借主が貸主に対して若干の金員を、定期的に支払っているという場合については、土地について前述したのと同様の問題がある。契約の当初から、建物使用の対価とは認められない低額の金員が授受されているに過ぎない場合には、やはり、賃貸借ではなく使用貸借であると判断されることになるだろう（〔⇒120〕）。

第3 土地又は建物の賃料等の支払義務

1 土地の地代等

借地権者が地代（その定めがある場合。以下、同じ。）又は賃料（以下、地代と併せて「地代等」という。）の支払を怠ったときは、借地権設定者は借地権者の債務不履行を理由に借地契約を解除することができる。もっとも、地代等不払があっても、信頼関係を破壊するに至っていない（すなわち、背信行為と認めるに足りない）特段の事情があるときは、解除は許されない（借地に関する最判昭43.6.21判時529号46頁、借家に関する〔⇨132〕参照）。

2 建物の賃料

建物賃貸借においては、賃借人が賃料を支払う義務がある。その不払を理由とする解除の可否については、借地について前述したところと同様である。

第4 土地の地代等又は建物の賃料についての増減請求

1 土地の地代等についての増減請求

借地契約の当事者には、「土地に対する租税その他の公租の増減により、土地の価格の上昇若しくは低下その他の経済事情の変動により、又は近傍類似の土地の地代等に比較して不相当となったとき」は、将来に向かって、地代等の増額又は減額を請求することができる（借地借家11条1項本文）。ただし、一定期間地代等を増額しない特約は有効である（同項ただし書。なお、「減額しない」旨の特約は無効である。）。増減請求権は形成権であるので増減請求をしたときに（請求に係る金額ではなく、前記要件をみたす限度で）当然にその効力を生じる（借家に関する〔⇨124〕参照）。

地代等の増額について当事者間に協議が調わないときは、その請求を受けた者は、増額を正当とする裁判が確定するまでの間、相当と認める額の地代等を支払うことをもって足りる（同条2項本文）。土地に係る公租公課の額を知らずにそれを下回る額の地代等を支払っていた場合も「相当と認める額」といえなくはないが〔⇨127〕、公租公課の額を知ってそれより低い金額を支払っていた場合は債務の本旨に従った履行をしていたものとは認められない〔⇨129〕。増額を正当とする裁判が確定した場合において、すでに支払った額がそれに不足するときは、その不足額に年1割の割合による支払期後の利息

を付してこれを支払わなければならない（同項ただし書）。

　地代等の減額について当事者間に協議が調わないときは、その請求を受けた者は、減額を正当とする裁判が確定するまでの間、相当と認める額の地代等の支払を請求することができる（同条3項本文）。減額請求をしたからといって、相手方（借地権設定者）がこれに応じないのに、一方的に減額請求後の地代等しか支払わない場合は、地代等の一部不払として借地権者の債務不履行となる（借家に関する〔⇨128〕参照）。減額を正当とする裁判が確定した場合において、すでに支払を受けた額がそれを超えるときは、その超過額に年1割の割合による受領時からの利息を付してこれを返還しなければならない（同項ただし書）。

　以上は、増減請求の要件を一部修正したほか、旧借地法12条の規定を踏襲したものである。

　なお、地代等増減請求に係る裁判手続については、原則として、訴訟の前に調停をしなければならないこととされている（民事調停法24条の2。調停前置主義）。

2　建物の賃料についての増減請求

　建物賃貸借の当事者も、「土地若しくは建物に対する租税その他の負担の増減により、土地若しくは建物の価格の上昇若しくは低下その他の経済事情の変動により、又は近傍同種の建物の借賃に比較して不相当となったとき」は、将来に向って、賃料の増額又は減額を請求することができる（借地借家32条1項本文）。この要件を別にすれば、一定期間増額をしない特約が有効であること、減額しない特約が許されないこと（同項ただし書）、増額又は減額について協議が調わない場合の処理（同条2項、3項）等は、地代等について前述したところと同じである（増減請求の要件を一部修正したほか、旧借家7条を踏襲したものである。）。もっとも、定期建物賃貸借（借地借家38条1項）において賃料の改定に係る特約がある場合には、前記賃料増減請求に関する規定は適用されず、その特約に従うことになる（同条7項）。

　いわゆるバブル経済崩壊後、特に都市部における建物の賃料相場が大きく下落したことから、賃料減額請求をめぐる紛争が激増した。特に、いわゆる「サブリース」の場合に借地借家法32条が適用されるか否かをめぐって大いに議論があったが、最高裁はその適用を肯定した〔⇨126〕。

120 賃貸借と使用貸借の区別

建物の借主が建物の公租公課の支払を負担しているにすぎない場合に使用貸借であるとされた事例

- 一　審…山口地下関支判昭和37年9月14日民集20巻8号1656頁（主文及び事実）
- 控訴審…広島高判昭和41年2月15日民集20巻8号1660頁
- 上告審…最判昭和41年10月27日民集20巻8号1649頁

事案　　Aは、昭和26年2月ころ、その所有する本件建物を新築したが、昭和27年4月1日、B（商工中金）のため本件建物に根抵当権を設定し、同月21日その登記を経由した。本件建物は、Bの申立てによる競売において、昭和33年6月16日、Cがこれを競落し、昭和36年10月18日、遺贈によりXがその所有権を取得した。Aは、その再従弟に当たるYを学生のころから世話をしてきたが、本件建物ができあがったころ、Yが困っていたので、Y夫婦に、期間も賃料も定めず、本件建物を使用させることにした。

やがてYの妻Dは、本件建物の階下で、茶、たばこ、郵便切手等の売店を開いたが、その後、昭和31年11月、Eに同店舗部分を、期間5年、賃料は5年分32万5000円、即日前払の約定で転貸をし、Eは同所でDに代って前記商品の販売を始めた。Yは、昭和25年ころから昭和32年ころまで、Xとその親族所有の、本件建物を含む不動産の固定資産税や市民税、水利地益税を支払っていたが、その間YがXらのために支払った税額の総額は14万7710円（ただし、この中にはBが代納した5万7288円が含まれる。）である。これらの不動産の固定資産税の年額は約3万2800円であり、昭和33年6月ころの本件建物の適正賃料は階下部分につき月額6000円、2階部分について月額3856円、合計9856円、年額約11万8000円であった。

XはYに対し、本件建物の明渡しを訴求した（Xは、Eに対してもその占有部分の明渡しを訴求し、第一審判決で認容されたが、控訴審係属中、Eはその占有部分をXに明け渡しているので、詳細は省略する。）。

判旨　　1　第一審は、Xの請求を認容した（詳細不明）。

2　控訴審は、「YがAとの間で右のような固定資産税等の支払を約したとしても、これにより本件建物の賃料を定めたものと認めるには足りないし、《中略》本件建物の貸借は、使用貸借であって、賃貸借ではないものと解するのを相当とする。」と判示して、Yの控訴を棄却した。

3　上告審は、つぎのとおり判示して原審判断を是認し、Yの上告を棄却した。「建物の借主がその建物等につき賦課される公租公課を負担しても、それが使用収益に対する対価の意味をもつものと認めるに足りる特別の事情のないかぎり、この負担は借主の貸主に対する関係を使用貸借と認める妨げとなるものではない。しかして、原審の事実認定は挙示の証拠によって是認し得、かかる事実関係の下においては、本

件建物の借主たる Y がその建物を含む原判示各不動産の固定資産税等を支払ったことが、右建物の使用収益に対する対価の意味をもつものと認めるに足りる特別の事情が窺われないから、Y と建物の貸主たる A との関係を使用貸借であるとした原審の判断は相当として是認し得るところであり、その他、原判決には何等所論の違法はない。」。

Key point 建物の借主（間借人）が、貸主に、「室代」として毎月1000円を支払っていたという事案につき、貸室使用の対価というよりは「貸借当時者間の特殊関係に基づく謝礼の意味のもの」として、その契約は賃貸借ではなく使用貸借であると判示した原判決を是認した最判昭35.4.12民集14巻5号817頁がある。同様に、建物の借主が当該建物にかかる公租公課のみを負担しているにすぎない場合（すなわち、貸主に何らの利得も生じていない場合）には、その負担を使用の対価とみることはできず、その関係を使用貸借とみることには、異論はないと思われる。もっとも、本件控訴審及び上告審の各判断には、疑問がないでもない。Y が、本件建物のみならず、X とその親族所有の多数の不動産に課せられる固定資産税等を X らに代わって支払っていた事情は必ずしも明らかではないが、その額が本件建物自体の固定資産税額（控訴審判決はこれを明らかにしていない。）を上回っていたことは当然であるし、Y がその固定資産税等を支払っていた不動産が多数にわたっていることに鑑みると、その支払額は、本件建物に課せられる固定資産税額をはるかに上回っていたのではないかとも想像される（もっとも、その支払額は、控訴審認定の適正賃料よりは、はるかに低い。）。Y の税金等支払が本件建物の実質的な賃料であったと認める余地がないわけではない。借主が土地にかかる公租公課を負担していたにすぎない場合に土地の使用貸借であるとした福岡地小倉支判昭47.6.23判タ283号287頁、若干の金銭授受はあったもののやはり土地の使用貸借であるとした東京地判平5.8.25判時1503号114頁がある。やや特殊な事案であるが、建物賃貸借であったものがその後使用貸借に変更されたと認定した大阪高判平4.11.10判タ812号217頁がある。逆に、土地の使用貸借がその後賃貸借に変更されたと認定した神戸地判昭62.6.24判タ655号172頁がある。

なお、東京高判昭61.5.28判時1194号79頁、東京地判平7.10.30判時1573号39頁は、いずれも使用貸借の借主に対する土地明渡請求が権利の濫用に当たり許されないとしたものである。

〔解説・評釈等〕高津環・判解80事件、高崎尚志・法協84巻9号140頁、谷口知平・民商56巻4号163頁

121 複数当事者の賃料等についての権利義務

相続開始から遺産分割までの間に共同相続に係る不動産から生ずる賃料債権は、各共同相続人がその相続分に応じて分割単独債権として確定的に取得するとされた事例

一　審…大阪地判平成15年9月26日民集59巻7号1940頁
控訴審…大阪高判平成16年4月9日民集59巻7号1946頁
上告審…最判平成17年9月8日民集59巻7号1931頁

事案

Aは平成8年10月13日死亡したが、その法定相続人は、後妻であるXのほか、前妻の子であるY、B、C、D（この4名を以下「Yら」という。）である。X及びYらは、Aの遺産である本件各不動産から生ずる賃料等について、遺産分割によりその帰属が確定した時点で清算することとし、それまでの間に支払われる賃料等を管理するための銀行口座（本件口座）を開設し、本件各不動産の賃借人らに賃料を同口座に振り込ませ、また、その管理費等を同口座から支出してきた。

平成12年2月2日、大阪高裁は、本件各不動産につき遺産分割をする旨の決定（本件遺産分割決定）をし、同決定は翌3日確定した。本件口座の残金の清算方法について、XとYらとの間に紛争が生じ、Xは、本件各不動産から生じた賃料債権は、相続開始の時にさかのぼって、本件遺産分割決定により本件各不動産を取得した各相続人にそれぞれ帰属するものとして分配額を算定すべきであると主張し、Yらは、本件各不動産から生じた賃料債権は、本件遺産分割確定の日までは法定相続分に従って各相続人に帰属し、本件遺産分割確定の日の翌日から本件各不動産を取得した各相続人に帰属するものとして分配額を算定すべきであると主張した。

そこで、XとYらは、本件口座の残金につき、各自が取得することに争いのない金額の範囲で分配し、争いのある金員をYが保管し（以下、この金員を「本件保管金」という。）、その帰属を訴訟で確定することを合意した。

XはYに対し、X主張の計算方法による本件保管金からの取得額（8886万3521円）と平成12年9月13日（Yが保管を開始した日）から年5分の割合による遅延損害金を訴求した。

判旨

1　第一審は、「遺産から生ずる法定果実は、それ自体は遺産ではないが、遺産の所有権が帰属する者にその果実を取得する権利もまた帰属するのであるから（民法89条2項）、遺産分割が遡及効を有する以上、遺産分割の結果、ある財産を取得した者は、相続人が死亡した時以降のその財産から生じた法定果実を取得することができるというべきである。」と判示して、付帯請求について訴状送達日の翌日（平成13年6月2日）から認めたほか、Xの請求を全面的に認容した。

2　控訴審も、「このような事実関係の下においては、特段の事情のない限り、本

件遺産分割決定が確定したことにより、本件不動産に係る賃料は、民法の規定（896条、909条本文、89条2項）に従い、当該不動産の取得者に確定的に帰属するに至ったものと解するのが相当である。」として、第一審の判断を是認して、Yの控訴を棄却した。

3　上告審は、つぎのとおり判示して、原審の上記判断を是認できないものとし、原判決を破棄して本件を原審に差し戻した。「遺産は、相続人が数人あるときは、相続開始から遺産分割までの間、共同相続人の共有に属するものであるから、この間に遺産である賃貸不動産を使用管理した結果生ずる金銭債権たる賃料債権は、遺産とは別個の財産というべきであって、各共同相続人がその相続分に応じて分割単独債権として確定的に取得するものと解するのが相当である。遺産分割は、相続開始の時にさかのぼってその効力を生ずるものであるが、各共同相続人がその相続分に応じて分割単独債権として確定的に取得した上記賃料債権の帰属は、後にされた遺産分割の影響を受けないものというべきである。」。

Key point　本件の争点は、借地借家法に関する問題ではなく、相続ないし遺産分割に関する問題であるが、賃料をめぐる、実務上きわめて重要な判例である。
　ちなみに、土地賃貸人の地位の共同相続人（共同賃貸人）の賃借人に対する賃料債権は不可分債権であるとした大阪高判平元.8.29判タ709号208頁、賃借人が数名いる場合について、共同賃借人の賃料債務は不可分債務であるとした大判大11.11.24民集1巻670頁がある。本件上告審判決は、いわば相続人間の内部問題に関するものであり、共同賃貸人と賃借人間の問題や賃貸人と共同賃借人間の賃料についての債権債務関係をどのように解すべきかを判示したものではないというべきであろう（そう解しないと、相続により共同賃貸人となった者達の相続分を正確に知ることができない賃借人は、誰にいくらを支払えばよいかを判断することができないし、一部の者に対する賃料不払の責を負わされる危険を生じることになる。）。

〔解説・評釈等〕松並重雄・判解28事件、田中淳子・法時78巻6号105頁、高木多喜男・別冊法時34号70頁、水野紀子・判評572号40頁、本山敦・判タ1211号38頁、菅野佳夫・判タ1224号71頁、松原正明・判タ臨増1245号137頁、野村豊弘・金法1780号22頁、前田陽一・金判1235号7頁、道垣内弘人・ジュリ臨増1313号90頁

122 賃料等増減請求の方法①

土地の共同賃借人の一部の者に対してされた賃料増額請求が無効とされた事例

一　審…大阪地判昭和52年4月8日
控訴審…大阪高判昭和53年2月28日
上告審…最判昭和54年1月19日判時919号59頁

事案

（一部、掲載誌冒頭コメントによる。）Xは、昭和36年3月ころ、その所有する、大阪市内にある本件土地の一部596.13㎡を建物所有目的でY_1に賃貸したがその後、賃貸部分を増加し、昭和38年1月には本件土地全部（実測643.96㎡）を賃貸することになった。Y_1は、昭和40年12月ころ、本件土地上にあった木造建物を取り壊し、同地上に本件建物（鉄筋コンクリート造、一部鉄骨鉄筋コンクリート造陸屋根4階建ビル）を建築して所有し、同建物でパチンコ店等を経営していたが、その後本件建物の所有権を弟のY_2に移転し、Y_1は山口県宇部市へ転居した。そして、昭和44年4月4日その所有名義もY_2に移転した。Xは、昭和46年12月22日、Y_2に対し、昭和47年1月1日から本件土地の賃料を月額41万6500円とする旨増額請求（第1回増額請求）をし、ついで昭和49年11月末ころ、Y_1、Y_2に対し同年12月1日より月額50万1400円にする旨増額請求（第2回増額請求）をした。

Y_1は本件建物譲渡後も毎月1度は大阪へ来てY_2の営業について助言、指導を行っており、第1回増額請求の後Y_2を同道してX宅を訪れ、Yらの増額案を呈示するなどしている。

XはY_1、Y_2両名に対し、2回目の増額請求後の賃料額の確認と、従前賃料との差額の支払を訴求した。Yらは、本件建物をY_1からY_2に譲渡した際、Xの承諾を得て本件土地賃借人の地位をY_2に移転しており、共同賃借人になったわけではないと主張した。

判旨

1　第一審は、第1回増額請求の効力が生じたことを前提としてYら両名に対し、昭和47年1月1日から昭和49年11月末日までの増額後の賃料と従前の賃料との差額の支払を命じた（第2回増額請求の効力も認めたようだが、内容は不明である。）。

2　控訴審も第一審判決を支持してYらの控訴を棄却した。

3　上告審は、まず、原審がYら両名を共同賃借人と認定したことにつき、つぎのとおり、これを法令の解釈、適用を誤り、ひいては理由不備の違法を犯したものと判示した。「右事実関係によれば、Y_1が本件建物の所有名義をY_2に移転した際、Y_1は特別の事情のない限り、本件土地の賃借権をもY_2に譲渡して賃借人の地位を離脱し、他方、Y_2が単独で賃借人の地位を承継取得したものと、推定すべきである。」（原判決認定事実のみではYらが共同賃借人となったと認定すべき特別の事情があるとはいえない。）。さらに原審が、Yらを共同賃借人であることを前提に、Y_2のみに対する

第1回増額請求の効力を認めた点について、つぎのとおり判示して、この点でも原判決は破棄を免れないとして、原判決を破棄し、本件を原審に差し戻した。「賃貸人が賃借人に対し借地法12条に基づく賃料増額の請求をする場合において、賃借人が複数の共同賃借人であるときは賃借人の全員に対して増額の意思表示をすることが必要であり、その意思表示が賃借人の一部に対してされたにすぎないときは、これを受けた者との関係においてもその効力を生ずる余地がない、と解するのが相当である。《最判昭50.10.2裁判集民事116号115頁引用》」。

 本件控訴審判決は、Y_1からY_2への本件土地賃借権譲渡についてはXのいまだ承諾を得ていないと認定したもののようであるが、それならば、Xとの関係ではいまだY_1のみが賃借人として扱われるべきであり、Y_2に対する増額請求はやはり効力を生じなかったというべきであろう（むしろ、XがY_2に対してのみ増額請求をした事実からすれば、Xは、少なくとも黙示的に、Y_1からY_2への賃借権譲渡を承諾していたと解すべきであろう。そうとすれば、もちろんY_2のみに対する前記増額請求も有効なものとなる。）。

共同賃借人の賃料支払債務は性質上の不可分債務になるとする、古い判例がある（大判大11.11.24民集1巻670号。同判決は、相続により共同賃貸人となった事例に関する前掲〔➡121〕によって変更されたわけではない。）。なお、当事者の一方が数人ある場合は、契約の解除は、その全員からその全員に対してのみ、することができる（民法544条1項）。共同賃借人に対する賃貸借契約の解除についても同じである。

123 賃料等増減請求の方法②
賃貸借契約に基づく使用収益の開始前にした賃料減額請求が無効とされた事例

一　審…東京地判平成10年10月30日判時1660号65頁
控訴審…東京高判平成11年10月27日判時1697号59頁
上告審…最判平成15年10月21日判時1844号50頁

事案

　Y（倉庫営業等を目的とする資本金3億円の株式会社）は、平成元年ころから、東京都港区に所有する事業用地（本件土地）の有効利用について検討をしていたが、同年11月ころ以降、X（不動産賃貸等を目的とする資本金867億円余の、我が国不動産業界有数の株式会社）から、「YがXの預託した敷金を建築資金として本件土地上に転貸事業用ビルを建築し、Xがこれを賃借して転貸事業を行う」旨の提案を受け、Xと契約内容等について交渉を進めた。

　Yは、平成3年7月9日、Xとの間で、本件建物の相当部分（本件賃貸部分）をつぎの約定で賃貸する旨の本件契約を締結した。約定の内容は、(ア)Yは、本件土地上に本件建物を建築し、本件賃貸部分を一括してXに賃貸し、Xはこれを賃借して自己の責任と負担において他に転貸して運用する。(イ)賃貸借契約は本件建物部分の引渡日の翌日から20年間とし、期間満了時には双方協議の上で更新することができる。(ウ)賃料は引渡時点において年額18億円とし、Xは毎月末日その12分の1（翌月分）を支払う。(エ)賃料は、同引渡日の翌日から2年を経過するごとに、その直前の賃料の8％相当額の値上げをする（本件賃料自動増額特約）。急激なインフレ等経済事情の激変、又は公租公課の著しい変動があったときは、Yは、Xと協議の上、上記8％相当額を上回る値上げをすることができる。(オ)賃料は、本件賃貸部分引渡しの翌日から4年を経過するごとに見直す。ただし、新賃料は、いかなる場合においても、上記の見直し時の直近1年間の支払賃料額を下回らない額とする。(カ)XはYに対し、総額234億円を敷金として預託する。（その他省略。）──というものであった。

　Yは、上記敷金の全額を建築代金及び設計監理費に充てた。XはYに対し、平成7年2月6日、賃料を年額10億円に減額すべき旨の意思表示をした（第1次減額請求）。本件建物は同月28日完成し、同日Yは本件建物部分をXに引き渡した。XはYに対し、平成8年7月3日、賃料を同年8月1日以降年額7億2418万5000円に減額すべき旨の意思表示をした（第2次減額請求）。

　XはYに対し、前記各減額請求により賃料減額の効果が生じたとして、その賃料額の確認を訴求した。

判旨

　1　第一審は、本件契約は「一定の経済合理性を備えた損益分配の方法を定めたもの」であり、借地借家法32条は適用されないと判示して、Xの請求を棄却した。

　2　控訴審は、本件契約は建物賃貸借契約であり、本件賃料自動増額特約があってもXの賃料減額請求権行使は妨げられないと判示して、Xの各賃料減額請求を有効と

した上で、第一審判決を変更して、第1次減額請求による賃料額を年16億0769万円に、第2次減額請求による賃料額を15億5981万円余とし、その限度でⅩの請求を認容した。

　3　上告審は、本件契約が建物賃貸借契約であり本件賃料増額特約があっても借地借家法32条1項によりⅩは賃料減額請求権を行使することができるとした原審の判断を是認したが、つぎのとおり判示してⅩのした第1次減額請求の効力を否定し、この部分についての原判決を破棄してⅩの控訴を棄却した。また、第2次減額請求後の相当賃料額は第1次減額請求による賃料減額の帰すうを前提として判断すべきであるとし、この部分についての原判決を破棄し、当該部分を原審に差し戻した。「借地借家法32条1項の規定に基づく賃料増減額請求権は、賃貸借契約に基づく建物の使用収益が開始された後において、賃料の額が、同項所定の経済事情の変動等により、又は近傍同種の建物の賃料額に比較して不相当となったときに、将来に向って賃料額の増減を求めるものと解されるから、賃貸借契約の当事者は、契約に基づく使用収益の開始前に、上記規定に基づいて当初賃料の額の増減を求めることはできないものと解すべきである。」。

　　　　　　　本件は、いわゆるサブリース契約に関する事案に関するものであり、本件上告審判決は、同種事案についての代表的な判決である後掲〔◯126〕と同日、同一の第三小法廷で言い渡されたものである。賃料自動改定特約があっても減額請求をすることができることは、すでに、借地に関する後掲〔◯125〕が判示していたところである。使用収益開始前に賃料増減請求をすることができるかという点については、従来ほとんど議論されたことがなく、上記〔◯126〕でも、その点は問題になっていない。なお、この点に関する本件上告審判決の判旨は、当然に借地関係に関する借地借家法11条1項の地代等増減請求権についてもその射程に含むものと解することができる。

〔解説・評釈等〕近江幸治・別冊法時30号38頁、金山直樹・判タ1144号74頁、岡内真哉・金判1177号2頁、小野秀誠・金判1182号59頁

124 賃料増額請求の効果が生じる時期

賃料増額請求は、その意思表示が賃借人に到達した日の分からその効果が生じるとされた事例

一　審…福岡地小倉支判昭和44年3月3日民集24巻6号486頁
控訴審…福岡高判昭和44年10月28日民集24巻6号498頁
上告審…最判昭和45年6月4日民集24巻6号482頁

事案　Xは、昭和33年ころ、その所有する本件建物の一部（本件建物部分）を、賃料月額1万5000円（毎月28日までに翌月分を支払う約定）でYに賃貸していた。Xは昭和37年7月9日Yに、同年7月1日以降の賃料を月額2万円に増額する旨の意思表示をし、ついで昭和38年11月中Yに到達した書面で同年12月1日以降の賃料を月額3万2000円に増額する旨の意思表示をした。Yがこれに応じなかったので、XはYに対し、増額請求後の賃料とYが実際に支払った賃料との差額として82万円余を訴求した。

判旨　1　第一審は、昭和37年の適正賃料を月額2万5208円であると認定し、同年7月9日以降月額2万円に増額されたものとし、昭和38年の適正賃料を月額2万2000円と認定し、同年12月1日以降月額2万2000円に増額されたものとし、Yが実際に支払った賃料との差額54万円余の支払をYに命じた。

2　控訴審は、第一審判決をそのまま引用して、Yの控訴を棄却した。

3　上告審は、Xの賃料増額請求につき、つぎのとおり判示して、Yの上告を棄却した。「それは形成権の行使であるから、賃料の増額を請求する旨の意思表示がYに到達した日に増額の効果が生ずるものと解するのが相当である。本件の場合、民法97条1項にいう「相手方に到達したる時」とは、右の趣旨に解するべきである。したがって、Xのなした賃料増額の意思表示がYに到達した日である昭和37年7月9日から月額2万円に、同38年12月1日から月額2万2000円に増額の効果を生じたとする原審の判断は、正当として是認することができる。」。

Key point　賃料増減請求権が形成権であることについては、すでに、旧借家法7条につき最判昭32.9.3民集11巻9号1467頁が判示していたところである（ちなみに、最判昭40.12.10民集19巻9号2117頁が旧借地法12条につき同旨を判示している。）。
もっとも、形成権であるが故に、その効果が、意思表示の到達した日の分から生じるとは、当然にはいえないだろう（ちなみに、賃貸借が解除された場合、解除の意思表示が到達した日までの分は賃料、その翌日以降を損害金として処理するのが裁判実務の一般的な取扱いである。）。

〔解説・評釈等〕鈴木重信・判解16事件、安間喜夫・民商64巻2号280頁

125 賃料自動改定特約の効力

地代等自動改定特約によって地代等の額を定めることが不相当となったときは、地代等増減請求をすることができるとされた事例

一　審…東京地判平成13年5月18日民集57巻6号614頁
控訴審…東京高判平成14年1月31日民集57巻6号627頁
上告審…最判平成15年6月12日民集57巻6号595頁

事案　X（生命保険会社）は、大規模小売店舗用建物を建設して（株）ダイエーの店舗を誘致することを計画し、昭和62年7月1日、その敷地の一部として、Y（株式会社）からその所有する本件各土地を、同月20日から35年間借り受ける旨の本件賃貸借契約を締結した。

XとYは、その際、権利金や敷金の授受をせず、賃料については、Xがダイエーから建物の賃料を受領するまでの間は月額249万円余、その後は633万円余とすることを合意するとともに、「但し、本賃料は3年毎に見直すことと、第1回目の見直し時は当初賃料の15％増、次回以降は3年毎に10％増額する。」という内容の本件増額特約を合意し、さらにこれらの合意につき、「但し、物価の変動、土地、建物に対する公租公課の増減、その他経済状態の変化により甲（Y）・乙（X）が別途協議するものとする。」という内容の本件別途協議条項を加えた。

XはYに対し、前記約定に従って、本件賃貸借開始時から昭和63年6月30日まで月額249万円余を、ダイエーより建物賃料を受領した同年7月1日以降は月額633万円余を支払った。その後、本件各土地の賃料は、3年後の平成3年7月1日に15％増の月額728万円に、その3年後の平成6年7月1日に10％増の800万円余にそれぞれ改定され、Xはその額の賃料をYに支払っていたが、平成9年7月1日にさらに10％増額するのは不合理であると判断したXは、同日以降も従前どおりの月額800万円余の賃料の支払を続け、Yも特段の異議を述べなかった。

XはYに対し、同年12月24日、本件各土地の賃料を20％減額して月額640万円余とするよう請求したが、Yはこれを拒絶し、Xに対し、平成9年7月1日に賃料が10％増の月額881万円余となったことを前提に平成10年10月12日ころ、不足分を支払うよう催告した。Xは、同年12月分から従前の賃料を20％減額した額をYに支払うようになった。

XはYに対し、本件土地の賃料が平成9年12月25日以降（第一審では「同月24日以降」としていたが控訴審で改めた。）月額640万円余であることの確認を求める訴えを提起し、YはXに対し、同賃料が平成9年7月1日以降月額881万円余であることの確認を求める訴えを提起した（第一審において両事件併合）。

判旨　1　第一審は、「本件増額特約は、自動的に所定の割合に増額改定されるとの合意ではなく、増額について双方で協議し、一方が増額に応じない場合には所定の増額は行われない趣旨である」とし、Xの減額請求を一部認容し、平成9年12月25日以降の賃料が月額785万円余であることを確認した（Yの請求は棄却し

た。)。

　2　控訴審は、「本件増額特約は3年毎に賃料を一定割合で自動的に増額させる特約であり、本件別途協議条項は同特約を適用すると賃料が著しく不相当となる（借地借家法11条1項にいう「不相当となったとき」では足りない。）ときに同特約の効力を失わせ、まず当事者双方の協議により、最終的に裁判の確定により、相当な賃料額を定めるとした約定である。」とし、本件では、いまだ同特約の効力を失わせるほど賃料額が著しく不相当になったとはいえないとして、第一審判決を変更してYの請求を認容（賃料が平成9年7月1日以降月額881万円余であることを確認）し、Xの請求及び付帯控訴を棄却した。

　3　上告審は、まず、借地借家法11条1項の規定が「強行法規としての実質を持つものである《最判昭31.5.15民集10巻5号496頁、最判昭56.4.20民集35巻3号656頁引用》」と判示し、ついで、地代等改定特約については、つぎのとおり判示した。「地代等の額の決定は、本来当事者の自由な合意にゆだねられているのであるから、当事者は、将来の地代等の額をあらかじめ定める内容の特約を締結することもできるというべきである。そして、地代等改定をめぐる協議の煩わしさを避けて紛争の発生を未然に防止するため、一定の基準に基づいて将来の地代等を自動的に決定していくという地代等自動改定特約についても、基本的には同様と考えることができる。」、「そして、地代等改定特約は、その地代等改定基準が借地借家法11条1項の規定する経済事情の変動等を示す指標に基づく相当なものである場合には、その効力を認めることができる。」とした。さらに、同特約と地代等増減請求との関係について、つぎのとおり判示した。

　「当初は効力が認められるべきであった地代等自動改定特約であっても、その地代等改定基準を定めるに当たって基礎となっていた事情が失われることにより、同特約によって地代等の額を定めることが借地借家法11条1項の規定に照らして不相当となった場合には、同特約の効力を争う当事者はもはや同特約に拘束されず、これを適用して地代等改定の効果が生ずるとすることはできない。また、このような事情の下においては、当事者は、同項に基づく地代等増減請求権の行使を同特約によって妨げられるものではない。」。

　そして、「本件増額特約によって地代の額を定めることは、借地借家法11条1項の規定の趣旨に照らして不相当なものとなったというべきである。」として、原判決を破棄し、Yの請求についての控訴を棄却し、Xの請求に関する部分を原審に差し戻した。

本件上告審引用の最判昭31.5.15は旧借家法7条について、最判昭56.4.20は旧借地法12条について、いずれもその強行法規性を判示したものである。本件上告審判決は、その後の地代等・賃料増減請求事件（例えば〔◎123、126〕など）に影響を与えた重要判決である（本件は借地契約における地代等に関するものであるが、当然、建物賃貸借契約における賃料増減請求についてもその射程が及んでいる。）。本件控訴審判決が、賃料自動改定特約の効力が失われる場合を「著しく不相当になったとき」としていたのに対し、本件上告審判決は、単に「不相当になったとき」としている点が重要である。

　旧借地法、旧借家法、借地借家法における地代等・賃料増減請求に関する規定が強行法規（ただし、一定期間増額しない特約は有効である。）であることについては、異論はないが、賃料自動改定特約との関係については議論のあったところである（これに関する、本件上告審判決前に出た近時の裁判例として、東京地判平6.11.28判時1544号73頁、東京地判平9.1.31判タ952号220頁、東京高判平9.6.5判タ940号280頁などがある。）。

　借地に関する最判平16.6.29判時1868号52頁は、本件上告審判決を引用して同旨を述べるとともに、「減額請求の当否及び相当賃料額を判断するに当たっては、賃貸借契約の当事者が賃料額決定の要素とした事情その他諸般の事情を総合的に考慮すべきであり、本件特約《賃料自動改定特約》の存在はもとより、本件賃貸借契約において賃料額が決定されるに至った経緯や本件特約が付されるに至った事情等をも十分に考慮すべきである。」と判示している。

〔解説・評釈等〕杉原則彦・判解13事件、和田安夫・民商130巻1号114頁、升田純・別冊法時29号42頁、平田健治・判評543号7頁、金山直樹・判タ1144号74頁、長久保尚善・判タ臨増1154号64頁、原田純孝・ジュリ臨増1269号78頁

126 賃料等増減請求の当否

いわゆるサブリース契約についても借地借家法32条1項の適用があるとされた事例

- 一　審…東京地判平成10年8月28日判時1654号23頁
- 控訴審…東京高判平成12年1月25日民集57巻9号1351頁
- 上告審…最判平成15年10月21日民集57巻9号1213頁

事案

（適宜簡略化する。）X（不動産賃貸等を目的とする資本金約2億6000万円の株式会社）は、昭和61年ころ東京都文京区内の土地上に賃貸用高層ビルを建築することを計画したところ、昭和62年6月、Y（不動産賃貸等を目的とする資本金867億円余の株式会社であり、我が国不動産業界有数の企業である。）から、上記土地上にXが建築したビルでYが転貸事業を営み、Xに対して長期にわたって安定した収入を得させる旨の提案を受け、交渉を進めた。

Xは、昭和63年12月3日、Yとの間で本件建物（地下3階付21階建）のうち、約半分の本件賃貸部分をYに賃貸する旨の予約をし、同月14日、同予約で約定した敷金49億4350万円のうち16億5500万円の預託を受けた。Xは、A（大手ゼネコン）との間で本件建物の建築請負契約を締結し、Aに請負代金等212億円余を、B（設計事務所）に設計料18億円余をそれぞれ支払ったが、これらの支払のうち上記敷金で賄いきれなかった181億円余については銀行融資を受けた。本件建物は平成3年4月15日に完成し、Xは、同月16日、Yとの間で上記予約に基づき、つぎの内容の本件契約を締結して本件賃貸部分をYに引き渡した。

契約内容の骨子は、①Yは本件賃貸部分をその責任と負担において第三者に転貸する。②期間は本件建物竣工時から15年間とし、期間満了時には双方協議の上さらに15年間更新する。原則として中途解約できない。③賃料は年額19億7740万円、共益費は年額3億1640万円とし、Yは毎月末日、年額賃料の12分の1を支払う。④賃料は本件建物竣工時から3年経過するごとに、その直前の賃料の10%相当額の値上げをする（本件賃料自動増額特約）。急激なインフレその他経済事情に著しい変動があった結果、値上げ率及び敷金が不相当になったときは、XとY協議の上、値上げ率を変更することができる（本件調整条項）。⑤YはXに、敷金として49億4350万円を預託する。――というものである。

YはXに対し、本件建物部分の賃料につき、平成6年2月9日に同年4月1日から年額13億8194万円余に、同年10月28日に同年11月1日から年額8億6863万円余に、平成9年2月7日に同年3月1日から年額7億8967万円余に、平成11年2月24日に同年3月1日から年額5億3393万円余に、それぞれ減額すべき旨の意思表示をした。Yが本件賃貸部分のテナントから受け取る転貸料の合計は、平成6年4月当時、平成9年6月当時、いずれも月額1億1516万円余、平成11年3月当時は月額約4581万円、同年4月以降は月額6000万円前後で推移している。

XはYに対し、本件賃料自動増額特約に従って賃料が増額したと主張して、「未払賃料」を敷金に充当し、これにより生じた敷金の不足分3億3275万円余を訴求した（控訴審において、請求額を52億6899万円とした。）。YはXに対し、反訴をもって、前記減額請求によって賃料が減額されたとしてその減額後の賃料の確認を訴求した。

判旨

1 第一審は、「本件契約が借地借家法が典型的に予定する借家契約とは異なる面があることは否定しようがなく、《中略》借地借家法32条の背後にある、社会的弱者としての賃借人保護という要請が働かないこと等の事情を考慮すれば、少なくとも同条が適用を予定する建物賃貸借としての実体を備えていないというべきである。」などとして、Yは同条に基づいて賃料減額請求できないと判示し、Xの本訴請求を認容し、Yの反訴請求を棄却した。

2 控訴審は、「本件契約は、建物賃貸借契約の法形式を利用しているが、建物賃貸借契約とは異なる性質を有する事業委託的無名契約の性質を持ったものであるので、本件契約の目的、機能及び性質に反しない限度においてのみ借地借家法の適用がある」としたうえで、Yの平成6年2月9日及び平成9年2月7日に本件調整条項に基づいて行った賃料減額請求によりそれぞれの時期の値上げ率が0％に変更されたものと認めるのが相当である、として、第一審判決を変更し、35億2323万円余の限度でXの請求を認容し、Yの反訴請求を棄却した。

3 上告審は、まず、借地借家法の適用について、「本件契約における合意の内容は、XがYに対して本件賃貸部分を使用収益させ、YがXに対してその対価として賃料を支払うというものであり、本件契約は、建物の賃貸借契約であることが明らかであるから、本件契約には借地借家法が適用され、同法32条の規定も適用されるものというべきである。」とし、同条が強行法規であるから「本件契約の当事者は、本件賃料自動増額特約が存するとしても、そのことにより直ちに上記規定に基づく賃料増減請求権の行使が妨げられるものではない。」と判示した。そして、「この減額請求の当否及び相当賃料額を判断するに当たっては、賃貸借契約の当事者が賃料額決定の要素とした事情その他諸般の事情を総合的に考慮すべきであり、本件契約において賃料額が決定されるに至った経緯や賃料自動増額特約が付されるに至った事情、とりわけ、当該約定賃料額と当時の近傍同種の建物の賃料相場との関係（賃料相場とのかい離の有無、程度等）、Yの転貸事業における収支予測にかかわる事情（賃料の転貸収入に占める割合の推移の見通しについての当事者の認識等）、Xの敷金及び銀行借入金の返済の予定にかかわる事情等をも十分に考慮すべきである。」と説示した。そして、原判決を破棄して、本件を原審に差し戻した。

Key point

いわゆるサブリース契約（本来は転貸借を意味するが、一般には、オフィスビル等で転貸事業を営むために所有者・原賃貸人から一括賃借する契約をいう。）については、バブル経済崩壊後、賃借人が転貸人から受領する転貸料総額が賃貸人に支払うべき約定賃料額を大幅に下回るという状態が多くなり、一方、賃貸人は賃借人からの賃料収入をあてにして金融機関からビル建築費を借り受けている関係で賃借人の賃料減額請求を認めると借受金返済が困難となる、という深刻な事態が生じていた。このようなところから、サブリース契約を一種の共同事業契約（的なもの）であるとして借地借家法32条の適用を受けない（あるいは、その適用が限定される）とする見解も有力であったし、そのような見解を述べる高裁レベルの判決も少なくなかった（本件控訴審判決もその

一例といえる。)。本件上告審判決は、そのような議論を背景に、いわゆるサブリース契約が建物賃貸借契約であり、借地借家法（特に32条）の適用を受けることを明言し、併せて、賃料増減請求の当否、相当賃料額の判断に当たって考慮すべき具体的事情を述べたもので、極めて重要な判決である。本件上告審判決と同日に言い渡された、前掲〔➡123〕も、そして2日後に言い渡された最判平15.10.23判時1844号54頁（その差戻審判決は、東京高判平16.12.22金判1208号5頁）も、サブリース契約について同旨を判示している。最判平16.11.8判時1883号52頁も同旨であるが、サブリース契約を共同事業契約であるとする福田裁判官の反対意見が付されている。

　サブリースに関するものではないが、いわゆるオーダーメイド賃貸借（賃貸人が賃借人の指定する仕様による、やや特殊な建物を建築してこれを賃借人に賃貸するケース）について、「通常の賃貸借と異なるものではない」として借地借家法32条1項の適用を認めた最判平17.3.10判時1894号14頁がある。

　なお、(サブリースに関するものではないが) 賃料減額請求をした賃借人が、賃貸人が従前の賃料額を請求しているにもかかわらず、自己の主張する賃料額のみを支払っていた場合には賃借人の債務不履行として賃貸人は賃貸借契約を解除することができるとした東京地判平6.10.20判時1559号61頁、後掲〔➡128〕がある（ちなみに、最判昭50.4.8金法763号36頁は、増額請求をした賃貸人が従前の賃料額の支払を催告したのに賃借人がこれに応じなかった場合に、賃借人の債務不履行を理由とする解除を認めたものである。）。また、減額請求をした賃借人の支払額が裁判で正当とされた額に不足する場合には、賃貸人はその不足額につき（法定利率による遅延損害金の請求はできるものの）借地借家法32条3項に基づく年1割の利息を請求することはできないとした東京高判平10.1.20判夕989号114頁がある。

〔解説・評釈等〕松並重雄・判解22事件、内田貴・法協121巻12号147頁、近江幸治・別冊法時30号38頁、金山直樹・判夕1144号74頁、岡内真哉・金判1177号2頁、小野秀誠・金判1182号59頁

127 賃料等増減請求と増減を正当とする裁判確定までの支払額①

賃料増額請求を受けた借地権者が供託した金額が後日裁判で確認された賃料額よりもはるかに低い額であるにもかかわらず旧借地法12条2項の相当賃料であると認められた事例

一　審…神戸地判昭和63年8月31日
控訴審…大阪高判平成2年7月20日
上告審…最判平成5年2月18日判時1456号96頁

事案　Y（個人）は、昭和45年5月23日、X（社団法人）から本件土地を建物所有を目的として、賃料（月額。以下同じ。）6760円で賃借し（本件賃貸借契約）、同土地上に本件建物を所有している。XはYに対し、本件土地の賃料を、昭和57年9月13日ころ到達の書面で同年10月1日から3万6052円に、昭和61年12月30日到達の書面で昭和62年1月1日から4万8821円に、それぞれ増額する旨の意思表示をした後、上記増額されたことの確認を求める訴訟（以下「賃料訴訟」という。）を提起した。

XはYに対し、賃料訴訟係属中の昭和62年7月8日到達の書面で、昭和57年10月1日以降の上記増額請求後の賃料を同月13日までに支払うよう催告するとともに上記期間内に支払のないときは本件賃貸借契約を解除する旨の意思表示をした。Yがこれに応じなかったので、XはYに対し、本件建物の収去による本件土地の明渡しを訴求した（本件）。

YはXに対し、従前の6760円の賃料を提供したが受領を拒絶されたので、昭和59年5月12日に同年6月分まで6760円、昭和62年1月28日に昭和59年7月分から昭和62年6月分まで1万0140円、昭和62年7月10日に同年7月分から同年12月分まで2万3000円を、いずれもYにおいて相当と考える賃料として供託した。

昭和62年12月15日、賃料訴訟において、賃料が昭和57年10月1日から昭和61年12月31日まで3万6052円、昭和62年1月1日以降は4万6000円であることを確認する判決がされ、確定した。昭和63年3月1日、XとYとの間で、賃料訴訟で確認された昭和62年6月30日までの賃料とYの供託賃料との差額とこれに対する法定の年1割の割合による利息を支払って清算する旨の合意が成立し、Yはこれに従って清算金を支払った。

判旨　1　第一審は、Xの請求を認容した（理由不明）。
2　控訴審は、Yが相当と考えていた賃料は、賃料訴訟で確認された賃料の約5.3分の1ないし約3.6分の1と著しく低いことなどから当事者間の信頼関係が破壊されたと認めるのが相当であるとしてXのした解除の効力を認め、第一審判決は、賃料相当損害金請求に関する一部を除いて正当であるとしてYの控訴を棄却した。
3　上告審は、つぎのとおり判示して原判決中Y敗訴部分を破棄して第一審判決中

同部分を取り消し、同部分に関するXの請求を棄却した。「本件において、Yは、Xから支払の催告を受ける以前に、昭和57年10月1日から同62年6月30日までの賃料を供託しているが、その供託額は、YとしてXの主張する適正賃料額を争いながらも、従前賃料額に固執することなく、昭和59年7月1日からは月額1万140円に増額しており、いずれも従前賃料額を下回るものではなく、かつYが主観的に相当と認める額であったことは、原審の確定するところである。そうしてみれば、YにはXが本件賃貸借契約解除の理由とする賃料債務の不履行はなく、Xのした解除の意思表示は、その効力がないといわなければならない。」、「もっとも、賃借人が固定資産税その他当該賃借土地に係る公租公課の額を知りながら、これを下回る額を支払い又は供託しているような場合には、その額は著しく不相当であって、これをもって債務の本旨に従った履行ということはできないともいえようが、本件において、Yの供託賃料額が後日賃料訴訟で確認された賃料の約5.3分の1ないし約3.6分の1であるとしても、その額が本件土地の公租公課を下回るとの事実は原審の認定していないところであって、いまだ著しく不相当なものということはできない。また、Yにおいてその供託賃料額が本件土地の隣地の賃料に比べはるかに低額であることを知っていたとしても、それがYにおいて主観的に相当と認めた賃料額であったことは原審の確定するところであるから、これをもってXのした解除の意思表示を有効であるとする余地もない。」。

Key point 旧借地法12条2項（借地借家法11条2項に踏襲されている。）は、地代等の増額請求を受けた者は増額を正当とする裁判が確定するまでは相当と認める額の地代等を支払うことをもって足りるとする規定である（建物賃貸借についても、旧借家法7条2項、借地借家法32条2項に同趣旨の規定がある。）。ここにいう「相当と認める額の賃料」は借地権者が主観的に相当と認めるものであればよいとすることに異論はない。なお、公租公課を下回る金額であることを知りながら支払い又は供託しているような場合には、主観的に相当の賃料と認めていたとしても、債務の本旨に従った履行をしているとはいえないことは、後掲〔⊃129〕のとおりである。

やや特殊なケースであるが、建物賃貸借において、賃貸人の賃料増額請求の一部を正当とする判決が確定し、これに照らすと賃料が過払となっていた場合において、賃貸人が返還すべき過払金については、借地借家法32条2項本文は類推適用されないとした東京高判平24.11.28判時2174号45頁（これに関する評釈として、荒木新五・判評656号15頁）がある。

〔解説・評釈等〕村田博史・別冊法時9号54頁、竹屋芳昭・判評429号58頁、池田恒男・判タ831号51頁、塩崎勤・判タ臨増852号74頁

128 賃料等増減請求と増減を正当とする裁判確定までの支払額②

建物賃借人が賃料減額請求をしたうえで、自己の主張する額の支払を継続した場合に賃借人の賃料不払を理由とする賃貸人の賃貸借解除が認められた事例

東京地判平成10年5月28日判時1663号112頁

事案　Xは、平成5年4月1日、その所有する本件建物を、賃料月額45万円（毎月末日限り翌月分を支払う約定）として、Yに賃貸した。Yは、平成7年4月25日付の手紙でXに対し、同年5月分以降の賃料を1か月35万円として支払う旨申し入れ、同月分以降、月額35万円をXの指定口座に振り込んだ。

Xは、同年6月27日、Yに対して、賃料について協議が調うまではXが相当賃料額と認める月額45万円を基礎として同年5月分、6月分の差額等の支払を請求した。その後、X、Y間で協議したが結局合意に達しなかった。Xは、平成8年6月12日、Yに対し、同年6月分までの差額賃料等を2週間以内に支払うよう催告し、同期間内にその支払いがないときは本件賃貸借を解除する旨の意思表示をしたがYはこれに応じなかった。

XはYに対し、上記解除により本件賃貸借が終了したことを理由に本件建物の明渡し及び未払賃料の支払等を訴求した。

判旨　借地借家法32条3項について、つぎのとおり判示し、Xによる解除を認めてXの明渡請求と裁判所が相当と認めた限度での未払賃料等の請求を認容した。「この規定は、《中略》賃貸人は、減額を正当とする裁判が確定するまでは、賃借人に対し、自己が相当と認める額の賃料の支払を請求することができるものとして、賃貸人の認識に暫定的優位性を認めて、賃借人に右請求額を支払うべき義務があるものとし（したがって、賃借人が右請求賃料の支払をしないときは、賃料不払いとなるという危険を免れないことになる。）、後日、減額を正当とする裁判が確定した段階において、賃貸人が右確定額を超えて受領した賃料があるときは、賃貸人は、右金額に年1割の割合による法定利息を付して賃借人に返還すべきものとして、賃借人の被った不利益の回復を図るものであって、この種紛争の解決のルールを定めたものである。そして、右規定にいう「相当と認める額」とは、右規定の趣旨に鑑みると、社会通念上著しく合理性を欠くことのない限り、賃貸人において主観的に相当と判断した額で足りるものと解するのが相当である。」

本件と同種事案について、本判決と同様、賃料不払を理由とする賃貸人の解除を認めたものに東京地判平6.10.20判時1559号61頁がある。

129 賃料等増減請求と増減を正当とする裁判確定までの支払額③

賃料増額請求を受けた土地賃借人が、その支払額が公租公課を下回ることを知っていたときは、相当賃料を支払ったことにはならないとされた事例

一　審…大阪地判平成3年10月29日民集50巻7号1890頁（主文及び事実）
控訴審…大阪高判平成4年9月30日民集50巻7号1895頁
上告審…最判平成8年7月12日民集50巻7号1876頁

事案　Aは、昭和40年ころ、その所有する本件土地をBに賃貸し、Bは同地上に本件建物を建築した。Aが昭和42年10月31日に死亡したので、Xら（4名）が本件土地を相続により取得し、賃貸人の地位を承継した。その後、Bが死亡したので、Yが本件建物を相続により取得し、賃借人の地位を承継した。本件土地の賃料は、昭和55年8月に月額6万円（年額72万円）に増額されて以来据え置かれていた。平成元年11月1日現在の本件土地の公租公課の年額は74万円余であり、賃料額を上回っていた。

　Xらは、平成元年10月18日、Yに対し、本件土地の賃料を同年11月1日以降月額12万円に増額する旨の請求をした。当時の本件土地の適正賃料は月額12万円である。Yはその後も賃料として月額6万円の支払を続けていた。Xらは、平成2年2月22日、Yに対し、1週間以内に増額賃料の支払がない場合には賃貸借契約を解除する旨の意思表示をしたが、Yは上記期間内に催告に係る賃料の支払をしなかった。

　XらはYに対し、本件建物の収去による本件土地の明渡し等を訴求した。

判旨　1　第一審は、Xらの請求を棄却した（詳細不明）。

2　控訴審は、賃料が平成元年11月1日以降月額12万円に増額されたことは認めたが、「右法条《借地法12条》にいわゆる「相当ト認ムル」とは、客観的に相当であることを意味するものではなく、賃借人において主観的に相当と認めるとの趣旨であると解するのが相当である。《中略》したがって、賃借人としては、従前の賃料額を支払っているかぎり（これを上回る額が相当であると考えれば、その額を支払えばよいことはいうまでもない）、債務不履行の責任を問われることはないとするのが、右法条の趣旨であるというべきである。」と判示して、原判決を変更して、Xの増額賃料請求を認め、建物収去土地明渡等、その余の請求を棄却した。

3　上告審は、つぎのとおり判示して、原判決中、Xの建物収去土地明渡請求及び増額賃料等請求に関する部分を破棄し、同部分を原審に差し戻した。「賃料増額請求につき当事者間に協議が調わず、賃借人が請求額に満たない額を賃料として支払う場合において、賃借人が従前の賃料額を主観的に相当と認めていないときには、従前の

3章　借地・借家に共通する問題に関する判例

賃料額と同額を支払っても、借地法12条2項にいう相当と認める地代又は借賃を支払ったことにはならないと解すべきである。のみならず、右の場合において、賃借人が主観的に相当と認める額の支払をしたとしても、常に債務の本旨に従った履行をしたことになるわけではない。すなわち、賃借人の支払額が賃貸人の負担すべき目的物の公租公課の額を下回っていても、賃借人がこのことを知らなかったときには、公租公課の額を下回る額を支払ったという一事をもって債務の本旨に従った履行でなかったということはできないが、賃借人が自らの支払額が公租公課の額を下回ることを知っていたときには、賃借人が右の額を主観的に相当と認めていたとしても、特段の事情のない限り、債務の本旨に従った履行をしたということはできない。」。

　前掲〔⇒127〕に類似する事案に関するものであるが、同事案は、賃借人が公租公課を下回る額の賃料を支払っていたことを前提とするものではない。そして同事案についての上告審判決は、公租公課の額を知りながらこれを下回る額を支払い又は供託しているような場合には債務の本旨に従った履行とはいえない旨を述べていた。本件上告審判決はこれを応用したものといえる。
　そもそも、公租公課の額を賃借人が知っている場合は、それを下回る額を賃借人が主観的に相当と認めることは考えられない。
〔解説・評釈等〕野山宏・判解22事件、池田恒男・判評460号44頁、塩崎勤・判タ臨増945号102頁、田山輝明・ジュリ臨増1113号71頁、山野目章夫・判タ933号68頁

130 賃料増減請求訴訟の確定判決の既判力

賃料増減請求訴訟の確定判決の既判力は、原則として、前提である賃料増減請求の効果が生じた時点の賃料額に係る判断について生ずるとされた事例

一　審…東京地判平成23年6月27日民集68巻7号680頁
控訴審…東京高判平成25年4月11日民集68巻7号714頁
上告審…最判平成26年9月25日民集68巻7号661頁

事案　（賃貸借契約締結後、賃貸人の地位が度々移転し、また賃借人の地位も吸収合併による承継が生じているが、事案を簡略化するため、地位の承継の前後を通じて、以下賃貸人をX、賃借人をYと表示する）Xは、昭和48年、本件建物をYに賃貸して引き渡した。Yは、平成16年3月29日、Xに対し、（従前の賃料月額300万円を）同年4月1日（基準時1）から月額240万円に減額する旨の意思表示をして、平成17年6月に、その確認を求める訴訟（前件本訴）を提起したところ、Xは同年7月、Yに対し、賃料を同年8月1日（基準時2）から月額320万円に増額する旨の意思表示をして、その確認を求める反訴（前件反訴）を提起した。さらにXは、Yに対し、前件訴訟の第一審係属中である平成19年6月、賃料を同年7月1日（基準時3）から月額360万円に増額する旨の意思表示（本件賃料増額請求）をしたが、これについては前件訴訟において確認請求を追加しなかった。前件訴訟の第一審は、「賃料が平成16年4月1日から月額254万5400円であること」を確認する限度でYの請求を認容し、Xの反訴請求は棄却した。この判決（前訴判決）は、平成20年10月9日口頭弁論を終結したその控訴審が同年11月20日Xの控訴を棄却したことにより同年12月10日に確定した。

Xは、平成23年、本件賃料増額請求により増額された賃料額の確認を訴求した（本件では、本件賃料増額請求が前件口頭弁論終結時の前にされていることから、本件訴訟においてその請求にかかる増額を主張することが前訴判決の既判力に抵触し許されないか否かが争われた）。

判旨　1　第一審（前訴判決の既判力は、とくに争点とされていない）は、本件における従前賃料の最終合意時点は基準時2であるとしたうえで、平成19年7月1日以降の賃料が月額283万9000円であることを確認する限度でXの請求を認容した。

2　控訴審（Yは、Xの請求が前訴判決の既判力に抵触し許されないと主張した）は、本件訴訟において、Xが、本件賃料増額請求が前件口頭弁論終結時以前の基準時3において増額された旨主張することは、前訴判決の既判力に抵触して許されないと判示して、第一審判決のY敗訴部分を取り消し、Xの請求を棄却した。

3　上告審は、つぎのとおり判示して、控訴審判決を破棄し、本件を東京高裁に差し戻した。「賃料増減額確認請求訴訟の請求の趣旨において、通常、特定の時点からの賃料額の確認を求めるものとされているのは、その前提である賃料増減請求の効果

3章　借地・借家に共通する問題に関する判例　319

が生じたとする時点を特定する趣旨に止まると解され、終期が示されていないにもかかわらず、特定の期間の賃料額の確認を求める趣旨と解すべき必然性は認め難い。」、「賃料増減額確認請求訴訟の確定判決の既判力は、原告が特定の期間の賃料額について確認を求めていると認められる特段の事情のない限り、前提である賃料増額請求の効果が生じた時点の賃料額に係る判断について生ずると解するのが相当である。」（本件では、そのような特段の事情はない）

Key point 借地借家法11条1項による地代等の増減請求も、同法32条1項による建物賃料の増減請求も、先にした請求について確定する前に、さらなる増減請求をすることは、実際上少なくない。調停や和解により解決する場合には、後の増減請求の分も併せて解決することが多いと思われるが、判決に至る場合には、請求の趣旨の追加（つねに許されるというわけではない。）として明示されない限り審理、判決の対象とはならない。

なお、本件上告審判決は、直接には同法32条1項に関するものであるが、同法11条1項による地代等増減請求の場合にも、その射程が及ぶといえる。

〔解説・評釈等〕勅使川原和彦・ジュリ臨増1479号137頁、中村肇・判評677号9頁、林紘司・金判1469号8頁

131 賃料等不払による解除①

賃借人の賃料遅滞を理由として賃貸借契約を解除する場合、転借人に遅滞賃料支払の機会を与えることを要しないとされた事例

一　審…東京地判昭和32年10月9日民集16巻3号668頁
控訴審…東京高判昭和33年7月15日民集16巻3号673頁
上告審…最判昭和37年3月29日民集16巻3号662頁

事案　Aは、昭和13年8月8日、その所有する本件土地をBに賃貸し（本件賃貸借契約）、Yは昭和21年5月14日、Aの承諾を得てBから本件土地を転借して同地上に本件建物を建築した。Bが昭和29年6月1日以降の賃料を支払わなかったのでAは昭和30年7月1日にBに到達した書面をもって同到達後3日以内に同年5月末日までの遅滞賃料8820円を支払うよう催告するとともにその支払がないときは本件賃貸借契約を解除する旨の意思表示をしたが、Bはその支払をしなかった。Aは同年7月17日死亡し、Xらが本件土地を相続した。Yは上記催告期間経過後2か月足らずのうちに上記催告を知り、Bの遅滞賃料を供託した。
　XらはYに対し、本件建物の収去による本件土地の明渡しを訴求した。Yは、賃借権譲渡を受けており賃料遅滞がないこと等を主張するとともに、控訴審においてAのBに対する解除権行使は権利の濫用であり信義則に反するなどと主張した。

判旨　1　第一審はXの請求を認容した。
　2　控訴審は、特別の事情がない限り、賃貸人には転借人に支払の機会を与える義務はなく、Aの解除権行使は権利濫用にも信義則違反にも当たらないと判示して、Yの控訴を棄却した。
　3　上告審もつぎのとおり判示してYの上告を棄却した。「原判決は、所論転貸借の基本であるBとAとの間の賃貸借契約は、同人の賃料延滞を理由として、催告の手続を経て、昭和30年7月4日解除された事実を確定し、かかる場合には、賃貸人は賃借人に対して催告するをもって足り、さらに転借人に対してその支払いの機会を与えなければならないというものではなく、また賃借人に対する催告期間がたとえ3日間であったとしても、これをもって直ちに不当とすべきではないとして、Yの権利濫用、信義則違反等の抗弁を排斥した原判決は、その確定した事実関係及び事情の下において正当といわざるを得ない。」

Key point　適法な転借人がいる場合も賃借人に催告すれば足り、転借人に催告したり遅延賃料支払の機会を与える必要がないことは大判昭6.3.18法律新聞3258号16頁がすでに判示していたところであり、本件控訴審、上告審各判決はこれを踏襲したものである。学説には反対説も有力であるが、最判平6.7.18判時1540号38頁は、借地関係において本件上告審判決と同旨を述べている（ただし、木崎裁判官の反対意見がある）。
〔解説・評釈等〕中川哲男・判解35事件、椿寿夫・民商47巻5号803頁

3章　借地・借家に共通する問題に関する判例

132 賃料等不払による解除②

賃料不払を理由とする建物賃貸借契約の解除が信義則に反し許されないとされた事例

一　審…大阪地判昭和35年9月20日民集18巻6号1225頁
控訴審…大阪高判昭和37年2月28日民集18巻6号1236頁
上告審…最判昭和39年7月28日民集18巻6号1220頁

事案

　Aは、昭和16年3月、その所有する本件建物をYに賃貸し、以来、Yは同建物に居住してきた。昭和20年9月、Xが家督相続により賃貸人の地位を承継した。昭和25年のジェーン台風で同建物の各所、特に屋根が甚大な被害を受け、雨もりがひどくなったので、Xに再三屋根の修繕を請求したがXがこれに応じなかったので、昭和29年6月ころ、工務店に依頼して屋根全部を葺き替え、その費用として2万9000円を支出した。しかし、Yは、その費用をXに償還請求したことはなかった。

　本件建物の賃料は、昭和31年12月分以降は月額1200円であったが、Xは、昭和32年、Yに対し、賃料を月額1500円に増額することを要求した（なお、地代家賃統制令による当時の公定家賃額は月額1200円以下である。）。Yがこれに応じることなく同年10月分の賃料として1200円をX方に持参供給したところXがその受領を拒絶したので、同月分以降の賃料を月額1200円の割合で数か月分ごとに供託していた。

　Xは、昭和34年9月22日、Yに対し、同年1月分から8月分までの賃料合計9600円を同月25日までに支払うよう催告するとともに同日までに支払わないときは本件賃貸借契約を解除する旨の意思表示をしたが、Yはこれに応じなかった。Yは、すでに同年1月分から同年4月分まで合計4800円を同年7月3日までに供託していた。また、同年5月分から10月分まで合計7200円を同年11月9日に供託している。

　Xは、本件賃貸借が上記解除により終了したことを主張して、Yに対して本件建物の明渡し等を訴求した（Xは、同時に、別建物の賃借人に対しても明渡請求しているが、省略する。）。

判旨

　1　第一審は、Xの催告時の未払賃料が昭和34年5月分ないし8月分のみであったこと、それまでの間、賃料を延滞したことはなかったこと、公定家賃額は月額750円であるから延滞額は3000円にすぎないこと、Yが2万9000円の修繕費を負担したのに償還請求をしないままでいたことなどから、「Yには未だ本件賃貸借の基調である相互の信頼関係を破壊するに至る程度の不誠意があると断定することはできない。従って、X主張のように前示催告期間内に延滞賃料の支払がなかったことを理由とするXの本件賃貸借解除権の行使は信義則に反し許されないものである。」として、Xの請求を棄却した。

　2　控訴審は、第一審判決をそのまま引用してXの控訴を棄却した。

3　上告審は、原審確定事実の要旨を述べた上で、つぎのとおり判示して、Xの上告を棄却した。「右催告に不当違法の点があったし、Yが右催告につき延滞賃料の支払もしくは前記修繕費償還請求権をもって相殺をなす等の措置をとらなかったことは遺憾であるが、右事情のもとでは法律的知識に乏しいYが右措置に出なかったことも一応無理からぬところであり、右事実関係に照らせば、Yにはいまだ本件賃貸借の基調である相互の信頼関係を破壊するに至る程度の不誠意があると断定することはできないとして、Xの本件解除権の行使を信義則に反し許されないと判断しているのであって、右判断は正当として是認するに足りる。」。

Key point　借地借家関係においては、形式的には、借地権者ないし建物賃借人の債務不履行等があった場合にも、「信頼関係を破壊したと認めるに足りない特段の事情」があるときは、解除は許されない（解除権は発生しない）とするのが、一貫した判例理論であり、本件控訴審、上告審各判決（おそらくは第一審判決）も（若干、表現が異なるものの）そのような見解に立ったものといえる。最判昭43.6.21判時529号46頁も、同じような見解に立って、借地契約における賃料不払による解除権を否定した原判決を是認している。

〔解説・評釈等〕森綱郎・判解63事件、池田恒男・法協92巻3号153頁、林良平・民商52巻3号139頁、菅野耕毅・別冊ジュリ46号10頁

133 賃料等不払による解除③

賃料不払の場合に無催告解除をすることができる旨の特約が有効とされた事例

一　審…東京地判昭和38年3月12日民集19巻5号1157頁
控訴審…東京高判昭和39年3月30日民集19巻5号1165頁
上告審…最判昭和40年7月2日民集19巻5号1153頁

事案

　Aは、昭和21年2月25日、その所有する本件土地を普通建物所有目的でBに賃貸したが、その際、「賃借人において賃料の支払を延滞したときは賃貸人は通知催告を要せず直ちに賃貸借契約を解除することができる」旨の特約（本件特約）がされた。

　Bは昭和21年6月5日死亡し、家督相続によりCが賃借権を承継したが、さらにこれをYが譲り受け、同年7月ころ、Aはこれは承諾した。Yは、本件土地上に本件建物を建築所有している。Aは昭和28年5月8日死亡したので、Xが本件土地を相続し、Yに対する賃貸人たる地位を承継した。

　本件土地の賃料は、数次の改定により月額6000円になっていたが、Yが昭和33年12月分より昭和34年3月分までの賃料合計2万4000円を遅滞したので、Xは同年4月17日Yに到達した書面をもって、催告をすることなく、本件土地賃貸借契約を解除する旨の意思表示をした。なお、Yは、昭和27年以来、つねに賃料を遅延し、初めのころは1、2か月分、後には4、5か月分に達するとこれを取りまとめてXに支払ってきたが、そのような方法が解除通知まで約7年続いていた。

　XはYに対し、本件建物の収去による本件土地の明渡し及び未払賃料等の支払を訴求した。

判旨

　1　第一審は、4か月分の賃料の延滞は「相当期間にわたる相当回数の延滞ということができる」として、本件特約による無催告解除の効力を認め、Xの請求を認容した。

　2　控訴審も、本件特約に基づくXの無催告解除の効力を認め、Yの控訴を棄却した。

　3　上告審は、つぎのとおり判示して本件特約を有効として、Yの上告を棄却した。「借地法11条の規定は、土地賃借人の義務違反である賃料不払の行為をも保護する趣旨ではない。したがって、土地賃借人に賃料の不払があった場合には、賃貸人は催告を要せず賃貸借契約を解除できる旨の所論特約は、同条に該当せず、有効である。」。

Key point

　建物賃貸借契約における、家賃を3か月分以上滞納したときは催告なしで解除することができる旨の特約を旧借家法6条の特約に当たらず有効としたものに、最判昭37.4.5民集16巻4号679頁がある。借地契約において、遅滞賃料4か月分で無催告解除が許されるとするのは、借地権者にとってやや酷な印象を受けるが（ちなみに、4か月分の賃料遅滞による土地賃貸借契約の解除を認めなかった東京高判平8.

11.26判時1592号71頁がある。)、Ｙが約７年間、遅滞を繰り返してきたことが、このような判断につながったものと思われる。

　賃料不払を理由とする賃貸借契約の解除も、相当の期間（催告期間）を定めて未払賃料の支払を催告し、賃借人がその催告期間内にその支払をしないときに初めて解除することができるのが原則であるが（民法541条。最判昭35.6.28民集14巻8号1547頁）、賃借人が信頼関係を裏切り、賃貸借の継続を著しく困難にしたときは無催告解除が許されるとするのが判例である（最判昭27.4.25民集6巻4号451頁、前掲〔⊃105〕など）。なお、建物賃貸借契約における、１か月分の賃料遅滞があったときは無催告解除をすることができる旨の特約は、催告をしなくても不合理とは認められない事情があるときは無催告解除ができる趣旨の特約であると解すべき旨を判示した最判昭43.11.21民集22巻12号2741頁がある。

〔解説・評釈等〕瀬戸正二・判解49事件、星野英一・法協83巻3号422頁、後藤清・民商54巻3号69頁

134 賃料等不払による解除④

継続した賃料不払を一括して1個の解除原因とする賃貸借契約の解除権の消滅時効は最後の賃料の支払期日が経過した時から進行するとされた事例

一　審…大阪地判昭和49年9月26日民集35巻4号769頁（主文及び事実）
控訴審…大阪高判昭和53年3月15日民集35巻4号783頁
上告審…最判昭和56年6月16日民集35巻4号763頁

事案

　Aは、Bに対し、いずれも木造建物所有目的で、A所有の本件土地の一部を昭和14年11月11日に、本件土地の他の部分を昭和15年2月17日に賃貸し（以下、これらを併せて、本件賃貸借契約という。なお、賃料を1回でも怠ったときは催告をしないで解除することができる旨の特約があった。）、Bはこれらの土地上に本件各建物を建築所有し、これらを第三者に賃貸していた。
　Aは昭和16年12月14日死亡し、家督相続によりXが本件土地と土地賃貸人の地位を承継し、Bは昭和20年7月26日死亡し、Yが相続により本件各建物と土地賃借人の地位を承継した。本件土地の賃料（月額。以下、特にことわらないかぎり同じ。）は昭和30年7月当時、3450円であった。Xは同月30日Yに対し同年8月1日以降の賃料を1万0242円に増額する旨の意思表示をしたが、Yはこれを支払わず、昭和37年6月25日に至って昭和32年8月分から昭和34年12月分までの月額3500円の割合による賃料と昭和35年1月分から昭和37年6月分までの月額6500円の割合による賃料を一時に供託し、その後も月額6500円ないし7000円の割合による賃料を供託しているにすぎないので、Xは、約定に基づきあらかじめ催告することなく昭和43年1月31日送達した本件訴状をもってYに対し上記賃料支払債務の不履行を理由として本件賃貸借契約を解除する旨の意思表示をした。
　XはYに対し、本件各建物の収去による本件土地の明渡しを訴求した。Yは、昭和32年8月末に解除権が発生したとしても昭和42年8月末日に時効消滅しているなどと主張した。

判旨

　1　第一審は、昭和35年12月末日の請求により時効が中断したとして、Xの請求を認容した。
　2　控訴審は、1回でも賃料の不払があったときは催告を要せず直ちに本件賃貸借契約を解除し得る旨の特約があったのであるから、昭和32年9月1日には解除権が発生したのであり、Xが解除の意思表示をした昭和43年1月13日には解除権は時効により消滅していたと判示し、原判決を変更し、Xの本件土地明渡請求を棄却した。
　3　上告審は、つぎのとおり判示して、原判決中、Xの明渡請求に関する部分等を破棄し、同部分を原審に差し戻した（なお、本件上告審は、本件賃貸借の賃料について「地代」と表記している。）。「賃貸借契約の解除権は、その行使により当事者間の契約関係の解消という法律効果を発生せしめる形成権であるから、その消滅時効につ

いては民法167条1項が適用され、その権利を行使することができる時から10年を経過したときは時効によって消滅すると解するのが相当であるが、本件では、Xの契約解除理由は、昭和32年8月以降昭和43年1月までの地代支払債務の不履行を理由とするものであるところ、Yの右長期間の地代支払債務の不履行は、ほぼ同一事情の下において時間的に連続してされたという関係にあり、Xは、これを一括して1個の解除原因にあたるものとして解除権を行使していると解するのが相当であるから、たとえ1回でも地代の不払があったときは催告を要せず直ちに解除することができる旨の特約があったとしても、最初の地代の不払があった時から直ちに右長期間の地代支払債務の不履行を原因とする解除権について消滅時効が進行するものではなく、最終支払期日が経過した時から進行するものと解するのが相当である。」。

Key point 形成権も消滅時効にかかるとするのが判例、通説である。債務不履行による解除権については、債権と同視して債務不履行時から10年と解するのが判例であった（大判大6.11.14民録23輯1965頁。商事の場合は5年とする。）。本件控訴審判決、上告審判決もこの見解を前提としている。

なお、支分権としての賃料債権は、定期給付債権（民法169条）であり、1年以下の時期によって定めた場合には、その消滅時効期間は、弁済期から5年である。

〔解説・評釈等〕塩崎勤・判解22事件、岡本坦・判評276号15頁、半田正夫・判タ臨増472号22頁

135 賃料等不払による解除⑤

借地契約において賃料不払等が生じたときは借地上建物の抵当権者に通知し、契約を解約等するときは同抵当権者の承認を受ける旨の特約がある場合に、右特約を履行せずにした賃貸人の解除が有効とされた事例

東京地判平成9年11月28日判時1637号57頁

事案 Xは、昭和59年5月27日、その所有する本件土地を非堅固建物所有目的でAに賃貸した。C（信販会社）は、昭和59年4月27日、Aに対し1500万円を貸し付けるとともに同貸金債権を担保するため、AとBが本件土地上に共有していた本件建物につき抵当権の設定を受けた。

その際、Cは、Xに対し、「地代（賃料）不払等借地権の消滅もしくは変更をきたすようなおそれのある事実の生じた場合にはCに通知すること（4項）、本件賃貸借契約の解約もしくは内容の重大な変更を行おうとする場合は、あらかじめCの承認を受けること（5項）」などを要請し、Xはこれに応じて、その旨記載した本件承諾書に署名押印してCに差し入れた（本件合意）。

Aは平成5年11月分の賃料残額と同年12月分から平成8年1月分までの賃料合計31万円余の支払を怠ったので、Xは、平成8年2月9日到達の書面をもってAに対し上記未払賃料を直ちに支払うよう催告するとともに上記支払がないときは本件賃貸借契約を解除する旨の意思表示をしたが、その際、Aの賃料滞納の事実や上記解除することなどをCに知らせてはいなかった。AはXの上記催告に応じなかった。Yは、平成8年7月9日、本件建物を競売により買い受けた。

XはYに対し、本件建物の収去による本件土地の明渡しを訴求した。Yは、Xが本件合意による通知義務を怠っていることなどを理由に解除の効力を争った。

判旨 つぎのとおり判示して、Xの解除の効力を肯定し、Xの請求を認容した。
「Xによる右通知義務懈怠は、Cに対する関係では義務不履行による責任を招来する余地があるというべきであるけれども、そうであるからといって、直ちに、通知義務を怠ってされた本件解除が効力を生じないこととなるわけではない。けだし、Xの右通知義務は、Cとの間の本件合意に基づき同人に対して負担する契約上の義務に過ぎず、XのCに対する右の不履行がXのAに対する解除権の発生・行使に当然に影響を及ぼすものとは解されないからである。そして、前述のとおり、本件合意の趣旨は、借地権の消滅等による担保価値の減少の結果抵当権者であるCが損害を被るおそれがあることから、同人に対し、それを回避する機会を与えることを目的とするものと解されるところ、Xが本件合意による通知義務に違反した結果Cが借地権の消滅等を来すおそれのある事案の発生を知らないまま借地権が消滅したことにより損害を被ったような場合、CからXに対して右損害の賠償を求めうる余地があることは別論、前記のような本件合意の趣旨から直ちに、通知義務の懈怠により本件解除自体が効力

を有しないものと解することはできないし、本件承諾書の文言及び弁論の全趣旨によっても、本件合意が、XのCに対する右通知義務の不履行によりXのAに対する解除権の行使が制限される趣旨を定めたものと認めることもできない。」(なお、本件承諾書5項は、賃料不払等による法定解除権の行使以外の事由による賃貸借契約の解約についてCの承認を要することを定めたものと解するのが相当であるとした。)。

Key point 　借地上建物に設定された抵当権は、敷地の借地権に及ぶが([⇒48]参照)、金融機関が借地上建物について抵当権設定を受けて借地権者に融資する場合には、本件承諾書の如き書面を借地権設定者(多くは、敷地の所有者)から差し入れさせることが多い(借地権設定者がこれに応じる必要がないのはもちろんである。)。しかし、裁判例の多くは、このような合意があったとしても、借地権者の賃料不払等を理由とする借地権設定者による解除権行使は制約を受けないと解している(本判決と同旨を述べるものとして、東京地判平7.8.25金法1455号53頁、大阪地判平7.10.5判タ922号232頁などがある。)。もっとも、本件のような土地賃貸人の通知義務懈怠につき、土地賃貸人の抵当権者に対する債務不履行責任を認めた最判平22.9.9判タ1336号50頁がある。

　なお、本件におけるYの本件建物買受けはX、A間の本件土地賃貸借契約が解除された後であるが、解除前に買い受けた場合には、買受人は、借地借家法20条に基づき土地賃借権譲受けについて賃貸人の承諾に代わる裁判所の許可を求めることができる。

136 賃料不払と保証会社の代位弁済

保証会社が未払賃料を代位弁済したにもかかわらず賃料不払による賃貸借契約の解除が認められた事例

一　審…神戸地尼崎支判平成25年5月29日
控訴審…大阪高判平成25年11月22日判時2234号40頁

事案

X₁（賃貸人）は、平成23年12月15日、Y（賃借人）との間で本件建物について本件賃貸借契約（本件契約）を締結して本件建物をYに引き渡した。X₂（保証会社）はYの委託を受け、Xに対し同月25日、本件賃貸借契約に基づくYのX₁に対する債務を保証した（本件保証契約）。Yは平成24年4月分から同年8月分までの賃料等の支払を怠ったので、X₁は同年4月11日に賃料支払の催告と本件契約解除の意思表示をした。さらにX₁はYに対し本件建物の明渡しを訴求し（その訴状が同年9月13日にYに送達された。）。平成25年3月4日の口頭弁論期日において陳述した準備書面により本件契約を解除する旨の意思表示をした。一方、X₂は、平成24年4月から同年8月まで5回にわたり、合計39万円の賃料等をX₁に代位弁済し、Yに対しその求償債務の支払を訴求した（Yは、代位弁済により賃料不払は解消しているなどと争った。）。

判旨

1　第一審は、X₁、X₂の請求をいずれも認容した（詳細不明）。

2　控訴審は、X₂の代位弁済とYの賃料不払との関係について、つぎのとおり判示してYの控訴を棄却した（Yから上告及び上告受理申立てがなされたが、いずれも排斥された）。「賃貸借保証委託契約に基づく保証会社の支払は代位弁済であって、賃借人による賃料の支払ではないから、賃貸借契約の債務不履行の有無を判断するに当たり、保証会社による代位弁済の事実を考慮することは相当でない。なぜなら、保証会社の保証はあくまで保証委託契約に基づく保証の履行であって、これにより、賃借人の賃料の不払という事実に消長を来すものではなく、ひいてはこれによる賃貸借契約の解除原因事実の発生という事態を妨げるものではないことは明らかである。」

Key point

賃料不払による賃貸借契約解除の効果が生じた後に保証人が未払賃料等を代位弁済したとしても、解除の効果に消長を来すものでないことはもちろんである。しかし、解除の効果が生じる前に未払賃料が保証人によって弁済された場合にもなお「不払」を理由に解除することができるのかどうかは問題である（この点は、これまでほとんど論じられてこなかったように思われる）。

賃料保証を業とする会社の賃料の代位弁済については本件控訴審と同様の考え方をとることができるとしても、例えば賃借人の配偶者等の近親者が賃借人の連帯保証人となっている場合に、その連帯保証人が未払賃料を支払ったような場合には、やはり、本件とは事案を異にするものとして扱われるべきであろう。

3-2 賃料債権等に対する差押え

傾向と実務

第1　一般債権者による賃料債権等の差押え

1　差押えの可否

借地権設定者の債権者（一般債権者）が、借地権設定者の借地権者に対する地代又は賃料についての債権を差し押さえたり、建物賃貸人の債権者が、建物賃貸人の建物賃借人に対する賃料債権を差し押さえることは問題がない（すでに発生又は履行期が到来した、未払いの賃料債権等はもとより、差押え後に発生又は履行期の到来する賃料債権等も差し押さえることができる。民事執行法151条参照）。

債権差押えの効力は、差押命令（その決定正本）が第三債務者である借地権者ないし建物賃借人に送達された時に生ずるが（同法145条4項）、これによりこれらの第三債務者は、執行債務者である借地権者ないし建物賃貸人への、差押えに係る賃料等の支払が禁じられる（同条1項）。

2　取立て等

差押債権者は、差押命令が債務者（借地権設定者、建物賃貸人）に送達された日から1週間を経過したときは、第三債務者（借地権者、建物賃借人）から、差押えにかかる賃料等を直接取り立てることができるし（同法155条1項）、第三債務者がこれに応じないときは第三債務者に対して取立訴訟（同法157条）を提起することができる。

第三債務者（借地権者、建物賃借人）は、賃料等を供託（同法156条1項による権利供託）をすることにより、このような取立て等を免れることができる。

3　差押えの競合等

複数の差押債権者による、同一の賃料債権等に対する差押えがされることがあるが、この場合には、第三債務者は、差押えに係る賃料等を供託しなければならない（同条2項による義務供託）。供託までに差押えをした債権者間に優劣はなく、請求債権額に按分して配当されることになる（裁判所において配当手続がされる。）。

賃料債権等が譲渡され、同一の賃料等が一般債権者によって差し押さえられ

た場合には、債権譲渡の対抗要件（民法467条2項による確定日付ある証書による通知若しくは承諾又は動産債権譲渡特例法4条による譲渡登記）の具備（ただし、通知の場合は第三債務者への通知到達時）と差押命令の送達時の先後によって優劣が決まる（最判平5.3.30民集47巻4号3334頁参照）。

なお、建物の賃料債権差押え後に当該建物が譲渡された場合については〔→**137**、**138**〕がある。

第2　抵当権者による物上代位権行使

1　賃料債権に対する物上代位権行使の可否

抵当権者が抵当不動産から発生する賃料債権に対して、抵当権に基づく物上代位権（民法372条、304条）の行使としての差押えをすることができるかどうかについては、かつて大きな議論があったが、最判平元.10.27民集43巻9号1070頁はこれを肯認し、その後、抵当権者による賃料債権に対する物上代位権行使が活発化し、これに関する重要判例が相次いで出された（なお、平成15年民法一部改正による371条により、抵当権の被担保債権について不履行があったときは、その後に生じた抵当不動産の賃料等の果実に抵当権の効力が及ぶことが明文化された。）。

もっとも、抵当権者は、抵当不動産の賃借人を所有者と同視することを相当とする場合（そのような場合に当たるとした東京高決平25.4.17金法1980号140頁参照）を除き、賃借人（転貸人）が取得すべき転賃貸料債権について物上代位権を行使することができないとするのが判例（最決平12.4.14民集54巻4号1552頁）である。

2　賃料債権に対する抵当権者の物上代位権行使と他の権利者との競合等

同一の債権について一般債権者による差押えと抵当権者の物上代位権行使としての差押えが競合した場合には、前者の差押命令の第三債務者への送達と抵当権設定登記の先後によって優劣が決まるとするのが判例（最判平10.3.26民集52巻2号483頁。後述する登記基準説の現われといえる）。

抵当権者間では、差押えをした抵当権者の間で抵当権の順位によって優劣を決めるとするのが、一般の執行実務である。

債権譲渡がされ、これにつき確定日付がある証書による通知などの第三者対抗要件を具備した場合も、それより先に抵当権設定登記を経由した抵当権者は

上記譲渡に係る同一の債権を差し押さえることができるとするのが判例〔⮕**139**〕（いわゆる登記基準説）である（学説上は批判が少なくない。）。もっとも、一般債権者の申立てによる転付命令が出された場合には、同命令に係る債権が物上代位の目的となり得る場合にも、同命令が第三債務者に送達されるときまでに抵当権者が当該債権の差押えをしなかったときは、当該転付命令の効力は妨げられないとするのが判例（最判平14.3.12民集56巻3号555頁。ただし、賃料債権に関する事案ではない）である。

　賃料債権に対する抵当権者の物上代位権行使としての差押えがされた場合における、第三者債務者である賃借人の賃貸人に対する債権による相殺の可否については〔⮕**140**〕があり、敷金との関係については〔⮕**141**〕がある。

137 建物賃料差押えと建物譲渡①

建物の賃料債権差押え後の建物譲受人は賃料債権の取得を差押債権者に対抗できないとされた事例

一　審…浦和地判平成6年7月14日民集52巻2号418頁
控訴審…東京高判平成6年11月29日民集52巻2号430頁
上告審…最判平成10年3月24日民集52巻2号399頁

事案　Aの債権者であるXの申立てにより、平成3年2月18日、AのBらに対する賃料債権の差押命令が発令され、その正本がBらに送達された。その後、平成5年1月7日、本件建物につき、真正な登記名義の回復を原因としてAからYへの所有権移転登記が経由された。Bらは賃料を供託した。
XはYに対し、Xが上記供託金の還付請求権を有することの確認を訴求した。

判旨　1　第一審は、賃料差押えの効果は本件建物譲渡後も継続し、新賃貸人を拘束するとして、Xの請求を認容した。

2　控訴審は、賃料債権差押えとの関係では賃貸人の地位承継は無効であるとして、Yの控訴を棄却した。

3　上告審は、つぎのとおり判示して、Yの上告を棄却した。「自己の所有建物を他に賃貸している者が第三者に右建物を譲渡した場合には、特段の事情のない限り、賃貸人の地位もこれに伴って右第三者に移転するが《最判昭39.8.28民集18巻7号1354頁〔●81〕引用》、建物所有者の債権者が賃料債権を差し押さえ、その効力が発生した後に、右所有者が建物を他に譲渡し賃貸人の地位が譲受人に移転した場合には、右譲受人は、建物の賃料債権を取得したことを差押債権者に対抗することができないと解すべきである。けだし、建物の所有者を債務者とする賃料債権の差押えにより右所有者の建物自体の処分は妨げられないけれども、右差押えの効力は、差押債権者の債権及び執行費用の額を限度として、建物所有者が将来収受すべき賃料に及んでいるから（民事執行法151条）、右建物を譲渡する行為は、賃料債権の帰属の変更を伴う限りにおいて、将来における賃料債権の処分を禁止する差押えの効力に抵触するというべきだからである。」。

本件上告審判決は、学説上反対の見解も有力であった問題点について、初めて最高裁の見解を示したものである。同判決は、建物が任意譲渡された場合に関するものであって、建物が競売された場合には、買受人は賃料債権差押えの拘束を受けないというべきである（一般に、執行実務でもそのような取扱いがされている。）。

〔解説・評釈等〕孝橋宏・判解10事件、千葉恵美子・民商120巻4・5号256頁、上野泰男・別冊法時18号136頁、山本和彦・判評482号34頁、本田晃・判タ臨増1005号248頁、内山衛次・ジュリ臨増1157号133頁

138 賃料債権差押えと建物譲渡②

賃料債権差押え後に賃貸人が賃借人に建物を譲渡したことにより賃貸借が終了した後は、差押債権者は賃料債権を取り立てることができないとされた事例

一 審…大阪地岸和田支判平成21年9月29日金判1400号27頁
控訴審…大阪高判平成22年3月26日金判1400号22頁
上告審…最判平成24年9月4日金判1413号46頁

事案 A（株式会社。賃貸人）は、平成16年10月、Aとその代表取締役Bが全株式を保有し、同じくBがその代表取締役を務めていたY（株式会社。賃借人）との間でA所有の本件建物を同年11月1日から賃貸する旨の本件賃貸借契約を締結し、Yに本件建物を引き渡した。Aに対する債務名義を有するXの申立てによる、同契約に基づく賃料債権に対する差押命令が平成20年10月、AとYにそれぞれ送達された。Xは、Yに対し、平成19年4月7日から平成21年6月7日までの間に支払期が到来する賃料のうち、請求債権額3716万円余に満つるまでの支払を求める取立訴訟を提起した。Aは、Yとの間で、控訴期間中である平成21年12月25日までに、本件建物を含むA所有の不動産をYに売り渡し（その旨所有権移転登記を経由した）、YはAに売買代金3億7250万円を支払った（本件売買契約）。

判旨 1 第一審は、本件売買契約の前であるところ、平成20年5月分までの賃料は弁済により、同年6月分、7月分は相殺により消滅しているとして、同年8月分から平成21年5月分までの賃料合計1400万円の支払を求める限度でXの請求を認容した。

2 控訴審では、平成20年8月分から平成22年9月分までの賃料及び同年10月分賃料の一部の合計3716万円余の支払を求める請求として、交換的訴えの変更がされた（そして、前述のとおり、A、Y間で本件売買契約締結がされた）。控訴審は、Xが本件売買契約締結前に賃料の仮差押えをしていたことを理由に、Yの混同による賃料債権消滅の主張を排斥して、Xの請求を認容した（ただし、一部は将来給付請求として認容した。）。

3 上告審は、つぎのとおり判示して、控訴審判決が、平成22年1月分以降の賃料債権を取り立てることができるとした部分を破棄して当該部分を大阪高裁に差し戻した。「賃料債権の差押えを受けた債務者は、当該賃料債権の処分を禁止されるが、その発生の基礎となる賃貸借契約が終了したときは、差押えの対象となる賃料債権は以後発生しないこととなる。したがって、賃貸人が賃借人に賃貸借契約の目的である建物を譲渡したことにより賃貸借契約が終了した以上は、その終了が賃料債権の差押えの効力発生後であっても、賃貸人と賃借人との人的関係、当該建物を譲渡するに至った経緯及び態様その他の諸般の事情に照らして、賃借人において賃料債権が発生しな

いことを主張することが信義則上許されないなどの特段の事情がない限り、差押債権者は、第三債務者である賃借人から、当該譲渡後に支払期の到来する賃料債権を取り立てることができないというべきである。」。

Key point 　賃借人が賃貸借の目的物の所有権を取得したときは、特段の事情がないかぎり賃貸借は終了する。そのような、やや特別な場合でなくとも、賃料の差押え後に期間満了その他の原因により賃貸借は終了することは珍しくないことであるし、賃貸借が終了すれば、その後は賃料債権は発生しない。本件上告審は、その点を明確にしたものであるが、賃料債権差押え後に建物が譲渡された場合に建物譲受人は賃料債権の取得を差押債権者に対抗することができないとする前掲〔⊃137〕との関係では、若干の注意が必要である。本件は賃貸借契約自体が終了した事案に関するものであるのに対し、前掲〔⊃137〕は、建物譲渡により賃貸人の地位が建物譲受人に移転しただけで、賃貸借契約が継続している場合において、譲渡後に発生（ないし履行期が到来する）賃料債権の帰属が問題となった事案である。

　ちなみに、本件上告審判決による差戻し後の控訴審である大阪高判平25.2.22金判1415号31頁は、本件上告審判決のいう「賃借人において賃料債権が発生しないことを主張することが信義則上許されないなどの特段の事情」が認められないとして、差戻し部分についてXの請求を棄却した。

〔解説・評釈等〕小粥太郎・ジュリ臨増1453号79頁、我妻学・金判1433号8頁

139 賃料債権に対する物上代位権行使と債権譲渡

抵当権者は、物上代位の目的債権が譲渡され第三者に対する対抗要件が備えられた後においても、目的債権を差し押さえて物上代位権を行使することができるとされた事例

一審…東京地判平成7年5月30日民集52巻1号20頁
控訴審…東京高判平成8年11月6日民集52巻1号28頁
上告審…最判平成10年1月30日民集52巻1号1頁

事案　Xは、平成2年9月28日、Aに対し30億円を貸し付けた。同日、XとBは、B所有の本件建物につき、被担保債権をXのAに対する上記貸金債権とする抵当権設定契約を締結し、その旨登記を経由した。Aは、平成3年3月28日、約定利息の支払を怠り、上記貸金債権についての期限の利益を喪失し、平成4年12月、倒産した。

Bは、本件建物を複数の賃借人に賃貸し、従来の1か月当たりの賃料は707万円余であったが、本件建物の全部をYに賃貸してこれを現実に利用する者についてはYからの転貸借の形をとることとし、平成5年1月12日、本件建物の全部を賃料月額200万円、敷金1億円としてYに賃貸し、同月13日、その旨の賃借権設定登記を経由した。

Cは、平成5年4月19日、Bに対して7000万円を貸し付け、翌4月20日、本件建物についての同年5月分から同8年4月分までの賃料債権を上記貸金債権の代物弁済としてBがCに譲渡する旨の契約を締結し、Yは同日これを承諾した。

B、C、Y三者は上記の趣旨が記載された契約書を作成した上、これに公証人の確定日付（同月20日）を得た。東京地裁は、同年5月10日、Xの物上代位権に基づき、BのYに対する賃料債権のうちXのAに対する請求債権である38億6975万円余に満つるまでの分を差し押さえる旨の差押命令を発し、同命令は同年6月10日にYに送達された（その後、Xは、Yの転借人に対する本件建物の転貸債権について物上代位権行使による差押命令を得たので、同6年4月8日以降支払期にある部分についての上記賃料債権差押命令申立てを取り下げた。）。

XはYに対し、取立権の行使として、上記差押えに係る賃料債権として6533万円余の支払を訴求した。Yは同賃料債権がBからCに譲渡され、それについて確定日付のある証書による承諾があるので、Cが優先し、Xは取立権を行使することができないなどとしてこれを争った。Xは、Bの上記債権譲渡に関するYの主張は権利の濫用に当たるのでCは優先権を主張できないなどと反論した。

判旨　1　第一審は、債権譲渡の第三者対抗要件が具備された後の物上代位権行使としての差押えは債権譲受人に劣後するとしながらも、権利濫用の主張を認め、1800万円（平成5年7月分から同6年3月分までの月額200万円の賃料）の限度でXの請求を認容した。

2 控訴審は、Xの差押えがCに劣後するとし、Xの権利濫用の主張は採用できないとして、第一審判決を取り消してXの請求を棄却した。

3 上告審は、つぎのとおり判示して、Xの優先を認め、原判決を破棄し、Yの控訴を棄却した。「民法304条1項の趣旨目的に照らすと、同項の「払渡又ハ引渡」には債権譲渡は含まれず、抵当権者は、物上代位の目的債権が譲渡され第三者に対する対抗要件が備えられた後においても、自ら目的債権を差し押さえて物上代位権を行使することができるものと解するのが相当である。けだし、(一)民法304条1項の「払渡又ハ引渡」という言葉は当然には債権譲渡を含むものとは解されないし、物上代位の目的債権が譲渡されたことから必然的に抵当権の効力が右目的債権に及ばなくなると解すべき理由もないところ、(二)物上代位の目的債権が譲渡された後に抵当権者が物上代位権に基づき目的債権の差押えをした場合において、第三債務者は、差押命令の送達を受ける前に債権譲受人に弁済した債権についてはその消滅を抵当権者に対抗することができ、弁済をしていない債権についてはこれを供託すれば免責されるのであるから、抵当権者に目的債権の譲渡後における物上代位権の行使を認めても第三債務者の利益が害されることにはならず、(三)抵当権の効力が物上代位の目的債権についても及ぶことは抵当権設定登記により公示されているとみることができ、(四)対抗要件を備えた債権譲渡が物上代位に優先するものと解するならば、抵当権設定者は、抵当権者からの差押えの前に債権譲渡をすることによって容易に物上代位権の行使を免れることができるが、このことは抵当権者の利益を不当に害するものというべきだからである。」。

Key point 本件上告審判決は、「抵当権者は、抵当不動産の賃料債権に対して、抵当権に基づく物上代位権を行使することができる」とする最判平元.10.27民集43巻9号1070頁を前提とするものであるが、さらに、大連判大12.4.7民集2巻209頁を変更する、画期的な判決であり、登記基準説と呼ばれる立場として、その後の判例に大きな影響を与えたものである(後掲〔○140〕参照)。本件上告審判決の直後に出た最判平10.2.10判時1628号3頁(②事件)も本件上告審判決と同旨を判示している。

しかし、債権譲渡が民法304条1項にいう「引渡し」に当たることはもちろんであり(債権譲渡のほか「引渡し」に該当するものは考えられない。)、第三者対抗要件を具備した債権譲渡によりその債権は確定的に譲受人に帰属するものとなっているのであって、その後に譲渡人に帰属する債権としてこれを差し押さえることはできないというべきである。

なお、転付命令に係る金銭債権(被転付債権)が抵当権の物上代位の目的となり得る場合においても、転付命令が第三債務者に送達されるときまでに抵当権者が被転付債権の差押えをしなかったときは、転付命令の効力を妨げることはできないとする最判平14.3.12民集56巻3号555頁がある。

〔解説・評釈等〕野山宏・判解1事件、松岡久和・民商120巻6号116頁、古積健三郎・別冊法時19号26頁、清原泰司・判評475号22頁、大西武士・判タ974号77頁、佐賀義史・判タ臨増1005号62頁

140 賃料債権に対する物上代位権行使と賃借人による相殺

抵当権者が物上代位権を行使した後は、賃借人は抵当権設定登記の後に取得した債権による相殺をもって抵当権者に対抗することはできないとされた事例

一　審…京都地判平成11年2月15日民集55巻2号387頁
控訴審…大阪高判平成11年7月23日民集55巻2号391頁
上告審…最判平成13年3月13日民集55巻2号363頁

事案

　X（銀行）は、昭和60年9月27日、A（株式会社）所有の本件建物につき極度額5000万円とする本件根抵当権設定を受け同日その登記を経由した。Aは、昭和60年11月14日、本件建物1階部分をYに賃貸し、YはAに保証金3150万円を交付した。平成9年2月3日、AとYは、上記賃貸借契約を同年8月31日限り解消し、同年9月1日以降改めて保証金330万円の約定で賃貸借契約を締結すること、この保証金は従前の賃貸借契約における保証金の一部を充当し、残額2820万円は同年8月31日までにAがYに返還することを約した。
　しかし、Aが期限にこの2820万円を返還することができなかったことから、AとYは、平成9年9月27日、内金1651万円余を同年末日までにAがYに支払い、その余の1168万円余は、YのAに対する平成12年9月分までの賃料（1か月30万円）の支払債務とそれぞれ各月の前月末日に対当額で相殺することなどを合意した。Xは、Aが貸金返還債務を履行しなかったので、本件根抵当権の物上代位権行使として、AのYに対する差押命令送達時以降支払期にあるものから900万円に満つるまでの賃料債権の差押えを申し立て、執行裁判所はその差押命令を発し、同命令は平成10年1月24日Yに、同月28日Aにそれぞれ送達された。
　XはYに対し、平成10年2月1日から同年6月30日までの賃料合計150万円の支払を訴求した。Yは、前記相殺合意による賃料債権の消滅を主張した。

判旨

　1　第一審は、抵当権設定登記の後に保証金の授受、相殺合意がされた場合には、抵当権に基づく物上代位権行使が相殺権に優先する旨を判示して、Xの請求を認容した。
　2　控訴審も、「相殺が物上代位に優先するものと解するならば、抵当権設定者は、抵当権者からの差押えの前に相殺することによって容易に物上代位権の行使を免れることができるが、このことは抵当権者の利益を不当に害するものというべきである」などとして、物上代位権の優先を認めて、Yの控訴を棄却した。
　3　上告審も、つぎのとおり判示して物上代位権の優先を認め、Yの上告を棄却した。「抵当権者が物上代位権を行使して賃料債権の差押えをした後は、抵当不動産の賃借人は、抵当権設定登記の後に賃貸人に対して取得した債権を自働債権とする賃料債権との相殺をもって、抵当権者に対抗することはできないと解するのが相当である。

けだし、物上代位権の行使としての差押えのされる前においては、賃借人のする相殺は何ら制限されるものではないが、上記の差押えがされた後においては、抵当権の効力が物上代位の目的となった賃料債権にも及ぶところ、物上代位により抵当権の効力が賃料債権に及ぶことは抵当権設定登記により公示されているとみることができるから、抵当権設定登記の後に取得した賃貸人に対する債権と物上代位の目的となった賃料債権とを相殺することに対する賃借人の期待を物上代位権の行使により賃料債権に及んでいる抵当権の効力に優先させる理由はないというべきであるからである。そして、上記に説示したところによれば、抵当不動産の賃借人が賃貸人に対して有する債権と賃料債権とを対当額で相殺する旨を上記両名があらかじめ合意していた場合においても、賃借人が上記の賃貸人に対する債権を抵当権設定登記の後に取得したものであるときは、物上代位権の行使としての差押えがされた後に発生する賃料債権については、物上代位をした抵当権者に対して相殺合意の効力を対抗することができないと解するのが相当である。」。

Key point 本件上告審判決も、抵当権者の物上代位権行使についての、判例のとる登記基準説（前掲〔●139〕参照）の現われといえる（同じく登記基準説の現われといえるものとして、賃借人が抵当権設定登記前に取得した賃貸人に対する債権を自働債権、賃料債権を受働債権とする相殺をもって、担保不動産収益執行の管理人に対抗することができるとする最判平21．7．3民集63巻6号1047頁がある）。しかし、第三債務者は、債権差押えの効力が生じる前に債務者に対して有していた債権を自働債権として差押えに係る債権と相殺することにより差押債権者に対抗することができるというべきであり（最大判昭45.6.24民集24巻6号587頁参照）、そのことは、債権差押えが抵当権の物上代位権行使による場合であっても変わらないというべきである。抵当権者は抵当不動産の実行により債権の回収を図ることが十分に可能であるが、賃借人は、無資力の賃貸人から債権回収をすることがほとんど困難であることに鑑みると、本件上告審判決は、その点でも妥当性を欠く。

なお、本件の、「保証金」は、敷金の性格を有するものとも思われるが、本件ではその点は問題とされていない（「敷金」である場合については、後掲〔●141〕参照）。

〔解説・評釈等〕杉原則彦・判解9事件、藤澤治奈・法協121巻10号214頁、角紀代恵・民商128巻2号55頁、能登真規子・法時74巻2号101頁、鳥谷部茂・別冊法時24号30頁、荒木新五・判タ1068号79頁、森邦明・判タ臨増1096号48頁、山野目章夫・ジュリ臨増1224号70頁

141 賃料債権に対する物上代位権行使と敷金による充当

抵当権の物上代位権行使として賃料債権の差押えがあった場合において、賃貸借契約が終了し、目的物の明渡しがあったときは、差押えに係る賃料債権は敷金の充当によりその限度で消滅するとされた事例

　一　審…東京地判平成11年5月10日民集56巻3号714頁
　控訴審…東京高判平成12年3月28日民集56巻3号721頁
　上告審…最判平成14年3月28日民集56巻3号689頁

事案

　X（信託銀行）は、昭和59年2月15日、A（株式会社）所有の本件建物につき極度額を50億円とする根抵当権設定を受け、同年3月13日その登記を了した。その後Aは本件建物をB（株式会社）に賃貸し、Bは、平成5年8月11日、本件建物の一部（本件建物部分）をYに転貸し（本件賃貸借契約）、YはBに1000万円の保証金（敷金の性質を有することに争いがない。）を交付した（20％を「契約終了金」とし、本件賃貸借契約が終了し、Yが本件建物部分を明け渡した後6か月以内に上記契約終了金及び未払賃料等を控除してBがYに返還する旨の約定があった。）。

　Xの前記根抵当権の物上代位権行使としての差押命令申立てにより、BのYに対する賃料債権のうち差押命令送達以降弁済期が到来するものから4億6000万円に満つるまでの部分につき差押命令が発せられ、同命令は平成10年6月29日Yに送達された。Yは、同年3月30日、Bに対し、同年9月30日をもって本件賃貸借契約を解約する旨を通知し、同日限り本件建物部分から退去し、これを明け渡した。

　XはYに対し、上記差押えに係る270万円余の（供託の方法による）支払を訴求した（Xは、控訴審において、本件差押命令送達前に弁済期が到来していた平成10年7月分の賃料の請求を取り下げる旨の請求の減縮をしたので、請求額は180万円余となった。）。Yは、保証金返還請求権を自働債権とする賃料債権との相殺を主張した。

判旨

　1　第一審は、YのBに対する保証金返還請求権はXの差押え後に発生したものであるから、Yはこれを自働債権とする相殺をもってXに対抗することはできないとして、Xの請求を認容した。

　2　控訴審は、敷金返還請求権は、賃貸借終了明渡時における延滞賃料等の借主の債務と当然に差引計算がされて残額について発生するのであるから、賃貸借が終了し明渡しがされたときは、延滞賃料は当然に敷金から控除される結果、差押えに係る債権は消滅するとして、第一審判決を取り消して、Xの請求を棄却した。

　3　上告審は、まず、最判昭和48年2月2日民集27巻1号80頁（後掲〔**◯143**〕）を引用して、敷金は賃貸借終了後目的物の返還時において、賃料債権等の被担保債権

を控除し、なお残額があることを条件としてその残額につき発生するものであることを述べ、敷金充当による未払賃料等の消滅は相殺のように当事者の意思表示を必要とするものではないから、民法511条によって上記当然消滅の効果は妨げられないとした。さらにつぎのとおり判示して、Xの上告を棄却した。「抵当権者は、物上代位権を行使して賃料債権を差し押さえる前は、原則として抵当不動産の用益関係に介入できないのであるから、抵当不動産の所有者等は、賃貸借契約に付随する契約として敷金契約を締結するか否かを自由に決定することができる。したがって、敷金契約が締結された場合は、賃料債権は敷金の充当を予定した債権となり、このことを抵当権者に主張することができるというべきである。以上によれば、敷金が授受された賃貸借契約に係る賃料債権につき抵当権者が物上代位権を行使してこれを差し押さえた場合においても、当該賃貸借契約が終了し、目的物が明け渡されたときは、賃料債権は、敷金の充当によりその限度で消滅するというべきであり、これと同旨の見解に基づき、Xの請求を棄却した原審の判断は、正当として是認することができ、原判決に所論の違法はない。」。

Key point 本件におけるXの物上代位権行使は抵当不動産の転貸料債権に関するものであり、最決平12.4.14民集54巻4号1552頁は、転貸料債権に対しては原則として物上代位権を行使することはできないと判示しているが、本件はすでに確定した差押命令に関するものであり、転貸料債権に対する物上代位権行使の可否は問題とされてはいない。また、前掲〔●140〕は、第三債務者が抵当権設定登記後に債務者に対して取得した債権を自働債権とする相殺をもって抵当権の物上代位権行使として債権差押えをした抵当権者に対抗することができないとしたが、本件では敷金の特殊性から「当然充当」による差押債権の消滅が認められたものである。

〔解説・評釈等〕中村也寸志・判解16事件、生熊長幸・民商130巻3号142頁、下村信江・別冊法時26号22頁、中山知己・判評528号16頁、荒木新五・判タ1099号81頁、道垣内弘人・ジュリ臨増1246号65頁

3-3

権利金・敷金・更新料等

傾向と実務

第1 契約当事者間で特別に授受される金銭の種類

　借地契約における地代等、建物賃貸借契約における賃料（家賃）は、いずれも目的物の使用収益の対価として借主から貸主に支払われるものであるが、このほかに、種々の金銭が（もっぱら借主から貸主に）授受されることが多い。権利金、礼金、敷金、建設協力金、保証金、更新料、承諾料、立退料などが、その主なものである。これらをめぐる判例も少なくない。なお、借地契約又は建物賃貸借契約締結の際に媒介をした者に支払われる報酬（仲介手数料）は、借地契約又は建物賃貸借契約の当事者間で授受されるものではなく、借地借家関係とは直接には関係がないので、ここでは扱わない。

第2 権利金・礼金

1 権利金

　「権利金」は、主として借地契約締結の際に、借地権者から借地権設定者に支払われる金員であり、旧借地法下では、いわゆる借地権価格に近い、高額の金員が授受されることも珍しくなかった。権利金の授受は借地権の発生（借地契約の成立）とは無関係であるが、借地権の発生、存在に争いが生じたときは、権利金の授受があったことは、借地権の発生を裏づける有力な事実となるだろう。

　権利金の法的性質については、永続的な土地利用権を設立することの対価であるとか、相当長期的に返還を受けられなくなるという借地権設定者の不利益を実質的に補償するものであるとか、将来の地代等の不足分を前払として授受するものであるとか、種々の見解があるが、多くの場合、それらの性質が混在し、含まれているものと考えてよいだろう。

　いずれにせよ、権利金は、一般的には、借主に返還する必要のない金員である（〔●142〕参照）。

　建物賃貸借においても、店舗（特に飲食店など）の賃貸借契約締結の際に比較的高額の「権利金」が授受されることがあるが、賃借権設定の対価ないし場

所的利益の対価としての性質が強いと思われる。これも、本来は返還を要しないものであるが、一部返還を命じた裁判例も散見される（浦和地判昭57.4.15判時1060号123頁など参照）。なお、店舗等の賃貸借契約の際、賃借人への造作等譲渡の対価として「権利金」名目で金銭の授受がされることもあるようだが、その場合の権利金は造作等の売買代金にほかならない。

2　礼金

主として建物賃貸借契約の際に、賃借人が賃貸人に、賃料の1、2か月分相当の「礼金」を支払うことが多い。賃借権設定の対価としての側面が強く、権利金と同様、一般には返還を要しないものである。礼金の授受も、賃貸借契約の成立とは関係がない。

第3　敷金・建設協力金・保証金

1　敷金

「敷金」は、借地契約又は建物賃貸借契約締結時に、賃料その他上記契約から発生する貸主の借主に対する金銭債権を担保するために借主（ただし、理論上は第三者でもかまわない。）から貸主に交付される金員であり、契約が終了し目的物の返還がされたときは、（未払賃料等の被担保債権に充当した残額を）借主に返還すべきものである（〔⇨143〕参照）。したがって、敷金が差し入れられているとしても、賃料の遅滞があるときは、賃貸人は催告のうえ賃貸借を解除することができるのは当然のことである（最判昭44.6.12判時569号41頁、最判昭45.9.18判時612号57頁参照）。敷金については、目的物の譲渡により貸主の地位の移転があった場合にどのように処理するか、など問題も多く、これに関する重要判例は少なくない（前掲〔⇨143〕のほか、〔⇨144、145、147、150、151〕など。）。

なお、借地契約においても敷金が授受されることがあるが、（前記「権利金」を授受することが多いためか）建物賃貸借の場合に比べると、実際上、敷金が授受されることは少ないようである。

2　建設協力金

新築建物の長期的な賃借を強く希望する者が、賃貸人（ないし賃貸予定者）の建物新築のための資金又はその一部に充てさせるため、相当高額の金員を（多くは、賃借予定の建物の建築前に）賃貸人に交付することがある。これが、

（実際の名目は必ずしも一定していないが）一般に「建設協力金」などと呼ばれているものである。これは、前記「敷金」と異なり、賃料等、賃貸人の賃借人に対する金銭債権を担保するものではないので、賃貸借契約の終了や建物明渡しとは無関係に（たとえば「10年据え置き、その後10年間の分割返済とする」などの）返済時期、方法が約定されることが多い。

建設協力金は、建物賃借人（ないし賃借予定者）の建物賃貸人（ないし賃貸予定者）に対する貸金か、貸金的な性質を有するものである（無利息である場合が多い。）。新賃貸人がその返還債務を承継しないことは後述のとおりである。

3　保証金

「保証金」は、多くは店舗や事務所等の事業用の建物賃貸借契約において、前記「敷金」の性質を有するものとして授受される場合（借地契約や居住用建物の賃貸借契約について授受される場合もある。）、前記「建設協力金」ないし貸金的な性質を有するものとして授受される場合、それらの性質を併せもつものとして授受される場合の3種がある。建物賃貸借契約において敷金と保証金が別々に授受されている場合には、後者は建設協力金ないし貸金の性質を有するものと解するのが適切な場合が多い。しかし、別に「敷金」の授受がない場合には、別段の合意のないかぎり、その全額について敷金の性質を有するものと推測すべきであろう（この点に関しては、〔⊃**148**、**149**〕参照）。

なお、建設協力金ないし建設協力金の性質を有する保証金は、敷金と異なり、賃貸人の交代があっても、新賃貸人はその返還債務を原則として承継しないというのが判例である（〔⊃**146**〕参照）。

第4　その他の金銭の授受

1　更新料

借地契約も建物賃貸借契約も（定期借地権や定期建物賃貸借の場合を別にすれば）更新するのが原則であるが、その更新に際して、借地権者から借地権設定者に対して、又は建物賃借人から建物賃貸人に対して「更新料」が支払われることがある（建物賃貸借の場合は月額賃料の1、2か月分であることが多いが、借地の場合は土地の価格の数％と、相当高額である場合が多い。）。その法的性質については、貸主の更新に対する異議権放棄の対価であるとか、借地契約の地代等又は建物の賃料の不足分を補填する性質を有するものである、など

といわれている。

　いずれにせよ、当事者の合意（特約）によって発生するものであって、合意がなければ更新料請求権は発生しないというのが判例である〔●152〕。建物賃貸借についての更新料支払特約が消費者契約法10条により無効であるとする裁判例もあったが、最高裁は、同条に反するものではなく、原則として有効と判示した〔●153〕。同判決は、法定更新の場合も同特約による更新料請求権が発生する趣旨と解される。

2　承諾料

　「承諾料」は、借地契約又は建物賃貸借契約において貸主の承諾ないし貸主との合意が必要な場合に、その承諾ないし合意成立の対価として借主から貸主に対して支払われる金員である。例えば、増改築禁止特約の付された借地契約において借地権者が増改築をすることについての承諾料や、土地又は建物の賃貸借契約において賃借権を他へ譲渡することについての承諾料などが、その典型例である。もっぱら、裁判外の合意や裁判上の和解等で授受されるものであるので、これに関する判例はほとんど見当たらない（もっとも、実質的には、このような承諾料と同視することができる、借地権設定者の承諾に代わる裁判所の許可決定の付随処分としての財産給付命令については、多数の裁判例がある。）。

3　立退料

　「立退料」は、文字どおり、目的物（土地、建物）から借主を立ち退かせるために、貸主から借主に支払われる金員である。

　これには2つの場合がある。1つは、借地契約又は建物賃貸借契約において、貸主が更新を拒絶したり（建物賃貸借において）解約申入れをする際に、正当事由を補完するものとして貸主が借主に支払い又は提供する場合である（これに関しては第1章4、第2章3で裁判例を紹介した。）。

　いま1つは、更新時期とは無関係に、そして正当事由の有無とは無関係に、借地契約又は建物賃貸借契約を合意により終了させる目的で貸主が借主に支払う場合である。当事者の合意により任意に支払われるものであるので、これに関する判例はほとんど見当たらない。なお、借主の賃料不払等を理由に借地契約や建物賃貸借契約を解除した場合にも、借主の任意かつ早期の明渡しを促すために、貸主が多少の立退料を借主に支払う場合がある。

142 権利金・礼金の返還

店舗賃貸借において場所的利益の対価として交付された権利金の返還請求ができないとされた事例

一　審…長崎地佐世保支判昭和41年8月16日民集22巻6号1431頁
控訴審…福岡高判昭和42年9月27日民集22巻6号1438頁
上告審…最判昭和43年6月27日民集22巻6号1427頁

事案

　Xは、昭和28年6月23日ころ、Y（株式会社）所有の建物（市場）内の店舗をYから月額7000円で、期間の定めなく賃借する旨の本件賃貸借契約を締結し、同所で電機器具販売店を開業したが、その際、Yに15万円を交付した。

　当時は、いわゆる朝鮮動乱の後で佐世保市内は活況を呈しており、上記市場の店舗賃借には七十数名の申込希望者がいたが賃借を認められた者は42名にすぎないほど競争が激しく、申込者らは賃料以外の金員を支出してでも同市場内に店舗を得たいと希望する情勢にあり、Yは同市場内の各賃借人から、それぞれ10万円から30万円ぐらいを交付させた。Yは、これを権利金であると認識し、当時すでに地代家賃統制令が改正されて権利金の授受が許されることになっていたが、Yはこれを知らず、金銭消費貸借契約（無利息。15年後返還）の形式をとることとした。

　その後、昭和29年11月ころ、YとXら賃借人間の協議により店舗位置の移動が行われた（そのころ、賃料も月額3000円とされたようである。）が、Xの店舗の面積が減少したため、Yは前記15万円のうち、1万円をXに返還した。その後、本件賃貸借が終了し、Xは賃借店舗をYに明け渡した（Xは昭和31年3月末日に本件賃貸借契約を解除したと主張し、Yは同年7月14日、Xの賃料不払を理由に同契約を解除した旨主張している。）。

　XはYに対し、上記14万円が貸金であるとして、その返還（支払）を訴求した。

判旨

　1　第一審は、ＸＹ間で授受された当初の15万円は（貸金ではなく）「市場内に店舗として有する場所的利益の対価として支払われた権利金」であり、期間に対応する対価ではないと認定して、Xの請求を棄却した。

　2　控訴審は、第一審判決をほとんどそのまま引用して、Xの控訴を棄却した。

　3　上告審は、つぎのとおり判示して、原審の判断を是認し、Xの上告を棄却した。「原判決の確定したところによれば、本件の権利金名義の金員は、Xが賃借した建物部分の公衆市場内における店舗として有する特殊の場所的利益の対価として支払われたものであるが、賃料の一時払としての性質を包含するものでなく、かつ、本件賃貸借契約には期間の定めがなかったというのであり、賃貸借契約の締結またはその終了にさいし右金員の返還について特段の合意がされた事実は原審で主張も認定もされていないところであるから、このような場合には、X主張のように賃貸借契約がその成立後約2年9か月で合意解除され、賃借建物部分がYに返還されたとしても、Xは、

それだけの理由で、Yに対し右金員の全部または一部の返還を請求することができるものではないと解すべきである。」。

　Xは、上告理由で、要旨「建物の賃借人が、借家権及び造作権利増金の名義で賃貸人に交付した金員が、賃貸借の設定によって賃借人の享受すべき建物の場所営業設備等有形無形の利益に対する対価の性質を有するものである場合において、賃借人が十数年間も同建物を使用した以上、格段の特約の認められない限り、賃貸借が終了しても、右金員の返還を受けることはできない。」とする最判昭29.3.11民集8巻3号672頁を引用したが、本件上告審判決は、最判昭29.3.11は、本件のような場合に「常に権利金名義の金員の返還請求を認めなければならないという趣旨を含むものではない。」とした。

しかし、下級審裁判例では、建物賃貸借の権利金ないし礼金の（一部）返還請求を認めたものも少なくない（東京地判昭42.5.29判時497号49頁、東京地判昭44.5.21判時571号64頁、京都地判昭46.10.12判時657号76頁（賃借権の対価の一部としての礼金）、東京高判昭48.7.31判時716号42頁（場所的利益の対価と、賃料の前払としての権利金）、東京地判昭56.12.17判時1048号119頁（賃料の前払としての礼金）など。）。

〔解説・評釈等〕野田宏・判解57事件、野村豊弘・法協86巻8号104頁、森泉章・民商60巻2号297頁、田尾桃二・判タ228号63頁、石外克喜・ジュリ47号142頁

143 敷金の性質と敷金返還請求権の発生時期

敷金返還請求権は賃貸借終了後、目的物返還時においてそれまでに生じた被担保債権を控除し、なお残額がある場合にその残額につき具体的に発生するとされた事例

一 審…鳥取地判昭和41年7月18日民集27巻1号87頁
控訴審…広島高松江支判昭和46年2月5日民集27巻1号94頁
上告審…最判昭和48年2月2日民集27巻1号80頁

事案

　Aは、昭和34年10月31日、BからB所有の本件家屋2棟を賃借し（本件賃貸借）、敷金25万円をBに交付した。Yは、昭和35年、競落により本件各家屋の所有権を取得してAに対する賃貸人の地位を承継し、その敷金をも受け継いだが、本件賃貸借は昭和37年10月31日、期間満了により終了した（当時賃料の延滞はなかった。）。Yは、Aから本件各家屋の明渡しを受けないまま、同年12月26日、これをCに売り渡し、かつ、上記賃貸借終了の日の翌日から同売渡日までのAに対する損害賠償債権並びに過去及び将来にわたり生ずべきAに対する上記損害賠償債権の担保としての敷金をCに譲渡し、そのころその旨をAに通知した（Aはこれを承諾してはいない。）。
　その後、CがAに対して提起した訴訟の第一審、第二審においてAがCに対して本件各家屋明渡義務及び1か月2万円余の割合による賃料相当損害金の支払義務を負うことが認められた後、昭和40年3月3日ころ、AとCとの間において上記損害金債権のうちから本件敷金などを控除し、その余の損害金債権を放棄する旨の和解が成立し、同年4月3日ころAがCに本件各家屋を明け渡した。Aの債権者であるXはAに対する強制執行として、昭和40年1月27日、AのYに対する本件敷金返還請求権につき差押転付命令を得、同命令が同月29日A及びYに送達された。
　XはYに対し、上記差押転付命令にかかる敷金返還請求権25万円の支払を訴求した。

判旨

　1　第一審は、敷金から控除されるべきは、賃貸借終了の翌日である昭和37年11月1日よりYが本件各家屋をCに売り渡した前日の同年12月25日までの賃料相当損害金（1万4451円）であるとし、Yに対し、敷金25万円からこれを控除した23万5549円とこれに対する遅延損害金の支払を命じた。
　2　控訴審は、賃貸借終了後に賃貸家屋が譲渡された場合にも、少なくとも旧所有者と新所有者の合意があれば敷金を後者が承継することができ、敷金は遅くとも昭和38年9月末日までの賃料相当損害金に充当されて全部消滅したとして、第一審判決中Yの敗訴部分を取り消してXの請求を棄却した。
　3　上告審は、つぎのとおり判示して、原審の結論を維持してXの上告を棄却した。

「家屋賃貸借における敷金は、賃貸借存続中の賃料債権のみならず、賃貸借終了後家屋明渡義務履行までに生ずる賃料相当損害金の債権その他賃貸借契約により賃貸人が賃借人に対して取得することのあるべき一切の債権を担保し、賃貸借終了後、家屋明渡がなされた時において、それまでに生じた右の一切の被担保債権を控除してなお残額があることを条件として、その残額につき敷金返還請求権が発生するものと解すべきであ（る）」、「賃貸借継続中に賃貸家屋の所有権が譲渡され、新所有者が賃貸人の地位を承継する場合には、賃貸借の従たる法律関係である敷金に関する権利義務も、これに伴い当然に新賃貸人に承継されるが、賃貸借終了後に家屋所有権が移転し、したがって、賃貸借契約自体が新所有者に承継されたものでない場合には、敷金に関する権利義務の関係のみが新所有者に当然に承継されるものではなく、また、旧所有者と新所有者との間の特別の合意によっても、これのみを譲渡することはできないものと解するのが相当である。このような場合に、家屋の所有権を取得し、賃貸借契約を承継しない第三者が、とくに敷金に関する契約上の地位の譲渡を受け、自己の取得すべき賃借人に対する不法占有に基づく損害賠償などの債権に敷金を充当することを主張しうるためには、賃貸人であった前所有者との間にその旨の合意をし、かつ、賃借人に譲渡の通知をするだけでは足りず、賃借人の承諾を得ることを必要とするものといわなければならない。」、「賃貸借終了後であっても明渡前においては、敷金返還請求権は、その発生および金額の不確定な権利であって、券面額のある債権にあたらず、転付命令の対象となる適格のないものと解するのが相当である。」（Xが本件転付命令を得た当時、Aはいまだ本件各家屋の明渡しを了していなかったので同命令は無効である。）。

Key point 本件の事案はやや特殊なものではあるが、本件上告審判決は、敷金の性質（被担保債権の範囲）と敷金返還請求権の発生時期、建物明渡し前には敷金返還請求権は被転付適格を有しないこと等を判示した重要な判例である。
〔解説・評釈等〕判解64事件（無記名）、星野英一・法協92巻2号161頁、石外克喜・民商69巻3号548頁、幾代通・判評179号17頁、石田喜久夫・ジュリ臨増565号60頁、水本浩・別冊ジュリ47号140頁

144 賃借家屋明渡債務と敷金返還債務の関係

賃借人の家屋明渡債務と賃貸人の敷金返還債務とは同時履行の関係に立たないとされた事例

一　審…佐賀地判昭和46年8月4日民集28巻6号1157頁（主文及び事実）
控訴審…福岡高判昭和47年10月18日民集28巻6号1163頁
上告審…最判昭和49年9月2日民集28巻6号1152頁

事案　　Aは、その所有する本件建物につき、昭和43年2月5日、B（銀行）のための抵当権を設定し、その登記をした。Aは、昭和44年9月1日、本件建物の一部（本件建物部分）を、期間を2年としてYに賃貸し、Yがこれを占有している。YはAに敷金800万円を差し入れていると主張している。Bの抵当権実行としての競売でXが本件建物を競落し、昭和45年11月21日代金納付によりその所有権を取得した。

XはYに対し本件建物部分の明渡しを訴求した。Yは、敷金返還債務と明渡債務との同時履行関係、敷金返還請求権による留置権を主張した（Yは、そのほか、造作買取請求権による留置権、費用償還請求権による留置権なども主張したが、それらの債権の存在が認められていないので、省略する。）。

判旨　　1　第一審は、Xの請求を棄却した（詳細不明）。

2　控訴審は、（Yが抵当実行による差押えの効力発生後は法定更新を差押債権者、競落人に対抗することができないことを前提として）「敷金は賃貸借から生じる損害塡補のため提供されるもので、建物自体との牽連は認められず、賃借人において賃借物を返還した後に、はじめて敷金返還請求権が生ずる」と判示して、第一審判決を取り消してXの請求を認容した。

3　上告審は、敷金返還義務について最判昭48.2.2民集27巻1号80頁（前掲〔◯143〕）を引用して同旨を述べたうえで、つぎのとおり判示して、Yの上告を棄却した。「敷金契約は、このようにして賃貸人が賃借人に対して取得することのある債権を担保するために締結されるものであって、賃貸借契約に附随するものではあるが、賃貸借そのものではないから、賃貸借の終了に伴う賃借人の家屋明渡債務と賃貸人の敷金返還債務とは、1個の双務契約によって生じた対価的債務の関係にあるものとすることはできず、また、両債務の間には著しい価値の差が存しうることからしても、両債務を相対立させてその間に同時履行の関係を認めることは、必ずしも公平の原則に合致するものとはいいがたいのである。一般に家屋賃貸借関係において、賃借人の保護が要請されるのは本来その利用関係についてであるが、当面の問題は賃貸借終了後の敷金関係に関することであるから、賃借人保護の要請を強調することは相当でなく、また、両債務間に同時履行の関係を肯定することは、右のように家屋の明渡

までに賃貸人が取得することのある一切の債権を担保することを目的とする敷金の性質にも適合するとはいえないのである。このような観点からすると、賃貸人は、特別の約定のないかぎり、賃借人から家屋明渡を受けた後に前記敷金残額を返還すれば足りるものと解すべく、したがって、家屋明渡債務と敷金返還債務とは同時履行の関係にたつものではないと解するのが相当であり、このことは、賃貸借の終了原因が解除（解約）による場合であっても異なるところはないと解すべきである。そして、このように賃借人の家屋明渡債務が賃貸人の敷金返還債務に対し先履行の関係に立つと解すべき場合にあっては、賃借人は賃貸人に対し敷金返還請求権をもって家屋につき留置権を取得する余地はないというべきである。」。

　担保権は被担保債権の弁済によって消滅するが、抵当権設定登記抹消登記手続義務（大判昭18. 9 .29民集22巻983頁、最判昭41. 9 .16判時460号52頁など）や譲渡担保目的物の返還（最判平 6 . 9 . 8 判時1511号71頁）などよりも被担保債権の弁済が先履行となる（すなわち、弁済と担保物の返還等は同時履行の関係に立たない。）。そのことからすると、担保である敷金の返還よりも目的物返還が先履行となることは当然であろう。
　なお、民法旧395条によって認められていた短期賃貸借も更新するが、差押えの効力発生後は更新をもって差押債権者ないし買受人（競落人）に対抗することができないとするのが判例（最判昭38. 8 .27民集17巻 6 号871頁）である。
〔解説・評釈等〕川口冨男・判解24事件、北村一郎・法協93巻 5 号806頁、金山正信・民商73巻 1 号63頁、浜田稔・判評195号25頁、水本浩・別冊ジュリ78号136頁、岡孝・別冊ジュリ137号134頁

145 敷金等と賃貸借当事者の変更①

敷金についての権利義務が新賃貸人に承継されるとされた事例

一　審…京都地判昭和42年3月23日民集23巻8号1615頁
控訴審…大阪高判昭和43年2月16日民集23巻8号1620頁
上告審…最判昭和44年7月17日民集23巻8号1610頁

事案

　Aは、昭和31年2月22日、その所有する本件建物を賃料月額7500円でYに賃貸し、Yは本件建物明渡時に返還を受ける約定で権利金（その実質は敷金）45万円をAに交付した。本件土地の敷地の所有者BからAに対して本件建物の収去による土地明渡請求が提起され第一審でAが敗訴したことから、Yは昭和33年3月分以降の賃料の支払を留保していた。

　その後Aが死亡し、Cらが本件建物を相続したが、Xは、昭和36年5月4日、Cらから本件建物を買い受けてその所有権を取得し（同月19日登記）、Yに対する賃貸人の地位を承継した。BのAないしCらに対する建物収去土地明渡請求事件の認容判決が同年12月27日ころの上告棄却により確定し、本件建物は昭和39年7月1日以降取り壊された。

　Xは、Cらから本件建物の買受け前のYに対する賃料（Xは、賃料が月額1万2000円に増額されたと主張している。）債権を譲り受けたと主張し、昭和33年3月分以降昭和39年6月分の賃料（Xの主張では）91万2000円の遅滞賃料から権利金45万円を控除した46万2000円（及びこれに対する訴状送達の翌日以降の遅延損害金）の支払を訴求した。Yは、上記賃料が免除されたことなどを主張した。

判旨

　1　第一審は、AがYに対して昭和33年3月分以降の賃料債務を免除したと認定してXの請求を棄却した。

　2　控訴審は、月額賃料が7500円のままであったと認定し、AがYに対し賃料債務を免除したことは認められないとした。また、XがCらからAに対する賃料債権の譲渡を受けたとする主張についてもYに対する通知又はYの承諾が認められないのでYに請求できないとした。そして、第一審判決を変更して未払賃料54万円余から前記45万円を控除した9万3750円（及びその遅延損害金）の限度でXの請求を認容した。さらに、敷金に関しては「Cらに帰属している未払賃料債権は、賃貸人の地位がCらからXに移転したさい、従前賃貸人であるCらとの間で当然本件敷金から差引清算せられ、その限度において敷金は消滅し、残額についてのみその権利関係が新賃貸人（X）に承継された」と付言した。

　3　上告審は、つぎのとおり判示して、Yの上告を棄却した。「敷金は、賃貸借契約終了の際に賃借人の賃料債務不履行があるときは、その弁済として当然これに充当される性質のものであるから、建物賃貸借契約において該建物の所有権移転に伴い賃貸人たる地位に承継があった場合には、旧賃貸人に差し入れられていた敷金は、賃借

人の旧賃貸人に対する未払賃料債務があればその弁済としてこれに当然充当され、その限度において敷金返還請求権は消滅し、残額についてのみその権利関係が新賃貸人に承継されるものと解すべきである。したがって、当初の本件建物賃貸人Aに差し入れられた敷金につき、その権利関係は、同人よりその相続人Cらに承継された後、右Cらより本件建物を買い受けてその賃貸人の地位を承継した新賃貸人であるXに右説示の限度において承継されたものと解すべきであり、これと同旨の原審の判断は正当である。」。

賃貸建物の譲渡に伴い譲受人が賃貸人の地位を承継するとともに敷金返還債務を承継することについては、すでに判例（大判昭11.11.27民集15巻2110頁、最判昭39.6.19民集18巻5号795頁）があった。また、賃貸人の地位承継時に存した未払賃料は当然に敷金から充当され、敷金の残額のみについてその権利関係が新賃貸人に承継されることについても判例（大判昭18.5.17民集22巻373頁）があった。本件控訴審判決、上告審判決はこれを踏襲したものである。
〔解説・評釈等〕宇野栄一郎・判解49事件、原田純孝・法協88巻4号135頁、鈴木禄弥・民商62巻5号898頁、野澤正充・別冊ジュリ192号72頁

146 敷金等と賃貸借当事者の変更②

新賃貸人は建設協力金の性質を有する保証金の返還債務を承継しないとされた事例

一　審…東京地判昭和45年12月21日民集30巻2号40頁
控訴審…東京高判昭和47年8月30日高民集25巻4号346頁
上告審…最判昭和51年3月4日民集30巻2号25頁

事案　　X（株式会社）は、昭和38年6月15日、A（個人）から同人所有の本件建物（ビル）の2階部分（本件貸室）を、期間を5年間として賃借し、同年7月1日までに敷金138万円余と保証金664万円余をAに差し入れた。本件保証金は、Aが本件建物建築のために他から借り入れた金員の返済が主な目的であって、本件賃貸借成立の時から5年間据え置き、6年目から毎年日歩5厘の利息を加えて10年間毎年均等の割合でAからXに返還することとされていた。

　　Aは、昭和42年4月6日、破産宣告を受けた。Y（株式会社）は、昭和43年5月9日、競落によって本件建物の所有権を取得した。Yは、同年7月9日、Xに対し、賃料増額請求をしたがXはこれに応じなかった。Yは、同年10月1日、Xが賃料を3か月分遅滞したとして、Xに対し、本件賃貸借契約解除の意思表示をした。Xは、Yの不信行為を理由として昭和44年7月14日、Yに対し、同契約解除の意思表示をした（Xは、同日本件貸室をYに明け渡したと主張し、Yはこれを争っている。）。

　　XはYに対し、保証金646万円余の支払を訴求した（前記差入れ保証金との金額の違いの理由は不明）。

判旨　　1　第一審は、本件保証金契約は消費貸借契約と解するのが相当であるとしながらも、「本件保証金関係は本件賃貸借関係の実質的内容を成すものとして、賃貸借物件である本件借室の所有権の移転に伴い、敷金関係と同様新所有者に承継されるものと解するのが相当である。」と判示し、本件貸室の明渡しと引換えとする限度でXの請求を認容した。

　　2　控訴審は、本件保証金授受の関係が基本において消費貸借関係にほかならないと解し、そうである以上、その返還義務が建物譲受人に当然承継されるとはいえないと判示して、第一審のY敗訴部分を取り消してXの請求を棄却した。

　　3　上告審は、つぎのとおり判示して、Xの上告を棄却した。「本件保証金は、その権利義務に関する約定が本件賃貸借契約書の中に記載されているとはいえ、いわゆる建設協力金として右賃貸借とは別個に消費貸借の目的とされたものというべきであり、かつ、その返還に関する約定に照らしても、賃借人の賃料債務その他賃貸借上の債務を担保する目的で賃借人から賃貸人に交付され、賃貸借の存続と特に密接な関係に立つ敷金ともその本質を異にするものといわなければならない。そして、本件建物の所有権移転に伴って新所有者が本件保証金の返還債務を承継するか否かについて

は、右保証金の前記のような性格に徴すると、未だ新所有者が当然に保証金返還債務を承継する慣習ないし慣習法があるとは認め難い状況のもとにおいて、新所有者が当然に保証金返還債務を承継するとされることにより不測の損害を被ることのある新所有者の利益保護の必要性と新所有者が当然にはこれを承継しないとされることにより保証金を回収できなくなるおそれを生ずる賃借人の利益保護の必要性とを比較衡量しても、新所有者は、特段の合意をしない限り、当然には保証金返還債務を承継しないものと解するのが相当である。そうすると、Ｙが本件保証金返還債務を承継しないとした原審の判断は、正当として是認することができる。」。

Key point 「保証金」には、一般に、敷金の性格を有するもの（別に敷金が交付されていない場合にはそのように解すべき場合が多いと思われる。）と建設協力金の性格を有するものがあり、後者は貸金ないし貸金類似のものと解されている。敷金返還債務が新賃貸人に承継されることは前掲〔⇨145〕のとおりであり、すでに判例として確立しているといえるが、建設協力金は、それとは別異に扱うのが、裁判例の大勢である。本件上告審判決と同旨を述べた近時の裁判例として、東京地判平7．8．24判タ904号156頁がある。逆に、東京地判平13.10.31判タ1118号260頁は、敷金と保証金が別々に授受された事案に関して、保証金返還債務も新賃貸人に承継されるとしている。
〔解説・評釈等〕斎藤次郎・判解2事件、永田真三郎・民商76巻6号38頁、広中俊雄・判評212号22頁、貝田守・判タ342号84頁、玉田弘毅・ジュリ臨増642号73頁

147 敷金等と賃貸借当事者の変更③

特段の事情のない限り、敷金関係は新賃借人に承継されないとされた事例

一 審…大阪地判昭和51年6月29日民集32巻9号1778頁（事実及び主文）
控訴審…大阪高判昭和52年3月31日民集32巻9号1782頁
上告審…最判昭和53年12月22日民集32巻9号1768頁

事案　A（株式会社）は、昭和38年3月23日、Yから本件土地を賃借し、Yに本件敷金3000万円を交付した。Aが本件土地上に所有していた本件建物は、昭和47年5月18日、競売によりB（株式会社）に競落され、同年6月ころYはBの本件土地賃借権譲受けを承諾した。Yは、昭和48年5月14日、Bから承諾料1900万円を受領した。X（国）はAに対し、昭和46年6月24日現在、本税1774万円余、加算税300万円余の租税債権を有していたところ、同日、滞納処分としてAのYに対する敷金返還請求権を差し押さえた（同月29日ころ、差押通知書がYに送達された。）。

　XはYに対し、差押えにかかる3000万円とその遅延損害金を訴求した。Yは、敷金に関する法律関係がAからBに承継されているなどと主張した。

判旨　1　第一審は、Xの請求を認容した（詳細不明）。

　2　控訴審は、「敷金交付契約は賃貸借に付随する契約であって、賃貸借契約そのものではないから、賃借権譲渡の際に、旧賃借人から新賃借人に当然に承継されるものではなく、新旧賃借人、賃貸人の三者間の合意をもって初めて、旧賃借人から新賃借人に承継されるものと解するのが相当である。」と判示して、Yの本件敷金返還義務を認め、Yの控訴を棄却した。

　3　上告審は、つぎのとおり判示して、Yの上告を棄却した。「土地賃貸借における敷金契約は、賃借人又は第三者が賃貸人に交付した敷金をもって、賃料債務、賃貸借終了後土地明渡義務履行までに生ずる賃料額相当の損害金債務、その他賃貸借契約により賃借人が賃貸人に対して負担することとなる一切の債務を担保することを目的とするものであって、賃貸借に従たる契約ではあるが、賃貸借とは別個の契約である。そして、賃借権が旧賃借人から新賃借人に移転され賃貸人がこれを承諾したことにより旧賃借人が賃貸借関係から離脱した場合においては、敷金交付者が、賃貸人との間で敷金をもって新賃借人の債務不履行の担保とすることを約し、又は新賃借人に対して敷金返還請求権を譲渡するなど特段の事情のない限り、右敷金をもって将来新賃借人が新たに負担することとなる債務についてまでこれを担保しなければならないものと解することは、敷金交付者にその予期に反して不利益を被らせる結果となって相当でなく、敷金に関する敷金交付者の権利義務関係は新賃借人に承継されるものではないと解すべきである。なお、右のように敷金交付者が敷金をもって新賃借人の債務不

履行の担保とすることを約し、又は敷金返還請求権を譲渡したときであっても、それ以前に敷金返還請求権が国税の徴収のため国税徴収法に基づいてすでに差し押えられている場合には、右合意又は譲渡の効力をもって右差押をした国に対抗することはできない。」。

　前掲〔⇨145〕のとおり、判例は賃貸人の地位の承継があったときは新賃貸人が敷金関係（特に、返還債務）を承継すると解しているが、本件上告審判決は、賃借人の地位が移転したときは、それと同列には扱うことができないことを明らかにしたものである。
　なお、最判平13.11.21民集55巻6号1015頁（前掲〔⇨50〕）は、新賃借人に敷金関係が承継されないことを前提として、公競売における買受人の賃借権譲受許可申立事件において、申立てを認容する場合の付随的裁判とし、新賃借人である買受人（申立人）に敷金交付を命ずることができる旨を判示したものである。
〔解説・評釈等〕平田浩・判解47事件、永田真三郎・民商82巻3号119頁、田中整爾・判評249号23頁、井上靖雄・判タ384号43頁、伊藤進・判タ臨増411号92頁、石外克喜・ジュリ臨増693号73頁、池田恒男・別冊ジュリ137号136頁

148 敷金等と賃貸借当事者の変更④

買受人が保証金のうち賃料の10か月分相当額について返還債務を承継するとされた事例

東京地判平成13年10月29日金法1645号55頁

事案

Aは、平成2年2月22日、その所有する本件建物の一部（本件建物部分）をYらに対し、月額賃料39万9600円、月額共益費4万8840円、保証金1554万円の約定で賃貸した（本件賃貸借）。Xは、平成13年2月28日、競売手続において本件建物を買い受け、Yらに対する賃貸人の地位を承継した。なお、同手続における評価書には、適正敷金相当額が月額賃料の10か月分である旨の記載があり、物件明細書には「敷金1554万円の主張があるが、過大であるので適正敷金相当額を考慮して最低売却価額を定めた。」との記載があった。

XはYに対し、399万6000円を超える保証金返還債務の存在しないことを確認する旨の本件訴訟を提起した。

判旨

本判決は、まず、ほかに敷金に関する約定がないこと、本件保証金の額が月額賃料の38か月分以上であることなどから、「本件保証金は、建設協力金としての性質と敷金としての性質とを併せ有するものというべきである。」と認定し、さらに、本件建物の存する近隣地域において、「賃料の10か月分が敷金としての性格を有するという取引慣行が存することが推認される」とした。そして、本件保証金額から、月額賃料、月額共益費、これらに係る消費税の合計の10か月分である461万8930円がXが承継すべき返還債務であるとして、Xにはこれを超える保証金返還債務が存しないことを確認した（一部認容）。

Key point

本件事案のように、賃貸建物の競売事件において、評価書や物件明細書において、「敷金の性格を有する」範囲が示され、「敷金（ないし保証金）の額が過大である」旨が記載されることが少なくなく、買受人と賃借人間で返還債務承継の範囲をめぐる紛争が多発した。いわゆるバブル期において、東京や大阪などの大都市圏では、店舗や事務所では、月額賃料の50倍を超える「敷金」ないし「保証金」が授受されることは何ら珍しいことではなかったし、そのほとんどは、正常な（つまり執行妨害を企図しない）賃貸借であった。「敷金」と「保証金」を別立てとし、後者は、賃貸借の終了や明渡しと無関係に返還時期を定めているような場合（東京地判平7．8．24判タ904号156頁、大阪高判平14.4.17判タ1104号193頁など参照）を別にすれば、「敷金」名目である場合はもちろん、「保証金」名目である場合であっても、その全体が賃料等を担保するための敷金であると解すべきであって、これをいちがいに「過大である」と評価するのは、実情を無視するものである（後掲〔⇨149〕参照）。

149 敷金等と賃貸借当事者の変更⑤
買受人が月額賃料55か月分の敷金全額についてその返還債務を承継するとされた事例

大阪地判平成17年10月20日金判1234号34頁

事案 （事案はやや複雑で争点は多岐にわたるが、敷金返還債務の承継の有無、範囲に関する部分にしぼることとする。）X（飲食店を営む株式会社）は、昭和53年12月4日、A所有の商業ビルである本件建物を、月額賃料200万円で賃借し、そのころAに敷金1億1000万円を交付した。Xは、本件建物を喫茶店、レストランとして使用した。Aは平成2年2月死亡し、Bらが本件建物を相続により取得し、Bらは、同年11月、本件建物をCに売却した。CとXは、平成7年9月分から月額賃料を180万円に、月額管理費を37万円に改定する旨の契約をした。平成13年1月23日、Yが競売手続において本件建物を買い受けてその所有権を取得した（なお、同手続における物件明細書には「敷金1億1000万円の主張はあるが、最低売却価額は、それが過大であることを考慮して定めた。」との記載があった。）。本件賃貸借は、Yの解除により平成15年2月2日の経過により終了し、Xは同年9月16日、本件建物から退去した。

　XはYに対し、本件敷金1億1000万円の返還（支払）を訴求した（本訴）。Yは、反訴として、Xに対し、未払賃料等1億2463万円余を訴求した。

判旨 本判決は、まず、本件敷金が敷金に当たるかどうかの判定について、つぎのとおり判示した。「敷金額は地域により金額に開きがあることは周知のとおりであり、また、住居目的よりも商業目的であれば一般に高額になり、賃貸目的地の場所が好立地であればあるほど高額化する傾向にあることもまたよく知られた事実である。賃貸借の当事者は、これらの事情のほか、賃料額、賃貸目的物に対する必要性、需要の度合い等様々な要素を勘案しつつ敷金額を合意すると考えられ、契約自由の原則が支配する領域であるといえる。しかも、本件賃貸借契約においては、これが商人間の商業目的の契約であることを考慮するならば社会政策的な考慮を入れる必要もない。したがって、本件敷金が、一般的な賃貸借において授受される敷金額と比較し高額であるからといって直ちに敷金に当たらないものがあるというのは相当ではなく、当該金銭をどのような趣旨・目的で交付したかについて当事者意思を探究することが重要である。」。そして、本件建物が好立地にあることなどから、「本件敷金として交付された金銭は、その全額について賃貸借契約に付随し、賃貸借契約から生じる一切の債務を担保することを目的として交付されたと認めるのが相当である。」として、その全額が新賃貸人に承継されるべきであるとした。さらに、いわゆる「一部承継説」について、つぎのとおり述べて、これを批判した。「仮に、Yの主張するように新賃貸人がその一部について承継しないとするならば、賃貸目的物の売買等の物

権変動が賃借人の関知しない事情であるにも関わらず、賃借人は、賃貸目的物明渡後になってようやく、しかも賃貸借関係から離れてしまっている旧賃貸人を捜索して、敷金の一部につき返還請求しなければならないという負担を被ることになる。また賃借人は、通常の敷金の範囲を超える金額について旧賃貸人に請求できるとしても、どの範囲がそれに該当するか不明確であり、新賃貸人に対しても旧賃貸人に対しても敗訴し、敷金の返還を受けられないこともありえないわけではなく、このようなリスクを賃借人に負担させることは妥当ではない。これに対して、新賃貸人は、賃貸目的物購入時に売買代金から敷金額を控除することで、容易に損害を回避することができ、しかも、このような扱いは取引実務上慣行化していると考えられるところでもある。上記のところは、競落によって賃貸目的物を取得した新賃貸人との関係でも同様である。」。結局、本件敷金からXの未払賃料、賃料相当損害金、原状回復工事費等を控除した残額である5085万円余の限度でXの本訴請求を認容し、Yの反訴請求を棄却した。

「敷金」と「保証金」が別々に授受されてはいない場合の敷金に関して、前掲〔➡148〕が採った一部承継説と異なる見解（全部承継説）を採った判決であり、建物賃貸借の実情を十分に理解した妥当な判決といえる。

150 敷金(保証金)の一部償却(敷引)①

災害による家屋滅失により賃貸借が終了したときは、特段の事情がない限り、敷引特約を適用することはできないとされた事例

一　審…神戸地裁尼崎支判平成8年9月27日民集52巻6号1483頁
控訴審…大阪高判平成9年5月7日民集52巻6号1488頁
上告審…最判平成10年9月3日民集52巻6号1467頁

事案
　Xは、昭和51年8月31日、Yから本件建物(木造2階建)を「月額賃料5万5000円、保証金(敷金)100万円、期間を同日より2年間(ただし、期間満了の際、更新する。)、(特約条項)天災地変、水火災等によって、家屋が損壊した場合は賃貸人の危険負担とし、賃借人の帰責事由による火災焼失等については、敷金は返還しない。家屋明渡に際しては、敷金の2割引きした金額を返還する(敷引特約・敷引条項)。」との約定で賃借し、そのころまでに上記保証金(敷金)をYに支払った。本件建物は、平成7年1月17日に発生した阪神・淡路大震災によって倒壊、滅失し、Xは本件建物を明け渡した。
　XはYに対し、上記保証金100万円の返還(支払)を訴求した。Yは、前記特約により2割(20万円)は返還を要しないと主張した。

判旨
　1　第一審は、本件敷引特約について、「新たな賃借人が入居するまでの賃料の補償や新たな賃借人のために必要となる賃貸物件の内装等の補修費用の負担等賃借人の交代に伴う利害の調整のために定められたものと解するのが相当であり、一般にはその効力を認めるのが相当である。」としながらも、「本件においては、もはや本件建物は滅失しているから賃貸借を継続する場合を前提とした敷引条項を適用して、Yが返還すべき保証金(敷金)を減額することはできないというべきである。」と判示して、Xの請求を認容した。

　2　(Yが、平成8年9月3日、保証金100万円から2割を差し引いた80万円をXに返還したので、Xは、控訴審において、請求額を20万円とその付帯請求に減縮した。)控訴審は、本件のような敷引条項も原則として有効であり、Xの責に帰すべき事由によらずに建物が滅失した場合にも、本件敷引条項の適用があるとして、第一審判決を取り消して、Xの請求を棄却した。

　3　上告審は、つぎのとおり判示して第一審判決を是認し、原判決を破棄し、Yの控訴を棄却した。「居住用の家屋の賃貸借における敷金につき、賃貸借契約終了時にそのうちの一定金額又は一定割合の金員(以下「敷引金」という。)を返還しない旨のいわゆる敷引特約がされた場合において、災害により賃借家屋が滅失し、賃貸借契約が終了したときは、特段の事情がない限り、敷引特約を適用することはできず、賃貸人は賃借人に対し敷引金を返還すべきものと解するのが相当である。けだし、敷引

金は個々の契約ごとに様々な性質を有するものであるが、いわゆる礼金として合意された場合のように当事者間に明確な合意が存する場合は別として、一般に、賃貸借契約が火災、震災、風水害その他の災害により当事者が予期していない時期に終了した場合についてまで敷引金を返還しないとの合意が成立していたと解することはできないから、他に敷引金の不返還を相当とするに足りる特段の事情がない限り、これを賃借人に返還すべきものであるからである。」。

Key point 　本件は、阪神・淡路大震災による賃貸建物の倒壊というやや特殊な事案に関するものであるが、従来、下級審裁判例では同種事案について敷引特約の適用を認めるものと認めないものとがあった。本件上告審判決は、否定説をとることを明確にしたものであるが、敷引特約自体は有効であることを当然の前提としている（後掲〔◯151〕参照）。

　なお、判例は、目的建物が災害等で滅失したときは賃貸借は当然に終了すると解している（最判昭32.12.3民集11巻13号2018頁。阪神・淡路大震災により建物が滅失し、賃貸借が終了したとし、本件上告審判決と同様、敷引特約の適用を認めなかったものとして大阪高判平９．１．29判時1593号70頁などがある。）。
〔解説・評釈等〕河邉義典・判解31事件、田原睦夫・別冊法時19号48頁、平田健治・判評485号33頁、石黒清子・判タ臨増1036号88頁、升田純・ジュリ臨増1157号74頁

151 敷金（保証金）の一部償却（敷引）②
居住用建物の賃貸借契約における敷引特約が消費者契約法10条により無効であるとはいえないとされた事例

一　審…京都地判平成20年11月26日金判1378号37頁
控訴審…大阪高判平成21年6月19日金判1378号34頁
上告審…最判平成23年3月24日民集65巻2号903頁

事案　X（個人）は、平成18年8月21日、Y（個人）との間でマンションの一室（本件建物）を同日から平成20年8月20日までを契約期間とし、賃料月額9万6000円とする約定で賃借する旨の本件賃貸借契約を締結してその引渡しを受けた（同契約は、消費者契約法10条にいう「消費者契約」に当たる。）。同日、Xは同契約の約定に従いYに保証金40万円を支払った。契約書には、Xが本件建物を明け渡した後、賃貸借の経過年数に応じて決められた一定額の金員（本件敷引金）を保証金から控除し、その残額をXに返還する旨の特約（本件特約）が記載されていた。なお、通常消耗や自然損耗の修復費用は、本件敷引金で賄う旨の約定があった。本件賃貸借契約は、平成20年4月30日に終了し、Xは、同日、本件建物を明け渡した。Yは、保証金から本件敷引金21万円を控除した残額19万円をXに返還した。
　Xは、本件特約は消費契約法10条により無効であると主張して、Yに対し、本件敷引金の返還を訴求した。

判旨　1　第一審は、本件特約は、消費者契約法10条により無効であるとはいえないと判示してXの請求を棄却した。
　2　控訴審は、認定した諸事情から「それらを総合的に考慮すると、本件特約は、XとYとの間に信義則上看過し難い不衡平をもたらす程度にXの保護法益を侵害しているとまではいえず、同法10条後段には該当するとは認められない」と判示して、Xの控訴を棄却した。
　3　上告審は、まず、「賃借人に通常消耗等の補修費用を負担させる趣旨を含む本件特約は、任意規定の適用による場合に比し、消耗者である賃借人の義務を加重するものというべきである」としながらも、「賃貸借契約に敷引特約が付され、賃貸人が取得することになる金員（いわゆる敷引金）の額について契約書に明示されている場合には、賃借人は、賃料の額に加え、敷引金の額についても明確に認識した上で契約を締結するのであって、賃借人の負担については明確に合意されている。そして、通常消耗等の補修費用は、賃料にこれを含ませてその回収が図られているのが通常だとしても、これに充てるべき金員を敷引金として授受する旨の合意が成立している場合には、その反面において、上記補修費用が含まれないものとして賃料の額が合意されているとみるのが相当であって、敷引特約によって賃借人が上記補修費用を二重に負担するということはできない。また、上記補修費用に充てるために賃貸人が取得する金員を具体的な一定の額とすることは、通常消耗等の補修の要否やその費用の額をめ

ぐる紛争を防止するといった観点から、あながち不合理なものとはいえず、敷引特約が信義則に反して賃借人の利益を一方的に害するものであると直ちにいうことはできない。」と判示した。そして、敷引特約が無効になる場合について、つぎのとおり判示した。「消費者契約である居住用建物の賃貸借契約に付された敷引特約は、当該建物に生ずる通常損耗等として通常想定される額、賃料の額、礼金等他の一時金の授受の有無及びその額等に照らし、敷引金の額が高額に過ぎると評価すべきものである場合には、当該賃料が近傍同種の建物の賃料相場に比して大幅に低額であるなど特段の事情のない限り、信義則に反して消費者である賃借人の利益を一方的に害するものであって、消費者契約法10条により無効となると解するのが相当である。」と判示した。そして、本件については、「本件敷引金の額が高額に過ぎると評価することはできず、本件特約が消費者契約法10条により無効であるということはできない。」として、Xの上告を棄却した。

消費者契約法10条は、「民法、商法その他の法律の公の秩序に関しない規定の適用による場合に比し、消費者の権利を制限し、又は消費者の義務を加重する消費者契約の条項であって、民法第１条第２項に規定する基本原則に反して消費者の利益を一方的に害するものは、無効とする。」と規定するものだが、本件上告審判決は、敷引特約が同条前段に当たるとしたうえで、同条後段により無効となる場合の要件を明示したものである。同判旨は、「敷引」と呼ばれるものに限らず、敷金、保証金等、賃貸借終了後に賃借人が目的物を返還した後に賃借人に本来返還されるべき金員（未払賃料等を控除した残額）から、一定額（ないし一定割合の金員）を「償却」して返還しなくてもよいこととする特約にも、当然にその射程が及ぶものと解される。

本件上告審判決前に、敷引特約が「消費者契約法10条に反し無効とはいえない。」とした神戸地尼崎支判平22.11.12判タ1352号186頁があり、本件上告審判決後、同旨を述べた裁判例として、最判平23．7．12判時2128号33頁（②事件）がある。

〔解説・評釈等〕武藤貴明・判解９事件、澤野順彦・NBL952号10頁、山本豊・NBL954号13頁、島川勝・法時84巻２号107頁、丸山絵美子・ジュリ増刊1440号64頁、奈良輝久・金判1393号８頁、吉田克己・民事判例Ⅳ148頁

152 更新料支払の慣習等

借地契約の更新に際し更新料を支払う旨の商慣習又は事実たる慣習は存在しないとされた事例

一　審…東京地判昭和48年1月27日判時709号53頁
控訴審…東京高判昭和51年3月24日判時813号46頁
上告審…最判昭和51年10月1日判時835号63頁

事案　Xは、昭和22年ころ、その所有する東京都文京区内の本件土地を普通建物所有目的で、期間を20年としてYに賃貸し、Yは同土地上に本件建物を建築所有し、家族とともに居住している。Xは、上記期間満了に先立つ昭和41年7月ころ、Yの妻に対し、もしYが更新を希望するならば、更地価格の5～10％（3.3㎡当たり2～4万円）の更新料の支払を受けたい旨を申し入れたが、Yは、それよりかなり低額の更新料（3.3㎡当たり5000円）で更新を認めて欲しいと答え折合がつかなかった。その後Yは、弁護士らから更新料を支払う必要がない旨の教示を受けたので、その支払を拒絶した。Xは、昭和41年12月22日ころ、Yに対し、Yの背信行為を理由として本件賃貸借解除の意思表示をした。

XはYに対し、主位的に本件建物の収去による本件土地の明渡しを訴求し、予備的に、借地契約の期間満了に当たり賃貸人の請求があれば当然に借地人の更新料支払義務が生ずる旨の商慣習ないし事実たる慣習が存在する、などとして本件土地の更地価格の8％に相当する78万円余の更新料の支払を訴求した。

判旨　1　第一審は、借地契約の法定更新に当たって賃貸人の請求があれば更新料支払義務が生ずる旨の商慣習ないし事実たる慣習があることは認められない、仮にそのようなものがあるとしても旧借地法11条の規定の精神に照らし、その効力を認めることができないとして、Xの主位的請求、予備的請求をいずれも棄却した。

2　控訴審も、第一審と同旨を述べて、Xの控訴を棄却した。なお、更新料授受をして合意更新をすること自体は「借地関係の存続を借地契約当事者の円満な私的自治にゆだねるものとして何ら借地法の規定に反するものではない」と判示している（なお、Xは、控訴審において、請求の拡張をして、賃料請求をし、一部認容されているが、その点は省略する。）。

3　上告審は、つぎのとおり判示して、Xの上告を棄却した。「宅地賃貸借契約における賃貸期間の満了にあたり、賃貸人の請求があれば当然に賃貸人に対する賃借人の更新料支払義務が生ずる旨の商慣習ないし事実たる慣習が存在するものとは認めるに足りないとした原審の認定は、原判決挙示の証拠関係に照らして、是認することができ、その過程に所論の違法はない。」。

商慣習は商法1条2項に、事実たる慣習については民法92条に規定がある（なお、法の適用に関する通則法3条は、法律と同一の効力を有する慣習について規定している。）。借地契約更新の際に、更新料支払の合意がなく、本来、更新料を支払うべき法的義務がなかったのに、借地権者が借地権設定者の請求に応じて、相当高額の更新料を支払ったというケースは少なくない。借地契約に関して、本件上告審判決と同旨を述べるものに、東京地判昭51.9.14判時858号85頁、東京地判平5.9.8判タ840号134頁、東京地判平7.12.8判タ918号142頁などがある（これらの裁判例と見解を異にするものとして、借地契約が法定更新された場合に関し、更新料を支払う旨の事実たる慣習が存在するとして、借地権者に借地権価格の約3％の支払を命じた東京地判昭48.8.17判時740号69頁がある。）。建物賃貸借に関しては、更新に際して更新料を支払う事実たる慣習は存在しないとした東京高判昭62.5.11金判779号33頁がある。借地契約についても建物賃貸借についても、すでに、否定説が判例として確立しているといえる。

〔解説・評釈等〕新田敏・別冊ジュリ78号140頁

153 更新料支払特約と消費者契約法

更新料支払特約が消費者契約法10条により無効であるとはいえないとされた事例

> 一 審…京都地判平成21年9月25日金判1372号19頁
> 控訴審…大阪高判平成22年2月24日金判1372号14頁
> 上告審…最判平成23年7月15日民集65巻5号2269頁

事案

X（個人）は、平成15年4月1日、Y（株式会社）との間で、共同住宅の一室（本件建物）につき、期間を平成16年3月31日まで、賃料を月額3万8000円、更新料（法定更新か合意更新であるかを問わず、1年経過するごとにYに支払う）を賃料の2か月分、定額補修分担金を12万円とする本件賃貸借契約を締結して本件建物の引渡しを受けた（本件賃貸借契約は消費者契約法10条にいう「消費者契約」に当たる）。Xは、その後平成18年まで3回にわたり本件賃貸借契約をそれぞれ1年間更新する旨の合意をし、その都度、Yに対し、更新料を支払った。その後、Xが平成19年4月以降も本件建物の使用を継続したので、本件賃貸借契約は同日更新したものとみなされたが、Xは、その更新料7万6000円の支払をしていない。

Xは、更新料支払に関する条項（更新料条項）及び定額補修分担金に関する特約は消費者契約法10条によりいずれも無効であると主張して、Yに対し、不当利得返還請求権に基づき、支払済みの更新料22万8000円及び定額補修分担金12万円の返還を訴求した。これに対し、YはXに対し、未払更新料7万6000円を反訴請求した。

判旨

1 第一審は、更新料条項、定額補修分担金に関する特約のいずれも消費者契約法10条により無効であると判示して、Xの請求を認容し、Yの反訴請求を棄却した。

2 控訴審も同様に解し、Yの控訴を棄却した。

3 上告審は、まず、更新料の性質について、つぎのとおり判示した。「更新料は、期間が満了し、賃貸借契約を更新する際に、賃借人と賃貸人との間で授受される金員である。これがいかなる性質を有するかは、賃貸借契約成立前後の当事者双方の事情、更新料条項が成立するに至った経緯その他諸般の事情を総合考量し、具体的事実関係に即して判断されるべきであるが《最判昭59.4.20民集38巻6号610頁引用》、更新料は賃料と共に賃貸人の事業の収益の一部を構成するのが通常であり、その支払により賃借人は円満に物件の使用を継続することができることからすると、更新料は、一般に、賃料の補充ないし前払、賃貸借契約を継続するための対価等の趣旨を含む複合的な性質を有するものと解するのが相当である。」つぎに、消費者契約法10条との関係については、「更新料条項は、一般的には賃貸借契約の要素を構成しない債務を特約により賃借人に負わせるという意味において、任意規定の適用による場合に比し、消費者

である賃借人の義務を加重するものに当たるというべきである。」として、同条前段に当たるものとした。そして同条後段に関しては、つぎのとおり説示した。「更新料が、一般に、賃料の補充ないし前払、賃貸借契約を継続するための対価等の趣旨を含む複合的な性質を有することは、前記（1）に説示したとおりであり、更新料の支払にはおよそ経済的合理性がないなどということはできない。」、「更新料条項が賃貸借契約書に一義的かつ具体的に記載され、賃借人と賃貸人との間に更新料の支払に関する明確な合意が成立している場合に、賃借人と賃貸人との間に、更新料条項に関する情報の質及び量並びに交渉力について、看過し得ないほどの格差が存するとみることもできない。」、「そうすると、賃貸借契約書に一義的かつ具体的に記載された更新料条項は、更新料の額が賃料の額、賃貸借契約が更新される期間等に照らし高額に過ぎるなどの特段の事情がない限り、消費者契約法10条にいう「民法第1条第2項に規定する基本原則に反して消費者の利益を一方的に害するもの」には当たらないと解するのが相当である。」。その上で、本件事案における更新料条項については「上記特段の事情が存するとはいえず、消費者契約法10条により無効とすることはできない。」と判示して、Xの更新料返還請求、Yの更新料反請求に関する控訴審判決部分を破棄し、第一審判決を取り消して、当該部分についてのXの請求を棄却するとともに、Yの反訴請求を認容した。なお、定額補修分担金に関しては、Xが上告受理申立ての理由を記載した書面を提出しなかったことからXの上告は却下された。

Key point 消費者契約法10条については、前掲〔●151〕Key point冒頭に記載したとおりである。本件上告審判決引用の最判昭59.4.20は後掲〔●154〕である。

更新料条項（更新料支払特約）については、これを消費契約法10条により無効とする裁判例（本件第一審、控訴審各判決のほか、京都地判平21.7.23金判1327号26頁、大阪高判平21.8.27金判1327号26頁、京都地判平21.9.25判時2066号81頁）と、無効とはいえないとする裁判例（京都地判平20.1.30金判1327号45頁、大阪高判平21.10.29判時2064号65頁）に分かれていたが、本件上告審判決は、これを実務上結着させたものといえる。

なお、更新料条項が法定更新の場合にも適用されるか否かについて、下級審裁判例が分かれていたが、本件上告審判決が、更新料に賃料の補充、前払の趣旨を含むものとしていることやYの反訴請求を認容したことからすると、本件上告審判決は、（明示的ではないものの）法定更新の場合にも更新料条項が適用されると解しているものと思われる。

〔解説・評釈等〕森冨義明・判解21事件、長谷川慧＝児島幸良・NBL958号6頁、山本豊・NBL959号10頁、角田美穂子・NBL983号50頁、磯村保・ジュリ臨増1440号66頁、桑岡和久・民商146巻1号92頁、島川勝・法時84巻2号107頁、田中志津子・法時84巻11号129頁、後藤巻則・判評644号2頁、幡野弘樹・法協130巻2号546頁

154 更新料不払を理由とする解除

調停で合意した更新料支払義務の不履行を理由とする土地賃貸借契約の解除が認められた事例

　一　審…横浜地判昭和57年5月21日民集38巻6号631頁
　控訴審…東京高判昭和58年7月19日民集38巻6号645頁
　上告審…最判昭和59年4月20日民集38巻6号610頁

事案

　Xは、昭和9年12月14日、その所有する本件土地を、Y₁に対し、普通建物所有目的、期間20年、無断譲渡・転貸禁止の約定で賃貸した（権利金・敷金なし）。本件賃貸借は昭和29年12月14日、期間を20年として更新され、その後、地上建物無断増改築禁止の特約がされた。さらに昭和49年12月14日、期間を20年として更新された。Y₁は、昭和37年12月、長男名義で増改築の確認申請をしたうえで、昭和38年ころ本件建物(1)（居室）増改築に着手し、Xの中止申入れにもかかわらずこれを完成させた。また、Yは、Xの承諾を得ないで本件建物(1)の所有権を妻であるY₂に移転し、昭和38年2月8日、Y₂に同建物の所有権保存登記をさせて本件土地を転貸した。

　Yらは、昭和50年12月7日、本件土地上に本件建物(2)（物置）を建築した。Xは、昭和49年の前記更新に先立ち、Y₁に対し、更新料を請求する旨あらかじめ通知し、昭和50年6月1日、Y₁に対し更新料として（更地価格の7割を借地権価格とし、その1割として算出した金額である。）180万円余の支払を求めたがY₁がこれに応じなかったので、同年10月、更新料支払を求める宅地調停の申立をした。昭和51年12月20日、Y₁がXに対し、更新料（Y₁の前記不信行為を不問に付すこととする解決料の趣旨が含まれている。）として、同年12月末日、昭和52年3月末日、各50万円、合計100万円を支払う旨の調停が成立した。Y₁は、第1回の分割金50万円を約定どおりXに支払ったが、第2回の分割金を支払わなかったので、XはY₁に対し、同年4月4日到達の書面でこれを3日以内に支払うよう催告したが、Y₁がこれに応じなかったので同月10日到達の書面をもって本件賃貸借契約を解除する旨の意思表示をした。Y₁は、同月16日、50万円をXに提供したがXが受領を拒絶したので同月18日これを供託した。

　XはYらに対し、本件各建物の収去による本件土地の明渡しを訴求した。

判旨

　1　第一審は、Y₁が催告期間のほぼ10日後に更新料残金の提供をしていることなどから「いまだ本件賃貸借における信頼関係を完全に破壊するまでの行為があったとはいい難い。」と判示して、Xの請求を棄却した。

　2　控訴審は、本件更新料の支払義務は更新後の賃貸借契約の信頼関係を維持する基盤をなしていたものというべきであり、しかも同合意は調停においてなしたものであり、Xは催告もしているので、その不払は上記基盤を失わせるものとして解除原因となる、そして信頼関係を破壊しない特別事情があるとはいえないとして、第一審判決を取り消して、Xの請求を認容した。

　3　上告審は、つぎのとおり述べて原審の判断を是認し、Yらの上告を棄却した。

「土地の賃貸借契約の存続期間の満了にあたり賃借人が賃貸人に対し更新料を支払う例が少なくないが、その更新料がいかなる性格のものであるか及びその不払が当該賃貸借契約の解除原因となりうるかどうかは、単にその更新料の支払がなくても法定更新がされたかどうかという事情のみならず、当該賃貸借成立後の当事者双方の事情、当該更新料の支払の合意が成立するに至った経緯その他諸般の事情を総合考量したうえ、具体的事実関係に即して判断されるべきものと解するのが相当であるところ、原審の確定した前記事実関係によれば、本件更新料の支払は、賃料の支払と同様、更新後の本件賃貸借契約の重要な要素として組み込まれ、その賃貸借契約の当事者の信頼関係を維持する基盤をなしているものというべきであるから、その不払は、右基盤を失わせる著しい背信行為として本件賃貸借契約それ自体の解除原因となりうるものと解するのが相当である。したがって、これと同旨の原審の判断は正当として是認することができ、原判決に所論の違法はない。」。

　　更新料を支払う旨の商慣習や事実たる慣習はないというのが判例であるが（前掲〔⇨152〕参照）、本判決は、更新料支払特約が原則として有効であることを前提としている。そして、その不払は、賃料不払と同様に解除原因となることを判示したものである（もっとも、つねに解除が許されるわけではなく、信頼関係を破壊するに至っていないと認められる特段の事情のあるときは解除できないことは前掲〔⇨132〕の示すとおりである。）。本件では、更新料支払特約が、裁判手続の一種である調停によるものであったこと、過去に無断増改築や無断転貸があったことなども考慮されたうえで、信頼関係破壊と認められたものであろう。

　ちなみに、借地契約の更新の際に更新料を支払う旨の特約は法定更新の場合には適用されないとした東京地判昭59.6.7判時1133号94頁、土地の時価の２割の範囲内の更新料を支払う旨の特約が土地賃貸借契約（建物所有目的）の法定更新の場合には適用されないとしながら、借地権者がすでに支払った更新料（賃料の約１か月分）の返還を請求することは信義則上許されないとした東京高判平11.6.28金判1077号46頁がある（前掲〔⇨153〕が、更新料支払特約は法定更新の場合にも適用されるとの趣旨を含んでいると解されることについて、同key point参照。）。

〔解説・評釈等〕塩崎勤・判解8事件、沢田みのり・法時57巻1号125頁、広中俊雄・判評310号24頁、内田勝一・判タ536号140頁、宮崎俊行・ジュリ817号34頁、野村豊弘・ジュリ臨増838号92頁、新田敏・別冊ジュリ105号138頁

判例索引

【最高裁判所】

最判昭和28年9月25日民集7巻9号979頁	149
最判昭和28年12月24日民集7巻13号1633頁	30
最判昭和29年1月14日民集8巻1号16頁	293
最判昭和29年1月22日民集8巻1号207頁	229
最判昭和29年7月20日民集8巻7号1415頁	174
最判昭和29年10月7日民集8巻10号1816頁	129
最判昭和29年11月16日民集8巻11号2047頁	201
最判昭和30年2月18日民集9巻2号179頁	196
最判昭和30年4月5日民集9巻4号439頁	183
最判昭和31年11月16日民集10巻11号1453頁	202
最判昭和32年11月12日民集11巻12号1928頁	274
最判昭和33年6月14日民集12巻9号1472頁	77
最判昭和33年9月18日民集12巻13号2040頁	208
最判昭和35年2月9日民集14巻1号108頁	176
最判昭和35年9月20日民集14巻11号2227頁	184
最判昭和35年12月20日民集14巻14号3130頁	186
最判昭和36年4月28日民集15巻4号1211頁	276
最判昭和36年7月21日民集15巻7号1939頁	248
最判昭和36年10月10日民集15巻9号2294頁	204
最判昭和37年3月29日民集16巻3号662頁	321
最判昭和37年12月25日民集16巻12号2455頁	272
最判昭和38年2月21日民集17巻1号219頁	167
最判昭和38年3月1日民集17巻2号290頁	232
最判昭和38年4月12日民集17巻3号460頁	287
最判昭和38年4月23日民集17巻3号536頁	178
最判昭和38年5月24日民集17巻5号639頁	65
最判昭和38年9月26日民集17巻8号1025頁	209
最判昭和38年9月27日民集17巻8号1069頁	250
最判昭和38年11月14日民集17巻11号1346頁	116
最判昭和38年11月28日民集17巻11号1477頁	262
最判昭和39年2月4日民集18巻2号233頁	188
最判昭和39年6月30日民集18巻5号991頁	155
最判昭和39年7月28日民集18巻6号1220頁	322
最判昭和39年8月28日民集18巻7号1354頁	211
最判昭和39年10月13日民集18巻8号1559頁	55
最判昭和39年11月19日民集18巻9号1900頁	278
最大判昭和40年3月17日民集19巻2号453頁	57

375

最判昭和40年5月4日民集19巻4号811頁 ……………………………………	139
最判昭和40年7月2日民集19巻5号1153頁 …………………………………	324
最判昭和40年8月2日民集19巻6号1368頁 …………………………………	252
最判昭和41年4月21日民集20巻4号720頁 …………………………………	110
最大判昭和41年4月27日民集20巻4号870頁 ………………………………	59
最判昭和41年10月27日民集20巻8号1649頁 ………………………………	299
最判昭和41年11月10日民集20巻9号1712頁 ………………………………	226
最判昭和42年6月2日民集21巻6号1433頁 …………………………………	198
最判昭和42年7月20日民集21巻6号1601頁 …………………………………	190
最判昭和42年12月5日民集21巻10号2545頁 ………………………………	33
最判昭和43年6月27日民集22巻6号1427頁 …………………………………	350
最判昭和43年9月3日民集22巻9号1767頁 …………………………………	66
最判昭和43年10月29日判時541号37頁 ………………………………………	213
最判昭和44年7月8日民集23巻8号1374頁 …………………………………	48
最判昭和44年7月17日民集23巻8号1610頁 …………………………………	356
最大判昭和44年11月26日民集23巻11号2221頁 ……………………………	80
最判昭和45年6月4日民集24巻6号482頁 …………………………………	307
最判昭和45年7月21日民集24巻7号1091頁 …………………………………	82
最判昭和46年2月19日民集25巻1号135頁 …………………………………	267
最判昭和46年11月25日民集25巻8号1343頁 ………………………………	233
最判昭和47年3月9日民集26巻2号213頁 …………………………………	127
最判昭和47年11月2日判時690号42頁 ………………………………………	37
最判昭和48年2月2日民集27巻1号80頁 ……………………………………	352
最判昭和48年9月18日民集27巻8号1066頁 …………………………………	42
最判昭和48年10月5日民集27巻9号1081頁 …………………………………	78
最判昭和49年4月26日民集28巻3号527頁 …………………………………	169
最判昭和49年9月2日民集28巻6号1152頁 …………………………………	354
最判昭和50年2月13日民集29巻2号83頁 ……………………………………	58
最判昭和50年2月20日民集29巻2号99頁 ……………………………………	258
最判昭和51年3月4日民集30巻2号25頁 ……………………………………	358
最判昭和51年10月1日判時835号63頁 ………………………………………	369
最判昭和52年10月11日民集31巻6号785頁 …………………………………	38
最判昭和53年12月22日民集32巻9号1768頁 ………………………………	360
最判昭和54年1月19日判時919号59頁 ………………………………………	303
最判昭和55年12月11日判時990号188頁 ……………………………………	157
最判昭和56年6月16日民集35巻4号763頁 …………………………………	326
最判昭和58年1月20日民集37巻1号1頁 ……………………………………	91
最判昭和59年4月20日民集38巻6号610頁 …………………………………	373
最判昭和62年10月8日民集41巻7号144頁 …………………………………	153
最判平成2年1月22日民集44巻1号314頁 …………………………………	44
最判平成3年3月22日民集45巻3号293頁 …………………………………	235
最判平成4年2月6日判時1443号56頁 ………………………………………	199

最判平成 5 年 2 月18日判時1456号96頁 ··· 314
最判平成 6 年 6 月 7 日判時1503号72頁 ··· 93
最判平成 6 年10月25日民集48巻 7 号1303頁 ··· 99
最判平成 7 年 6 月29日判時1541号92頁 ··· 35
最判平成 7 年12月15日民集49巻10号3051頁 ·· 179
最判平成 8 年 7 月12日民集50巻 7 号1876頁 ·· 317
最判平成 8 年10月14日民集50巻 9 号2431頁 ·· 135
最判平成 9 年 2 月14日民集51巻 2 号375頁 ··· 40
最判平成 9 年 2 月25日民集51巻 9 号398頁 ··· 289
最判平成 9 年 7 月17日民集51巻 6 号2882頁 ·· 137
最判平成 9 年11月13日判時1633号81頁 ··· 237
最判平成10年 1 月30日民集52巻 1 号 1 頁 ·· 338
最判平成10年 3 月24日民集52巻 2 号399頁 ··· 335
最判平成10年 9 月 3 日民集52巻 6 号1467頁 ·· 365
最判平成11年 3 月25日判時1674号61頁 ··· 214
最決平成13年 1 月25日民集55巻 1 号17頁 ·· 216
最判平成13年 3 月13日民集55巻 2 号363頁 ··· 340
最決平成13年11月21日民集55巻 6 号1015頁 ·· 143
最判平成14年 3 月28日民集56巻 3 号689頁 ··· 342
最判平成15年 6 月12日民集57巻 3 号595頁 ··· 308
最判平成15年10月21日判時1844号50頁 ··· 305
最判平成15年10月21日民集57巻 9 号1213頁 ·· 311
最判平成17年 9 月 8 日民集59巻 7 号1931頁 ·· 301
最判平成17年12月16日判時1921号61頁 ··· 291
最判平成19年 7 月 6 日民集61巻 5 号1940頁 ·· 46
最決平成19年12月 4 日民集61巻 9 号3245頁 ·· 145
最判平成21年 1 月19日民集63巻 1 号97頁 ·· 265
最判平成21年11月27日判時2066号45頁 ··· 151
最判平成23年 1 月21日判時2105号 9 頁 ·· 62
最判平成23年 3 月24日民集65巻 2 号903頁 ··· 367
最判平成23年 7 月15日民集65巻 5 号2269頁 ·· 371
最判平成24年 9 月 4 日金判1413号46頁 ··· 336
最判平成24年 9 月13日民集66巻 9 号3263頁 ·· 241
最判平成25年 4 月 9 日判時2187号26頁 ··· 219
最判平成26年 9 月25日民集68巻 7 号661頁 ··· 319

【高等裁判所】
東京高判昭和48年11月28日判時726号44頁 ·· 125
東京高判昭和54年12月12日判時958号68頁 ·· 90
東京高決昭和55年 2 月13日判時962号71頁 ·· 141
東京高判昭和56年 2 月12日判時1003号98頁 ··· 264
東京高判平成 2 年 4 月26日判時1351号59頁 ·· 114

東京高決平成5年5月14日判時1520号94頁	109
東京高判平成5年8月23日判時1475号72頁	170
東京高判平成12年5月11日金判1098号27頁	60
東京高判平成17年4月27日判タ1210号173頁	147
東京高決平成22年9月3日判タ1348号232頁	218
大阪高判平成25年11月22日判時2234号40頁	330

【地方裁判所】

東京地判昭和34年9月10日判時208号53頁	131
東京地判昭和36年5月10日下民12巻5号1065頁	228
福岡地小倉支判昭和36年7月13日下民12巻7号1678頁	133
東京地判昭和43年10月23日判時552号59頁	31
東京地判昭和47年5月31日判時681号55頁	112
東京地判昭和58年1月28日判時1080号78頁	256
東京地判昭和60年1月30日判時1169号63頁	255
京都地判昭和60年10月11日金判745号41頁	32
東京地判平成元年12月27日判時1361号64頁	105
東京地判平成2年3月8日判時1372号110頁	230
東京地判平成3年12月19日判時1434号87頁	253
東京地判平成4年10月29日判タ833号228頁	107
大阪地判平成5年9月13日判時1505号116頁	97
東京地判平成6年1月25日判時1517号78頁	117
東京地判平成6年8月25日判時1539号93頁	95
東京地判平成6年8月29日判時1534号74頁	165
東京地判平成7年8月28日判時1566号67頁	280
東京地判平成9年11月28日判時1637号57頁	328
東京地判平成10年5月12日判時1664号75頁	260
東京地判平成10年5月28日判時1663号112頁	316
東京地判平成12年4月14日金判1107号51頁	64
東京地判平成13年10月29日金法1645号55頁	362
東京地判平成13年11月26日判タ1123号165頁	181
大阪地判平成17年10月20日金判1234号34頁	363
東京地判平成21年3月19日判時2054号98頁	243
大阪地判平成22年4月26日判時2087号106頁	119
東京地判平成24年1月13日判時2146号65頁	172
東京地判平成24年3月23日判時2152号52頁	239
東京地判平成25年1月25日判時2184号57頁	231

● 著者紹介

荒木　新五（あらき・しんご）
　　昭和24年　福岡県生まれ
　　昭和45年　司法試験合格
　　昭和46年　早稲田大学第一法学部卒業
　　昭和48年　弁護士登録（第一東京弁護士会）
　　平成8年〜平成20年　早稲田大学大学院法学研究科非常勤講師（民事執行法・民事保全法）
　　平成15年〜平成16年　学習院大学法学部特別客員教授（民法）
　　平成16年より学習院大学大学院法務研究科（法科大学院）教授（民法、借地借家法）

（主要著書）
「判例便覧　詐害行為取消権」（商事法務研究会）
「不動産取引　法律カウンセリング」（有斐閣）
「消滅時効実務便覧」（日本法令）
「ケーススタディ　債権管理（新訂版）」（商事法務研究会・共著）
「新しい保証制度と動産・債権譲渡登記制度（補訂版）」（日本法令）
「実務借地借家法（新訂第3版）」（商事法務）
「借家の法律実務」（学陽書房・編著）

新版　要約借地借家判例

2009年11月20日　初版発行
2011年2月15日　2刷発行
2015年11月25日　新版発行

著　者　荒木新五（あらき しんご）
発行者　佐久間重嘉

発行所　学陽書房

〒102-0072　千代田区飯田橋1-9-3　Tel 03(3261)1111
　　　　　　　　　　　　　　　　　　Fax 03(5211)3300

装丁／佐藤　博　　　　印刷／東光整版印刷
　　　　　　　　　　　製本／東京美術紙工

★乱丁・落丁本は、送料小社負担にてお取り替えいたします。
ISBN 978-4-313-31313-2　C3032
ⓒARAKI Shingo 2015, Printed in Japan

借家の法律実務

荒木新五 編著

『新版 要約借地借家判例』
の併読に最適！

身近で日常的な問題である借家のトラブルについて、その法律関係と紛争予防・紛争解決の手法のすべてを実務の第一人者がQ&Aで解説。同じ著者による『新版 要約借地借家判例』との併読で、借家の法律実務の理解がさらに深まります。

Ａ５判　定価＝本体3,600円＋税

借地借家の法律相談　第１次改訂版

野辺　博 編著

借地借家に関する様々な法律問題をQ&A形式でわかりやすく解説するロングセラー。今版では事業用定期借地権に関する法改正の他、更新料が有効とされた最高裁判決等最新の判例も収録。法律家はもちろん、不動産関係者やトラブルを抱えた当事者の理解に最適。

Ａ５判　定価＝本体3,200円＋税

居住用建物賃貸借契約の書式と実務

立川・及川法律事務所 編

普通建物賃貸借契約から、定期建物賃貸借契約、マスターリース契約、サブリース契約まで、これまでの判例やガイドラインに沿った、適切な居住用建物賃貸借契約の契約書条項例を提示し解説。

Ａ５判　定価＝本体3,800円＋税

学陽書房